澳洲占星整合學院校長、凱龍研究中心共同創辦人 **布萊恩・克拉克** 全球首部經典中譯本

THE ASTROLOGY OF ADULT RELATIONSHIPS : FROM THE MOMENT WE MET

人際脈絡占星全書

看見星盤中的人際互動、親密關係、業力連結，以及星盤比對與組合的能量

布萊恩・克拉克 *Brian Clark* ——著 陳燕慧、馮少龍——譯

每一個人都是獨立的個體，由個人延伸出去的人際脈絡，交織成不同的風景，豐富了我們的這一生。

本書是探討「關係」占星學最豐富詳盡的一本書，

從行星的原型、相位、宮位開展，細細描述個人本命盤中人際關係的可能性和潛能，

再擴展到與他人的相遇、親密關係、靈魂伴侶、友誼和團體，以及業力的連結，

最後說明星盤比對及組合的技巧，探討兩個個體所發展出的關係，以及結合後所產生的能量。

本書是布萊恩校長教授「關係占星學」的精髓集結，更是對占星有興趣的讀者們絕不可錯過的經典作品。

國際占星研究院（AOA）創辦人 **魯道夫** ——專業推薦

目錄

謝辭

　　我永遠感謝有此機會能夠終其一生去追求我的職業之路、成為一位占星諮商師及教育者。這一路上與許多傑出及獨特人士——那些我很榮幸地能夠與之合作的客戶、同事和學生們相互交流，我深切感謝參與「人際關係占星學課程」的所有學生，以及願意分享關係之中的故事、心碎與歡愉、信念及渴望的客戶，這些互動非常有益於我對於人際關係上的理解。

　　我很榮幸能與許多人共事，在規劃課程、研討會或旅行團的過程中最後變成珍貴的同事：維蕾娜‧博德曼（Verena Bachmann）、捷米特拉‧喬治（Demetra George）、彼得‧奧康納（Peter O'Connor）、翠西‧波特（Tracey Potter）、梅蘭妮‧瑞哈特（Melanie Reinhart）、安妮‧沙特（Anne Shotter）和瑪麗‧賽姆氏（Mary Symes），我深深感謝我們在人生道路上的交錯。多年來，我也很榮幸得到許多同事的支持，他們推廣並組織許多精彩的教育冒險活動，衷心感謝他們讓我感到自己如此特殊：芭芭拉‧巴克利（Barbara Brackley）、魯道夫及張瑜修、納蕾爾‧麥克納馬拉（Narelle Macnamara）、克萊兒‧馬丁（Clare Martin）、伊芙琳‧羅勃茲（Evelyn Roberts）和卡羅爾‧泰勒（Carole Taylor）。

　　我也擁有朋友和同事的充分支持，他們閱讀、校對並協助我呈現手稿。感謝所有幫助過我的人，特別是瑪麗‧賽姆氏和巴布‧

索普（Barb Thorp）他們極具讚賞的評論；感謝法蘭克‧柯利佛（Frank Clifford）鼓勵我著作及出版；編輯劉毓玫使一切成為可能。

以及感謝葛倫妮絲（Glennys）讓我們的關係充實圓滿。

布萊恩‧克拉克
斯坦利‧塔斯馬尼亞州
（Stanley Tasmania）

前言
靈魂與關係

　　在生存的核心當中，關係對於靈魂而言是至關重要的，它如迷宮一般引領我們進入生命本身的奧祕。就其本質而言，關係是無可避免的，它在生命的每個階段支持並包容每個人，有時候也可能阻礙人們的發展，反應及依附的本能深植於每個人的內在，這包括與人連結的衝動、渴望與期待。就完整的人類模式而言，關係是每個人未來的一個面向，它們是由那個時代的家庭、祖先和文化氛圍所塑造。

　　關係始於出生之前、母親的子宮中，這是一種共生、深刻的感受，總而言之是一段被遺忘的過程，而懷孕就是親密及關係的原始形象，在懷孕期間，我們體驗到依賴、結合和依附的這個必需過程。在出生當下，我們吸入第一口氣，經由個體化啟動了這段必然的分離經驗，這是另一種人際關係的完整面向；脆弱、無法獨立存活的新生兒不僅在第一次關係、也在第一次戀愛、第一次與人結為伴侶之時滿懷期待的迎接其照護者，同時也經歷了首次的分離。

　　這些第一次獨立時刻對於關係模式的建立具有重要意義，而在占星學上，此一時刻銘刻於上升點 —— 即出生形象，以及上升的極點 —— 即下降點上。從生命的最初始，靈魂便與生命的氣息相關，並被認為在出生之時、經由第一次呼吸進入人體。靈魂作為生命的氣息，賦予本命盤生命，而本命盤也成為思索靈魂和關係、依

附與分離、親密及個性之奧祕的理想所在。

　　從這個經驗中，我們進入了各種家庭與非家庭的關係。從出生到童年及青春期，我們建立起手足、父母及同儕關係，正是這些經歷深遠的鋪設，造就我們邁向成人關係之路。我之前出版的《家族占星全書》（Family Astrology）[1] 側重於性格形成時期的關係，以及它們對於成年之後的依附及伴侶關係上所產生的影響，《家族占星全書》是本書的序幕，而本書則專注在成人關係的討論。

　　這本書出自於葛倫妮絲・勞頓（Glennys Lawton）與我爲我們創立的澳洲整合占星學院（Astro * Synthesis）所開發的四年期教學課程演繹而來。我們在第一年及第二年的課程以及「比對盤」（Synastry）的進階單元中探索關係的模式，並爲這些名爲「親密的他者」（Intimate Others）課程單元準備了三本學生教材：《占星學中的第七宮與第八宮》、《靈魂伴侶：人際關係的宮位》以及《星盤比對：占星學上的人際關係剖析》成爲本書的開端[2]；此外，一些例如：金星和火星的星座解析則改編自我的《太陽火占星報告：發展時期的人際關係》（Solar Writer Repot-Kindred Spirits）[3]。

　　在本書中，西方的例子和經驗之下蘊含著關係的原型本質，這些可以在所有社會、用所有語言加以研究。占星學圖像作爲一種共通語言，是跨文化的，因此，當使用占星學符號來了解個人、家庭

1　布萊恩・克拉克：《家族占星全書》，春光出版社 2014 年 10 月出版。
2　澳洲整合占星學院提供這些教材的電子版本，請參閱官方網站：www. astrosynthesis.com.au/。
3　《太陽火占星報告：發展時期的人際關係》由祕傳科技公司（Esoteric Technologies）出版，請參閱；http://www.esotech.com.au/product/solar-writer-kindred-spirits-download/.

和社交模式時，這些圖像可以在所有文化中產生共鳴。

關係本身及內涵皆屬於原型，也就是說，相關的經驗對於人類來說都是共通的。此外，還有以神話中的神祇及女神為特徵的原型角色，雖然他們的名字和描述在不同的傳統及文明中也有所不同，但其精神卻是相似的，例如：「國王」、「王后」、「丈夫」、「妻子」、「情人」等，皆保留相同的原型精神。他們作為一種原型，在不同的文化中，只在衣著、特點和興趣上有所不同，本質上卻是一樣。從占星學的角度來看，這種本質透過行星原型表達、經由每張星盤中的行星星座、宮位及相位以獨特的方式擴展。

在某種程度上，所有的行星原型都與愛和關係有關，但是其中三顆行星可以特別被確定，因為它們與愛有密切關係：月亮、金星及海王星。月亮是我們的第一份愛——即母愛，它顯示早期的依附；而海王星則是宇宙普世之愛；金星被認為是成人之愛及關係，她所守護的天秤座已經成為結盟及伴侶關係特質的一個永恆象徵。

每個人都生在一個有其關係的形式、價值觀、態度和經驗的世代。我出生在海王星在天秤座（1942～1957）、戰爭及戰後的一代，與愛情及關係有關的理想主義種子深植於集體靈魂中，在我們這一代的人生中，對於關係、婚姻和性取向的態度發生了巨變。1968 年天王星進入天秤座、1971 年冥王星進入天秤座，當「關係革命」開始時，我們這一代人仍然是青少年或正值二十多歲，關係的制度、傳統及界線崩解了。例如在美國，「無過失離婚法」讓離婚率飆升，對於關係的態度及習俗的轉變全面展開，包括：婦女解

放、同性戀權利及開放式婚姻。

當天王星進入天秤座時，我的父母對於我們這一代人拒絕傳統婚姻、寧可共同生活或維持沒有承諾的關係、而不是覺得應該要結婚感到震驚；但到了 1975 年當天王星離開天秤座的時候，我父母的一些朋友離婚了，與新伴侶維持沒有婚姻的關係。20 世紀後半葉，落在天秤座的這三顆外行星改變了過去看待關係的方式，開啟了新的模式和可能性，轉變之大，以至於年輕一代往往難以想像在此之前的 20 世紀中期傳統看待關係的方式。

即使如此，相關的原型過程也沒有改變，例如：依附、分離、親密、個性、依賴及獨立，它們的本質不變，但也會因應時代的變遷。神和女神的原型角色沒有更改，但是當他們一旦融入關係時，其角色會適時的轉化成現代的樣子。

在整本書中，我分享了案例來說明人際關係占星學的各種面向，這不僅僅是為了展示技巧，同時也是為了表現無數在原型上的可能性。其中一些案例我已經相當熟悉了，而其他案例則引起我的注意，我的意圖是想要讓這些敘事去揭示占星學，而不是試圖將占星學套用在關係上。雖然我們的關係模式不一定是藉由星盤、以字面方式繪製出來，但是當我們開放的參與其中的象徵符號時，占星學則會提供一些見解與啟示。我們可以發現自己真正看待關係的方式，進而不僅檢驗自己在關係中所發生的事情，同時也檢視了身處於故事中的靈魂。

占星學提出了一種尊重靈魂發聲的獨特觀點，個人的星盤是為了出生時間而立，不僅與靈魂的「生命氣息」、也與個人第一次的依附／分離動力同時發生。關係是人類靈魂天生的模式，在出生當

下，關係的模式和傾向便已經深深烙印在心靈中，並反映在星盤上。

　　我們一生中都會經歷情感關係，當我們找到靈魂伴侶時，是非常幸運的。它無法保證這些關係沒有問題，而事實也往往正好相反，但是在靈魂伴侶隨身在側的家中及永恆時刻，我們的靈魂會感覺到相牽相繫。正如古人所知，靈魂有其自身的道理，而占星學幫助我們思考這些緣由。

序
人際關係占星概述

當兩個靈魂彼此形成關係時，他們的星盤也是如此。

比較兩個人在占星學上的相容性對於大多數人來說是熟悉的，甚至是日常生活的一部分。在某些方面，占星學是最古老的關係類型學，常見的抱怨是太陽星座之間的不協調，例如：一個太陽金牛座的人可能會覺得牡羊座的朋友走得太快；而一個水瓶座人可能不明白爲什麼巨蟹座同事那麼心煩意亂；射手座人是否能夠眞正理解爲什麼他們的雙魚座伴侶寧願躺在床上，也不願意出去晨跑呢？

然而，除了太陽星座，星盤之間還有更多是否協調之處。當我們解析兩張星盤時，占星資訊會呈倍數增加，因爲每一顆行星的原型與兩張星盤上的其他行星皆可能產生交流。每個人的星盤都有其自身的複雜性，當解析兩張或以上的星盤時，這種複雜性會明顯增加，因此，我試圖以漸進及深入的方式去探討所有可能的資訊。每位職業占星師對於資料分析都有其個人風格，可能強調一些其他人不會在意的技巧，就如同所有的職業及操作一樣，有許多變化及不同點，而你們也會在其中建立自己的理解與實務。

本書主要是探討成人關係，不過，你可以調整這些占星學概念，用在探討其他更多的合作夥伴關係上，依照不同的關係，

如：親子、手足、戀人、朋友、婚姻或商業夥伴而去強調星盤上的各種面向。由於不同的關係存在著不同的習俗、慣例及行為準則，因此需要調整占星分析以適用特定的關係類型，同時牢記每一類及每一段關係，其內涵本來就是獨一無二的。

以下是我們將在本書中演繹的內容概要，從第一部開始，我們將專注探討本命盤中的關係主題以及注意事項。

本命盤中的關係主題

人際關係占星學的第一步，是研究每個人的本命盤，重點放在其連結的模式及可能性；這包括考慮星盤上所顯示的家庭關係、父母婚姻、家庭氛圍及兄弟姊妹的狀況。在本書中，我們以關係的角度去檢視行星，慢慢習慣它們在關係中的運作，然後我們會專注探討神話中與關係有關的眾神，以及它們如何影響星盤。當我們的主題是成人關係時，我們的重點會放在金星和火星的行星原型，以及第七宮、第八宮領域。由於友誼是另一種重要的成人關係，我們將打開第十一宮大門，將我們的連結延伸至朋友關係。

所有關係中的重要影響時刻之一，是每個人與另一個人相遇之時。每個人如何在同一時間來到同一個十字路口？這是人際關係占星學透過星盤軸點與軸線的運用來思考的問題。與黃道相交的天文圈，將兩股力量同時帶到同一平面，因此，在此交會之路中，我們將檢視月亮南北交點（Nodal axis）以及宿命點及反宿命點（Vertex - Anti-Vertex）。

性格在關係建立之中扮演重要角色，因此我們會思考如何去分

析每個伴侶的性格，以及它所帶入關係的作用。由於星盤會生動地指出一個人透過關係而吸引他人之處，因此我們不僅需要了解星盤所發展的內容，也需要意識到其中所缺乏的東西。

比對盤（synastry）

在本書第二部中，我們將介紹比對盤，兩張或兩張以上星盤在其關係背景之下的占星分析。比對盤來自古希臘，它暗示與星星一起去認識人類經驗中關係的原型本質，它讓人聯想到天界對於關係建立的指引。

比對盤確認人類的吸引力、相遇的同時性、兼容和困難，以及關係隨著時間的發展，在擴展及探索關係上是一個極具意義的占星工具，在幫助我們更加理解一般及特定關係的具體情況上，也是一種極具價值的指南。而比對盤的目標是：

+ 提出關係中具體及關心的問題
+ 思考每個人處理關係的風格、態度和方法
+ 描繪關係中的核心問題
+ 探索潛在的衝突及兼容之處
+ 尊重每個人的真實性及建立的關係
+ 揭示關係的模式、目的和本質
+ 回顧關係中的關鍵及過渡時期

比對盤與多張星盤的研究有關，因此可能產生的細節及資料量會大幅增加。當我們分析兩個或更多人的關係時，遵循一些步驟和指導是有幫助的；比對盤發展出同時研究兩張星盤的程序，我們將

在其中研究每個步驟。

星盤比較

　　星盤比較是試圖去了解一個人的星盤如何影響另一個人的星盤，這可以透過多種方式完成。一種開始的方法是確定每張星盤中所缺少的東西，而另一張星盤是否滿足了這項缺乏。如果是這樣，當事人是否意識到這一點？個人將什麼事物帶入這段關係經驗之中？從關係的角度來看，我們思考著某個伴侶可能用什麼方式去填補另一個伴侶的不足，並探索當事人可能沒有意識到的動力。星盤的某些領域更容易被某個伴侶投射、轉移或扭曲，因此，透過檢視兩張星盤，我們研究的是一個人如何影響另一個人，以及每一張星盤中易受投射、補償和理想化的領域。

　　史蒂芬・阿若優（Stephen Arroyo）在他的書《關係與生命週期》（*Relationships and Life Cycles*）中強調的另一項技巧是將某個當事人的行星和軸點放在另一個人的星盤上，反之亦然。使用電腦軟體的雙圈圖（bi-wheels）便可以畫出來，每個人可以將伴侶的行星放在自己星盤的外圈；這給了我們一個視覺意象，顯示這個伴侶在另一方的能量場及氛圍中所產生的影響。

相位表

　　星盤比較中最具動力的技巧之一，是分析每張星盤之間互相產生的相位，在此有必要了解每顆行星的本質以及它們如何影響另一顆行星，特別是當它們相互產生主要相位時。將一張星盤中的每顆

行星與另一張星盤中的每顆行星進行比較，以確定兩張星盤之間最重要及最有力的相位。

組合盤（Composite）及其他星盤

當我們要徹底分析兩張星盤時，可以結合這兩張星盤來建立另一張星盤，稱之為組合盤或戴維森關係盤（Davison Relationship chart），這些星盤將在第二部中討論。每一種星盤都試圖描繪關係的能量或兩人結合的實體或一體，其他同樣重要的星盤，例如我們也將檢視婚姻盤及相遇盤，在相遇盤中，相遇時的行運和推運是重要的，因為它們象徵著這段關係的基礎能量。

每一段伴侶關係都會隨著時間的推移而變化，在本書的第二部也會探討這個主題。意識到行運及推運是很重要的，這有助於想像關係的演變，我們不僅考慮本命盤的行運和推運，也得考慮組合盤的行運和推運。在思考關係時，我們面對的是來自兩個不同家庭背景及生活事件的兩個人、他們各自的故事及形象，在他們相遇之前的過去充滿了記憶、情感、創傷、想法、情緒和經驗，這一切皆滲透到現在及未來的關係中。每一個人帶進關係中的過去都是非常主觀和個人化的，但卻往往是另一個人所不知道的部分，這些影響將出現在伴侶共同經歷的轉變中。本書的最後，我們也將反思這些步驟，進而剖析並了解每一段關係。

第一部

本命盤

人際關係的可能性和潛能

人際關係占星學不僅僅是一種兼容性及可能性的學問，它希望我們
尊重自己在依附關係中的神祕及靈魂，這並不是爲了想要它們成爲
什麼樣子，而是爲了其眞正本質。

—— 布萊恩·克拉克（Brian Clark）

第一章
原型與依附

伴侶關係中的行星

我們在成人依附及關係的背景下來思考行星原型，展開探索成人關係的旅程。《家庭占星全書》是本書的前奏，因為它所探索的家庭關係占星學為成人關係占星學奠定了基礎；然而，無論是在童年還是成人時期，本命盤中的模式總是相同的，雖然它會透過行運及推運的發生而有所調整，但隨著年齡改變的是我們對於這些特徵的自覺、自我的發展和經驗以及成熟度。

每個行星原型都有其恆常意義，而在這裡是行星意義的變化運用。行星原型是占星學上的神，當祂們進入人際關係領域時，我們便成為祂們的代理人，於是神聖的力量與生命故事交織在一起，在祂們成為占星學上的神之前，是活在希臘神話中，而在很大程度上，神的特質與個性皆傳贈與行星。

內行星

星盤中的所有行星中，五顆內行星最具個性化，是我們個人的需求、優點、智慧、價值觀和慾望的特徵。它們也是家庭成員的化身，例如：太陽描繪了父親；月亮是母親；金星是姊妹；而火星則代表著兄弟的形象。當這些行星落在關係的領域或是形成強硬相位

時，可能強調著此家庭成員或其原型形象的連結。這些行星作爲家族角色的原型人物，例如，太陽可能會在關係的背景下暗示著父親的模式，而月亮暗示著母親的模式，這些行星的相關模式首先顯現在童年和青春期的家族關係中，然後再次出現在成人的互動當中。

這些行星透過具有動力的相位和行運而強烈的受到社會行星和外行星的塑造及影響；然而，它們也會對其他星盤的行星產生反應及作用。當依附發生或親密關係發展時，行星原型會變得願意接納，並且容易受到伴侶行星性格的影響。每顆行星所代表的渴望，如何經由人際關係來實現，這是屬於個人的範疇；但由於每顆行星都象徵著某種原型傾向，因此具有其興趣及吸引力的領域，當我們放大並思考此領域時，便能夠深入了解我們的關係模式及偏好。

除水星之外，內行星的特徵還在於其性別，因此，太陽和火星代表由男性傳承的祖先、文化歷史模式；而月亮和金星通常象徵女性，並且代表女性在家庭中所傳承的模式。在心理層面上，內行星也以陽性及陰性特質爲其典型及區分。由於人類靈魂同時蘊含男性／女性身上的陽性及陰性特質，因此雖然男性被鼓勵去發揮陽性特質，而女性支持陰性特質，但每個人在其性格中皆融合著兩者。

在關係占星學中，經常有人提出：對於女性來說，太陽和火星代表了她內在的陽性形象或阿尼姆斯（animus），因此這些行星的星象將強烈暗示男性伴侶；太陽描述著與父親的第一次關係，而火星象徵著她渴望從男性伴侶／同儕身上得到的東西。同樣的，男性的月亮和金星一直被認爲是內在的陰性特質或阿尼瑪（anima），

它們將透過關係來啓動；月亮暗示其初戀、母親，而金星將透過吸引他的女性來體現其理想女性。

精神分析論述認爲，女性的陽性特質是從父親至兄弟的親屬關係展開，之後是與兄弟的朋友或其他男性友人的連結，然後進入成人關係的世界。她首先透過與父親、然後是與兄弟的關係去發展阿尼姆斯，或者以占星學的語彙來說，她內在的陽性特質包含了太陽與火星。同樣的，男性的阿尼瑪發展方向是從母親到姊妹、之後是姊妹的朋友或女性朋友，然後到成年後的情人，也就是從月亮到金星。

基於家族及文化傳統，在某種程度上這種線性思考有利於關係的分析。然而，這四顆行星同時屬於原型，並且超越了性別敘述，因此最好不要過於硬性的以性別歸結其特質，但是最好知道女性的太陽和火星以及男性的月亮和金星會透過關係的洗禮，而變得更爲可用、更具覺知。太陽／月亮和金星／火星都是自然的配對，它們不僅代表了陽性／陰性特質的極性，還代表了其他二元性，例如：光明與黑暗、主動與被動、對抗與妥協，公開與隱蔽等等。雖然它們的表現是對立的，但它們會自然而然地成雙成對，超越了性別分類，彼此之間產生強烈的吸引力；也由於這些原型的吸引力，此動力也作用於同性戀關係中。

在幼年的關係背景之下，月亮和太陽扮演了重要的角色，它們反映出人們與母親、父親和家庭關係的連結；但在成人的背景之下，金星和火星被用以代表關係的行星，金星渴望被重視、被愛和被需要，而火星的衝動是慾望以及追逐想要的東西。人際關係占星學在分析成人依附和親密關係時，會強調金星和火星，它們的星

座、宮位和相位所描述的行星特質，以及它們與伴侶的星盤所形成的相位都是重要的，因此我們將個別研究這些行星。但是，以下我們先透過關係的角度來檢視每顆行星。

✤ 太陽

「心」已然成爲情緒、情感和愛的象徵，它通常用來表達溫柔的感受，但作爲一種象徵，它提醒我們心靈與愛之間的恆久連結。太陽守護心臟，是一段眞摯關係的成長基礎，它是對自己的愛與認同的發展核心，是一段健康、平等的成人關係的前提。自尊心透過在家庭中感覺被愛及珍惜，以及在早期關係中鼓勵健康的自我價值而發展，但是，當太陽的原型發育不全時，它可能會轉而變成自大或自我中心，造成成人關係的分裂。在這些情況下，這顆太陽會尋求伴侶的肯定和感謝，而不是能夠去讚美和欣賞他的伴侶。因此，太陽在關係中的一個重心角色就是透過鼓勵、支持和認同對方的才能去照亮對方；而這反過來，爲以太陽爲中心的個人提供了更大的成就感及個人滿足。

當太陽想要表現自我和創造時，重要的是，一段關係不僅要能夠支持個人的願望和抱負，也要能夠滋養個人的成長。在關係中，無論有多麼艱鉅或看似不可能，太陽都需要感受到它被鼓勵去做眞正想要做的事情，它想要以勇氣及創造力成爲他人的伴侶。由於太陽具有獨特的創造力、個性和表現力，因此需要伴侶認同並意識到它的重要性；根據星盤和關係的本質，伴侶之間的創造力可以運用在共同的計畫和工作上。太陽的神話形象是英雄，而通過黃道帶的太陽路徑便如同英雄之旅；在關係中，太陽代表需要受到鼓勵

和支持的英雄本質。

太陽也象徵著生命力，當個人的這種原型面向得到伴侶的支持時，他們會感到更具能量和活力。太陽是認同、讚美和掌聲，當在關係中得到這些感覺時，太陽就會發光發熱，溫暖個人及關係。在關係占星學中，太陽受到挑戰而變成別人世界的中心，以放棄自我中心和需要而得肯定，或是渴望成為主導者或掌控一切的人。一段活躍和熱誠的關係會涉及一個整體中的兩顆太陽。

傳統上，太陽一直是父親的化身，因此，當在關係占星學中強調太陽時，重要的是要考慮父親對於建立關係、家族模式及形象的態度；那些充滿自信及說服力或有影響力的人反映出太陽的光芒。

✤ 月亮

當月亮的原型被強調時，照顧、依賴、安全及歸屬成為關係的主軸。本命盤中的月亮代表個人需求，從出生到童年，我們都仰賴他人以滿足需求，然而當我們變得成熟，便多少可以自給自足，但是總還是有依靠他人的某些需要，例如：陪伴、支持、學習和愛。因此，月亮指出我們對於自己的需求及他人的需求所感覺的舒適程度，例如：比對月亮牡羊座與月亮巨蟹座，以反映這些需求如何表現在關係中。

由於依賴意味著離不開他人，因此經常等於脆弱。然而，脆弱性並非弱點，除非我們在特別鍾情於某人時使用這個詞。依賴淡化了兩個人之間的界線，形成互利的合作關係，在童年時期，這種關

係是不平等的，因此我們相信其他人會滿足我們的需求，如果這種信任被侵犯或遭到濫用，那麼月亮的連結傾向可能會在成人生活中受到損害。由於月亮在本質上是習慣性的，因此可能會在無意中重複相同的模式；而在成年人關係中，我們是內在孩童的父母，需要保護自己的脆弱，並在我們的關係中確保它的安全。在探索個人需求以及潛在的情感信任模式時，月亮相位會透露其細節。

月亮需要強烈的歸屬感，它在關係中的傾向是感覺到依附及牽繫於他人及關係，因此每個人在一段親密關係中，都會面對伴侶的依附方式或與人親近的能力[4]。月亮也暗示著我們的習慣、生活方式和情緒，隨著關係變得更親密或伴侶之間花更多時間在一起，這些情緒就會變得更爲明顯。月亮反映出個人的舒適圈、生活方式及習慣模式，如吃飯、睡覺和放鬆；雖然月亮射手座可能渴望來一盤咖哩、起得早並享受背著背包、徒步穿越森林，但是這可能不太符合他們月亮金牛座伴侶的需要。

傳統上，月亮由母親體現，因此如果在關係分析中強調月亮，重要的是要處理母親在關係上的傳承、祖先的關係模式以及母親在情感上的安定及親密程度。由於月亮是周期性的，它往往與不穩定或搖擺不定的個人有關，換言之，是情緒化和喜怒無常的人。在關係中，重要的是承認眞實感受、不加以批評的去理解月亮的情緒和階段。月亮將全部情緒帶入所有關係中，而其星象將有助於處理每個人及關係的感情層面。

4　請參閱布萊恩・克拉克所著的《家族占星全書》。

♣ 水星

我從夫妻那裡聽到最常見的抱怨之一，就是在他們的關係中缺乏溝通、感覺聽不進去或誤解，單純的建議變成激烈爭吵，或者評論被認為是批評。水星在占星學神殿中的神職是溝通之臣，它的影響範圍是語言、思想交流、商議計畫、溝通及傾聽，親密關係強調水星本質的重要層面。

雖然水星通常與口語或文字溝通有關，但它也是騙子的原型，因此說出口的話或白紙黑字都不一定是真的。而關係中的溝通由於受到無意識的影響而變得複雜，沒有表現出來的感情、怨恨及懷疑都可能透過肢體語言、行為改變、冷漠或分離來傳達，這切斷了直接討論的機會。本命盤有助於確認自然的溝通模式，而星盤比較則會詳述這些模式在關係中如何被啟動。家族的溝通模式被帶入成人關係，也就是在一段成熟關係的親密隱私中，需要面對言語、敘述和分享的禁忌及命令。

在關係中，需要尊重水星的流動性、自由表達及靈活傾向，一旦認可並體驗到這一點，水星之旅就會從溝通轉向水乳交融。練習水星的雙面技巧可以讓雙方慢慢發展出共識：當一方在說話時，另一方則傾聽；或者一方在表達時，另一方則分析。這種緊密連結會產生同情與理解，在夫妻交談時所使用的語言之間流露出來，隨著時間的累積慢慢變成了這對夫妻自己的方言。幽默、機智和荒謬也是此類對話的一部分，水星能夠嘲笑生活而不把一切看得太嚴重的能力，是這個騙子的積極面，這能夠讓一段關係變得比較輕鬆並充滿生氣。

　　水星的二元性、與日／夜兩世界的連結，以及它在天堂與冥界之間穿梭自如，這些在關係中扮演著重要的功能。在一段親密的關係中，水星更明顯扮演著引靈人或冥界導引的角色。當愛慾之神愛洛斯（Eros）醒來時，水星透過日記、情書、暗示、爭論、幻想、甜言蜜語找到許多表達管道。親密感的建立需要的是水星對於關係的忠誠；而私房話及專情也需要帶著關係的神聖。

　　傳統上，水星與學習類型有關，無論是老師還是學生，還是其他靠智力為生的人，因此，關係是這種好奇心的一個領域。水星也有學習和受教育的衝動，因此當一段依附關係產生時，這段關係就變成了水星的學習場所。水星與手足原型的連結將伴侶、同伴和同行者的形象也帶入其關係中。

♣ 金星

　　在檢視成人關係時，金星是極為重要的，因為這個原型暗示著對於愛、結盟、連結和關係的渴望。雖然月亮也是結合的本能，但它代表的是受撫養者及家族的附屬，而金星則暗示更為獨立和平等的關係，並經常在家庭的舒適圈之外受到考驗。它說明我們的個人價值觀、品味、好惡、以及我們覺得愉悅和美麗的事物；因此，我們的熱愛、吸引力和連結的基礎是個人的品味、樂趣和價值。雖然金星是關於愛情關係的渴望，但它也象徵著愛自己及自我價值的體驗。

　　金星體現了吸引力，在希臘神話中，女神有一條魔法腰帶，當她戴上時會吸引她所選擇的愛人；在伊利亞德（*Iliad*）史詩的一個

小場景中，女神赫拉（Hera）借用金星的魔法腰帶來誘惑她的丈夫宙斯，因為他對他們的關係毫無興趣，而金星帶著磁性的特質，賦予她不可抗拒的魅力。雖然時尚、風格、裝飾和品味是經過集體潮流洗禮的結果，但金星也是屬於個人；一個人的品味、快樂及激情皆非常主觀，因為一個人覺得美麗而誘人的事物，在另一個人的眼中可能毫無感覺，金星是個人理想及自尊的核心。

不僅情侶隸屬於女神的魔力，藝術家、歌手、時尚及演藝人員、博物館館長或酒吧經理、那些享受慶祝活動、遊戲和其他樂趣的人也被金星吸引。換句話說，金星領地的子民們著迷於美麗、創造力、藝術、感官及愉悅，但也是在她的領域中，能夠找到愛、性及關係。然而，這個領域往往充滿了愛與關係的其他特徵，例如：虛榮、激情、嫉妒和三角關係。

金星在每個星盤中都會揭示個人的品味，但也會反映出你對於愛和人際關係的態度，無論是性關係的緊密、情感的親密的還是友好的情誼，這就是你如何熱情回應別人，以及別人吸引你的精神特質。金星是你表達情感的方式，也是你接受它的方式，最終，這是你內在所珍視的特質，以及你如何與別人身上的這些特質產生共鳴。金星就是阿尼瑪，讓我們與成人關係的核心產生連結；它也是繆斯，讓我們著迷於世界的美麗——在其他人身上、特別也是在我們自己身上。

♣ 火星

火星是一種重要的陽性能量，通常與戰士的原型有關，自從早

期巴比倫人以戰神內爾伽勒（Nergal）稱呼這顆紅色星球以來，兩者的關聯就更明顯了。當這個主題進入了人際關係占星學之後，火星便代表人類互動之中的爭執、對抗、競爭和衝突。火星作爲一種原型，也是勇敢且具有膽識的象徵，它代表英雄們爲他們所愛的人而奮戰，或者努力排除萬難求愛並贏得渴望的女人──這些相關形象。火星代表身體和情感的動機、慾望和興奮，它也是引燃激情的原型，當我們被某人吸引時，它會讓我們的體溫升高、冒出疹子或臉紅；在本能上，當我們被火星迷住時，我們情慾高漲並處於失控的狀態。

當一個人充滿戰士精神時，他們可以毫無畏懼地投入戰鬥；但是，當火星人的慾望高漲時，他們可能也會卸下武裝、爲他人神魂顛倒，火星的火熱能量是透過愛來馴服的。火星的原型涵蓋了廣泛的情感範圍，從原始的生存渴望到美麗及愉悅相關的性慾衝動，使它成爲金星的理想伴侶。

在本命盤中，火星不僅是我們慾望或渴求的量表，也代表我們如何追求目標以及如何努力爭取想要的事物。在關係中，它代表我們對於所愛的人的追求、如何表達渴望、以及如何控制慾望及激情，包括憤怒。透過我們的情緒反應，火星幫助我們思考自己的渴望是否能夠獲得紓解或是會碰壁或受阻。當火星受到阻礙時，它可能會向內投射，也就是透過自責或自我傷害的方式，把矛頭指向自己。在關係中，一顆受阻的火星可能會勃然大怒、憤然離開、斷絕關係，因此，在關係分析中，它的重要性不僅是作爲激情和慾望的指標，而且也是衡量是否健康的表現衝突及分歧的工具。

在傳統上，火星與士兵和運動員有關，那些手持刀械的人，

如：外科醫生、屠夫和醫師，商人、警察及那些膽大而直接的人，火星人被認為具有強烈的陽性特質。它與太陽都是關係中的阿尼姆斯；但與太陽不同的是，它更傾向於本能、原始和性。火星在星盤上的本質包括潛能與力量的表現，而在關係中，它則代表慾望和激情。

社會行星

木星和土星是社會階層的主題，也是家庭和文化之外的體制參與，其循環周期是二十年，透過社會習俗、儀式及生命循環階段，每一個二十年劃分出我們生活的過程。在關係方面，它們與婚姻、離婚、性等方面的信仰和傳統有關，木星暗示著我們信仰的道德原則和標準，而土星則代表了強化這些信仰的既定傳統與法則。雖然土木的觀點看似相反，但它們卻自然的成為一對，在二十年期間，它們一起試圖將法律與被認為的「正確」結合。

當木星或土星進入與親密關係有關的宮位，例如：第七宮或第八宮，或者當它們與內行星產生相位，尤其是金星或火星時，這些原型就會出現在成人關係中。例如：當木星與金星／火星產生主要相位時，我們就會去思考支撐人際關係精神的哲學和道德態度，以及它們可能如何釋放或阻止關係的建立；當土星與金星／火星產生相位時，我們可能會反思那些抑制或妨礙關係建立的規則與制度。

因此，我們可以將木星和土星視為集體及個人對於關係主題的思考方式。當木星或土星落在代表關係的星座——天秤座或天蠍座

時，我們便會根據其相關模式去注意社會的氛圍，但是我們也知道，個人行星落在這些星座的人，將會經歷調整並分析自己建立關係的模式。值得注意的是，土星落在天秤座這個關係星座中是擢升的位置，那麼，關係是一種考驗、試煉還是報酬？

♣ 木星

當木星落在代表關係的宮位或與內行星——特別是金星／火星產生相位時，便會影響個人關係，如此一來，其原型將以多種方式影響關係。跨文化關係是木星的象徵，因此，伴侶的信仰及哲理是其主題。木星的影響力引來異國關係或那些超越你的社會及家族背景的人，其所跨越的邊界是社會、種族、文化、經濟、教育及宗教；因此，木星的關係是相混合的關係，無論是信仰、社會地位還是國籍的交融，其背後的動機強調了異國特質的吸引力，以及超越日常和傳統範圍的學習及成長渴望。然而，跨文化關係也可能是不適當的越界，例如：師生之間的界線，或者帶著道德及倫理的兩難。

木星原型透過建立關係，追求的是自由和冒險。在本命盤中，強勢的木星可能是形容一個旅行者、探險家或自由戰士，這些人格特徵需要在關係中得到支持，它對於親密關係也傾向於開放和樂觀。然而，雖然個人的積極性是吸引人的資產，但卻經常難以承受關係中的困境及低潮而被抵消。木星通過互動追求個人的成長，因為它強烈需要教育及自我意識。它在關係建立中的慷慨令人讚賞，但這也可能是利用持續付出或控制，作為一種抗拒親密關係的防禦機制，如此一來，他們便不需要覺得虧欠對方，或有脆弱的

感覺。

木星的過程包括尋求神聖，當它移轉到關係上時，可能變成尋找理想的他人。當然，這將理想主義、期望、精神價值及哲學信仰的議題帶到關係之前。它同時說明，當這種原型在關係中突顯時，這段關係的性慾及創造性特質，可能更集中於共同分享的哲理及精神性存在的方式。

♣ 土星

土星往往代表控制、權威、障礙和困難，但是在關係中，這些也可能是讓這對伴侶結合在一起，或者類似「關係中的膠水」的東西[5]。土星是承諾及成熟、以及想要努力及負責——所有這些在關係中的重要態度。它同時掌管老化和長壽的過程，結合以上這些特質，它成為伴侶一起努力走過困境、排除障礙、邁向長久關係的黏著劑。從正面的角度來看，此原型包括了忠誠、堅定和傳統，並在關係中可能是可靠的。然而，土星的體驗也可能如同父親或居高臨下、甚至負面和控制，在這些情況下，關係可能長久存在著恐懼、支配和操縱。在本命盤中，土星代表自我控制和個人責任，當一個人感到無力或失去控制時，他們可能會設法管控及支配他人，為這段關係帶來權威和壓迫的氣氛。

另一方面，土星有助於建立權威和界線，並且可能是我們覺得本當更負責、認真和完成實現的地方。因此，就建立關係而言，土

---

5 我第一次聽到這種比喻是 1978 年伊莎貝爾·希奇（Isabel Hickey）在星盤比對的課堂上用來描述土星，請參閱伊莎貝爾·希奇：*Astrology, A Cosmic Science*, Alteri Press, Bridgeport, CT: 1970。

星透過關係而成熟發展，它帶著恐懼去建立關係，重點往往是不夠資格或不夠好，這加深了被拒絕和拋棄的恐懼。成年人的互動往往會反映出兒時被忽視或缺乏的愛與情感，而這些情感在沒有得到適當的和解之下，可能會逐漸侵蝕關係。因此，土星在成人關係中面對並重建自我價值、自主和個人價值觀的議題。避免依賴或重新喚起痛苦關係的方法之一是自力更生，太忙或沒空只是土星的防衛。

土星與工作和成就密切相關，在關係領域中，這可能轉化為地位、野心、金錢的相關議題，或是花在工作上的時間而不是伴侶共享的時間。土星掌管摩羯座，在天秤座是擢升的位置，因此它在這些領域表現卓越，但並非同時性；土星處理階級和平等的並置問題，所以重要的是，協議誰負責什麼事，以及確定彼此之間的角色及期望，並在關係中畫出這一條界線。工作模式與關係是這個原型的主題，當土星在關係占星中被高度關注時，重要的是要處理這些主題。

土星並不熱情奔放，至少不會表現在公開場合，因為這是一件私事。家庭環境塑造了與愛情和情感表達有關的準則和規定，並在成人關係中再次出現，從中我們有機會找到自己真實表現柔軟的方式。成人關係挑戰著完美的標準和存在方式，因此隨著時間的推移，在個人及其關係中，關係的規則、標準和慣例會逐漸成熟。

關係的潛在療癒──凱龍星

凱龍星自 1977 年 11 月 1 日被發現以來，雖然尚未被列為行

星，但在占星神殿中佔據了重要的位置。自此以後，它多次被重新定義爲小星球、小行星、彗星，人們最終再次發現它的位置，和其他漫遊於天際的行星被稱之爲「半人馬星」（Centaurs）。考量半人馬星過渡至我們的太陽系，因此它們被視爲小行星，通常位於木星和海王星之間。作爲穿越邊界者，它們穿越巨行星的軌道，也如同它們在神話中的對應人物，而被視爲局外人、叛徒和失序的人。

　　然而凱龍星是這群粗暴、半人馬座（Centaurus）代表的半人馬族（也就是艾瑞斯（Ares）的後代）中的一個特例。身爲菲莉亞（Philyra）和克羅諾斯（Chronus）的兒子，祂的血統意味著祂是三位奧林匹亞諸神——宙斯、波塞頓（Poseidon）和黑帝斯（Hades）（祂們在現代占星學中都被命名爲行星）的同父異母兄弟。凱龍星的行爲舉止與其他半人馬族相反，因爲祂聰明、公正且善良，但是與其他半人馬族一樣是社會邊緣人且不屬於主流。祂是半人半馬，其神性由身體的本質決定，因此，祂體現了化爲肉身的痛苦、人類的苦難及身處邊緣的焦慮。在祂的神性可以釋放之前，身體必須死亡，而不像其他的神具有永恆的形體。因此在人際關係中，凱龍星意識到人類不可避免的苦難、痛苦、以及人類的共同經驗，而在每種關係中，喚醒其神性，並透過愛的力量、性激情的歡愉和親密感的神聖來體驗。然而，身爲人類，苦難和痛苦是無可避免的，凱龍星在每段關係的煉金術中處理這種百感交集。如果在占星學的人際關係分析中強調凱龍星，它會邀請人們的參與，但我們屬於人性的那部分往往會排拒並恐懼這種苦難與痛苦的靈性感受。

♣ 凱龍星

　　凱龍星最廣為人知的是醫者的原型，它是創傷與療癒的矛盾相遇，創傷是療癒的根源，因為它蘊含著治療的良方。從心理學的思維方式來說，承認和接受傷口的存在加速了療癒的過程；而在人際關係占星學中，凱龍星代表透過關係建立與親密關係的過程而重現創傷。

　　凱龍星不是直接與關係有關的行星原型，當它落在與建立關係相關的重要宮位，或者當凱龍星與某顆內行星——尤其是金星或火星產生相位時，才會感受到它的影響力。當有此種星象產生時，占星師會注意到可能以各種方式表現的關係主題，我們也可能會開始思考凱龍星軌道之下的一些主題。它在關係星座——天秤座和天蠍座停留的時間最短，在天秤座只有 1 至 2 年，在天蠍座只有 1 年半至 3 年，因此，這些將代表更多個人或文化對於關係的理解所產生的變化，而不是像外行星一樣徹底改變。

　　正如上文所言，凱龍星的普遍主題之一是身處邊緣、在制度之外或被剝奪權利的感覺。在關係占星學中，這可能意味著捲入非傳統的關係，而這種關係不在個人的家庭／文化規範或典型之內，也許是心愛的人受到傷害或以別人不熟知的方式受苦。由於凱龍星象徵著這種創傷／療癒的奇特合體，它可能會透過人際關係或伴侶去接受並理解創傷因而重拾健康。

　　缺乏價值、無關緊要或不被接受的凱龍創傷，可能會因為受貶低及邊緣化的感覺，而在關係中重新被喚醒。凱龍星雖然是創傷的

代言人，但反諷的是伴侶也可能成爲療癒天使，也就是透過他們的行爲，再度挖開我們難以癒合的傷口，而在覺察之間去承認與釋放它們。我們也可能是意外傷害的始作俑者，透過這層認知，可以發展出更爲信任及具有覺知的關係；因爲承認、尊重並接受他人和自己的傷痕，我們可以變得更加親密、進而建立更深層的靈性連結。凱龍星引導我們溫柔耐心的包容彼此的脆弱及局限，這改變了我們對於凱龍特質的認知，如今能夠將之視爲長處及具有靈性的品德。

凱龍的哲理教導我們，自身的苦痛使我們善於療癒他人；從自己的傷口所衍生的智慧當中，我們學會認知別人的痛苦和困境，並對於他們的遭遇產生同情與理解。具有諷刺意味的是，雖然我們可能無法完全接納並尊重自己的創傷，但我們可以爲他人做到這一點。這種個人的矛盾在關係中得以實現：我們可以爲心愛的人做的事情卻往往無法爲自己做到。

關係中的世代差異與潮流——天王星、海王星和冥王星

下列行星是直到近代才被發現，它們並不在古代占星學的範疇中，在象徵的層次上，其本質並不受限於人類的概念、法律、限制或道德。外行星超越人類的經驗，因此，它們經常被稱爲超個人、集體、精神性、神聖及超自然。它們對於人類感知而言並非本能，因此經常被比喻爲精神或超個人的層次，類似於卡爾・榮格（Carl Jung）的集體無意識。從本質上來說，它們爲人類經驗帶來了一些尚未被概念化、計劃、經驗、想像或深刻感受到的東西，也

許這就是爲什麼這些行星暗示著覺醒、解放、幻想、啓蒙並總是代表改變。

當這些代表改變的行星與代表交換的行星產生相位時會發生什麼事？當某顆外行星對關係造成影響，它暗示著某種非傳統、異常或者是統計學的「鐘形曲線」離中心最遠的限制。當它們與某顆內行星（尤其是金星或火星）產生相位，或落在關係或親密關係的宮位時，會對私人關係施加其影響力。當外行星穿過黃道帶上第七或第八個星座——天秤座或天蠍座時，它們會影響成人關係、親密關係及性方面相關的集體態度和想法。從 1942 年到 1995 年，每顆外行星都經過了黃道帶的這一段，這不可避免地改變了人類在平等及成人關係上的風貌。

下面列出了這些在關係上產生巨大轉變的占星時期：

	平均在每一星座的行運時間	在天秤座的行運	在天蠍座的行運
天王星	天王星的循環週期爲 84 年多一點，行運於黃道帶上每個星座的時間在 6.5 至 7.5 年之間，在天秤座及天蠍座度各停留 6.5 年。	1968 年 9 月 28 日～1969 年 5 月 20 日 1969 年 6 月 24 日～1974 年 11 月 21 日 1975 年 5 月 1 日～1975 年 9 月 8 日	1974 年 11 月 21 日～1975 年 5 月 1 日 1975 年 9 月 8 日～1981 年 5 月 17 日 1981 年 3 月 20 日～1981 年 11 月 16 日

海王星	海王星的循環週期為 165 年。由於其軌道爲圓狀，因此平均停留在每個星座接近 14 年（一般爲 13.5 至 14 年）。	1942 年 10 月 3 日～1943 年 4 月 17 日 1943 年 8 月 2 日～1955 年 12 月 24 日 1956 年 3 月 12 日 1956 年 10 月 19 日 1957 年 6 月 15 日～1957 年 8 月 6 日	1955 年 12 月 24 日～1956 年 3 月 12 日 1956 年 10 月 19 日～1957 年 6 月 15 日 1957 年 8 月 6 日～1970 年 1 月 4 日 1970 年 5 月 3 日～1970 年 11 月 6 日
冥王星	冥王星類似凱龍星的軌道爲橢圓形，循環週期爲 248 年，行運於黃道十二宮的時間並不平均。在天秤座 12 至 13 年，在天蠍座 11 至 12 年，相較於牡羊座是 29 至 30 年、金牛座則是 31 至 32 年。	1971 年 10 月 5 日～1972 年 4 月 17 日 1972 年 7 月 30 日～1983 年 11 月 5 日 1984 年 5 月 18 日～1984 年 8 月 28 日 請注意冥王星經過海王星天秤座世代的行運。	1983 年 11 月 5 日～1984 年 5 月 18 日 1984 年 8 月 28 日～1995 年 1 月 17 日 1995 年 4 月 21 日～1995 年 11 月 10 日 請注意冥王星經過海王星天蠍座世代的行運。

由於外行星行運於星座之間的速度緩慢，相隔數年之內出生的人將會有相近的外行星。

♣ 天王星

作爲意外的原型，天王星最好的詮釋是：我們不知道它會爲關係帶來什麼，除了變化、劇變以及完全背離過去的認知。天王星是一個電路斷路器，在連接及中斷之間改變電流。我常常使用天王星

行運的意象是：如果插頭是在插座上，你會將它拔出來；如果它沒接電，你會重新插上電，因此，它會引起興奮，但當它刺激已知和確定的事情時，會讓關係充滿極度焦慮。從本質上講，這是一種既令人興奮又令人恐懼的預期，表現於外的是不安與擔心。

天王星在關係占星學中的主題之一是：獨立自主與親密關係之間的變化，通常被稱爲自由／緊密或親近／迴避的二元對立；當天王星與月亮或金星產生相位時，這一點特別明顯，因爲代表依附的行星與代表分離的原型結合在一起。這個主題集中在天王星對於空間和距離的需求上，在關係中這可能意味著與伴侶保持基本距離以獲得所需的呼吸空間，卻反而引發被遺棄及被遺忘的恐懼，而這又往往與此原型有關。表面上這似乎是承諾的議題，然而本質上卻是對於自由和自主的潛在需求，如果在關係之下可以滿足這項要求，那麼個人則比較能夠或容易真正投入關係。

因此，天王星突顯出個人／結合的主題：關係中的空間——也就是自己一個人及共同的房間，雖然在天王星式的關係中，普遍的想法是各有各的空間。這往往會發展出一種「開放」的關係，在這種關係中，存在著一種對於「不設限的關係」的相互理解，或者是開放而非封閉式的關係。其中友誼與陪伴往往比親密關係更加重要，這呼應了「我們做朋友吧」的這條經典的分手界線。因此，當天王星與親密關係的行星產生相位或是落在建立關係的宮位時，則明顯指出此種模式出現的可能性。

由於天王星的本質，在關係中經常會有突然交往或閃電分手的情況，雖然看起來婚約是出乎意外、離婚也令人意想不到，但其跡象和狀況已經存在一段時間了；天王星帶來了此種模式，包含深

遠的見解及對關係的直覺。當此原型進入關係時，最好繫上安全帶，因為它會讓人感到興奮與波濤洶湧，一段天王星式的關係永遠不會讓人沉悶無聊。

✤ 海王星

在關係占星學中，海王星通常被認為是神奇的魔力或悲劇：墜入愛河的幸福或單戀的痛苦。海王星象徵著邊界的擴散及消融，在關係占星學中，此原型助長了共生與結合，其影響範圍從著迷到欺騙、從混亂到鼓舞。當它在兩個戀人之間釋放能量時，就像一種迷幻藥，改變他們對於自己和另一個人的認知。當面紗緩緩揭下，這對愛侶發現自己迷上對方，這是被此原型的催眠能力所迷惑。海王星類似於一種神聖的瘋狂，而這往往與墜入愛河有關；柏拉圖強調愛使我們近乎神聖，因此，它觸及的是我們靈魂的永恆。

墜入愛河意味著下降到底層、其他世界或無意識，而海王星也是地下世界的守護者之一，當它落在建立關係的宮位或者與相關行星產生相位時，會帶入其原型意味而影響關係。常見主題之一是：它傾向於鼓勵犧牲和屈服，在關係中通常稱之為救世主／受害者模式。這說明了無限循環的救贖：當伴侶承諾永遠不再做同樣的事時，便會得到原諒，當他們重蹈覆轍時又拯救他們，然後再一次的寬恕，帶著期待／希望的高點與失望／絕望的谷底的一種無止境循環。由於海王星的無邊無際，它鼓勵彼此牽絆，兩人都可能深陷於彼此的生活中，而再也不知道個人想要什麼或渴望什麼，因此降低了獨立、分離或離開的能力。

在關係中，海王星理想上的臣服類似於成癮，因此海王星經常等同於相互依賴的關係或寄託在成癮上的關係。其中一個人可能真的有某種上癮問題，而引起另一個人幫助他們的衝動，這使他們結合成爲一種上癮模式。海王星也可能美化建立關係的痛苦，被傷害等同於被愛。此原型的另一面是分享靈性和創造力的渴望，並且當在關係中突顯海王星時，往往會產生充滿精神或創造性的伴侶關係。

另一方的理想化也是海王星在關係中的部分輪廓，然而，理想化通常是一種防衛手段，可以逃避錯過、失去或得不到的痛苦，而這個人可能是高不可攀或僅是一個幻想。海王星經常爲關係帶來不真實的期待，可能更多的是愛上完美的愛，而不是可能的現實。

♣ 冥王星

無論冥王星影響了哪一個領域，它帶來的是正視真相、面對否定及挖掘過去的過程；這個過程不是爲了引起羞恥心或消極面，而是捨棄那些無法讓生活更好的東西。當此原型進入關係領域時，它吸引誠實及親密關係，但同時也透過對方的鏡像讓人不可避免的看見自我深層的內在。

身爲冥界之神的冥王星，其神話故事與關係有關，和祂的兄弟不同的是祂只想要一個伴侶，帶著兄弟宙斯的祝福，祂將波賽鳳（Persephone）綁架到冥府。當冥王星衝出冥界掠奪良家閨女時，波賽鳳依然是處女，天真無邪與母親關係緊密，而只是在田裡採集鮮花；但是透過轉化的過程，她成爲冥界之后、與死亡之尊平起

平坐的伴侶。這則神話故事作為冥王星式關係的寓言，證實了沉迷、權力、轉化和啟蒙以及平等和親密的主題。

當關係涉及冥王星時，經常會產生人我之間的強烈碰撞，信任和背叛的主題主導著關係的樣貌。冥王星喚起生與死、愛與失、以及信任與背叛的強烈感覺，當一個人從如死一般的背叛遭遇之中走出來時，他們會恢復生機，轉變自我意識。冥王星信條中的信任是信任自己而非他人，要非常的相信自己，才會知道自己可以承受任何損失，而對於冥王星來說，愛與失密不可分。

力量（權力）和愛也交織在一起，無論冥王星是愛的力量還是權力之愛。當一段關係集中在愛的力量時，冥王星暗示著深刻的親密與分享；而當關係聚焦於後者時，權力的議題、操縱、嫉妒、占有和控制的議題進入了關係。在冥王星式的關係中，權力往往是透過金錢或性來表現，也因為這些擔憂，展現出來的是缺乏親密感和分享的權力。在這種類型的關係中，祕密成為一個問題，因為它使伴侶分離；但是在一段親密關係中，每位伴侶都會知道個人隱私與隱瞞另一半之間的微妙平衡。

冥王星式的親密關係是一種被扒光的經驗，這可能是解放或是一種羞恥，因為冥王星的特質而沒有中間或灰色地帶。當它是一種解放時，個人會感覺被滿足、理解及賦予力量；但是，當它是一種羞恥時，個人可能會將性當作武器或防衛來掩飾不愉快的感受，無論是哪一種方式，冥王星式的關係都有可能改變每個人。冥王星是「療癒之愛」：在這種治療關係中，你生活中的伴侶可能就是你的「貼身」治療師。

第二章
愛神、性與關係
愛洛斯、金星與火星

　　每一種文化都有與關係相關的古老傳說，在希臘和羅馬的傳統中，愛情、性和關係的神話枝繁葉茂。在希臘神話中，宙斯以到處捻花惹草而聞名，但卻是阿芙蘿黛蒂（Aphrodite）以愛與美為名而成為偉大女神。她被羅馬人擁抱成為金星，每張星盤中以此命名的行星，體現出愛與關係；自此，金星以其豐富的神話史進入了占星神殿，訴說著她的原型特質。在希臘神話中，她不變的伴侶是阿瑞斯，他之後融入了原有的羅馬之神——火星，這些象徵愛與慾之神彼此之間的關係在整體占星傳統中皆成永恆。

愛的傳奇

　　在整個希臘神話中，阿芙蘿黛蒂和阿瑞斯一直都被配對成伴，不是深情相擁的戀人就是兄弟姊妹。在《奧德賽》（Odyssey）中，他們陷入由阿芙蘿黛蒂的丈夫赫菲斯托斯（Hephaestus）編織的金絲網中，他手編細絲，以便讓妻子和阿瑞斯陷於床上。阿芙蘿黛蒂和阿瑞斯的關係是情慾、激情和永恆的，在荷馬的早期史詩《伊利亞德》（Iliad）中，對於他們關係的描述雖不那麼扣人心弦，卻如以往一般親密，阿芙蘿黛蒂稱他為「親愛的兄弟」。當我們想像這些神時，我們認為他們是永恆的戀

人、美麗與戰鬥之神、和平與戰爭、陷入了愛慾的黃金之網。阿芙蘿黛蒂也是阿瑞斯的孩子的母親：哈摩妮亞（Harmonia）、福布斯（Phobos）和迪莫斯（Deimos）或是稱之爲和諧、恐懼及恐怖；另外一個孩子愛神愛洛斯，則體現愛的吸引力。

身爲靈魂伴侶，他們的伴侶關係有兩層：一層是情慾、情感的和親密關係；另一層是友誼及伴侶情誼。在心理層面上，他們是愉悅、慾望和激情的原型表述；而在占星學術語中，他們指出哪些特質具有吸引力及魅力，我們重視什麼以及想要、渴望什麼；在生理上，他們體現了我們的氣味和性慾，屬於本能卻是積極的力量，吸引我們去建立伴侶與其他關係。

在羅馬神話中，金星和火星是主宰帝國的神、也是兩位羅馬建國者——埃涅阿斯（Aeneas）和羅穆盧斯（Romulus）的父母。阿芙蘿黛蒂的兒子埃涅阿斯逃離毀滅的特洛伊城，並且生下最終統治羅馬的新國王一脈；而火星的兒子羅穆盧斯則在台伯河（Tiber）畔重建了羅馬。金星和火星是黃金之城羅馬的原型基石，與其守護者一樣被視爲永恆及浪漫的象徵。

但在我們迎向金星和火星以及他們的前身阿芙蘿黛蒂和阿瑞斯之前，讓我們先回到這些神尚未出現、文明繁盛之前的一個更原始時期。在這裡，我們遇到了愛洛斯，他是五位原始的創造之神之一，也是在西方神話中與「交往」及「相互連結」有關的第一位化身。在之後的神話中，愛洛斯成爲阿芙蘿黛蒂和阿瑞斯的兒子；後來的羅馬時期，愛洛斯捲入了其母維納斯以及情人賽姬（Psyche）的三角關係之中。

愛洛斯這幅炫彩奪目的神話壁毯在創造的曙光降臨之際開始

編織，他在其他諸神演化之前出生，也就是他的情慾特質可以溫暖、刺激他們，激發眾神的相互結合。愛洛斯是一種創造的原始力量、對生活的渴望、性吸引力及結盟。在心跳加速之下，傾倒於熱烈的擁抱、感覺心有靈犀、被拋棄、或在愛的暗影之中，愛洛斯就在那裡。他的第一個衝動是融合、結合在一起並互相依附；他是眾神最初的生殖繁衍背後的驅動力。

後來的神話描述了他對母親的依戀，事實上，神話作者講述了一段阿芙蘿黛蒂與愛洛斯真正相互依存的故事。「颱風」是一頭可怕的野獸，當牠們在幼發拉底河岸畔休息時，遇到了阿芙蘿黛蒂和愛洛斯，為了躲避憤怒的怪物，他們偽裝為魚、跳入河中，用一條線捆綁，永遠將彼此連繫在一起，永不分開。眾神以牠們採取的姿態、以雙魚的形象來塑造雙魚座，藉此讚美阿芙蘿黛蒂和愛洛斯。在傳統的占星學中，金星在魚的符號——雙魚座中被尊為得利之位。

在西方神話傳統中，愛洛斯有許多化身和轉化，從原始之神到阿芙蘿黛蒂之子、再到賽姬之夫。羅馬人知道他的愛／慾的兩種面貌是阿莫爾（Amor）和丘比特，他被描述為原始、情慾、熱情、本能和精神性的；但重要的是要記住愛洛斯存在於其他諸神之前，祂帶著他們進入關係之中而賦予眾神生命。

是愛洛斯讓神（原型）去愛、創造及參與，只有透過愛洛斯，神或原型才會有情。就我們凡人而言，神是中性、不人道、遙遠及冷酷的，只有當祂們與愛洛斯相結合時，我們才能感受到祂們的活動，祂們也才能夠變得富有創造力、親密和激勵人心 [6]。

6　Adolf Guggenbühl-Craig, Eros on Crutches, Spring Publications, Dallas, TX: 1980, 27.

　　作爲眾神的鼓舞及激勵者，爲什麼祂最終成爲賽姬的丈夫就很清楚了，因爲祂是愛洛斯——愛的化身、喚起賽姬（心靈）的依戀與情感、靈魂的體現。

愛洛斯

　　關於眾神的誕生有不同的說法，但最完整的敘述記載於西元前八世紀末赫西俄德（Hesiod）的史詩《神譜》（Theogony）。混沌之神卡俄斯（Chaos）是空洞或虛無，從而產生萬物，混沌繁衍出五位創世之神：蓋亞（Gaia）、塔耳塔洛斯（Tartarus）、愛洛斯、厄瑞玻斯（Erebos）和尼克斯（Nyx）。但卻是愛洛斯喚起其他神的結合與繁殖，愛洛斯就是愛，這種力量壓倒智慧，當愛洛斯出現時，生命充滿了非凡的力量，但祂又是微不足道或毫無理由。赫西俄德在《神譜》中，將祂描述爲「不朽之神中最英俊瀟灑的神、肉體的解脫者，祂戰勝了所有神和人們胸懷的理智及目的」[7]；愛洛斯的影響力是屬於天界與俗世、精神與肉體的。

　　愛洛斯象徵著人類傾向結盟、繁衍及創造的深蘊本能，作爲原始之神，其本質並不包括反思、思想或克制，祂衝動任性、奪取控制權並且削弱敏感度。二千七百年之後，安德魯・洛伊・韋伯（Andrew Lloyd Webber）像赫西俄德一樣在他的曲子《愛情會改變一切》（Love Changes Everything）中表達了類似的主題：「愛情一闖入，突然之間我們所有的智慧都不見了」[8]。當愛洛斯得到釋

7　赫西俄德：《神譜》譯者 M. L. West, Oxford University Press, Oxford: 2008, 6.
8　歌詞出自安德魯・洛伊・韋伯的音樂劇「愛情面面觀」（Aspects of Love）中的歌曲《愛情會改變一切》。

放時，混亂也隨之而起，就像原始神話般的場景，哪裡有混亂，愛洛斯就在那裡。

赫西俄德的《神譜》描述阿芙蘿黛蒂的誕生時順帶再次提及愛洛斯，兩次皆開創性地提及神以性結合與愛的過程與之聯繫。早在希臘神話中，祂能夠結合敵手一起產生創造及生殖力的本質已經確立，但隨著時間的流逝，這項本質變得更加文明和社會化。隨著奧林匹斯眾神一一成形，愛神反而變得孩子氣了，其原始的本能如：任性與激情，受到奧林匹斯諸神的馴服及控制；而愛洛斯的本能領域也開始與奧林匹斯的阿芙蘿黛蒂重疊。

在古代時期，詩人西莫尼德斯（Simonides，公元前556～468年）描繪愛洛斯為阿芙蘿黛蒂和阿瑞斯之子，將其性格帶到了愛慾之神的領域，這不是唯一指涉其新的身分與血統的文本[9]，但從此之後，在史詩和詩歌中，愛洛斯與阿芙蘿黛蒂緊密結合，祂成為匹配阿芙蘿黛蒂的的兒子及伴侶；具有諷刺意味的是，在赫西俄德的《神譜》中，愛洛斯是阿芙蘿黛蒂偉大的叔父。愛的原始力量——愛洛斯及愛與美的女神——阿芙蘿黛蒂　起釋放強烈的情慾，將情人們結合在一起[10]。愛洛斯有各種樣貌，厄洛特斯（Erotes）指出愛的多樣性和多元化，隨著這種情慾力量的分化，厄洛特斯的單獨形式被稱之為安特洛斯（Anteros）——代表單戀，波拖斯（Pothos）懷著渴望，而希莫勒斯（Himeros）則是性

9　例如：莎孚（Sappho）提到愛洛斯是烏拉諾斯（Ouranus）和蓋亞之子。其他詩人和作家認為祂的父母是西風之神（Zephyros）和彩虹女神伊麗絲（Iris）或者烏拉諾斯和阿芙蘿黛蒂。

10　有趣的是，荷馬在偉大的英雄史詩《伊利亞德》和《奧德賽》中，不將愛洛斯寫進去，因為他關心的是英雄的勝利，而愛洛斯經常被認為是反英雄的人物，會讓英雄離開戰場。愛洛斯是一個情人而非戰士，他讓眾神結合在一起，而不是拆散祂們，因此無法引起荷馬的興趣。

慾。從心理上來說，透過愛洛斯的各種樣貌，這種著魔般的體驗變得眾所周知。

在古代，愛洛斯和阿芙蘿黛蒂始終連結在一起，後來在公元二世紀，拉丁作家阿普列尤斯（Apuleius）的小說《金驢記》（The Golden Ass）將阿莫爾（Amor）和賽姬的寓言寫進更大篇幅的故事中。阿莫爾是拉丁人的愛洛斯，與愛情緊緊相連，這個故事以許多方式被複述，並且總是激盪出想像力。由於其強大的意象，這則寓言被認為是從賽姬的角度來看一個女性的啓蒙故事；然而，故事告訴我們什麼與愛洛斯有關的事情？

賽姬就如同是凡間的阿芙蘿黛蒂，因爲她美麗的軀體而受到崇敬與愛慕，所以她經常被認爲是第二個維納斯。因爲嫉妒賽姬的美麗及對她耿耿於懷，維納斯要求她的兒子愛洛斯讓賽姬愛上最醜惡的男人。愛洛斯同意祂母親的要求，但是當祂第一次瞥見賽姬的美麗時，祂的心彷彿被自己的箭刺穿，祂愛上了她。於是，祂瞞著母親，將賽姬帶到了祂的黃金宮殿，賽姬沒有與最醜惡的人結婚，而是與愛神在一起了。

愛洛斯對祂母親的依戀讓情況複雜化，因爲祂無法告訴維納斯自己已經墜入愛河，也無法完全向賽姬展示自己，因此愛洛斯退一步，祕密與賽姬交往。賽姬承諾在黑暗中與祂在一起，永遠不會看祂的臉，永遠不知道祂的眞實身分；但是，受到嫉妒祂的姊妹的慫恿，賽姬背叛了她對愛洛斯的承諾。

當賽姬揭開這一切，她發現自己眼前所看到的是愛神的臉，但是一切都爲時已晚，背叛已經發生，愛洛斯已經逃走，因爲愛情不能沒有信任。諷刺的是，也就是這個背叛喚醒了賽姬對愛情的眞

誠。失去了愛人的賽姬向維納斯祈求愛洛斯的回頭，仍然心懷報復的維納斯爲這個年輕女孩設計了四項任務，企圖摧毀她的心靈。而這些看似不可能完成的任務卻讓賽姬發展出力量與意識，讓她爲更有自覺的婚姻做好準備。愛洛斯成爲這段啓蒙之旅的媒介，啓動賽姬個性化的過程。賽姬的努力是靈性上的功課：藉由有意識地挽回屬於自己的愛洛斯來揭開結盟之謎；而維納斯是一種原型：鼓勵愛洛斯和賽姬通過試煉、痛苦和啓蒙有自覺的結合。在榮格的術語中，賽姬試圖挽回她內在的愛洛斯所經歷的試煉，就好像她試圖挽回她的阿尼姆斯——陽性特質的精神 [11]。

這個故事揭示了走向更具覺知的靈魂結合之路所經歷的任務和苦難。賽姬在其試煉和冥界之旅中懷孕，這段旅程也在她與愛洛斯的天界婚姻中劃下句點，祂們的孩子被命名爲沃路普塔斯（Voluptas），對羅馬人來說，她是感官享樂和歡樂的女神，是性感的（voluptuous）這個字的來源，說明豐滿和愉悅的感覺。對希臘人來說，快樂和享樂的女神化身是赫多奈（Hedone），這是英文享樂主義（hedonism）的字根，這說明美德和道德也與愛洛斯的概念相關聯。

愛洛斯後來被描繪成丘比特（Cupid），裝飾著天主教聖人與上帝喜樂結合的畫面，藉以展現信徒們的激情。愛洛斯激起人類的神聖，在祂的原始樣貌中，祂存在於天地分裂之前；或在象徵意義上，存在於精神與身體、文化與本能分離之前。從心理上來說，愛洛斯是原始之神、潛藏於對立分明的意識層面之下；在祂身上，我

11　Marie Louise Von-Franz, *The Golden Ass of Apuleius*, Shambhala, Boston, MA: 1992. 第 7 章 136 頁提到：「如果你認爲賽姬是阿尼瑪的原型，愛洛斯是阿尼姆斯的原型……」。

們發現了一種結合感，雖然這通常是出自於苦惱與痛苦。

　　隨著精神分析的到來，愛洛斯從性的角度受到檢驗。柏拉圖和佛洛伊德對於愛洛斯的概念完全極端：柏拉圖認爲愛洛斯是精神能量下降至凡間，而佛洛伊德認爲的愛洛斯是本能的能量向上昇華，無論哪種概念，愛洛斯都是體現愛、感性、快樂、感情和性的靈性功能。但是，正如卡爾・榮格（Carl Jung）提醒我們，祂不完全只是指性：「人們認爲愛洛斯就是性，但根本不是；愛洛斯是關聯性。」[12] 用純粹的性本能來混淆愛洛斯，排除了祂的啓蒙面向，也就是將我們帶入自我個性及創造力中的這一面。榮格用以下方式描述愛洛斯，闡述祂對於精神和肉體的雙重連結：

　　愛洛斯是一個有問題的傢伙，而且永遠會是，無論未來的律法可能必須對此作出論述。祂一方面是屬於人類的原始動物本質，只要人類擁有動物的身體，它便會持續存在；另一方面，祂與精神的最高形式有關，只有當精神和本能達成適當的平衡時，祂才會成長茁壯[13]。

　　當一個人在無法克制的情慾控制之下，可能會不自覺地摧毀過去的自我感以及目前的關係，但是一個人也有能力去反省他們的本能。柏拉圖稱愛洛斯是一個偉大的靈魔，既非人類也不是奧林匹斯山諸神，而是介於兩者之間。在愛洛斯的領域之中，我們被昇華至神界，當人類體驗到愛洛斯時，我們可以接觸到神的永恆及喜樂之

12　卡爾・榮格（C. G. Jung）：*Dream Analysis: Notes of the Seminar given in 1928 – 30*, ed. William McGuire, Bolligen Series XCIX, Princeton University Press, Princeton, NJ: 1984, § 172.

13　卡爾・榮格（C. G. Jung）：*Collected Works, Volume 7: Two Essays on Analytical Psychology*, translated by R.F.C. Hull, Routledege & Kegan Paul, London: 1953, "The Eros Theory" § 32

境；另一方面，眾神也可以觸及到人的依附與聯繫的喜悅。基督教對待這位神祇就像是一位小天使──丘比特，如天使一般，守護與上帝結合的喜樂狀態。誕生於阿維拉（Avila）的泰瑞莎（Teresa）在受折磨的「狂喜」（譯注：這裡是指大德蘭修女「刺身狂喜」〔Transverberación〕的體驗）中，對於神的愛是情慾的；而方濟各亞西西（Francis of Assisi）對上帝和貧窮的愛 14 是一種性愛的喜悅痛苦。基督教中的愛洛斯瀰漫著精神性，但本能與肉身在哪裡？正如榮格提醒我們的，精神和本能的兩方面需要協調一致，否則這種不平衡可能會變成一種疾病。

1898 年，一顆小行星被發現並命名為愛洛斯 15；有趣的是，隨著它的發現，這顆小行星是除月亮以外、唯一已知非常接近地球的星體軌道。1932 年，發現了另一顆小行星阿莫爾，也就是羅馬的愛洛斯，這顆小行星的軌道同樣也接近地球。大多數的小行星軌道是介於火星和木星之間，而這兩顆名為阿莫爾和愛洛斯卻離開木星附近的奧林匹斯山之巔，其天文軌道緊靠著地球。愛洛斯在奧林匹克精神和地球天體之間旅行，此種天文學上的同時性讓我們想起了愛洛斯對於精神／身體平衡的追求。

14　柏拉圖在《饗宴》（*Symposium*）中認為愛洛斯的母親是珀涅亞（Penia）或稱貧窮之神。

15　小行星帶包含成千上萬直徑達 1000 公里的小岩石結構，主要在火星和木星之間運行。第一顆小行星於 1801 年被發現並命名為穀神星（Ceres）；前四顆是在 1801 年至 1807 年之間發現的，並以四位強大的奧林匹斯山女神穀神星狄蜜特（Ceres／Demeter）、智神星雅典娜（Pallas／Athena）、婚神星赫拉（Juno／Hera）和灶神星赫斯蒂亞（Vesta／Hestia）命名。

與厄洛特斯有關的小行星是：1898 年 8 月 13 日發現的愛洛斯──小行星 433，它與情感和性關係中的激情、強烈和吸引力有關；丘比特──小行星 763 於 1913 年 9 月 25 日被發現，它與虛榮有關；阿莫爾──小行星 1221 於 1932 年 3 月 12 日被發現，並被認為是同情、靈性或柏拉圖式愛情的能力；安特羅斯（Anteros）──小行星 1943，於 1973 年 3 月 13 日被發現，暗示著被忽視或相互的愛。

　　冥王星在 1930 年被發現，曾經被建議以愛洛斯爲名，但是由於它已被編列爲小行星，因此無法再次使用此名。有趣的是，當占星學的冥王星與內行星產生相位，特別是金星和火星時，則會體現出愛洛斯的各種面向；而與冥王星相關的環境——第八宮，也是象徵著賽姬和愛洛斯的許多啓蒙儀式。

　　這些天文發現與精神分析的發展及情慾原型的確認是同步的。佛洛伊德以性爲焦點，並闡述性發展的各個階段；他將人類兩種基本本能之一命名爲愛洛斯，另一本能是：死亡慾（Thanatos）、或死亡本能 [16]。佛洛伊德藉由論述性、生物發展、性變態和身體議題讓愛洛斯（愛慾）重生。佛洛伊德的愛慾（Eros）理論討論了嬰兒的性慾和需求，並根據年齡、性別和個人發展加以區分。他的討論集中於原始本能、自我發現、快樂、慾望和壓抑，並將焦點重新放回孩子身上，也就是我們所有人內在的愛洛斯（愛慾）。佛洛伊德的火星和金星互融，因爲火星落在金星守護的天秤座，而金星落在火星守護的牡羊座；兩者都與冥王星有相位：金星合相冥王星，而火星與冥王星形成 150 度相位。有趣的是小行星阿莫爾合相冥王星，重複暗示了佛洛伊德的金星和火星與冥王星的相位。

　　在性別平等、性解放、同性戀婚姻爭議、性異常和性虐待等性別問題的鬥爭中可以看見愛洛斯，祂讓我們透過各種人際關係了解自我的力量。作爲愛情的原始之神，祂不同於任何其他神祇，愛洛斯活在情感依附中，從性到柏拉圖、從家庭到異國。它是將原型融合在一起的力量，因此這種力量在每個占星相位中都很活躍，我們

16　西格蒙德・佛洛伊德（Sigmund Freud）：*An Outline of Psychoanalysis*, translated by James Strachey, London, 1949, pp 5 - 6

可以將愛洛斯當成是讓行星原型結合的相位、其中背後的力量。當我們檢視成人關係、思考金星和火星的各種相位時，愛洛斯特別充滿活力。

愛洛斯是愛的轉化力量，瑪麗—路易絲·弗蘭絲（Marie Louise Von Franz）說：「愛情以其激情及痛苦成爲個體化的衝動，這就是爲什麼沒有愛情，就沒有眞正的個體化過程，因爲愛情折磨並淨化靈魂。」[17] 也就是這種愛洛斯和愛的過程，透過認識自我內在的「他者」，陪伴我們想要得到完整性的渴望；但愛洛斯主要是經由金星及火星的占星原型，進入了我們的生活。

金星在整張星盤中的體現爲激情、情感、美麗及關係。在占星學的神殿裡，金星包含了情慾層面，並且帶著愛洛斯原始及本能的能量以及天界與靈性面向。

金星

金星是愛情、性與美的女神，起源於底格里斯河與幼發拉底河之間的近東地區。在美索不達米亞神話中，她是性愛、生育和戰爭的偉大女神。從蘇美人的傳統中，她繼承了天后伊南娜（Inanna）的各個面向；在阿卡德人的傳統中，她被稱爲伊什塔爾（Ishtar）；而亞述人則稱她爲米莉塔（Mylitta）。對腓尼基人來說，她被稱爲阿斯塔特（Astarte）。在所有這些傳統中，她的美麗與這顆明亮的行星有關。

17　瑪麗—路易絲·弗蘭絲（Marie Louise Von Franz）：*The Golden Ass of Apuleius*, 82.

　　這顆明亮的星星化身為女神，當她靠近地球時，將性與熱情的渴望注入了人類的身體與心靈中。這種明亮而聯合的傾向被引入占星學中，因為金星被歸類為一種有益的、支持和穩定的行星。出現在西方天空的夜星被稱為金星的黃昏使者赫斯珀洛斯（Hesperus），而金星的黎明使者福斯佛洛斯（Phosphorus）是太陽升起之前在東方可見的明亮晨星。偉大天后伊南娜就如同金星這顆行星一樣，沉入地底世界，然後再次升起；有些人相信，當女神從天消失時，她降落人間，走入平民百姓之間。金星經常被想像為天地的雙重女神，她的兩方領地是金牛座——代表了她的感官和身體面向，天秤座——代表她的精神和神祕方式。

　　最有可能把女神帶到希臘的是貿易風，對希臘人來說，她是阿芙蘿黛蒂，古代對於她的崇拜既持續又普遍。在希臘，阿芙蘿黛蒂最早的崇拜儀式是在賽普勒斯（Cyprus）的帕福斯（Paphos），她的宗教儀式形象及崇拜可能是由航海的腓尼基人帶到島上的。在整部《伊利亞德》中，荷馬稱她為「賽普勒斯女士」，而赫西俄德描述了第一塊凝視女神之地是伯羅奔尼撒半島（Peloponnese）腳下的基西拉島（Kythera），正是在這裡，阿芙蘿黛蒂從泡沫中浮出並被傳送到塞賽普勒。腓尼基人也把她帶到柯林斯（Corinth），在那裡發現公元前七世紀的陶器碎片上有阿斯塔特女神的名字。

　　阿芙蘿黛蒂可能已經與其他本土的神靈結合，然而，在整個希臘神話中，她顯然保留了東方傳統，儘管對於她的宗教崇拜已經被引進，但她卻發展成為一個獨特的希臘女神，她的獨立性、熱情和道德往往與崛起的文化相衝突。為了將阿芙蘿黛蒂的性與自由置於傳統希臘的背景之下，我們可以反思公元前五世紀雅典女性的生活：女性沒有投票權，實際上與男性分開，婦女被留在屋後，除非

有男人陪同，否則很少能夠享有在市集或屋外行動的自由。雅典的禮儀規定：「一個出門在外的女人必須要有一定的年紀——看見她的人可能會問這位是誰的母親，而不會問這位是誰的妻子那樣的年紀」[18]，除了娼妓及稱之爲赫泰萊（Hetairai）的高級妓女之外。阿芙蘿黛蒂類型的女性在智力、社會和情慾方面都訓練有素，可以自由選擇自己的生活，阿芙蘿黛蒂既不屬於母性的、居家的、更沒有家庭的束縛，她能夠自由的做自己。

其他奧林匹斯神殿的希臘女神有明確的角色去影響日常生活的特定領域，通常是以男性或陽性角度來劃分她們所影響的範圍，而阿芙蘿黛蒂不以這些條件來定義自己，除了作爲男性的情人之外。赫拉由身爲宙斯妻子的角色來定義，雅典娜則是宙斯的女兒，阿蒂蜜絲（Artemis）是阿波羅的妹妹；這些特徵在文化上有其時代的意義，而其原型卻是永恆、不受時間的限制，也沒有文化上的偏見。

阿芙蘿黛蒂是性、慾望、愛與美的女神，她獨立自主，並非由時代的習俗和傳統所界定，因此，她是在常規之外。如同愛洛斯樣，她可以突然闖入保守的生活並永遠改變它；她可以影響其他女神，除了阿蒂蜜絲、雅典娜（Athena）和赫斯提亞（Hestia）三位處女之神，她們不會臣服於阿芙蘿黛蒂對於他人的激情之中[19]，她們的情慾與激情被引導至其他地方：阿蒂蜜絲崇尚自然、關心動物福利；雅典娜熱愛城市和民主；而赫斯提亞致力於內在及精神生

18　馬克金（Mark Golden）的著作：Children and Childhood in Athens, Johns Hopkins University Press（Baltimore, MD: 1990）中引述希佩里德斯（Hyperides，fr. 205 Jensen）的演說。

19　請參閱 The Hymn to Aphrodite, *The Homeric Hymns*, translated by Michael Crudden, Oxford University Press, Oxford, 2001, .

活。阿芙蘿黛蒂能夠凝聚對於他人的慾望，這是其他的神無法掌控的力量，這種激情常常具有破壞性、能夠改變生活，因此，她經常因其神奇的誘惑力而被邊緣化或操縱。

荷馬和赫西俄德對於阿芙蘿黛蒂家譜的描述並不一樣，根據荷馬的說法，阿芙蘿黛蒂是宙斯和狄俄涅（Dione）的女兒，在荷馬的傳統中，宙斯是奧林匹斯山至高之神，因此每位神祇都在他的管轄之下。然而赫西俄德在《神譜》中描繪了一則相當不同且原始的誕生神話 [20]：克羅諾斯（Cronus）用鐮刀切斷了天空之神烏拉諾斯（Uranus）的睪丸，把它扔進了海裡，海洋由此受孕，誕生了阿芙蘿黛蒂。偉大性愛女神來自於天神被切割下來的生殖器，並從海的子宮中被創造出來，表面上是沒有父母的女神，因此，阿芙蘿黛蒂代表了一種不易培養、不被馴服的力量。

令人好奇的是，維納斯是肢解其父而生，具有諷刺意味的是，這個主題往往是在壓迫和主宰力量被去勢之後所產生的愛，愛情似乎不會在毫無騷動的情況下進入生活。她與赫菲斯托斯（Hephaestus）——這位瘸腿的，沒有吸引力的鍛冶之神的婚姻也令人玩味、但卻是一個心理的事實。赫菲斯托斯具有創造力、是一位受傷的工匠、一個以職業及努力精通於美的形象，他喚起外表和個性之下更深層的美麗，這個主題經常在羅曼史和童話故事中重演，如：美女與野獸。

女神與戰爭的古老連結在阿芙蘿黛蒂所捲入的特洛伊（Trojan）戰爭中被保留下來，被稱之為「帕里斯的裁判」（The

20　赫西俄德在《神譜》中描繪了這段誕生過程，由 Dorothea Wender 翻譯（Harmondsworth: 1984），189-199.

Judgement of Paris）：皮立翁山（Mount Pelion）上舉行了最後一場佩魯斯（Peleus）和特蒂絲（Thetis）的婚禮盛宴，他們是偉大英雄阿基里斯（Achilles）的父母，凡人都被邀請加入所有神和女神的慶典，除了爭鬥女神厄里斯（Eris）。如同我們可以想像的，厄里斯極度憤怒地在慶典進行中抵達，她的手中握著一顆上面刻有「獻給最美麗的女人」字樣的金色蘋果。她將金蘋果丟出，讓它沿著宴會長桌滾動，直到最終停在三位女神：阿芙蘿黛蒂、赫拉和雅典娜的中間。每位女神都聲稱「最美麗的女人」這個頭銜是屬於自己，於是，英俊的帕里斯被賦予在這三位強大女神的選美比賽中擔任裁判的英雄任務。

帕里斯是特洛伊王朝普里安（Priam）國王和赫庫芭（Hecuba）王后的眾多孩子之一；在他出生的那天，被丟棄在伊德（Ida）山後面的特洛伊，因為他的母親曾經有過一個可怕的幻覺，認為這個孩子將會摧毀特洛伊。但是帕里斯卻倖存下來了，成為一個以判斷力而聞名的年輕人；因此，宙斯選擇他來解決三位女神之間引爆的爭論。

為了說服帕里斯選擇自己，赫拉給他巨大的財富和權力；雅典娜賦予他英雄地位；最後阿芙蘿黛蒂獻給他最美麗的女人海倫。帕里斯放棄財富、權力或名望，最後選擇了與海倫在一起。然而，就像許多金星所選擇的命運一樣，將造成可怕的後果。海倫已經結婚了，但在阿芙蘿黛蒂的幫助下，帕里斯得以引誘他的未來新娘遠離她的丈夫、家人和故鄉。美麗的海倫是阿芙蘿黛蒂賜給帕里斯的獎賞，以酬謝他在雅典娜和赫拉中選擇了自己，然而，阿芙蘿黛蒂的計謀卻點燃了一場重大衝突，因此引爆特洛伊戰爭並最終造成特洛伊的毀滅。除了強調衝突的不可避免之外，這個故事也突顯出金星

的其他主題，如：選擇的必要、價值的宣言以及她捲入的三角戀愛。

她被羅馬人稱之爲維納斯，是他們的守護女神，也就是羅馬人的始祖埃涅阿斯（Aeneas）的母親。東方女神的遺痕、阿芙蘿黛蒂的古老傳統，兩者結合羅馬女神，激發了行星原型，刻劃愛與性的情慾主題。金星在情慾上與美麗及愉悅有關，並掌管天秤座和金牛座。

火星

希臘人稱祂爲阿瑞斯（Ares），這個名字由破壞之源或無法自我控制衍生而來，而這位神祇始終與戰爭、心理上的侵略性、以及性方面的陽性本能聯繫在一起。巴比倫人稱祂爲內爾伽勒（Nergal）——「憤怒的火神」，祂也是地獄之神以及他們的戰神。火星的衝突傾向成爲占星學傳統的恆久面向，被歸類爲凶星，或者一顆傾向於破壞及分離的行星。

羅馬人認爲祂是瑪爾斯（Mars），將希臘的戰爭之神與本土的農神結合起來，因此，祂與春季或精力旺盛、生育力以及新的生長有關。我們的三月份（行進或行軍、擊鼓等）以羅馬之神瑪爾斯命名，這正是牡羊座與太陽北移的春分點有關。他們以牲禮祭獻瑪爾斯以避免自然災害，例如：惡劣的天氣、穀物的破壞等，並助長豐收、使牲畜興旺。

羅馬人視瑪爾斯爲一種保護，賦予祂在古希臘神話中更崇高的地位，身爲羅馬建國者羅穆盧斯（Romulus）之父，祂被尊爲羅馬人的始祖及勇士。祂是羅馬軍隊的守護神，其豐功偉業遍及世界各地；奧古斯都（Augustus）宣稱祂是戰神烏爾托（Mars

Ultor）—— 也就是「復仇者」，以彰顯他在公元前四十二年以腓立比戰役的勝利，成功為被暗殺的凱撒大帝（Julius Caesar）復仇，以及平復羅馬人在帕提亞人（Parthians）手上時所遭受的災難。瑪爾斯與維納斯，這對神話中的情人參與了羅馬帝國的變遷，對羅馬人來說，瑪爾斯是帝國的捍衛者，而在心理上，火星瑪爾斯捍衛著我們自我及個性。

然而，在希臘神話中，阿瑞斯並非總是被描繪成戰無不克的戰神，反而經常是儒夫和笨蛋的形象，尤其是在荷馬的《伊利亞德》中。史詩中的阿瑞斯是暴力的、屠殺的、嗜血的、巨人又大吼大叫的；阿瑞斯是戰鬥之神、可怕戰爭之神、並掌管人世間的風暴。祂是希臘神話中最不受歡迎的神之一，這反映在荷馬《伊利亞德》中對於祂的看法，祂受到雅典娜的傷害和嘲笑、母親赫拉的拒絕、連祂的父親宙斯也鄙視祂，祂是被天父拒絕的兒子，正如史詩中的這些詩歌所言：

> 對我來說，掌管奧林匹斯山眾神之中你是最可恨的。

> 你最得意的是爭吵不休、戰爭和戰鬥[21]。

希臘人更喜愛將雅典娜當成是戰爭的守護神，這位女神更具邏輯和理性，雅典娜的戰略和邏輯勝過阿瑞斯的非理性主義及對戰爭的渴望，理性主義制服了混亂。希臘人並不支持暴力，雖然對特洛伊人之戰已經被希臘人理想化，但並不代表他們的戰神就是英雄，實際上，阿瑞斯在阿芙蘿黛蒂的要求下站在特洛伊人的那一邊，使祂與支持希臘人的母親赫拉產生對立。

21　荷馬《伊利亞德》：Richmond Lattimore 翻譯, University of Chicago, Chicago: 1961, 5.889-891.

　　其他神話故事也經常描述阿瑞斯受到約束和傷害：海神波塞頓（Poseidon）的巨人兒子們阿羅伊代（Aloidae）試圖攻擊奧林匹斯山，向眾神宣戰，但是在這之前，他們抓住了阿瑞斯並將祂塞在一個銅罐之中近十三個月之久，直到赫密士（Hermes）介入並將祂釋放為止；而海克力斯（Heracles）不止一次受命傷害阿瑞斯，相較於阿瑞斯，早期的希臘作家似乎更喜歡將海克力斯當成英雄形象。戰神試圖將祂的兄弟赫菲斯托斯（Hephaestus）帶回奧林匹斯山，卻沒有成功，祂的蠻橫之力無法說服赫菲斯托斯放棄他的位置，而需要酒神狄奧尼索斯（Dionysus）去鬆綁赫菲斯托斯對心靈幽谷的依戀。

　　希臘和羅馬文化中對於火星的不同描述說明不同文化對於原型的不同詮釋，火星的侵略和性慾等本能，憤怒、戰鬥或逃避等人類反應，以及我們主張慾望和意志的方式、皆受到原生家庭的氣氛以及文化傳統和信仰的強烈影響。

　　阿瑞斯是宙斯和赫拉的兒子，父母都排斥祂，就像祂們對待祂的兄弟赫菲斯托斯一樣，但兩個被遺棄的兄弟都與阿芙蘿黛蒂在一起。戰神和阿芙蘿黛蒂的激情經常因嫉妒所勾起的憤怒而爆發，阿瑞斯是殺死阿芙蘿黛蒂的情人阿多尼斯（Adonis）的人，祂激怒一頭野豬襲擊並殺死了他；然而，當阿瑞斯和黎明女神厄俄斯（Eos）成為戀人時，阿芙蘿黛蒂也被激怒了。也許我們可以將這兩兄弟看作是關係的不同面向：阿芙蘿黛蒂和阿瑞斯充滿激情；而赫菲斯托斯和阿芙蘿黛蒂則代表了陪伴的價值。

　　對於古典希臘文明的文化來說，阿瑞斯是微不足道的，祂出身於希臘北部的色雷斯（Thrace）——被認為是蠻荒、未開化之地，

氣候非常嚴酷，人民喜歡戰爭。由於酷寒的氣候，它也被認爲是北風之神玻瑞阿斯（Boreas）的故鄉，這也是亞馬遜（Amazons）女戰士一族的家園，她們深信自己是阿瑞斯的後代。阿瑞斯的女兒們亞馬遜人也在與希臘人的戰爭中投入了特洛伊這一方參戰。《伊里亞德》提到厄里斯是阿瑞斯的軍旅夥伴以及其姊妹，而厄里斯就像其兄弟一樣，是帶來衝突與不合的人。普里阿普斯（Priapus）有時被提到是阿瑞斯的導師，將擁有一個巨大陰莖的生殖之神與戰爭之神聯繫起來，結合了侵略與性的陽性本能以及生育能力，就像羅馬人之於火星。赫拉指示普里阿普斯在戰爭藝術之前指導阿瑞斯舞蹈藝術，因此，從普里阿普斯那裡，戰神先學會了跳舞，然後才是征戰[22]。

《荷馬史詩阿瑞斯的讚美詩》（*Homeric Hymn to Ares*）是一部相對較晚的作品，目前尚不確定這是否屬於荷馬的讚美詩或者是之後的作品，特別是其中對阿瑞斯的正面描繪。對這些希臘人來說，火星這顆行星被稱之爲「阿瑞斯之星」，而在讚美詩中，戰神被描述爲「在七條路徑上漫遊的天體象徵之間，旋轉著它光耀的火球」[23]，那顆紅色、明亮的火球就是火星。但讚美詩還描繪了一些阿瑞斯的正面特質，這些特質奠定了火星原型的基礎，比如成爲正義勇士、城市救世主、優勢的武力以及對抗叛亂的蠻人。

阿瑞斯與其他奧林匹斯眾神不同的是，祂幾乎沒有可供膜拜的儀式或殿堂，雖然戰場可以代表其聖殿，但這些戰場往往也是耕地，因此，在羅馬神話中，阿瑞斯與本土的農業之神結合在一

22　C. Kerenyi, *The Gods of the Greeks*, Thames and Hudson, London: 1951, 176.
23　《荷馬史詩阿瑞斯的讚美詩》（*Homeric Hymn to Ares*），79. 由於其中關於火星的描述，有人認爲這並不屬於荷馬的讚美詩，而是錯誤的收編。

起。祂身爲戰神、進入了占星學神殿，作爲求生意志、爲自我而戰、捍衛自我、以及強而有力的象徵；儘管祂可能被形容是笨拙、粗暴的，但祂在戰鬥中堅定不移，在運動競賽中所向無敵。祂在身體、心理和情感上面對情慾的傾向是維護自我，因此在占星學中，守護了牡羊座和天蠍座的領域；而在人際關係占星學中，火星將它的激情、天賦和鬥志帶入關係圈中。

女性特質／男性特質、陰／陽、阿尼瑪／阿尼姆斯

　　金星和火星雖然是兩個極端，但在許多方面總是成爲一對，無論是作爲兄妹姊弟、充滿激情的戀人、妻子和丈夫、母親和父親，他們都是配偶及伴侶的典型；女性特質／男性特質、被動／自信、冷／熱，潮濕／乾燥，都是彼此的互補。在占星學中，他們是守護天秤座和牡羊座、金牛座和天蠍座的相對星座，其象形符號象徵現代女性和男性的生物極性。異性相吸——但在此陳腔濫調之下的眞相極可能是讓人變得完整的吸引力，另一個人以一種別無他人或別無他法的方式完成了我們自己沒有活出的無意識部分，這也解釋了爲什麼在愛洛斯和愛的強力推動之下，關係成爲個體化過程的重要部分。

　　占星學以各種方式提出極性的議題，從占星學的角度來看，極性是自然的對立，本質上卻是互補的，當它們結合在一起時會形成一個完整系統。占星學的對立發生在自然的黃道帶中，火象總是與風象相對，而土象是與水象相對。這些對立面相對上是兼容並蓄的，我們可能會將每一組對立看作是一種極性，雖然它們彼此明

顯相反，但在占星學上，相對立的星座以一種相似的極性成爲夥
伴。占星學的對立會帶來妥協及差異的覺知，然而，當占星學的對
立面被拉伸到極端時，這種極化可能會變得非常不平衡，以至於某
一種能量會遮蓋了另一種能量。

　　同樣，當兩個伴侶結合在一起時，會經由它們的關係創立一
套新系統，在人際關係分析中，重要的是要記住極性和對立，例
如：十二個星座分爲六組占星配對，並形成各自的體系。金星和火
星守護這些極性中的兩組，它們影響著我與他人、以及我的物質資
源與對方的物質資源之間的相互作用。

　　十二個星座自然分成爲男性特質與女性特質：火象和風象星座
屬於男性特質，而土象和水象星座屬於女性特質。這些極性也被
稱之爲陰（女性特質）／陽（男性特質）、阿尼瑪（女性特質）
／阿尼姆斯（男性特質）、或是靈魂（女性特質）／精神（男性
特質）。如下表所示，占星學的對立面發生於陽性或陰性星座之
間，而其守護星形成自然的配對：金星／火星、水星／木星，太
陽、月亮／土星。

對立星座	極性的關鍵字		守護行星
牡羊座－天秤座	我－你	自我－他人	火星－金星
金牛座－天蠍座	我的－你的	形成－轉化	金星－火星
雙子座－射手座	文字－象徵	熟悉的－外來的	水星－木星
巨蟹座－摩羯座	家－工作	無條件的－有條件的	月亮－土星
獅子座－水瓶座	個人－非個人	單一的－集體的	太陽－土星
處女座－雙魚座	秩序－混亂	世俗的－靈性的	水星－木星

運用男性特質／女性特質的概念經常會陷入男／女的性別區分中；而男性特質／女性特質是指存在的方式、特質與特徵。遺憾的是，這些概念可能會受限於社會的刻板印象，儘管它們可以具有相當明確的性別特質，然而它們更指向一種存在方式而非實質存在。例如：牡羊座是一個男性特質的星座，當某位女性有行星落在牡羊座時，她可能擁有某些像是自信及獨立等陽性特徵，但這並不意味著她具有攻擊性及競爭性；又例如：巨蟹座是一個女性特質的星座，一個擁有巨蟹座行星的男性可能很敏感並且關心他人，但這並不會使他變得軟弱或無男子氣概。由於家庭和文化的刻板印象，這些相反的性別特質可能不容易得到發展，甚至不被承認。男性特質／女性特質並不是一種性別陳述，而是認識自我內在的對立面，以及如何更加意識到它們，從而創造出一種更具自覺的完整性體驗。

阿尼瑪／阿尼姆斯

阿尼瑪是拉丁文，意指靈魂，而阿尼姆斯在拉丁文中匯集了想法、理智或思想等多重含義。卡爾‧榮格將阿尼瑪和阿尼姆斯定義為原型，透過他自己的個人經歷，榮格設想一種內在的女性權威和影響力，他在此所提出的是所有投射於外界的男性內在，透過參與這些投射並意識到這些情境，他覺得男性可以更加熟悉自己的女性面向，也就是自己的內在伴侶[24]。當一個男性受到阿尼瑪的影響，他可能被情緒和感覺淹沒，並將自己的反應歸咎於伴侶。

24　如欲全盤了解阿尼瑪／阿尼姆斯，請參閱 Chapter V "The Inner Partner", Liz Greene, *Relating*, The Aquarian Press, London: 1986, 110–154

　　同樣的，榮格覺得女性也具有男性特質的一面，他將其命名爲阿尼姆斯，透過將阿尼姆斯向外投射，一些女性的男性特質能夠透過伴侶的鏡子反射回來；當女性被阿尼姆斯掌控時，會變得固執己見及控制，並將她從關係之中所看見、反映這些特質的鏡象歸咎於她的伴侶。重要的是要記住，阿尼瑪／阿尼姆斯是一種象徵，而不是事實，當我們在思考關係的情結時，富有想象力的運用它們的形象是非常有用的。而它們的形象不限於異性戀關係，在同性戀關係中，這些原型的相互作用也同樣強烈。

　　精神分析學理論認爲，一個男性內在的異性形象首先來自於母親，然後是姊妹，到了青春期則來自姊妹的朋友和其他女性。阿尼瑪以女性爲原型，受到與母親有關的第一次經驗的強烈影響，而如果這位男性有姊妹，她會成爲媒介，促使它部分脫離母親，進入姊妹的朋友和其他女性的世界。阿尼瑪是陪伴著男性下降到未知世界的那些感覺、直覺和接納性的指引，從占星學的角度來看，可以將阿尼瑪視爲是個人行星中的月亮、金星以及代表集體意識的海王星。因此在男性的星盤中，如欲檢視其建立關係的傾向，這些行星的位置就非常值得深入研究。

　　同樣的，阿尼姆斯受到與父親有關的第一次男性經驗的影響，但是由兄弟取而代之，促使它部分脫離父親，進入兄弟的朋友和其他男性的世界。阿尼姆斯是陪伴女性走向世界去思考、判斷和得到自信的指南。在占星學中，我們可以將阿尼姆斯看成是個人行星中的太陽、火星以及代表集體的天王星，這些行星的力量、特徵和相位，在女性建立關係的傾向中扮演決定性的角色。

金星 ———————————	火星
愛洛斯作爲連結	愛洛斯作爲分離
女性特質	男性特質
阿尼瑪	阿尼姆斯
天秤座 / 金牛座	牡羊座 / 天蠍座
冷	熱
溼	乾
美麗	勇氣
愛	慾
和平	衝突
吸引	堅持
妥協	忍耐
比較	行動
文化	本能
鏡子	劍
香水	汗水
臥房	戰場
愛洛斯（愛慾）	

第三章
親密關係的原型
金星和火星的星座

金星在關係中的主題專注在共同價值觀、感覺、被愛及欣賞、金錢和快樂、感情和感官享受；而火星帶來了性和慾望、獨立性及個體性的主題，再加上處理衝突及公開自我表達的主題。在本章中，我用星座分別敘述每顆行星，提供十二個位置各自可能的面向、特徵、態度、風格和特性，你們可以將這些當成是一個出發點，開始自己去思考成人關係中的個人偏好。

首先，讓我們從極性、行星區分和逆行的角度大略回顧一下金星和火星。

♣ 極性和伴侶關係

如上一章所述，占星學上的對立面發生在男性特質或女性特質的兩極性之間；而男性特質或女性特質的星座之間也形成四分相或半不調和相位（半六分相（30 度）和十二分之五相位（150

度）)[25]，並隱含著不同強度的愛慾（愛洛斯）。例如：對分相發生在兩種相似的特質之間，而四分相和半六分相／十二分之五相位則發生於相反的特質之間。對於人際關係分析而言，我們可以將合相及對分相歸類為依附相位，而四分相及半六分相／十二分之五相位則暗示分離，這是人際關係建立的兩種基本組成部分。

陽性星座	守護行星	陰性星座	守護行星
牡羊座	火星	金牛座	金星
雙子座	水星	巨蟹座	月亮
獅子座	太陽	處女座	水星
天秤座	金星	天蠍座	火星
射手座	木星	摩羯座	土星
水瓶座	土星	雙魚座	木星

　　除了太陽和月亮之外，每顆行星都同時守護著陽性和陰性星座，例如，金星守護陰性的金牛座及陽性的天秤座，而火星守護陽性的牡羊座及陰性的天蠍座。火星和金星所守護的星座彼此對分，但是每顆行星個別守護的星座彼此呈十二分之五相位，即火星守護的牡羊座和天蠍座彼此呈 150 度。金星落在火星所守護的牡羊座和天蠍座是弱勢（detriment）的位置，而火星落在金星所守護的金牛座和天秤座也是弱勢的位置，這些互換暗示著一方能夠滿

25　我使用半不調和相位（inconjunct）這個詞同時涵蓋半六分相（30°）和十二分之五相位（150°），兩者都是以 30° 為基礎的第十二泛音盤（12th harmonic aspects）。半六分相是 1/12 圓，而 150° 相位則是 5/12 圓，這些不是傳統占星師認可的相位。十二分之五相位暗示著不連接，指的是它們缺乏與上升點的連結。第八泛音盤（8th harmonic aspects）是將 360° 除以 8，以此角度為基礎，會得到半四分相（45°）和八分之三相（135°），這些相位也沒有得到傳統占星師的認可。

足另一方。在占星學上，牡羊座、天秤座、金牛座和天蠍座這四個星座，以及它們對應的第一和第七以及第二和第八宮位，描述了占星學上自我和他人的領域及其相互關係的動態。

♣ 夜間的伴侶關係

日與夜是主要的宇宙極性之一，我們的占星學先人透過行星區分（planetary sect）的技巧發展出一種關於日／夜的占星學思維方式。sect 這個詞來自拉丁文的字根，它暗示了切割或區隔。在希臘文化傳統的背景下，這個術語提出了一個占星學系統，即傳統行星被分為由太陽領導的日間派或由月亮領導的夜間派。

日間派由太陽、木星、土星以及在太陽之前升起的水星組成，古人將土星區分為日間行星，因為它的寒冷會在日光中變暖；夜間派由月亮、金星、火星以及在太陽之後升起的水星組成，火星被劃分為夜間行星是因為它的乾燥可能會得到夜露的滋潤。夜間派系屬於個人行星，也就是在放下社會評價的夜間，才可能由快樂和慾望主宰。金星和火星屬於同一派系，這是一個更主觀、個人及內在傾向的一面。

有趣的是，在人際關係占星學中，金星和火星被古代占星師認定為夜間行星，由於兩顆行星屬於夜晚，因此都更具個體、私密、感受以及對環境的敏感性。在太陽的凝視之外，它們可以不受審視以及遠離權威；到了晚上，它們可以暴露、敞開一切，並且不受白天日程的限制；在夜晚，金星和火星找到它們的共同連結、契合及愛慾，它們在此能夠結合一起。也許這就是為什麼我們永遠無

法眞正了解其他伴侶關係中所發生的事情，我們可以在白天發表意見、八卦和評論他們的不和，但我們無法目睹他們夜間在一起的樣子，只有身處於親密關係中，我們才能夠知道這個結合的奧祕。

♣ 方向與差異──金星和火星的逆行

金星和火星作爲個人行星，是關係的重要指南，當它們環繞太陽時，會在天空中形成模式。金星忠於原型本質，其循環周期特別美麗與對稱，追蹤它在天際間運行的軌跡可以描繪出五角星圖[26]。行星在循環中的某一點，似乎會改變方向並向後移動，這是一種視覺上的錯覺，因爲我們是從地球上的有利位置去觀察行星，而地球也繞著太陽運行。

當金星或火星逆行時，它們的方向會逆轉、折回之前的黃道路徑。從關係的角度來看，逆行之路改變了原型的表達方式，因爲它專注於回顧及反思自我的旅程，在此往後看的期間，原型以獨特及私人的方式展示自我。

金星每 19 個月逆行 6 週，約佔其周期的 7.5％，這說明了一種非典型的態度；因此我們可能會期待在關係中出現一種不尋常或不常見的模式。無論這種不合常規的模式是透過性取向、孤立、高度的審美觀還是異常的創造力來表現，關係的功課所面對的是一個不同的方向。金星逆行突顯了自尊和價值的議題，以及社會發展中所面臨的異常的個人價值。

26　關於金星的循環請參閱 http://www.melaniereinhart.com/ ：Venus Queen of Heaven and Earth 一文。

火星每兩年逆行 58 至 81 天，或者 9 至 10%的時間，在此期間，慾望及渴望的體驗會變得更為狂熱。在關係中，這可能會展現獨特的熱情、情慾或慾望，而這些都無法透過傳統關係得到滿足。伴侶之間經常存在著高度競爭，但這往往不曾表達出來或說出口，憤怒和挫折也可能難以表現，並且可能導致工作、健康或性的議題；當憤怒被引爆，也可能會指向自己。

當金星或火星在出生時逆行，我發現找到行星在二次推運中改變方向的年分非常有價值。對金星而言，這會在 42 歲之前，而火星則是在 80 歲之前，取決於這顆行星在出生之前已經逆行了多久。如果這顆行星在成年時改變方向，它就象徵著其關係模式及偏好發生重大變化；同樣的，我經常檢視金星或火星是否會在二次推運中轉為逆行，並留意它們改變方向的那一年。

在我們的案例中有兩位女性的火星是逆行：維吉尼亞·吳爾芙（Virginia Woolf）的火星在雙子座 27 度 23 分逆行，這在她生命的許多方面都值得注意，也許最重要的是她熱切的想要成為作家。她的父母都有前一次婚姻的孩子，因此她在三個混合家庭中長大，透過她與其兄弟各種不同的經歷，可以觀察到火星逆行的象徵。她的兩個親生兄弟都熱愛並支持她的寫作渴望，但另外兩個同母異父的兄弟卻傷害並且性侵她。她身為「布盧姆斯伯里團體」（Bloomsbury group）的一員，還假扮男性參與了一場騙局。雖然婚姻幸福，但維吉尼亞與女性友人維塔·薩克維爾—韋斯特（Vita Sackville-West）有性的親密關係；有趣的是，維塔的火星在射手座 27 度 17 分，正好對分相維吉尼亞的火星，而這逆行的火星在維吉尼亞八歲半時，轉而順行。

阿內絲‧尼恩（Anaïs Nin）的火星在天秤座 16 度 13 分逆行，就像維吉尼亞‧吳爾芙一樣，明顯的表現在她對於寫作的熱情；不僅是她的情慾書寫，而且在她眾多的期刊文章中揭露了她與許多名人的私情。她的人際關係是獨特且不符世俗常規的，除了與亨利‧米勒（Henry Miller）的激情，以及對其妻郡（June）的痴迷之外，她還與她的心理治療師奧托‧蘭德（Otto Rank）有過關係，並且同時與兩個男人結婚；在二次推運中，火星在她一生中都維持逆行。

巴比‧布朗（Bobby Brown）的星盤將在下一章中介紹，在出生盤中金星為順行，但在他 41 歲時轉為逆行，就在其前妻惠妮‧休斯頓去世的前兩年；在今年，他與其經紀人艾莉西亞‧伊瑟瑞歐茲（Alicia Etheredge）訂婚，金星轉為逆行所暗示的可能是他與內在的女性特質以及其他女性有更為內省的關係。

金星的十二種姿態

如前所述，金星帶著許多神話特質進入了占星殿堂，逐漸與自愛、自尊、我們重視及欣賞的事物結合。金星象徵著別人吸引你的地方、你寄託於人際關係中的價值、你需要什麼才能感覺有伴、你自己的內在價值感以及想要被承認、榮耀及尊重的價值。透過她所守護的兩個星座的代言，她欣賞身體和精神形式的美，身為黃金女神，她與珠寶、金錢和貴重物品等物質價值產生連結，而身為天界的一員，她也被賦予了和平與愛的精神價值。

金星的愛始於自愛，但不是自戀的愛，而是重視天生特質的

愛，它包括自我的孤獨、自尊及耐心之愛。愛是一種選擇，也是一種承諾，因此它是一個與區別及決定有關的承諾和訓練過程，雖然我們經常談論我們所愛的對象，但它是主觀的。你的金星星座象徵著你對自己、他人、關係最重視、欣賞、珍愛的特質，正是這些優點和特點，你會被他人吸引，但它也描述著你的愛的過程及承諾。

　　由於金星的軌道被地球的軌道包圍，從我們的角度看，它是靠近太陽的。在星盤中，兩者相距絕對不會超過 48 度；因此，它所落入的星座是有限制條件的，它若不是與太陽同一星座，便是前後相隔一或兩個星座。當它落入太陽星座時，便一同分享了太陽星座的特質，但它是透過將它的原型本質帶入太陽領域來增強此一星座的特質。當兩者落在相鄰的星座中時，強調了太陽和金星的基本特質，並且需要一種更有意識的態度去結合金星的價值與個人身分；當兩者相距兩個星座時，其基本特質會更加兼容並蓄。即使這些差異可能是微妙的，然而太陽和金星佔據著不同領域，因此，當我們在看金星星座時，記住太陽星座的位置也會很有趣。

✽ 金星在牡羊座

　　傳統上，金星在牡羊座是不利的位置，也許是因爲難以有加速的快感。當你被某個人吸引時，你會熱血沸騰；當他們回應你的注意時，你的心思會全在他們身上，而且非常浪漫。但是，當他們離開時，你可能會火冒三丈；你充滿激情與情感，但是哪裡有熱情，哪裡就會有憤怒。火星守護牡羊座，所以你表達熱情的方式是火熱的，當你感到親密及連結時，你不會克制；當你被某人吸引

時，你是直接且確定的，這非常令人振奮。你看人只看表象，因為你接受你所看到的就是你所得到的，雖然你知道這很天真，但你仍然熱情洋溢、興致勃勃地進入關係，因為那就是你。你想要一段充滿活力及前衛的關係，並且你希望這個與你志同道合的人，可以和你一起去冒險並且分享你對生活的熱愛。

獨立、自由和自發性是強而有力的價值，因此，重要的是你的伴侶也很欣賞這些特質。積極生活的你也傾向於理想主義、浪漫主義並且充滿希望，你的樂觀精神以及應對生活挑戰的能力是吸引人的，有你相伴的生活充滿刺激；但當激情的火花消逝時，你會發現很難繼續浪漫下去，而更吸引人的可能是轉向另一種關係或分開。金星牡羊座重視生活和愛的興奮，它可能會急於體驗這一切，隨著歲月的累積，對的關係會緩和這些衝動。

✲ 金星在金牛座

金星守護金牛座，透過這個土象星座，其感官特質得以甦醒。當你被某人吸引時，在你的身體中感受到一種激動，有時甚至是一股洪流。金星重視關係中的品質和時間，現實的生活可以迅速處理，但愉悅的生活不容太倉促，因此花時間去建立關係是有價值的。你在感官世界中找到快樂，你需要與你愛的人分享味覺、視覺、氣味、聲音和感受。

感官也意味著舒適，所以與其便宜又大碗，你更想要奢華與品質，雖然這需要錢，但它不是關係的動機。金錢是金星和金牛座掌管的資源之一，因此它在你們的關係中的確扮演著重要的角色，但你最看重的是溫柔、忠誠、一致性和穩定性，當沒有這些特質

時，也許金錢就成了問題。你在關係中投入很多，你想確保它能夠得到回報，這個符號通常被描述爲占有欲，因此，值得思考的是在關係中你可以或無法分享的東西是什麼。你不想勉強的進入關係中，因爲你需要時間才能知道未來的伴侶是否有相同的感覺、是否適合並且有共同的熱愛。由於金星在金牛座，你會慢慢的欣賞親密依附的快樂；另一方面，當該分手時，你也可以繼續維持關係。

✻ 金星在雙子座

善於溝通的同伴深深吸引天生社交的你，他們了解你的想法，很容易溝通相處；但是，如果事情變得重複或沉悶，你會很容易感到無聊，並覺得需要改變。你很看重關係中的多變化，就像是去不同餐館、參加新課程和改變日常習慣一樣，與你在一起意味著學習快節奏，但不是每個人都像你想要的那樣靈活。你知道當你被某人吸引時，你可能會語無倫次、變得笨拙，你的神經系統失控，就如同它是吸引指數的監視器一樣。任何關係中的機動性和多樣性都很重要，愛與溝通交織在一起，你需要傳達你的感受、光明或黑暗。有些人可能無法傾聽，但與你性情相投的人會喜歡你的空中特技和幽默感；你可以在不用擔心評價或報復的情況之下進行交流的關係是寶貴的。

金星雙子座暗示愛和陪伴相輔相成，這可能與兄弟姊妹有密切的關係，或者在更廣泛的背景下，你重視親密關係中的陪伴和友誼。你的價值觀不固定，事實上，對於你喜歡的事情可能會變化無常，在你做出決定之前，想要多多嘗試感覺和關係。你需要空間和距離來決定你的想法，當你被困住時，你會驚慌失措，因此，在沒

有壓力的情況下比較容易許下承諾。你重視某人給你空間去經歷你需要經歷的變化，你喜歡被連結，但不想一直在場，臉書貼文、簡訊或推文是保持聯繫的方式。

✳ 金星在巨蟹座

金星巨蟹座的人將戀愛與滋養交織在一起，你喜歡照顧他人，被他們需要，並提供情感與物質的支持；你可以在專業上發揮這些，但你通常是在個人關係中看重這項價值。一些占星學報告暗示你傾向於撫養你的伴侶和同伴，或者你可能是一個尋找寄養家庭的孤兒，這適用於滋養自己不足，或滋養他人變成一種不平衡的狀態。當你為自己提供足夠的照顧時，你愛的人會重視你的溫暖和感受；你重視善良、溫柔和同理心，這些特質也需要回饋予你、讓你感覺被愛。

情緒起伏將成為你的關係中的一種常態，當你愛的人不回應或回饋你時，這是非常痛苦的。你很容易受傷、習慣於處理情緒波動，當你開始反覆思考被冷落、誤解或被認為是理所當然的時候，心情會愈來愈糟；雖然你重視親密和善良，但當你感到痛苦時，你無法意識到自己的寬容。你重視親屬關係及家庭，但是當戀人和家人之間需要做出選擇時，愛與家庭會產生衝突。金星巨蟹座不一定能保證一個充滿愛的家庭，但它確實暗示你需要讓靈魂與家人為伍。成年後，你的家族圈包括你的朋友、工作夥伴、志同道合以及心愛的人；你的內心多愁善感，你讓傳統和家庭的價值充滿浪漫。

✳ 金星在獅子座

金星關心的是愛自己，當它落在獅子座時最突顯這一點，什麼讓你富有吸引力以及令人嚮往是很重要的；因此，知道自己在別人眼中的形象、以及什麼會讓人覺得有魅力是你很感興趣的部分。即使你的性格不外向，但你仍然喜歡被稱讚；當你愛的人向你告白時，你會心花怒放。你認為可以光芒四射時，為什麼要謙虛？當可以造成轟動時，為什麼要隱藏？獅子座是守護心臟的固定之火，因此，你的愛火燃燒燦爛、從不間斷。你重視忠誠和力量，你也被那些驕傲和熱情的人吸引；當你遇到一個吸引你的人時你便會知道，因為你會怦然心動、全身發熱，並且已經在想像你們在一起會是什麼樣子了。

你重視浪漫和激情，這就是你希望在關係中找到的東西，當你如願時，你會意氣風發。你對於你愛的人非常忠誠、全心全意並且感到自豪，此時你會慷慨給予讚美、禮物和認同；在你愛上一個人時，你是他們最大的粉絲，但它必須是雙向的反映。如果你覺得受到欺騙或沒有被好好對待，你可能會變得很無情，因為被利用或被拋棄的感覺傷人太深，因此仔細辨別才不會吃虧。你心胸開闊、慷慨大方，但如果愛火熄滅，你可能會表現冷淡和不滿。忠誠是如此重要，因此貶低自己讓你能夠開放的將財富與價值投射於他人身上，用缺乏自尊換取別人的膨脹，當你的價值感動搖了，便會高估其他人。你的靈魂伴侶會重視你的溫暖和慷慨的心，你與他們在一起時，會感到被珍惜。

＊ 金星在處女座

處女座的本質是謎，以超然離群結合自然的野性和美麗。處女座有些事情是不可知、不易接近的，因此金星處女座對於其他人來說是非常有吸引力和神祕的。你重視隱私、自己的時間、你的儀式和生活方式，因此你需要別人也尊重和重視這些特質。你喜歡服務和幫助他人，因此你是一個很好的助手，與你性情相投的人尊重和欣賞你這一點。當你變得害羞並且自嘲時，你便知道自己被某個人吸引了，這是很可愛的。

當你與別人在這個神聖的空間裡時，可以接近完美，然而在繁忙而複雜的生活中，這絕非易事；當你有壓力時，你可能會很挑剔，或者當你不快樂時，可能會過度分析。你重視經營關係，並努力改善你們見面時的品質；有了一個重視此事的忠誠伴侶，你會覺得你們在一起成長。你心愛的人重視你治療和助人的特質，並分享你日常生活中的魔力；當你的靈魂伴侶出現時，你會做好充分的準備。古典占星師認為金星在處女座是不利的，因為人類之愛與神聖的完美無法舒服的共存。你重視卓越，但人際關係的缺陷及不完美使關係變得有意義；從心理學的角度來看，愛的局限性使關係充滿感情，這是你在建立關係時學到的一個自相矛盾的論點。

＊ 金星在天秤座

金星守護天秤座，所以它在家裡，它的家很漂亮；你的本能重視和諧及美學，因為你天生喜歡美的事物，無論是前拉斐爾派（pre-Raphaelite）還是莫內（Claude Monet）都不是那麼重要，重要的是它的美麗。你從小就喜歡藝術、雕塑以及所有精緻的東

西，不幸的是，人們不是藝術品或博物館的展覽品，你會學會接受有時候你所愛的人會感到疲倦、凌亂、甚至是粗魯。以人爲本，社交技巧很重要，但也可能會掩蓋你的眞實感受；雖然在公衆場合你可能需要表現和善，但如果你生氣的話，也不必取悅所愛的人；你可能會猶豫自己過於寬容，然後以侵略性來求得平衡。你很難掀起風浪，這意味著你可能會對不適合你的事情說「好」，因爲不想冒犯別人，你很難面對或表現出你的不愉快。

你很浪漫，但你也需要你自己的空間，有時候你會覺得有點擁擠，因爲你同意和很多人一起做很多事情；你需要學習當你不想參與時說「不」、眞的想介入時說「好」的複雜平衡。你重視關係的建立，並且由衷的對別人感興趣，但是你也需要用自己的時間和空間去平衡，這是你經常忘記的。你在你的人際關係中尋求平等和靈性，這也激勵你在自己的身上尋找同樣的特質，金星在天秤座也在關係中找到它的家。

✳ 金星在天蠍座

對其他人而言，你顯然有能力建立深厚而長久的關係，然而如果你想進入親密關係，可能會害怕失去或遭人背叛，但儘管有這些焦慮，你仍然會挑戰愛情。雖然你珍視自己的深刻感受力和情感投入的能力，但你的正直與眞誠使你在關係中變得脆弱，因此，雖然內心渴望可以有深刻的親密聯繫，但也可能傾向於隱藏自己的感覺。由於喜歡親密關係帶來的激情和濃烈，你可能會錯將情感危機和痛苦當成是連結、激情以及愛的情感。你能夠在緊急情況之下振奮起來，在危險狀況或關鍵時刻，你都能全神貫注；因此，最好不

要將愛與危機混爲一談，因爲你可能會在不斷的危機中成爲伴侶的治療師。

金星在天蠍座是不利的，通常被描述爲嫉妒或占有慾。因爲你有深刻連結的傾向並且容易受傷害，因此信任總是關係的議題。情緒控制、嫉妒和占有慾，無論是你自己還是其他人，都可以避免心碎。由於能夠愛得深切，這樣的敏感性需要武裝；保密是避免脆弱的另一種方式，金錢和性也可以用來防止遭人洩密。思考你可能會如何無意識的產生自我防禦，好讓自己不會有脆弱感，可能你還在修復關係的傷口或遭人背叛的回憶；你很難放手並重新開始，但當你這樣做的時候，卻會產生令人難以置信的療癒效果。你的核心價值是做一個忠誠、誠實以及可以信任的伴侶，但你需要瞭解這是互相的付出。

✳ 金星在射手座

你的心渴望得到寬廣的自由，並受到外國人、老師、哲學家、形而上學家和探險家吸引；這樣的關係可能會產生一些投射作用，你看重夢想家和改革者，因爲你也是這樣的人。當你深受古魯（印度教的導師）的投射作用影響時，試著慢慢地大聲的拼出這個詞：「古魯（GURU）！哇，你就是你自己。」當你展開一段新關係，或者在旅途中愛上一個人時，大家就知道你出國了；在你適應關係之前，你需要探索及旅行。你在關係中需要自由，但你也想和伴侶一起冒險；你的伴侶關係交織著跨文化、外國、有時是異國情調的主題。你會在異國、不同文化和其他社群中找到與你志同道合的人，這考驗你將不同的信仰、新的習俗和哲學帶入你的人際關係

中；這些一直激勵著你並讓你投入關係，如果沒有這種刺激，你會很容易感到無聊。與你性情相投的伴侶會鼓勵你走向多元化、成長並超越年輕時的傳統世俗。

你的金星星座由木星守護，讓你在人際關係中慷慨又開放，但有時你可能過於寬宏大量，這通常是因為不平等的關係造成的。雖然關係所造成的耗損可以恢復，但過於樂觀可能會產生問題；接受關係帶來的負面及困難並不容易，但是請記住，你不能模糊不清的樂觀以待，最好是在你的慷慨大方氾濫之前仔細看清楚。你重視開放、誠實和有意義的交流，笑聲與淚水、遊戲與嚴肅、理想主義和現實主義結合在一起，創造出一種靈性關係。更重要的是你重視生活中與你一起邁向靈性之旅並理解你的哲學渴望的人。

✱ 金星在摩羯座

老實說，你可能會在所做的事情上得到成功，並且在你的關係中追求品質，如果讓你選擇，你會選擇高品味和價值、價格昂貴的事物，而不是那些正在促銷的東西；因此，就伴侶而言，技術精湛、成就卓著、聲譽良好的人確實具有吸引力。當投射發生在工作上時，不夠資格的感覺，會讓你傾向於認為別人皆具有自己沒有的價值和特質；你自我批評，經常對自己有過多的期待。你重視傳統、承諾及責任，因此，你是我們可以信賴的人。規則和制度也很重要，但不以連結和關係作為代價。

由於你擁有成就及能力，所以不容易依靠別人。你可以獨立自主、自力更生，然而，這也可能會妨礙關係的建立，並且這也是很好的一種自我防衛，避免失望的恐懼或求助他人時遭到拒絕。表現

出愛或深情會讓你感到脆弱，所以你經常會退縮不前；你可能會害怕被拒絕，但與其在完全掌控之下感到孤單，更重要的是處於關係之中。當你感到脆弱時，也可能會試圖掌控伴侶，所以當你感覺脆弱時，重要的是要意識到這種想要安排管理一切的衝動從何而來。你的金星星座由土星守護，將工作和關係的主題融合在一起，因此地位、金錢、時間或職業等問題可能會干擾關係。你可能會透過工作或者共事遇見你的靈魂伴侶，如果你的老闆是你的伴侶呢？你如何同時處理階級和平等的議題？你有一個健康的界線意識，是一個會給予支持的伴侶，因此你可以利用你的奉獻精神、可靠性和值得信任去處理差異問題。

✳ 金星在水瓶座

即使你可能很保守，也會受到獨創性和獨特性吸引，特別是在關係中。自由對你很重要，你重視自己的時間和空間，你受到自由的精神吸引，認為自己也是這樣一個人，這樣強烈的性格以至於也許你的前任會抱怨你不願意許下承諾、過於冷漠疏離，或者你突然許下婚約、然後又突然解除；你可能會在緊密關係中感到窒息，你想要親密關係，但不是始終如一。許多金星水瓶座的人都這樣解釋：「當我在世界的另一邊時，我瘋狂地陷入愛中，迫不及待地想和我的伴侶在一起，但是當我到家、靠近他們時，我開始感到驚慌失措，我無法呼吸，感覺就像逃命一樣」；他們問我：「怎麼回事？」這是命中注定的進退兩難，想要親密關係同時又不想承擔義務，兩者不可能同時存在。因此，最好是對於保有自己的空間負責，做你自己的事，找到充分的時間來滿足興趣，然後你便不需要為了得到空間而將別人推開。當你有足夠的空間時，便不會感到恐

慌，而且會非常親切、開放及友善。

你重視自己的獨立和友誼，但友誼和親密關係並不一定有相同的期待；朋友可以支持你的冒險和越軌行為，但親密的人可能會覺得你沒有花足夠的時間陪伴他們。你經常將友誼和關係混淆，並且仍然希望你的前任即使在痛苦的分手之後也能成為朋友。因此，關係的建立通常會帶來強烈情感的學習機會：起初，你會擺脫它，接下來你可能會嘗試並避開它，但是很快你就會發現更黑暗的情緒湧入，而當你投入其中而不是遠離它們時，它們會更快地消失；諷刺的是，強烈情感有一點吸引力，因為你在輕鬆熱情的個性中不會看到它。平等、開放和真誠是你在關係中的指導原則，你的人道主義和體貼性格吸引那些與你有共同世界觀和人類價值的靈魂伴侶。

✳ 金星在雙魚座

內在浪漫的你可能經常被提醒要更現實的對待關係，或者將這種能量引導至自我的創造力、唱自己的歌或拯救自己的內在小孩。你很容易理想化，並將自己的魅力投射於外界，但是相較於將它投射於某個人身上，可能落在畫布上會更有成果；你的心靈充滿想像力和靈感，最好透過創造力表達出來。在親密關係中，你可能傾向於將另一個人理想化，然後陷入他們的世界，也許你會忍不住想要助人或墜入愛河，但有時候你愛上的是愛的理想和可能性，而不是真實的這個人；在測試或檢驗這些可能性是否合乎現實之前，你也容易先順服於它們。你對於犧牲自己去幫助別人感到敏感，這讓你感到茫然、迷失自我。海王星是你金星星座的現代守護星，由於這顆朦朧的行星站在人際關係的幕後，你很容易幻想，

也可以解讀自我慾望所影響的狀況；這很神奇，但也可能是愚蠢的。

　　你重視精神和看不見的東西，由於你與他人的親密關係，因此可以揭開世俗與永恆空間之間的面紗；在你的親密關係中，明智的做法是遠離日常習慣去創造一個時空，如此便可以一起進入此迷人之境。你有極大的同情和理解天賦，但是關係教會你如何以最好的方式克制及呈現這種天賦。

火星的十二種表達方式

　　火星是熱、熱情和慾望，無論在精神、肉體、理智還是情感上，火星都象徵著抒發及表現慾望、憤怒和挫折的本能方式，能夠激起強烈的情感。由於許多這種原型衝動可能是反社會、不文明的，因此我們學習克制、教養和適度的來表達原始情緒。它象徵著競爭和勝利的衝動，而火星想要以自己的方式，準備好爲此而戰。雖然每段關係都有其基礎，但它可能會產生分裂，因此，了解我們自己的火星及其對他人的影響至關重要。就建立關係而言，它描述了你如何表達自己的主張、處理衝突並使你的渴望被看見；你的火星星座描述了你如何追求自己想要的東西。從本質上來說，它象徵著你的生命力如何自然地尋求表現。

　　多年以來，我們設計了一堂火星／金星研討會，成爲澳洲占星整合學院（Astro*Synthesis）課程的一部分，用來擴充我們的課程，其中一天的體驗課程，是利用金星和火星的各種練習來喚起原型的生活體驗。火星的練習很有意思，不管團隊的規模如何，

結果總是一樣的。這次練習是一場競爭激烈的比賽，展現出每一種火星元素在競爭中的差異，而任務的結果總是令人驚喜、也皆具啓發性。參與者根據火星星座分爲四組，然後讓四個小組之間激烈競爭，陽性星座首先會相互對抗，接著才是陰性星座；每個獲勝者都將參加決賽，火星喜歡個人挑戰，但不一定是團隊的努力，然而這個練習仍然激發了火星人的競爭精神。

毫無疑問，在體力和耐力方面，土象的火星擁有巨大的資源和力量，而火象的火星擁有豐富的精神及動力；然而，火星還說明了我們如何宣洩及引導這種能量，無論是在啓動還是競爭層面。如果結果是值得的，而且我們也想要爭取，那麼火星將專注在想要的東西上；如果慾望不強，那麼火星可能無法被競爭力所激發，而是需要熱情和動力來積極追求目標並完成任務。我們團隊多次的經驗如下：

風象火星第一輪競賽中失敗

由於風象火星參賽者散亂行事以及無法集中注意力，所以總是第一個遭淘汰的團體，團員對於比賽的最佳策略，有許多討論和爭論，分散的能量轉移玩家對於首要任務的專注力，因此他們很快便輸了。風象火星可能會在西洋棋或智力辯論等戰略遊戲中更具競爭力，其中需要的是心理過程而非身體的耐力。風象火星的人可能會一心多用，經常不喜歡體力競賽或對抗，因此，火象火星進入決賽。

土象火星第一輪競賽中也失敗了

土象火星很強大，但團隊成員並沒有全力以赴，也沒有盡心盡力，在遊戲之後討論這個問題時，大多數成員都同意這一點。由於

比賽結束之後沒有任何回報或獎勵，所以並不值得努力，因爲它只是一場遊戲，無法看到它的價值，因此他們難以竭盡所能，也沒有集中火力參與任務。土象火星精力充沛，通常儲備著巨大的力量和耐力，但需要專心致力於過程與結果，於是水象火星繼續進入決賽。

火象火星——焦躁不安或勝利

火象火星非常堅強而且充滿熱情，他們在競賽和遊戲中充滿樂趣；然而，當最初勝利的熱情消退之後，便很容易變得無聊和焦躁不安。他們會不由自主產生焦慮並期待著下一個活動，而不是專注於當下並完成手頭的任務。獲勝不如進入下一個活動重要，因此，獲勝所需的能量受到前進動力的影響。火象火星的精力非常旺盛，但是當它們覺得無聊或沒有足夠的刺激時，他們的承諾會動搖、動力會減弱。

水象火星——筋疲力盡或堅韌頑強

水象火星就是繼續堅持，水的無形力量來自於它的執著以及能夠緊緊地抓牢，雖然看似被動，但其巨大的力量和資源是透過耐力來克服障礙，因此，它總是被證明是勝利者，這使參賽者能夠深入了解水的隱藏能力和力量。然而，如果在情緒激動或爭吵的狀況之下，他們的力量會因情緒暗流而消耗殆盡；如果其中存在著情緒暗示或私人情感，水象火星可能會退縮，繼續帶著受傷的情緒。由於這只是一場比賽，他們不會投入太多的情感，因此，他們用充裕的精力、堅持不懈並總是贏得比賽。

火星就像引擎一樣，轉動鑰匙啓動，以慾望的目標激發其武力、意志和力量；當它充滿熱能並且專注致志時，是一個強大的

競爭對手和運動家；當它充滿熱能卻不受控制時，可能會產生危險。但是當鑰匙沒有轉動時，火星的引擎冷卻、無法發動；而開啓火星的關鍵之一是它的星座特質，讓我們從關係建立的角度來檢視這一點。

✳ 火星在牡羊座

　　你如何主張自己並在關係中成爲自己──這屬於火星的領域，牡羊座是火星的守護星座，因此，當它受到刺激時，可能會直接了當、富有前瞻性、熱情、積極和目標導向。身爲天生戰士和勝者的你，會爲你想要的東西而戰，你的學習歷練是如何開出一條路並在途中遇到你的伴侶。身爲一個自動自發及獨立的人，你傾向跟隨自己的想法、創造自己的機會而不是依賴他人；由於你當一個領導者或是領頭羊會更爲自在，因此可能更傾向於指導或激勵他人而不是妥協或合作。因爲你主動性的生活，等待別人做好準備或下定決心是令人沮喪的；就因爲如此，你的人際關係可以調和你的不耐煩和自主權，當你的獨立受到威脅或者覺得一段關係沒有未來時，你學會了控制逃避的衝動。

　　能夠表達自己的感覺眞是很好，但是當你與親密的人在一起時，也需要傾聽他們對於事情的看法，並且在你不順心的時候管理自己的憤怒情緒。你喜歡追逐和當下的熱度，但是關係也有中間的過程及結束，而那些需要更多的努力。你爲關係帶來激情和興奮，你渴望一個刺激的對手來挑戰你，使你成爲最好的；但關鍵是時間，因爲倉促行事不會讓關係的煉金術帶出它全部的滋味。

＊ 火星在金牛座

當金星守護你的火星星座時，在某種程度上，金星和火星的意象相互交疊，但火星容易匆匆忙忙，不適合想要緩慢行事的金牛座；因此，火星在金牛座，需要花時間慢慢適應環境，然後有足夠舒適的感覺，才能留下來做出承諾。火星落在弱勢的位置，減緩了火星行動的衝動，不耐煩會變得沮喪，如果你被強迫或催促，那麼你就會更慢，變得動彈不得或者頑固僵硬，而隨著時間的經過，你在關係中想要的穩定性和快樂可能會更成熟。

在建立關係的過程中，你需要時間熟悉，不久之後，你可能會驚訝一段親密關係已經慢慢發展。但是除非你保持積極，否則熟悉感會變得無聊，一旦你完工或得到獎賞，便可能會停止嘗試，因此，值得設法讓你的親密關係活化起來，讓熱火繼續燃燒。由於金星守護金牛座，其中一種方式可能是分享感官享受，火星在土象星座，它的慾望是透過身體的能量及應用來體現，無論是一起做飯、聽音樂還是按摩你的伴侶。分享是關鍵，無論是一瓶梅洛葡萄酒的喜悅、看戲的夜晚還是整理花園之樂，當你自由自在的和一個你愛的人在一起並且仍然安全時，你就會更有能力去愛。

＊ 火星在雙子座

當行動之神透過雙子座可變、快速的能量引導時，我們可以想像一個移動的人，但並不一定確定他們想要去哪裡，因為它可能隨時改變。你對許多東西感興趣，可能會覺得好像一段嚴肅的關係注定是在未來而不是現在；然而，如果你此刻被吸引，就會跳進去。火星雙子座經常被描述是善變的，這並不意味著你在關係上

是不穩定的，然而，它確實強調了在承諾時容易產生不穩定的感覺。

　　狡猾的水星守護你的火星星座，當它駕馭你的衝動時，你可能會有點喜怒無常，刁鑽而難以應付。它在耍花招嗎？還是憑空消失、感覺變化如此之快是自然的事？那麼當你被某人吸引時會發生什麼事？你是等待這種衝動過去還是跳進去？如同所有雙子座的能量，故事皆有兩面：一方面是你對失去非常敏感，這種焦慮會使你傾向不許下承諾；然而，更深層次的那一面卻渴望更緊密的連結。因此，你越能夠表達自己的焦慮，說出你在意的事，並且去參與而非預設，你的感覺就越平靜。你很容易恐慌，一個簡單的治療方式是吸氣：專注於呼吸和放鬆。你為自己的人際關係帶來了青春活潑的能量，你渴望找到的是你覺得失去的、而對方也在尋找你的另外一半。

✳ 火星在巨蟹座

　　巨蟹座是火星擢升的位置——摩羯座的對面星座，火星巨蟹座在傳統占星學中處於弱勢的位置，雖然它可能沒有其他黃道帶星座的直率或自發性，但它確實具有頑強及情感的力量。意志與感覺一致，行動是情緒的反應，生氣、惱怒和沮喪往往會讓個人表現出自己的感受。你深深地感受到激情，但在個人關係中找到表達的方法並不容易；若當你愛的人處於危險時，你會知道這些感受是多麼強烈，如果你的家庭成員受到傷害、孩子面臨危險或者小動物受困，你可以變得非常有力和勇敢。你大力捍衛和保護那些你照顧的人；但是，當有人問「你自己」想要什麼時，你可能會感覺不知所

措而退縮。

　　你天生具有同理心，你的衝動是滿足他人的需要，你充滿活力地幫助別人；但是，不容易表達自己的需求，特別是如果你意識到它們可能會遇到阻力。當你感覺到想要的東西會被拒絕時，往往會退縮，雖然你可能覺得這是在保護自己避免受到可能的傷害，但如此一來你也關閉了親密關係的大門。感情從光明到黑暗、善良到憤怒、愛到恨，寧可置身其外也不要深陷其中；與其表現出來，你可能會把憤怒轉向自己。如此強大而又如此敏感的你，既難以相處又極具吸引力，因爲這種混雜的性格，人們會被你吸引，他們覺得他們跟你在一起很安全，因爲你會提供照顧、警戒、愛與庇護；他們不一定知道你被感覺淹沒了，所以最好鼓起勇氣讓他們知道。

✱ 火星在獅子座

　　火星就像是火一樣，因此當它落在由太陽賜予溫暖的獅子座中，說明你善用超凡的魅力級領導力表達自己。但是在背景中有這種明亮的光線，你很難看到自己的陰影，有時評論被視爲批評或建議被認爲是缺點，你渴望被別人渴望。你可能沒有意識到你具有強大的說服力，你的訴求可以讓最頑強的對手卸下武裝，因此，你可能會很快地被推上卓越或權力的位置。在你不知不覺中，甚至會產生破滅以及心碎的狀況，然而，這也助長了傲慢及頑固的傾向，而可能在個人關係中產生衝突。

　　當你渴望某個人時，你會創造一個令人難以置信的舞台，在這個舞台上你是英雄或女主角。這是非常令人不可抗拒的，但是當燈光一一熄滅、幕布緩緩落下時會發生什麼事？你會發現，心的火焰

可以被控制、穩定地燃燒，而不僅僅是兇猛的野火；你的渴望和激情是不變的，即使你喜歡和別人一起玩，也會忠於你所愛的人。你給自己的人際關係帶來了很多樂趣、天賦和溫暖，你得到的回報是忠誠和掌聲，希臘人知道這是「友愛」（philia），在面對他人時的自我認知、以及愛與友誼發生時的有趣覺醒。

＊火星在處女座

　　力量之神落在處女座，說明你對於集中精力的地方既謹慎又有辨別能力，在你發揮自己之前，你要分析一下情況；如此萬全準備，你可能是精明又挑剔的人，這在日常工作及幸福生活中很有幫助，但這些特質也許在個人關係方面並不是那麼具有效用。可惜的是，人們不像你預期的那樣有條不紊、理性或有組織；好消息是，還有很大的改善空間，這就是火星處女座開始工作的地方。你是那個打電話請人來修理壞掉的地方、分析問題或挑戰假設的人；因此，重要的是你要處理你的關係，而不是你的伴侶。你渴望感受到你的親密關係隨著年齡的增長而改善，並且符合你的生活規劃，你確實傾向於確保一切符合你的安排和計畫，可惜的是，關係往往比你預設的更加混亂。

　　你對工作、幸福生活和生活方式的奉獻使你可以享受你所創造的日常生活，當有一個志同道合的人與你一起擁有相似的健康養生法、工作例程或生活方式時，你會受到激勵。即使你們在白天可能沒有實際的在一起，但在工作結束時，你希望和能夠傾聽和理解你的人分享一天的喜怒哀樂。你有追求完美的驅動力，自己一個人也很自在，但實際上你為了親密關係已經練習了很長一段時間。火

星在土象處女座，也將你的感性面向和封閉的激情帶入親密的相遇中。

✳ 火星在天秤座

　　火星落在金星守護的星座中，其慾望受到別人的慾望或價值影響，因此，你的動機是透過他人正在做的事情決定，這往往讓你不確定自己想要什麼，你的矛盾心理讓別人感到困惑，特別是當他們很清楚自己想要什麼的時候。你可以在沒有參與的情況下熟練地進行仲裁和調解，但當你心有所屬時，如果他們想要與你想要的東西發生衝突，這會讓你很難表達自己的慾望。在傳統上，火星落在天秤座是落陷的位置，因為想為自己挺身而出的衝動因調和的特質而變得複雜；你的渴望是和平、平衡和公平。

　　你愛的人可能會抱怨你的敵人比他們更讓你著迷，你贊成「親近朋友，但是要更親近敵人」這句話。在面對不愉快的狀況時，你會試著找到一個令人愉快的解決之道，而不是一個果斷的決定；因此在關係中，當你需要更加果決時，你可能會妥協屈服。你可能會用遲到或忽視那些想要吸引你注意力的人來表達你的憤怒，你難以面對不愉快的眞實情感，這讓你感到與世隔絕。另一方面，和你在一起是非常值得的，因為你可以預知別人想要什麼，你知道他們喜歡穿什麼，想做什麼以及去哪裡；你可能對自己想要的東西猶豫不決，但你很清楚別人想要的東西，而這裡面存在著一種救贖。你的確渴望建立一段關係，努力成為一個體貼、關懷和浪漫的伴侶，只是你正在學習更直接一點。

✱ 火星在天蠍座

　　火星作爲天蠍座的守護者，擢升至高位，並深入天蠍座的底蘊；在關係中，這說明強大的愛和強烈的慾望。有人說，火星天蠍座不會生氣只是會算總帳而已，這是說當信任關係遭到破壞時有報復的傾向。信任是一個核心議題，當你受到傷害或被背叛時，會變得冷酷和不可侵犯。與火星在另一個守護位置牡羊座不同的是，火星天蠍座掩蓋這些感受，因此很少有人會知道它是否感到痛苦甚至感到高興。你也極度保護隱私並且控制你的感情，有人說你可能會隱藏你的感受，有時候你會這樣做，因爲你非常投入於你所做的事情當中。你需要時間與自己相處，處理自己的感受，否則你會感覺被別人壓垮了。

　　在人際關係中，你提供高度情感的正直與誠信，但要求忠誠的回報，希望共同擁有最親密的關係；但是當你變得情緒化或有性接觸時，水不是溫熱而是滾燙的！然而，你經常期待別人有你的深刻了解，並且不用說什麼便直覺知道你需要什麼；但是請注意，並非所有人都有這種默契，或者像你一樣能夠觀察入微。情感和性接觸等於信任，對你而言，親密關係神聖不可侵犯，當一段關係結束時，它就完了，沒有更多機會；你悲傷過了、罵完也哭完了，現在是時候繼續往前了，而你也確實如此。當你在情感上認定一段關係時，你會百分之百投入，提供愛的百寶箱以及願意分享的寶藏；但這不是單向的，你期望從投資中得到回報。你爲自己的人際關係帶來正直與誠實，並期望找到這種熱情和信任的回饋。

✶ 火星在射手座

　　火星射手座在隱喻上就像是一個弓箭手或是一個魯莽的射手，直接了當和迎面對抗是你的第二天性。當你遇到困難時，可能會有遠見，能夠超越個人議題以及對於症狀和眞相的反應；但正如他們所說的「眞相的傷害」，雖然衝動是很自然的，但你學習到的是：稍加謹愼可能會更爲明智。公平地說，你爲關係增添了興奮與冒險，你的溫暖、慷慨和樂觀照亮你所有的互動。你天生是一名探險家，高度渴望學習及跨文化的體驗，你受某個遙遠的地平線召喚，因此在關係方面，重要的是找到吸收連結的方式，並表現出你自由和衝動的渴望。

　　你有一種重要精神，是觀測自我感受很好的晴雨表，當你感到昏昏欲睡或沮喪時，這是因爲你感覺受困；你可能傾向於嘗試及合理化你的立場，但事實是你需要移動並表達自己。你消耗的能量越多，所獲得的能量似乎就越多，這在個人關係上也很有用，因爲你需要表現自己不安的能量，而不必擔心評價。在所有的努力中，你喜歡刺激和多樣化，你也需要你的親密伴侶對此保持開放態度；你給所有的關係帶來極大的活力和興奮，你希望的回報是找到共同尋求意義的夥伴。與你所愛的人分享你的人生旅程、宗教和哲學探索是至關重要的。

✶ 火星在摩羯座

　　火星摩羯座暗示你努力成爲自己這條船的船長，火星落在其擢升星座中增強了決心、意志力、勇氣和想要成功的承諾。守護星土星將其古老智慧和經驗帶入你的慾望中，當你年輕時，這可能會

更爲艱難，但成年之後，機會和需要的資金將匯集以支撐你的抱負。這些運用在你的職業生涯中、是非常有價值的特質，但在個人領域呢？你如何在私人生活中表達自己的慾望？你可能會用心盤算，選擇支持你職業目標的伴侶；然而，更有可能的是，你慢慢評估情況，一直堅持到你知道是因爲自己、不是你所做的事而受到尊重。當你跨越控制和分享之間那條細微的界線時，你親密的另一半可能會抱怨你的獨裁。

你希望事情能夠進行並且順利運作，因此，你可能不得不爲人類的脆弱、非理性和情感留一些餘地，因爲這些在某些時刻必然會出現在你的個人關係中。你想努力工作並有所成就，也想要和你喜歡的人在一起，因此，你們可以一起創業或從事同一行業。事業成功的願望可能會與關係的責任產生衝突，因此，爲了滿足忙碌生活的需求，時間管理是至關重要的。你將尊嚴和世俗智慧帶入你的人際關係中，並努力尋找能夠一起分享目標和抱負的人。

＊ 火星在水瓶座

隨著火星進入水瓶座，你可能會受到崇高理想、人道主義關懷以及利他的結果所激勵。即使你受到吸引去探索與眾不同的東西或著迷於尖端前衛的事物，你也可能有非常固定的觀點和想法。透過公共的關懷和計畫你有機會遇見他人，因此，你可以在重大計畫上與其他人一起工作，或者因爲你的創新方法而被他人追隨。但是，你如何將非個人關係轉化爲個人關係？熟人如何成爲靈魂伴侶？對於這種水瓶能量而言，這可能是個問題。

對你而言，個人的愛可能更像是一種理想而非情感，希臘人有

「神聖之愛」（agape）的概念，這是一種非個人的愛、一種不受人類感情束縛的愛。隨著火星在水瓶座，個人的情感經常被合理化或概念化，你可能認為的獨立或個性，你的伴侶可能感覺到的是情感的距離，因此，你清楚明確的情感可能更多是為了排拒親密性而非陳述自己的慾望。當你渴望獨立和自由時，你的功課就是如何在親密關係中同時保有這些目標，因為想要獲得自由而又對某個人充滿熱情之間的矛盾，可能會讓你和你的親密愛人感到沮喪。你需要被允許自由、探索和做自己的事情，而自由的概念本身往往便足以讓你留下來；如果有一道總是可以進來的後門，便沒有理由離開。

✳ 火星在雙魚座

雙魚座的火星將行動與精神性、感受性和同理心結合起來，就像是精神戰士或慈悲運動員的原型，透過這個位置，你可以帶著一種優雅的感覺移動，類似於舞者或擊劍手，志願幫助他人或成為精神或創造上的領導者。你建立自己對人類處境的理解，並努力改善那些不如你幸運的人的困境，但有時你自己的慾望會淹沒在慈善和慈悲的大海中，因此，這個任務是牢牢抓住你的個人慾望，同時仍然充滿愛心和體貼。如果你不堪重負或容易受到他人的影響，你的慾望和目標可能會被其他人犧牲；浪漫、溫柔和理想主義讓你具有魅力，但你也可能迷戀於利他的自我犧牲中。你努力做到無私，這是一個值得讚揚的精神目標，但你也是一個有著深厚感情和慾望的人；你的精神渴望會削弱你的個人動力，因此也許可以把它當成是一種精神實踐來表現自己。

　　活動和被動是相互關聯，這說明你對自己想要的東西可能是被動的，放棄你的激情或是低調的得到它們。你很難發怒，也很難與人產生衝突，你傾向於過快地原諒他人，靈性化分歧，或者有時候你會忘記發生的事，但壓抑的憤怒可能會慢慢破壞你和愛人之間的連結。你可能容易失去親密關係中的界線，這可能會讓你感覺被利用或沒有得到滿足，因此，雖然可能很難劃清界線，但它們可以為你的浪漫和激情的內在世界找到一條出路。你將詩歌、多樣性和靈性帶入你的人際關係中，並希望盡可能創造性地與他人產生關係。

第四章

愛的面貌

金星和火星的相位

　　相位是占星學的基礎 [27]，「相位」（aspect）的古老含義暗示著「有關」或「出現」，aspect 的拉丁字根意味著「從外表看」。就行星而言，相位是行星在其他行星眼中看起來如何或如何顯現，因此，我們可以想像相位是行星如何相互看到或見證。行星原型「看著彼此」的本質和狀態，決定了它們的交流是否具有支持性，例如某些相位或「看起來的樣子」是討人喜歡的，而有些相位則具有挑戰性。

　　基本的希臘文法傳統是一種說明行動的持續或完成的方式，這個類別被稱之為「體觀」（aspect），它是一種區分方式，藉以檢視某種情況的時態。希臘占星師對某個相位的想像基礎可能是行星之間的對話是完整、持續的，還是在兩種狀態之間搖擺不定。

　　從字面上來看，一個相位測量出行星、點或軸之間在天球經線上的幾何距離，在中世紀和現代占星學中，特定的數學距離──意即它們的幾何距離（例如：90°、120°）被認為是「形成相位」，而其他距離則不是。有時候相位僅由星座決定，但一般來說，在某個規定的容許範圍之內便能形成某個相位（例如：對於 90° 相位而

27　對於占星學的初學者，我非常推薦蘇·湯普金（Sue Tompkins）所著的《占星相位研究》（*Aspects in Astrology*），Element Books，Shaftesbury，UK：1989。

言，95° 是在容許範圍之內）。

　　兩顆行星之間的相位是兩者周期的某個特定時刻彼此之間所形成的關係，因此，相位就像生命的自然之調，發出特定行星周期的開始、中間與結束的聲音。我們可以將行星的相位視為是兩個原型在其關係中的某個特定階段所產生的話語或對話[28]。相位是情慾性的，因為它邀請原型意象結合在一起，成為一種創造力，在其周期中的某個特定發展時刻，彼此「看見」或「溝通」。在人際關係占星學中，相位是互動重要的檢視項目；在比對盤中，伴侶的星盤之間的相位說明了此段關係的精神；而中點合盤中的相位則體現了當這對伴侶彼此結盟時的可能性。

　　人際關係占星學讓本命盤的相位活躍起來，伴侶存在於自我之外，卻是我們原型特質的見證，他們能夠看到我們的性格，因為他們也有相似的動力。當另一個人的行星能量刺激相同的黃道帶領域時，可以「看到」在關係中所引發的相位，這可以透過星盤之間的相互連結，以各種方式區分。占星學對於人際關係分析是令人信服的，因為它讓人看見一對伴侶的結合和分離之處。

愛的面貌 —— 古希臘時期的分類

　　當我們思考占星學原型之間可能存在的許多「愛的面貌」時，讓我們先回到早期的希臘人，他們用語言區分愛的各種面

28　例如，金星摩羯座與火星牡羊座在其周期即將結束時進行了「關鍵性」對話，因為它們在周期中彼此形成下弦四分相；至關重要的是，它們在這個特定的循環中來到 ¾ 的階段，並且彼此形成四分相，這個角度阻礙了它們彼此相見的方式。

向，識別全部愛的差異。英文中的「我愛你」傳達了各式各樣的依附，我們將它用於父母、孩子、朋友、玩伴、戀人，即使是無生命的物體也很普遍。我們依靠細微差異、社會習俗和常識來掌握公認的愛的程度，正如我們所看到的，愛洛斯在神話時代初期首次將愛情人格化，早期希臘人所分類的眾多愛的面向通常分為四種或六種類型，然而，每個詞彙都象徵著愛的特別微妙之處，重要的是我們要找到自己的方式去思考這些占星學上的細微差異 [29]。

情慾之愛（Eros）：通常被認為是性激情和慾望，愛的力量點燃了我們本能和狂野的一面，它是一種強烈的激情，伴隨著強大的身體和情感反應，它可以削弱我們反省和理性思考的能力。以感官及性為基礎的愛並不排斥靈性，因為愛洛斯也可以成為喚醒神聖的媒介。祂是原始而神聖的，作為人類的代言人，我們透過激情找到深刻的親密之愛，無論是性慾還是神聖的，或兩者兼而有之。浪漫的情愛並不總是以性為基礎，而是以喚醒內在和本能的自我為中心，它屬於深刻的個人並且充滿情感；這是一種親密之愛，受到每個伴侶所謂神聖的約束。

柏拉圖（Platonic）之愛：在柏拉圖的《饗宴》（*Symposium*）中，愛洛斯在理解美與精神真理方面扮演一個重要角色，因此，柏拉圖之愛表達了一種深沉而幸福的愛情。

濃烈之愛（Epithumia）：這個詞指的是渴望、充滿激情的憧憬和慾望，它是愛洛斯的一個面向，但不是全面的情慾之愛。

29　占星學對於愛的各種面向有很好的檢視，請參閱理查·艾德曼（Richard Idemon）：*Through the Looking Glass*, Samuel Weiser, York Beach, ME: 1992, 117 – 176。例如，我們可以將愛的前四種面貌與固定星座連結：濃烈之愛（Epithumia）是金牛座；友愛（Philia）是獅子座；情慾之愛（Eros）是天蠍座；神聖之愛（Agape）是水瓶座，艾德曼思考這些關聯。

神聖之愛（Agape）：暗示著無私之愛，它表達了對待他人的普世之愛，一種同情的表現或是神與人之間的愛。它通常被認為是希臘語對愛的描述中最高貴的字，它是利他的；在個人關係中，它慷慨又犧牲，從付出中得到快樂。Agape 是深切關心他人的愛：耐心、寬容和理解；在拉丁語中，它被之稱為「慈善」（caritas）。

友愛（Philia）：被希臘人譽為是友誼和同伴情誼的深切之愛，因為與我們最親密的朋友及盟友在一起，可以在沒有評價或羞恥之下表現出我們的深刻靈魂。它說明了對於深愛的人的友誼之愛、忠誠及犧牲的榮耀。Philia 是互相、分享和包容之愛，它是姊妹情誼和兄弟情誼，如同代表兄弟之愛的城市──費城（Philadelphia）所激發的愛。

自愛（Philautia）：指的是對自己的愛，希臘人知道自愛的一方面是自戀，透過納西瑟斯（Narcissus）的神話，小男孩愛上了自己的倒影，然而，自愛的另一面是在沒有壓抑之下更自由地提升愛的能力。

遊戲之愛（Ludus）：在拉丁文中指的是遊戲或戲劇，當它與愛放在一起時，指的是遊戲的面向，如情愛的戲弄或調情，這是年輕愛情的一部分。

親人之愛（Storge）：類似友誼，一種以熟悉、共同興趣以及承諾關係為基礎的愛；一種親情或實用的關係。

現實之愛（Pragma）：是實用主義的字根，當它被用於關係中時，說明了以妥協和寬容為基礎的長久之愛。它不一定是浪漫的愛情，Pragma 是實用的、基於共同價值觀並專注於共同的目標；

它所指的愛是結合許多年的資源、技能和才能，並完成關係任務之後的伴侶經驗。

相位：行星之間的關係

所有相位都是至關重要的，但我們可以認爲合相和對分相在人際關係占星學中是必不可少的，因爲它們代表了第一和第二泛音盤，這些泛音盤是所有關係的基礎，它們融合了結合／合而爲一以及分離／二重性的意象。

✤ 托勒密和之後的相位

占星學的五個傳統相位被稱之爲「托勒密相位」，它們以涵蓋各種元素的三分相，或者以四分相的模式爲基礎。托勒密運用相位的類推作爲泛音盤，有如音階比例，托勒密相位包含五個主要相位：合相（0°）、對分相（180°）、三分相（120°）、四分相（90°）和六分相（60°）。

十六世紀，約翰尼斯・克卜勒（Johannes Kepler）使用泛音理論提出了新的相位，如：五分相（72°）、倍五分相（144°）和八分之三相位（135°）。從那時起，其他占星師如威廉・李利開始也提出了許多其他相位，包括：二十分相（18°）、半六分相（30°）、半五分相或十分相（36°）、九分相（40°）、半四分相（45°）、七分相（51.43°）、補五分相（108°）和十二分之五相位（150°）。

在本書中，我使用了五個托勒密相位加上一個現代相位，即十二分之五相位，因爲我發現這是關係中一個重要的相位。在五個托勒密相位中，合相可能被認爲是中性的、四分相和對分相是複雜的，而六分相和三分相是有利的。在現代占星學中，四分相和對分相通常被標識爲具有挑戰性或困難，而三分相和六分相被稱之爲簡單或流動，但是，還需要考慮與之相關的行星特質，例如：木星和太陽與土星和太陽以完全不同的方式看見對方。無論是什麼相位，它們的關係都將以其原型的兼容性爲依據，因此，在考慮和思考某一個相位之前，最好是不要過分的評價相位本質。

♣ 十二分之五（150°）相位 —— 識別以及重新連結

十二分之五相位與半六分相屬於相位的十二泛音盤家族，它也被稱爲不連結。從它的拉丁文字根來看，「不連結」字面意思是指沒有連結或不連接，換句話說，沒有關聯。在傳統占星學中，十二分之五相位並不被認爲如五個傳統相位一樣與上升／下降軸線相關。由於相位暗示著視線或能夠看到另一方，因此十二分之五相位揭示了另一方可能看不見或誤解的原型能量，或者合作夥伴需要採取與他們天生不同的觀點。因此，人際關係占星學中的十二分之五相位說明在那裡我們的視野需要調整，以便可以更清楚地看到對方。雖然此原型組合似乎是不幸或不利的，但如果我們從另一個角度來看，可以看到此相位所涉及的兩顆行星之間存在著潛在的密切關係。

✤ 優先考慮的主要相位、次要相位以及容許度

　　隨著現代占星學引用相位的增加，最好採用可靠和合理的方法來使用相位，相位可以分為主要和次要相位。由於存在著不同的觀點，如何應用具有影響力的容許度也非常重要，最重要的是是否符合，而不是刻板規定，因為每張星盤都有其獨特的狀況。人際關係占星學涉及比較和組合兩張本命盤及其二次推運和行運，因此，從單純只是考慮本命盤而言，資訊量會急劇增加，所以必須優先選擇所使用的相位，並發展出一套評估哪些行星相位是最重要的方法。我發現半四分相和十二分之五相位值得注意，但是在案例中，我只使用托勒密相位加上十二分之五相位，以便涵蓋所衍生的訊息量。

相位	正相位	容許度
合相	0°	+/- 10°
對分相	180°	+/- 10°
三分相	120°	+/- 8°
四分相	90°	+/- 8°
六分相	60°	+/- 6°
十二分之五相	150°	+/- 5°

　　在思考兩個人之間的關係時，關鍵是其相互的相位，因為它們象徵著每個人如何看待或關注伴侶的此面向，占星學透過共同的占星星座和特徵符號展示了星盤之間的同時性。讓我們從一個案例開

始，展示在人際關係占星學中，其他人如何觸發相位，然後我們將
描述金星和火星相位的潛力。

案例：惠妮‧休斯頓與巴比‧布朗

惠妮‧休斯頓的太陽獅子座與金星合相於第六宮，這組合相對
分了十二宮的土星水瓶座，而兩者皆與第八宮的海王星天蠍座形成
四分相。

當相位涉及三顆或更多顆行星時，會形成某種相位模式，在惠

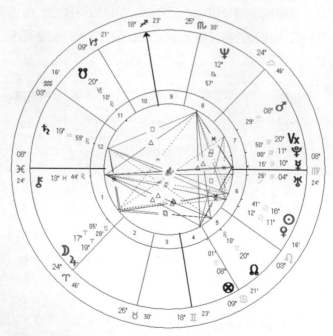

惠妮‧休斯頓，1963 年 8 月 9 日，美國新澤西州紐瓦克，晚上 8 點 55 分出生。

妮的案例中,四顆行星形成一個T型三角圖形相位,海王星位於該模式的頂點。金星與土星的對分相可以被視爲她對於權威和控制的脆弱無力,也許是一種自我批判的完美主義傾向,或者可能代表自律和傳統價值觀。土星與海王星的四分相挑戰著她維持明確界線和自我控制的能力;海王星與太陽/金星的四分相提升其創造力、魅力和理想主義。太陽代表父親,他是一個戲劇經理,因此,她出生在充滿戲劇和歌曲的氛圍中,並繼承了太陽對於表演的欣賞能力。她與父親的關係反映出海王星與土星之間的原型差距,因爲這段關係在她的崇拜感、之後又遭他排拒之間搖擺。由於金星也包含在這個相位中,因此,此相位模式中的固有主題可能會在其成人依附及和愛情關係中遇到。

在接受歐普拉‧溫芙蕾(Oprah Winfrey)的訪問時 [30],惠妮描述了她與丈夫巴比‧布朗之間的複雜關係,這是一種上癮與控制的關係,它表現出土星(控制)與海王星(上癮)原型之間相關的來回變動。雖然這種關係始於激情、尊重和共同的創造力,但它也包含了毒品、拒絕和控制的主題,在相位模式中也很明顯。在採訪中,惠妮還描述了她的受歡迎程度和名望壓垮了她的關係並對巴比造成困擾,而他以權力和支配回應她。

巴比的土星牡羊座控制了惠妮的樂觀和具有魅力的月亮/木星合相,從成人的角度來看,她與巴比的關係成爲一種傳遞媒介,暴露出本命盤T型相位所反映的矛盾需求和衝動。同時她的太陽正對分相丈夫的太陽;而她的海王星與他的天頂合相,爲此相位模式的觸發,創造出足夠的雙重力量。

---

30 請參閱歐普拉‧溫芙蕾對惠妮‧休士頓的訪談:http://www.dailymotion.com/video/x1aa5re_whitney-houston-on-oprah-2009-day-1_people

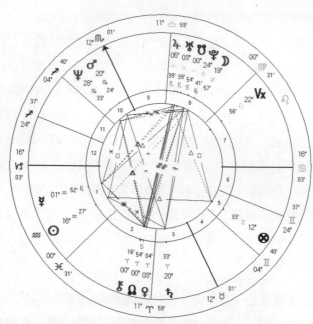

巴比‧布朗，1969 年 2 月 5 日，美國波士頓，上午 5 點 21 分出生。

　　巴比的木星／天王星合相於天秤座、與金星產生對分相，這兩顆熱愛自由的行星都「涉及」金星，將旅行、自由、分離和遺棄等問題帶到他的人際關係中；而惠妮火星天秤座以激情和沉迷激起了這組對分相。

　　其他行星如何「注視」金星和火星將成爲成人依附的關鍵相位，尤其是在激發愛情、連結、慾望和激情的關係中。當一顆行星與金星或火星產生強烈相位時 31，愛情和依附的主題在成人關係中被激活；愛洛斯在兩者的相位中被激發，而其原型與金星、火星產

31　關於強烈的相位，我指的是五個托勒密相位以及十二分之五相位。

生共鳴 [32]。

愛的面貌：金星和火星的相位

在我們研究行星與金星／火星的相遇之前，讓我們先想像它們之間的相位。

✳ 金星／火星相位

當兩個神話中的戀人金星和火星彼此形成相位時，會產生一種強烈的動力來表現愛洛斯，無論是創造性、性慾還是個人的，它創造性地暗示美麗的渴望或是被引導到表演或製作的歡愉。這個組合說明吸引力可以透過個性、藝術形式或一段關係來表現，它結合了人類經驗的兩種基本力量：連結的渴望以及獨立的動力，而其範圍可以從激情投入到矛盾的情緒。

當這組相位透過人際關係表現時，會產生充沛的激情、快樂和興奮；如果這是一段浪漫的關係，那麼它可能會引領人們走進身體和情感層面的冒險和探索，暗示著一段充滿激情的關係。人際關係領域可能會出現性慾、奉獻、嫉妒和憤怒，金星和火星演出原型的「性別之戰」，或者以榮格學派的術語來說，展現阿尼瑪與阿尼姆斯之間的相遇。同樣的，這也暗示著喜歡與相反、異質、未知的事物建立關係。當激情被無法被控制或者關係無法解決其根本的衝突時，那麼可能發展出高度的戲劇性，而這種情況有時候是由第三者造成的，無論哪裡有金星，三角關係都是一種選擇。在火星的相位

32　關於此書案例研究中金星和火星相位的摘要，請參閱附錄 1。

中，當關係不再令人感到刺激興奮時，便會演變成浪漫的三角關係和外遇事件。金錢也可能成為關係中充滿高度戲劇性的另一個領域，當伴侶在他們的關係中失去價值時，就會出現財務的爭議或衝突。

請注意，在惠妮‧休斯頓的星盤中，金星獅子座與火星天秤座呈六分相；而在巴比‧布朗的星盤中，這兩顆行星都是由火星守護：金星牡羊座與火星天蠍座形成了八分之三（135°）相位。他的金星牡羊座與惠妮的火星天秤座呈對分相，揭示了他們之間強烈的吸引力，然而，這個連結也點燃了他們自己的金星／火星相位所蘊含的創造激情。這是巴比的金星——或阿尼瑪形象與惠妮的火星——其陽剛的阿尼姆斯形象所產生相位，暗示著充滿激情的吸引力將喚醒彼此內在及深情的形象。而這兩顆行星都落在弱勢的位置，所以它代表著一種挑戰，不過卻是充滿電力及磁性的。

與金星和火星形成相位的行星，皆為人際關係分析的首要考量。當這兩顆行星之一與其他內行星形成相位時，關係模式受到家族和祖先模式及偏見的強烈影響，在《家族占星全書》中，我們從家族的角度來看這些相位，而我們在此看如何將這些帶入成人關係中，以作為總結。金星或火星與社會行星所形成的相位說明：文化和世代塑造我們對於關係的態度，而與金星或火星形成相位的外行星將新發現導入個人的關係模式中。

✳ 金星／月亮相位

當兩個強烈代表女性特質的原型相互對話時，暗示來自家庭的價值觀，包括父母的好惡，給孩子留下了深刻的印象。月亮傾向於

依賴，而金星更爲獨立，因此，關係的建立擺盪在關懷與愛、公共和私人以及主觀和客觀的反應之間。情緒和愛情可能會相互交雜，家和住所是所有關係的重要面向，彼此不同的家庭價值觀和傳統也是一樣。與母親的關係影響了關係的模式，對於男性來說，這可能暗示著與伴侶及母親形成三角關係，或者在母親和情人的形象之間存在著心理上的分裂；或者它暗示一個男人爲女人所愛，但這個男人如何回應伴侶的要求？對於一個女人來說，這可能意味著在照顧情人以及感覺足夠獨立照顧自己之間的掙扎。

＊火星／月亮相位

　　主動和被動原則在一種令人不安的組合中互相協調，這種組合可能會透過激烈情感或情緒衝突來表達自我。火星是慾望，而月亮代表需求，當這些衝動產生衝突時，個人可能會追求他們不需要的東西，或攻擊正在醞釀的東西，這在建立關係上是一組困難的組合。想要堅持自己的慾望但又不傷害到任何人，其中的衝突可能會導致被動性的攻擊行爲，這可能是一種來自家庭的經驗，憤怒可能等同於「你不愛我」。對於男性來說，這通常說明照顧一個人和情慾之間的界線是模糊的，或者可能會以不恰當的方式表達出對於關心的人所產生的憤怒；對於女性來說，它可能是學習在成人關係中表達自己想要的東西並且仍然感覺被愛。當人們駕馭這股能量時，逆境中會有一種支持的力量；而對於兩性而言，月亮的情緒會被火星的激情火焰加熱，留下鬱悶、喜怒無常和經常產生性衝動的感覺。

　　讓我們來看看另一對夫妻的星盤案例，在整本書中我們都會

使用這份星盤案例：布萊德・彼特（Brad Pitt）和安潔莉娜・裘莉（Angelina Jolie）。布萊德的金星／月亮合相於摩羯座，此一相位透過他的妻子與母親之間的衝突呈現，起因於其母對於同性婚姻的公開立場 [33]。這相位象徵著作為兒子和情人、父親和丈夫，照顧者和伴侶角色之間的緊張關係；它也可能描述了對於親密關係的一種自相矛盾的需求，以及欣賞在關係中可能出現的自主性。

　　安潔莉娜・裘莉的月亮與火星合相於牡羊座，她的父母在她第一次火星回歸之前離婚，她與父親繼續維持疏遠和相互衝突的關

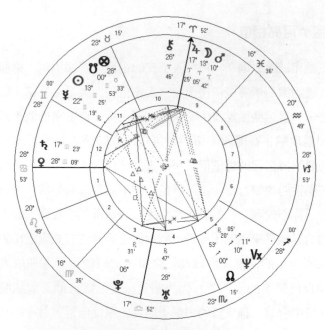

安潔莉娜・裘莉，1975 年 6 月 4 日，美國洛杉磯，上午 9 點 9 分出生。

33　這在許多媒體報導中都有報導，例如請參閱：http://www.dailymail.co.uk/tvshowbiz/article-2172189/Angelina-Jolie-mortified-Brad-Pitts-mother-writes-anti-Obama-anti-gay-marriage-letter.html

係。布萊德的金星和安潔莉娜的火星各自合相其月亮，這說明與愛、關懷、慾望及憤怒有關的家庭模式將被導入其現有關係的可能性；隨著他們的關係變得更加熟悉、更以家庭為重心，來自過去的不穩定感覺可能會浮上臺面。有趣的是，他們的金星相互形成對分相，而他們的火星也相互形成緊密的四分相；因此，突顯出他們之間的情慾連結，以及他們的共同價值觀和欲望。

　　安潔莉娜和惠妮都有月亮／木星合相於牡羊座的樂觀相位，正如此相位的暗示，兩人對於母親的經驗都是充滿活力、勇敢和忠誠，也許我們可以說是尊貴的。布萊德與惠妮同年出生，比安潔莉娜早出生 12 年，因此，他落在牡羊座的木星是不受控制的，不像

布萊德·彼特，1963 年 12 月 18 日，美國俄克拉荷馬州肖尼，上午 6 點 31 分出生。

前面提到的那樣，巴比落在牡羊座的土星限制了惠妮的月亮／木星合相。

✳ 太陽／金星相位

　　金星只可能與太陽相距 48 度，所以這兩者之間的相位很少，可能產生的相位是合相、半六分相和半四分相，其中，合相最重要、最強而有力。在人際關係模式方面，父親的原型具有影響力，父親對自我價值的態度以及他對情感和愛的表達，對個人的發展具有重要意義。太陽照亮了人際關係領域，並希望在成人伴侶關係中感受到青睞和珍惜，由於太陽／金星相位，在關係中追求美、和平、愉悅和合作是重要的。

✳ 太陽／火星相位

　　當這兩個男性原型結合起來時，通常會突顯父親和男性角色，童年時期最先由父親和其他男性所塑造的競爭、冒險和承擔風險的態度被納入成人關係中。由於競爭、對抗、憤怒和性慾的健康表現是個人生命力不可或缺的一部分，因此重要的是在成人關係中有足夠的空間，來表達火熱的情感並仍然感受到被愛和支持。伴侶需要經得起衝突和挑戰，如果不行的話，另一個人可能會很快離開。此相位意味著對抗差異的勇氣，當離開受虐或不平等、也缺乏支持的關係時，便會應用到這股勇氣；另一方面，它也會勇於承擔「不可能」的關係。

＊水星／金星相位

　　水星和金星在地心論之下，兩者之間的弧度是有限的，因此，這裡要考慮的最有力相位是合相。當水星與金星合相時，家族歷史中可能會有一段與關係有關的手足故事，例如一段單戀或不被接受的愛、親屬之間的愛情或遺贈的情書，它們提醒我們必須傳達愛。在關係中，如何傳達愛是重要的，因此，表達愛的語言、分享美感或談論共同價值觀，這些需求是關係中的基礎。陪伴關係是每段關係的核心，無論是分享對於方法途徑的熱愛、對文學的喜好還是固執己見的辯論，狡猾的水星需要確定有足夠的曲折，藉以保持關係的刺激。

＊水星／火星相位

　　早期與兄弟姊妹的互動塑造了對於敵對、嫉妒、憤怒和競爭的態度，如果家裡是一個爭吵的環境，那麼個人可能早就學會了不要說出自己的想法或觀點，於是在建立關係時，這些主題可能再次出現；因此，我們如何在成人環境中表達個人的想法和觀點是很重要的。由於此相位經常同時具有一顆敏捷和警覺的心，因此它尋求與人相結為伴；為了得到滿足，它需要能夠很自由的表現不耐煩、煩惱甚至憤怒。在關係的背景下，它需要說出自己的想法，這些有時是尖銳的，但主要是為了傳達一種連結的渴望。在伴侶關係中，他可能就是會說出那些沒有被說出來的事，而那些事通常都是明顯可見的，例如：「是的，房間裡有一頭大象」這類的話。

✲ 金星／木星相位

　　金星／木星相位從跨文化角度看待關係，與教育、宗教和種族或社會、經濟地位有關的主題被帶入關係之中；在關係中、精神價值、教育價值和追求意義是至關重要的。從符號表面上解釋，這可能是一個來自異國、不同種族、宗教信仰、財務狀況或教育背景的伴侶，而所謂的情慾就是一種文化差異；在關係中，不斷學習世界上不同的存在方式是令人興奮的。依照愛的深淺以及伴侶關係中不斷累積的寬容，蘊含在關係中的教育主題以及宗教、語言和信仰可能會讓伴侶分離或讓他們更爲親密。

　　木星與尋找上帝有關，當它與金星產生相位時，可能同時陷入尋找伴侶的困境。理想主義可能會使個人不斷尋找理想的他人，或者相信正面和永遠的樂觀可能會讓人難以接受關係中的負面情緒。如果他們願意參與並欣賞不熟悉及陌生的事物，便能夠挑戰及開闊個人的信仰體系及生活方式。

✲ 火星／木星相位

　　兩個強有力的男性原型結合在一起，這個組合造就冒險者、競爭者和開拓者的意象。很多能量需要被疏導，所有這些精力都可以透過運動、令人興奮的活動、旅行或有抱負的創業，以運用身體的方式集中；如果沒有的話，可能會流露出憤怒。在家庭中如何看待憤怒、沮喪和過動，決定了我們在成人關係中的反應；家庭神話可能包括採取「正確的行動」或「做對的事」，以合理化或否定憤怒及野心開創先例。暴躁的情緒容易膨脹，了解家庭如何處理諸如慾望和憤怒之類的不穩定情緒、或是競爭及成功的渴望是有趣的，因

為這些將影響成人關係的模式。這個組合也說明了十分渴望冒險和實驗，這也可能以性冒險和沒有承諾的性玩樂為表現，也許是在考慮許下承諾之前，需要滿足性及關係實驗的衝動。因此，在這股能量集中在一段關係之前，可能存在著多段關係。

布萊德和安潔莉娜都有木星／火星相位：布萊德的火星摩羯座與木星牡羊座形成緊密的四分相，而安潔莉娜的木星與火星合相於牡羊座。布萊德之前有過一堆關係和一段婚姻，而安潔莉娜也曾在婚姻關係中嘗試婚後同時與男性和女性戀人發生性關係。安潔莉娜的火星與布萊德的木星相差不到一度，將冒險與利他主義融入其伴侶關係中；然而，其彼此之間的相位也會在大局與大事何者為先上帶來衝突。

✳ 金星／土星相位

當權威和制約的象徵看著愛情時，這種結合可能會讓人感到不被愛、不值得被愛或吸引力不足；過多的是受到早期家庭生活中對於愛、情感、性和性別角色的一般習俗和態度的強烈影響。愛可能是有條件的，只有在遵守規則時才會被表現出來，因而產生一種感覺是：不是單純因為自己而是一己的成就而被愛。由於和女性特質有關的家庭習俗可能會限制自我價值的發展，因此在關係中可能會對於親密或承諾產生恐懼。自尊、情感表現和自我批評的議題被帶入成人關係中，從缺乏親密關係到關係中的極端控制都是可能的表現；但土星也掌管時間，隨著時間的推移、堅持及努力，當自我價值感提高，關係的建立也變得更為自在。

這種原型組合暗示著工作、地位、金錢、時間、父母權威、規

則、傳統和標準等議題都會進入關係。如同早年一樣，愛和成就仍然交織在一起，但從成人的角度來看，會更加意識到如何以最好的方式支撐這種關係。這種組合與希臘的現實之愛（pragma）的概念相呼應，這是一種實際的愛，與實現穩定、持久關係所需的實用日常相吻合。

＊ 火星／土星相位

火星想要變得有自信以及捍衛慾望的衝動可能會受到土星的約束，這個相位暗示著個人的意志力可能受控於某個體現爲父母、老師或老闆的權威者。然而，這個形象也可能被內化，以一種批判的聲音呈現，它讓人放下所有主張或前進的企圖。雖然兩種原型都可能是自主的，但它們在實現目標的方式上存在著衝突：火星以獨立的方式單獨行動，而土星則努力在體系內找到自主權。個性（火星）和階級（土星）產生衝突，因此，當個人感到失控時，可能會與權威人士發生衝突；另一方面，這種組合會在指導和訓練時變得專精。父親型的人物處理憤怒、暴力、分離、工作及控制的方式，爲孩子在肯定或懷疑自己能否控制慾望上，留下深刻的影響。

控制、侵害、支配、這些經常是不足和無能的深層恐懼所顯現的症狀，再加上共同的目標和抱負，皆可能成爲成人關係的一部分。火星具有男子氣概、勇氣和競爭力，當它受到土星的懲罰時，會感到無力及無能，這是產生憤怒的方式。成人關係面對著這種模式，那些愛我們的人可以讓我們有自信、可以表現我們的野心並支持我們的慾望。值得注意的是，巴比·布朗的火星落在守護星

座天蠍座，與落陷位置的土星產生十二分之五相位，在他被指控的多項罪行中，有一項是拒捕，這是此相位的一個有力的隱喻，而被廣泛宣傳的是他在與惠妮婚姻中的暴力行徑。

＊ 金星／凱龍星相位

當金星與移動緩慢的行星形成相位時，愛與痛苦的情慾交融就變得更加明顯。這種行星關係將傷害、療癒的原型與愛結合在一起，也許起初的經驗是來自家庭的氛圍。對於愛情、美麗、性和性別角色的態度可能會侮辱了家庭中的女性，對於一個女人來說，這可能會留下一道不被重視的傷痕，或者因他人的嫉妒所造成的傷害；對於一個男人來說，此相位的印記會傷害他內在的女性特質，影響他將女性視為治療者或無助者的方式。

這種原型組合透過成人關係的重新磨合，喚起了愛的療癒力量，但是愛不在熟悉之地，而是在非傳統、外國或邊陲地帶蓬勃發展，在這些地方，體系之外的自由重視差異，並接受特有的靈魂。凱龍星／金星的能量可以欣賞他人無法欣賞的美或超越痛苦而深入靈魂，因此，他們可能會被受傷的藝術家、受苦的音樂家、幻滅的治療師或被逐出教會的神職人員所吸引，所有愛得以開枝散葉的能力、關係的發展，種種想像皆超越了體制的限制。在友誼和浪漫的關係中，這種組合喚起了 Philia──友誼之愛──深刻地接受另外一方。

＊ 火星／凱龍星相位

對於火星／凱龍星相位來說，會因爲害怕受傷而減低行動的衝動，這種恐懼可能最初出現在家庭，在父母的訊息中，自發性及冒險皆與受傷有關，這個印記降低了孩子天生的好奇心和衝動，並在意志力的發展上留下了傷痕；或者表達憤怒和爭鬥可能讓孩子感覺在家庭中被邊緣化，意識到自己是體系的局外人。然而，原型安排是經驗性的，它爲成人關係留下了印象，因爲害怕傷害對方而抑制了慾望。爲了不再被視爲受傷者，個人需要勇敢的行動。

在成人關係中，這暗示著你正修補你的慾望與它所帶來的潛在傷害之間的分歧。火星是戰士，而此相位是英雄的化身，他受訓於療癒藝術並利用凱龍星作戰，與其迴避親密關係中不可避免的衝突，不如透過投入參與造成傷害的人事而進行療癒。對於男性和女性而言，這也暗示著有勇氣與體系的邊緣人產生密切關係。

＊ 金星／天王星相位

以家庭的絲線編織出一縷非傳統的女性或關係，然而，我們不知道在祖先的氛圍中這是如何受到重視或尊重的。家族遺留下來的女性特質、性以及對金錢和資源的態度是非傳統的，但如今我們需要思考這一切是如何呈現並影響著成人關係。鍛造成人關係將激起個人／結合兩相對立的主題，以及將奇異與獨特的衝動融入關係的困境。天王星在神話上被人格化爲「超然的」天空之神，因此，它將它的疏離及獨立的性格帶入關係中，因而在想要戀愛及想要自由之間形成兩難。

　　無論我們在哪裡找到天王星，我們都會發現一種「對立的混亂」，這是透過反叛或反對來了解自我的衝動，因而期待天王星的意外；在人際關係中，這通常是突然許下承諾或驟然分手，這兩者都無法事先預期。戀人可能會在特殊時期以不尋常的方式進退，這經常會留下被切斷及不完整的感覺，並在之後的關係中重新被喚起。打破傳統往往為關係帶來興奮及刺激，但有時候會感覺像是在坐雲霄飛車一樣。天王星傾向於 Philia——友愛，然而金星卻是渴望 Eros——情慾之愛，因此，親密關係的任務是透過確保有足夠的空間、距離和自由去做個人的事，游走於陪伴和親密之間，有足夠的呼吸空間，便有更多的距離可以走向另一個人。

＊火星／天王星相位

　　在定位上，兩者都是男性原型，象徵著家族傳承對於男性特質及男性角色的態度。此原型混合物是容易激動的，因為兩顆行星以其各自的方式爭鬥與分離，兩者都快速並渴望開始、嘗試興奮並感受冒險帶來的腎上腺素。然而，危險的生活對於那些寧可安適、固定過生活的人來說並不總是那麼有趣；因此，火星／天王星相位的人在關係中可能會陷入兩難，因為他們獨立及追求刺激的渴望，經常與那些尋求安穩的人相衝突。火星／天王星相位的人經常活在框架之外，在情感和性方面往往存在非常規和非傳統的關係。

　　當兩種原型完好結合時，它具有原創性、才華和獨特性，然而當這一組行星功能失調時，可能會出現魯莽和奇怪的行為，通常會有一種不耐煩的態度伴隨著挑釁的意味，並不總是那麼容易融入關係。火星／天王星經常被認為容易發生事故，然而更多的卻是固執

和任性的症狀。火星屬於身體的，而天王星更像大腦，兩者都關注在未來或者可能的狀況，而不是眼下現實的事物；這種預期的態度以及高度緊張的神經系統常常讓他們無法完全投入於當下，使他們的成年伴侶及同伴感到無法連結。

✳ 金星／海王星相位

　　海王星經常被描述爲金星的「高八度」，而金星則在海王星守護的雙魚座中被提升。在占星學中，行星之間存在著一種交換，這兩顆行星在愛的領域找到了共同點，因爲海王星與普世之愛一致。海王星類似於 Agape——神聖之愛，其極致表達是渴望無私地致力於伴侶的幸福；但金星不是利他主義者，她的領域屬於個人，愛洛斯想要親密、連結、感到滿足，不一定是理想化與奉獻。因此，神聖的渴望和人類之愛可能會糾纏在一起，導致陷入困境、混亂、幻想和失望；伴侶之一可能會犧牲一些有價值的東西或陷入一種不斷寬恕伴侶不良行爲的共同上癮模式中。

　　當海王星巨大而有些抽象的愛透過金星表現出來時，一個人可能會感覺能夠超然的富有慈悲及寬容之心，但卻被個人的情感淹沒。被淹沒的感覺一部分受到幻想、期望、理想化和浪漫觀念影響，使個人夢想著一種親密的關係，而不是眞正經由體驗而來的關係。然而，當兩種原型創造性的結合時，可以透過美、藝術和音樂而創造神聖；當繆斯被釋放時，它爲個人關係帶來同情及思考，分享創造力和靈性有助於原型在關係中找到平衡。強烈渴望在另一方中失去自我的衝動，這種能量需要找到功能性的表達方式。雖然很難避免付出和寬恕，因爲這是關係建立的部分本質，而其任務是創

造一種相互及平等的關係。

＊火星／海王星相位

　　火星與情慾之愛結合，海王星是──Agape 神聖之愛，因此，這個結合將個人意志的力量與無私、犧牲的衝動相互交融，其結果從富有同情心的戰士轉變爲受虐的受害者，而大多數人的經歷介於兩者之間。在成人關係中，其中的掙扎可能介於敏感和堅強、富有同情但不屈服，或善於接受但並非被動之間；諷刺的是，此原型的配對力量源於脆弱、理解和同情。爲了避免衝突而放下或原諒他人，可能是家庭表達憤怒的模式，使憤怒的表達方式如孩子般、不成熟的狀態；當其中存在分歧或誤解時，會在成人關係中再次面對這種情況。由於海王星消融心靈的界線，個人的願望與伴侶的願望之間可能會產生混淆，使他們不確定自己的慾望是什麼。

　　擁有男子氣概的火星與海王星形成相位，也暗示著圍繞在陽剛與男性經驗上的混亂。對於男性來說，這種混亂可能會集中在他的敏感度和接受力上，使他非常具有魅力並且平易近人，但內心不確定自己想要什麼；對於女性來說，這種陽剛可能會被理想化，使她走進最終令人失望的關係。火星的鋒刃被海王星的浪漫和不切實際的想像消磨，對於男女兩性而言，性幻想和浪漫慾望可以一起爲關係提供創造性或精神性的庇護。

＊金星／冥王星相位

　　金星和冥王星本質上都是情慾的，這種組合在力量和愛的原型

之間產生一種激烈結合。在家族傳承中，性與控制、愛與欲、美與力量的女性敘事影響著個人對於成人關係的自在程度。冥王星通常是全有或全無，因此，關係的建立可能是激烈、充滿激情、蛻變的或是冷酷、算計和折磨人的。它是黑或白，因此你愛恨分明，情感生活激烈、並經常充滿誘惑及難以抗拒。雖然愛和信任透過所有關係編織在一起，但由於這是冥王星／金星相位，它述說的是支配的主題，因此，可能會以嫉妒、羨慕或背叛的方式釋放強烈情感。

關係中的親密程度取決於個人的自我價值水平，這通常會透過家庭的祕密或不被承認的愛而受到傷害，因此產生一種傾向，是透過不需要承諾的事或關係來表達激情和愛的深度。親密關係的議題可能透過性與金錢的管控策略、或將夫妻捆綁在一起的債務浮現。然而，此行星合體的煉金術暗示：關係是療癒性質的，並且透過悲傷和危機，個人找到了自愛的力量。人們常常害怕失去摯愛的人，而且有一天這種情況確實會發生，但我們永遠不知道是何時，所以冥王星／金星相位在關係中邀請我們在面對失落時真誠而熱切地去愛。

✳ 火星／冥王星相位

這種強大的組合提醒我們生與死的極性本能之間的關係。從本質上講，這種組合是至關重要的，它道出生命的力量通常會從失去或死亡的遭遇中復活。因此在生命的早期，此一相位通常表現在成功的強迫症或贏得勝利的驅動力上，藉以克服失去的恐懼。然而，在生命的後期，當人們不可避免地面對失去，個人會在接受悲傷而不拒絕否認時，才會發現真正的權力及力量。當這種接受死亡

的能力被帶入成人關係，才會擁有更多的親密和眞實性。

　　這兩顆作爲天蠍座的傳統和現代守護星，對於冥界皆具有本能的理解。以經驗而論，這說明與被壓抑和隱藏的禁忌相遇，火星／冥王星相位的本質是發掘此領域並加以洗滌，藉以面對被禁止的事物。在關係中，這個相位往往具有威脅性，因爲能量可能會以原始或野蠻的形式表現，但是也就是面對這種恐懼，生命才得以重生。冥王星賦予火星力量，這需要明智及有區別地運用，讓此種陽剛特質具有療癒性並能夠轉化，而不是控制和支配。在關係的背景下，競爭及勝利、侵略及指揮、戰鬥或逃避的男性事蹟也是重要的考慮因素。

第五章
生活在關係之中
我們相遇的地方

　　占星學的宮位代表著地方，無論它是外在地點還是內在的風景。雖然宮位來自十二星座，但不同之處在於它們代表著地方、地點、環境和氛圍，是生活經驗的「所在」。星盤上的十二宮位反映出生命的生態體系，因此，星盤是一個指南，透過了解宮位的層次意義，我們可以學習如何順應環境而生活。當我們挖掘宮位時，會發現我們對於生命各個領域更深層次的共鳴，例如：我們的個性、才能、語言、家庭、創造力、就業、其他人、親密關係、意義、職業、社群及靈性，每一個領域皆有其行星的守護關係及對應。透過關係的角度去檢視星盤中的宮位，我們可以區分出許多不同的相遇之處。

住所

　　宮位是庇護所、感覺安全的地方、在家裡的原型象徵，當我們有在家的感覺時，我們是踏實、穩重的，並且接近自我的核心。在夢的意象中，一間房子可以從外觀代表心靈的不同層次，暗示著從面具人格、表象直到地下室──也就是無意識的象徵 [34]；同樣地，

34　J. E. Cirlot, *A Dictionary of Symbols*, translated by Jack Sage, Routledge & Kegan Paul, London: 1981, 153.

每個占星學宮位代表著從字面到靈魂經驗的精神層次。

十二宮位也是行星神祇所在的地方，例如：金星所座落的宮位是我們找到個人價值、喜歡和不喜歡的地方，我們對於愛的態度以及關係的模式；火星的位置標示著我們渴望的風景，在那裡我們感受到挑戰、動機、衝突或是威脅。占星學的宮位象徵著我們的環境，也是我們的衝動、渴望和目標之處，在最深的層次上，它們揭示了生命的原型渴望找到安慰及意義的地方。

十二宮位作為人類經歷的主要特徵，我們可以期待找到與各種關係有關的宮位。在《家族占星全書》中，我透過檢視三個稱之為結束宮位以及關係的宮位，專注探討父母、兄弟姊妹和大家族成員的關係 35；而在這本書中，我詳細介紹了與成人關係有關的宮位——第七宮和第八宮。這兩個宮位被置於星盤中人際關係的領域之內（第一宮到第四宮屬於個人；第五宮到第八宮是人際關係；第九宮到第十二宮敘述超越個人的環境），其基礎是建立在第三及第四宮的個人及家庭發展之上，本質上是和金星和火星有關的宮位；而第十一宮是成人關係中另一個重要領域，因為它代表著友誼。從第五宮到第八宮這四個「人際關係」宮位包含了成人關係的發展痕跡，從家庭範圍之外的初戀或愛情經歷到親密關係，在成人發展中，每個宮位都有助於發展關係建立的能力。

關係宮位：第三、七及十一宮

在風元素的基礎之下，關係宮位是建立在相互關係、分享、平

35　布萊恩・克拉克：《家族占星全書》。

等、交流、溝通、客觀、開放和分離的基礎上。雖然「分離」這個詞意味著距離，但是在成人關係的形成中，獨立和分離的能力是必不可少的，因為它會產生意識、客觀性和個性。人的一生皆在這些宮位建立了重要的夥伴關係：兄弟姊妹、配偶和朋友，見證著我們的生命過程，也是我們的自我和靈魂的反射，在這些宮位中，我們找到自己建立關係的模式、態度、恐懼和偏好。

✳ 在第三宮發展建立關係的技能

第三宮蘊含著我們與早期共享環境的人（主要是兄弟姊妹）以及其他家庭的同伴（如堂表手足、鄰居朋友和同學）的相遇，因此第三宮在發展關係建立的技能上極為重要，它說明了我們如何遇見同儕關係、以及它對於之後人際關係的影響。我們首先是透過第一個同伴的反應來測試外在世界的回應，將它視為外界如何接受我們的鏡像。我們遇見的第一個社交圈是發生在第三宮，對於關係的期待、與成年伴侶相處的重複模式、甚至配偶的選擇，可能比我們所能理解的更受到第三宮手足原型的影響。宮首星座、其守護星和第三宮的行星說明了我們與兄弟姊妹或如同手足的人最初的牽連，而這些皆形成被帶入成人關係的潛在模式。

✳ 在第七宮承諾關係

第七宮傳統上被稱之為婚姻宮以及合法性、合約相關的問題，婚姻被視為一種契約關係，因此第七宮的主題也是務實的，以某種方式協定。在傳統占星學中，第七個符號被用來描述伴侶以及關係的狀況；而在當代背景下，無論誓言是否得到外在權威機構的

批准，第七宮皆被視爲是承諾關係的宮位。從現代的角度來看，第七宮不僅描繪伴侶的特徵，也是伴侶吸引我們的特質，這些特徵通常是我們的性格中所沒有的、未被察覺的那一面向；然而，我們從他人的身上正面及負面地注意到它們，因此它是公開的敵人。在第七宮住著的是我們的生活伴侶，或者至少述說著他們的特質。

✳ 在第十一宮遇見志同道合的人

第十一宮是我們希望並期待有一個更美好未來之所在，不僅是爲了我們自己及所愛的人，也爲了世界整體。友誼是此宮位的基調之一，雖然我們認爲有更多選擇去建立友誼，但我們可能會發現，手足競爭之餘以及與伴侶之間的未了之情會涉入我們的成人關係。第十一宮的理想是參與並貢獻社群，友誼有助於擴張我們的界線、鼓勵我們成長及探索；第十一宮是在家庭圈之外形成、遠離熟悉事物的關係，這些都是與我們志趣相同的人，是精神而非血源上的結合；在第十一宮，我們是社會公民、屬於一個更大家庭的集體中的個人。第十一宮是民主的領域，然而，我們對人類關係的信任以及對他人的無意識期望影響其成功與否，這個關係宮位標示著從手足之情到民主國家的旅程，而最終匯聚於第十一宮。

通過這些宮位的外行星，對我們的關係經驗帶來長久影響，並塑造我們一生關係建立的模式。它們需要相當長的時間才能通過這些宮位，因此，對於我們的平等關係產生了強大的影響力，特別是當這些領域的行運是發生在生命早期。在第一個週期（0-27 歲）中，二次推運月亮在這些宮位中的發展記錄了我們對於關係的情感印象及反應；當二次推運月亮的第二個週期（27-55 歲）環繞星盤

時，勾起這些早期反應的記憶 36。在成人生活中，透過這些宮位的行運、專注於關係的模式上，帶來更多覺知進而影響關係建立的經驗。

人際關係的宮位：心靈神話

此類宮位包括第五至第八宮：這一系列宮位概述了從自愛到親密關係、自主到相互依賴的發展過程。這些宮位爲我們的心理成熟過程、以及於家庭體系之外建構成人伴侶關係留下了痕跡；每個宮位作爲發展過程的一部分，在關係中皆有重要的啓蒙，而以下的神話將這些啓蒙融於文本中。

＊第五宮：納西瑟斯和愛可

所有火象宮位——第一、五、九宮的宮首說明一種重生或開始進入新的生存階段的型態。第五宮的宮首是介於熟悉與未知之間的中間區域，它是一種隱喻——開始發現進入家庭之外的世界。我們與家庭領域之外的人的初次經歷往往是激情和令人興奮的、有時也是令人苦惱及害怕的。在傳統的占星學中，金星喜歡落入第五宮，這是開始穿越人際關係宮位的旅程非常適合的意象。

在發展之路上，第四和第五宮之間的過渡將個人從家庭母體的

36　如欲檢視星盤上的二次月亮週期，請參閱布萊恩·克拉克所著《二次推運月亮》（*Secondary Progressions*）：澳洲整合占星學院（墨爾本：2002）出版，可從澳洲整合占星學院的官方網站 www.astrosynthesis.com.au 訂購。

庇護中分離出來 [37]，這是英雄嶄露頭角、進入世界尋求他與生俱來的權利的地方，其中一個共同的英雄主題是流亡。同樣地，第五宮說的是與最初的歸屬地——家及家庭的分離，有意識地繼續展開更大的個性化任務；英雄主題的後期階段是回家，但首先英雄必須離開去宣誓祖先的傳承。

一個人的早期關係往往是一種反映自我的手段，不一定是平等或承諾的關係，伴侶是鼓勵創造性追求的催化劑；因此，第五宮被認為是「愛情」的領域。愛情存在於另一種情感依附之外，或是試圖展露自我——英雄的部分反映。在第五宮，羅曼史不僅僅是一種愛情，它還喚起了強烈的性愛，被冒險吸引及激發；羅曼史是一種愛情故事，無論是初戀、心碎還是單戀，第五宮的樣貌揭示了我們如何創造浪漫並為我們的愛情故事編寫劇本。在第五宮，我們透過建立關係發現我們的倒影，但是這個過程尚未達到平等；愛進入我們的生活，並挑戰我們離開熟悉的人，將我們的情感依附移轉到家庭之外。這裡的關係專注於支持或否定創造力和自我表達，並不一定是平等關係；希臘人的 Philautia 指的是自愛以及考量其道德後果的納西瑟斯神話。

第五宮是我們透過發現與他人之間的差異、藉以發展自愛的地方，當我們將他人視為與自己不同的獨立個體時，這種健康的自愛可以塑造及反映我們所欣賞的特質，但是，當這種反映是排斥他人的自我妄想時，這就是自戀。第五宮的關鍵字包括創造和自我表達，它們是第五宮的基石，這就是我們想要分享的想像力和獨創性。但當我們分享創造和原創的自我時，我們需要一個聽眾，

37　有關占星學的延伸，請參閱 Glennys Lawton 的《離家》（*Leaving Home*），www.astrosynthesis.com.au / articles / article.html。

audience 這個詞源於拉丁文 audentia，意思是聽見、傾聽，第五宮的啓動暗示著，在被聽到的過程之中，我們可以將聽眾內化爲自我的一部分，在這樣做的過程中，我們能夠欣賞我們與他人的特殊性。將聽眾視爲是外在的存在，使納西瑟斯神話不朽，或者是我們的特殊性需要被反映出來，而不是與他人分享；因此，有趣的是，古代編造神話的人將納西瑟斯與愛可配對，它是被反映但未被聽見的形象。

利瑞歐佩（Liriope）是納西瑟斯的母親，當她被困在洶湧的洪水中時，河神趁勢蹂躪了她，此次性侵使她懷孕，生下了納西瑟斯這個美麗男孩。在他小時候，他的母親諮詢了先知特伊西亞斯（Tiresias），詢問她的兒子是否能夠長壽，特伊西亞斯認爲納西瑟斯只有「當他不認識自己」的情況下才能夠長壽。但命運捉弄，等他到了青春期，他仗勢自己的美麗而驕傲自大，深深迷戀於自己的風采，對其他人並不感興趣，沒有其他的年輕人可以讓納西瑟斯發自內心去愛。

有一天，納西瑟斯在狩獵時，迷失在與女神愛可相遇的樹林裡。婚神朱諾（Juno）因愛可不斷的喋喋不休而對她施以詛咒，她的懲罰是，只能重複別人一部分的話，使她無法表達自己。當愛可摟著納西瑟斯時，他變得冷漠、無動於衷，在愛可的擁抱之後，納西瑟斯殘忍地拒絕了她：「別擁抱我！寧死也不讓你碰我！」但愛可只能回答：「讓你碰我！」被拒絕的愛可仍然被納西瑟斯迷住了，爲他的魅力、令人上癮的力量神魂顚倒。

另一個被納西瑟斯唾棄的情人請求涅墨西斯（Nemesis）──

神聖的復仇女神，懇求她：「願他也無法得到自己所愛的人！」[38]
而接下來的故事就是神話史了：納西瑟斯發現水中倒影，愛上了自己的樣子，死於自戀的烈火，神話詳述了得不到回報及不平等之愛的毀滅性力量。第五宮是透過創造性的自我並能夠表達給他人的愛，但如果我們無法參與他人的投射，就會冒著迷失在自己倒影中的風險。第五宮透過內化自我的投影並考量自他人反射回來的形象，讓我們進入自我覺察的過程，而我們有責任檢視並意識自己如何去處理他人對我們的反映和投射。

第五宮的行星象徵著我們可能離家的自然方式，並面對將我們的忠誠從家庭轉移至家庭之外；它們描繪了我們的創造才能、尋求回應的衝動以及浪漫而充滿激情的敘事。

✳ 第六宮：赫斯提亞和赫密士

第六宮雖然經常被稱之為「不平等」關係的領域，但卻是更具覺知的自我反思過程可能發生的地方。這個領域象徵著在我們即將有意識地進入平等關係之前所產生的心理過程，它的日常儀式創造了一種自我的連貫體驗，為分享我們的日常生活鋪設了一條道路。第六宮的工作和服務旨在維護我們的福祉，它透過自我反思的過程而變得堅固，這有助於察覺到我們在關係中的自我感；在這裡，我們投入了女神赫斯提亞的領域。

第六宮是赫斯提亞神聖空間的領地，專注於我們內在的自我。在赫拉（Hera）、赫斯提亞（Hestia）和狄蜜特（Demeter）

38　關於這個神話的普遍版本，請參閱 Ovid，Metamorphoses，由 Mary M. Innes 翻譯，Penguin，London：1955，Book 3.83-7。此書引用此翻譯版本。

這三個奧林匹斯姊妹中，赫斯提亞並沒有被她的兄弟們所侵犯，她的大門緊閉，在其轄區內，自我中心之火維持著神聖。赫斯提亞代表著爐灶的形象，除非受到邀請，否則沒有任何一個神可以跨越她的門檻，她化身爲不可侵犯的自我面向，她也是唯一一個沒有陷入家庭肥皂劇的人，尙未受到家庭紛爭的污染。姊妹之一的赫拉因其兄弟／丈夫宙斯爲人所識，而另一位姊妹狄蜜特的身分則來自於她的女兒波賽鳳（Persephone），只有赫斯提亞不是透過另一個家庭成員被認定，而是透過她自己的內在核心。

赫斯提亞代表著日常生活的重點任務，在其第六宮領域，我們從家庭和集體之中過濾出純粹的個人，這個辨識過程被喚醒，我們意識到私人與他人之間的界線。赫斯提亞代表著一處專注於爐灶的神聖空間，在我們內在自我的這個爐灶周圍，匯聚了賓客與鬼魂──歡迎他們跨越我們的心理門檻 39。

人際關係於第六宮的發展過程支持著我們去尋找獨一無二的內在核心，就像赫斯提亞一樣，我們可能會發現自己的爐灶沒有被家族之毒侵害；在傳統上，赫斯提亞將煤炭從母親家的爐灶帶到新嫁之家，尊重母親帶入婚姻的傳統，提醒著我們第六宮是在爲第七宮的結盟做事前準備。

赫密士是進入赫斯提亞之門的靈魂嚮導，他是外在的旅行者，赫斯提亞則是內在的航行者。赫密士是手足的守護神，在與手足分享日常生活中，我們學習私密性；在第六宮，我們學習尊重成人關係中的個人隱私，共同準備食物、飲食、清潔和家務的日常儀

39　赫斯提亞作爲招待女神、之後的主人與鬼魂的詞學關聯，請參閱 Barbara Kirksey, *Hestia: a Background of Psychological Focusing*, in James Hillman (ed.), Facing the Gods Spring, Dallas: 1980, 110.

式會影響我們是否能夠區分私人及公開自我的能力。如同赫密士和赫斯提亞之間與第六宮的連結，我們的手足或我們的成年伴侶可能是我們內在世界的指引。水星（赫密士）守護雙子座和處女座，因此與第三和第六宮的形象有關。

　　我們與此宮位所代表的同事之間的日常關係中，重複了手足的主題。第六宮的關係集中在工作以及與我們一起分享日常生活的人，他們還包括爲我們服務的人，如我們的雜貨商、醫生和獸醫；或是我們服務的人，如我們的客戶或病患。我們學習分別及界線的藝術，在某種程度上，第六宮代表了「我們在第七宮所建立的平等關係前的一種演練」[40]。

　　第六宮有許多層次，包括我們對於健康及健身的渴望以及身心（外在和內在）的整體安康。雖然第五宮是一種創造和想像力，但第六宮一種是手藝及技術。在傳統占星學中，它是疾病之宮，但從現代的角度來看，我們在局限之內努力認知以及工作；第六宮是完善、淨化及準備自我的宮位。

✳ 第七宮：赫拉和宙斯

　　在占星學上，這是典型的關係宮位，其過程涉及承諾及親密關係中的平等經驗。從靈魂的角度來看，此領域中的相互關係、互惠以及尊重讓個人去塑造一種擁抱伴侶獨特性的靈魂關係。傳統上，第七宮是婚姻宮，今天我們理解到這是一種契約、平等和承諾的關係，無論它是否受到教會的認可或國家的合法化。它也暗示我

40　請參閱霍華・薩司波塔斯（Howard Sasportas）的《占星十二宮位研究》（The Twelves Houses）。

們父母的婚姻以及他們的伴侶關係模式，由於這是我們第一次成人
關係的經驗，父母的婚姻對於我們成年之後回應關係的方式具有莫
大的影響，與婚姻有關的文化及家族神話可能會污染第七宮的環
境。

　　在希臘神話中，赫拉是婚姻之神，但赫拉與她的兄弟宙斯的婚
姻幾乎不能說是幸福或和平。他們有激烈的爭吵並往往變成肢體衝
突，赫拉在得到幫助之下將宙斯緊緊捆綁，使他無法掙脫而需要被
拯救。為了報復，宙斯將赫拉吊掛在天上的橡木上，就算赫拉痛苦
呻吟也不釋放她，直到她向宙斯發誓，再也不會反抗他了。宙斯是
一個好色之徒，而赫拉也沒有再與之對立，而是向他的情人尋求報
復；當宙斯生下雅典娜時，她則生下赫菲斯托斯（Hephaestus）來
與之抗衡。古希臘人並不認為婚姻是浪漫的，他們的神話蘊含著欺
騙和不協調的主題，婚姻伴侶也是敵手。

　　在傳統上，卜卦占星學將第七宮視為「公開敵人」的宮位，以
別於第十二宮的祕密敵人；因為從第一宮求卜者的有利角度可以觀
察到第七宮，因此敵人在第七宮的映襯之下已然分明。雖然表面
上它呈現出來的是一個人，但在當代背景下，第七宮「公開的敵
人」也是我們自己的陰影。「敵人」是不同或相互矛盾的觀念、不
同的價值觀、令人不舒服的人格特質，也許是伴侶與我們不相一致
的信念。從某一點來看，我們與自身的問題相伴，有時候它正是第
七宮他者的貼切描述。公開的敵人也可能是我們與手足之間未解決
的對立、遺留的憤怒或未完的挑戰，透過我們現在的伴侶重組再
現，伴侶成為手足之間無法面對面和解的敵意的攻擊目標。在現代

占星學中，第七宮不僅描述外在伴侶，也同時訴說著內在伴侶[41]。

　　伴侶的到來類似於兄弟姊妹的出生，經常會產生愛與競爭、迷戀與憤怒、親密與分離的矛盾感，但這就是親密關係的本質。在天文學上，第七宮是太陽準備落下的地方，暮光微明，當光線拉長陰影，我們準備迎接黑暗。伴侶喚起更深層次的心靈，其中未解決和未完的議題以及之前的關係模式滲透到現在的關係中，無論這些來自我們自己還是來自祖先的經驗，這些婚姻神話透過我們的關係被重新想像及運作。

　　婚姻是一個神話，在當代背景之下，婚姻漸漸式微或幾乎走入墳墓，但婚姻不是已經滅絕，而是制度與組織化了，在這十年中，對同性婚姻的支持就是一個例子，人們贊同但政府當局則否。婚姻是一種誓言、是兩個人之間的合約和協議，無論是否受到社會的支持。它是個性化過程和成人儀式的一部分，讓一個人與另一個人接觸，並且需要犧牲、妥協和合作卻不失去個人的自我，這個任務在第七宮被意識到。

＊ 第八宮：靈魂的下降

　　在第八宮，我們冒著暴露更深層自我的風險而進入的領域，我們回到了一個神祕領域，愛情穿透我們最強大的防禦，我們變得脆弱，冒著被背叛或拋棄的危險。與我們的照護者——也就是第四宮的監護人一起，我們第一次變得容易受傷並且暴露於強烈的愛與背叛之間，而在第八宮建立關係的領域讓我們再次面對失去摯愛的可

41　請參閱麗茲・格林（Liz Greene）：*Relating*, Aquarian Press, London, 1990, Chapter V, 110 -154.

能性。

第八宮是一個墓地，過去不完整關係的幽靈可能會困擾我們，祖先的鬼魂、父母婚姻的暗流以及每個伴侶過去關係的片段繼續活在第八宮的結合之下。第八宮讓我們回到準備浮上台面、遺傳的第四宮家庭情結中，並重新產生連結；第八宮是我們與平輩、伴侶和手足共享家庭資源的地方。

第八宮喚起「下降」（catabasis）、進入冥界之旅，任何英雄或女英雄旅程的最後努力之一就是下降到黑帝斯（Hades）的領域，重新找回他們過去某種本質面向——這些賦予他們投入生活和人際關係的能力。賽姬最後一項維納斯所指派的任務是收回波賽鳳所擁有、裝著她的美麗的盒子。波賽鳳曾經是一個被綁架到冥界的少女，如今掌管冥府，地位相當於冥王黑帝斯，她的美麗盒子是她從被綁架到得到平等地位這個過程的象徵。透過賽姬的冥界之旅，以及為維納斯取回美麗盒子，她便可以嫁給她所摯愛的愛洛斯。

起初，賽姬與愛洛斯處於一種無意識的關係中，因為她沒有得到允許、可以清楚的看見祂，祂的母親維納斯仍然對他們的關係造成困擾，因為愛洛斯沒有離開母親、真正與賽姬在一起。賽姬在無法完全了解她的情人之下，也就無法完全投入一段真實的關係，並且背叛了愛洛斯、想要知道祂是誰，諷刺的是，背叛讓賽姬變得具有意識並且知道她婚姻的真相。愛洛斯、維納斯及賽姬所形成的三角關係讓人聯想到第八宮捍衛親密關係的三角關係，當背叛打破這種三角關係時，真相就會浮現，展開下降的旅程、走向更誠實和真實的關係。

　　人際關係的宮位描述了關係發展的過程，從自愛的自戀經驗到親密愛情動態、移動式的體驗；這些宮位標示著我們離開原生家庭，在我們成年生活所選擇的人際關係及家庭中，冒著重建家庭模式風險的地方。

第六章
下降之處
另一半的地平線

在傳統的占星學中，第七宮的宮首或下降點（Descendant）被稱爲落下的地方，行星下降至地平線以下，並打開通往夜晚的大門。落下意味著它們正從被看見轉變爲看不見，與此相對的是上升點——行星自朦朧中升起，在光線中浮現。由於上升點是新生的自我，下降則與垂死的自我有關——暗喻著神祕和未知的東西。上升點描繪了我們呈現給世界的角色或面具，因此，我們可能會認爲下降是卸下面具、意識轉向非自我——也就是另外一個人的地方，它關注的是關係而不是個性。下降點作爲落下的地方，其星座喚起了經常從他人的鏡像中所看到、我們未被發掘的特質；它是一個充滿靈性的地方，因爲它未知、神祕並專注於深度。第七宮作爲星盤的西方門戶，可以說是星盤的赫斯佩里得斯（Hesperides）。赫斯佩里得斯是黃昏之女，暮色之光最是豐富多彩，在微光之中，影子被拉長，我們正準備迎接黑暗，在這短暫的金色光芒中，我們可以看到另一個人的陰影。

第七宮是個性與關係融合的占星位置，從隱喻上來說，這個地方象徵著黑夜初醒，光的終結。我們可以看到的是衰微，並不一定如我們所希望的那般清晰；然而，在第七宮的這些陰影與我們的特質相似，當它神祕而陰暗的本質被帶入與另一個人的親密接觸中，便可能成就一段眞正充滿靈性的關係。與上升點一樣，下降點

或第七宮劃分了上下世界之間的邊界，象徵著光明和黑暗、已知和未知、以及內在和外在等極性。在第七宮宮首，地平線開展了人際關係的領域，這不是第一個讓我們投入關係的宮位，但它是支撐平等和選擇的宮位。在第七宮，我們遇到不同但又很熟悉的人，藉以彌補我們感覺缺少的東西，其中具有相互的關係及作用。第七宮的夥伴不僅是婚姻或生活伴侶，也是商業夥伴以及與這種平等交換有關的他人，這是一種親屬、同質、熟悉感，但不是我們以前所知的體系。

伴侶（Partner）這個字含有部分（part）這個字，單獨感——也就是分離，但也能夠加入；伴侶不再僅僅是我們創造本質的繆思，也不再是自我的鏡像，而是同伴。在第七宮，挑戰著自戀，暴露出自我中心，在不放棄以太陽為中心的自我觀點之下，我們無法投入圓滿的關係中。穿越下降點標示了我們旅途的中點，以及放棄以自我為中心的世界觀，第七宮讓我們合作及妥協，並邀請我們延伸自我、進入另一個人的世界觀。雖然這是合作的宮位，但是當我們與那些反對我們世界觀的人相處時，也會產生衝突；金星作為第七宮的自然守護者，當我們遇到和我們的價值觀不一樣的人時，我們的價值觀和自我價值也會受到檢驗和質疑。

心理占星學強調將第七宮特質投射到伴侶身上的傾向，當我們尚未意識到這些能量，我們會認為它們屬於其他人，通常是另一個人，正如榮格的解釋，投射是一種無意識的機制，因此這是永遠的功課。當我們越來越意識到自己所沒有的特質，便越能夠發展真實的關係。第七宮的神祕之處在於：伴侶身上看起來與我們產生對立與不同的部分，才是真正反映出我們尚未意識到的自我，而第七宮的伴侶刺激我們與這些失去的自我重新產生連結。

　　第七宮宮首星座代表著重要特質，因此，經常突顯在伴侶的星盤中，這也是我們在長期伴侶身上尋找的特徵、能讓我們感覺快樂的特質。第七宮的行星表現出伴侶之間交流的原型模式，在有意識並成功地將它們融入於我們的生活之前，一般來說會先體現在伴侶身上。

內在伴侶

　　下降點匯集了伴侶看得見的外表和看不見的內在面向，對於一個男性來說，看不見的部分往往是他的女性面貌；而對於女性來說，則是她男性化的那一面。榮格創造了這兩種對立——阿尼瑪／阿尼姆斯（anima / animus），他認為阿尼瑪／阿尼姆斯由面具人格（轉向世界的臉）加以平衡。在本質上，阿尼瑪／阿尼姆斯更深入地刻劃在心靈中，當它們的形象透過另一個人的呈現而被意識到時，陰影也會浮上檯面，第七宮同時涉及陰影以及阿尼瑪／阿尼姆斯的原型。

　　運用榮格創造的意象加深了上升／下降軸線的心理暗示，上升點或面具人格是我們看得見它正在升起、展露於世的東西；而下降點——陰影是正在下沉的事物。親密關係面對的是我們看起來的樣子、並且曝露出我們陌生和隱蔽的部分，因此，第七宮的伴侶喚醒了更深層自我的認識。當我們面對隱蔽的自我（希望第六宮已經為我們做好準備）時，我們的自我力量可以讓自己不會倒向另一個人或讓他們為我們活出這些面向。後者的情況可能會發生在關係尚未成熟、或者我們放棄責任時，帶來一種相互依賴的關係，其中伴侶體現了我們追求完整性所具備的東西，而我們可能會「上癮」。當

我們在釋放自我潛力的巨大責任中缺乏足夠的理智，可能會繼續讓它們透過其他人、而不是自己活出來；然後，伴侶會在我們無法活出的第七宮潛能中膨脹起來，而我們最終會將此歸咎於他們。

傳統占星學確實將第七宮的行星當成是夥伴，用以描述吸引你的伴侶，例如：如果土星在第七宮，用於描述伴侶的特質可能包括冷漠、權威、控制、紀律和負責任；伴侶可能被形容是年齡較大、專家或導師，並說明你可能會晚婚。雖然這可能是真實的狀況，但這些同樣也是我們尚未活出的面向。隨著土星在第七宮，可能是關於責任、權威和自主性這些未完成的議題，這是我們無意識地在伴侶身上尋找的東西。木星在第七宮被描述是慷慨、樂觀的冒險家，但在心理上，這說明我們天生的智慧投射到其他人身上——讓人著迷的老師、大師和偽智者。

第七宮為我們提供了一個機會去遇見不屬於自我的面向，無論是正面還是負面，皆隱藏在伴侶的角色中。在七宮，我們開始學會容忍差異，在經歷由對立的兩極性所造成的緊張之後，我們意識到自己的一些無意識行為。在這個舞台上，我們可以站在別人的角度，開始客觀的檢視我們是誰，這是成人關係和致力於探索「非自我」的開始。但正如太陽在下降點的卡爾‧榮格在他的論文《婚姻即心理關係》（*Marriage as a Psychological Relationship*）中提醒我們：「婚姻很少或從未穩定或毫無危機的發展成為一種個人關係」[42]。

42　卡爾‧榮格的《婚姻即心理關係》（*Marriage as a Psychological Relationship*），
Collected Works Volume 17: The Development of the Personality, § 331.

建立關係的模式

上升代表出生以及我們來到這世界的象徵；下降象徵著走入他人世界的重生，代表我們願意去建立關係。當青春期的自戀退去之後，第七宮的特質和能量更容易在剛成年時得到體驗，在關係之下創造更多的空間去探索自我的其他面向。我們對父母婚姻和其他重要關係的經驗在第七宮的環境中留下了印記，因此，第一次觸動第七宮行星可能是在回應童年時期重要關係的動態。在成人關係形成之前，許多建立關係的模式已然成形，由父母婚姻、手足順序和親密友誼的早期經驗所塑造。

在象徵的意涵上，青春期出現於第四宮童年時期之後的第五宮，當我們到達第七宮時，在自我迷戀的經歷之後，我們已經準備好去建立關係。而所謂的成人關係可能仍然是一種第五宮自戀式的愛的經驗，在七宮我們投入平等的成人關係，它在我們變得完整的過程中有所幫助。

心理學的基礎說明我們在關係中重建了父母的婚姻，在不知不覺中，伴侶可能讓人聯想到我們的異性父母，或者我們的關係可能會與父母婚姻中的某些主題產生共鳴。由於第七宮是我們遇到平等關係的地方，它也可能是早期關係模式的匯聚之處；當然，舊有的關係模式是建立第七宮的基礎之一，它不僅來自父母，還來自文化本身，當太陽、月亮或土星落在第七宮，或者天頂或天底的守護星落在這裡時特別與之相關。父母經驗與關係經驗相連結，因此，我們從父母關係中所接收到的訊息將在第七宮產生迴音，正如同他們的親密關係也影響了我們的第八宮。

　　與第五宮的「愛情」或「初戀」不同的是，第七宮關係的意圖是承諾，承諾通常透過共同生活、婚姻、契約協議或某種約定而儀式化。這也標示著願意承擔成人的責任並爲更深層的自我檢視做好準備。當我們對他人作出承諾時，下降點是行運或二次推運的敏感軸點；第七宮的行運和二次推運與此平等關係領域的重要發展同步，這通常是過時的關係模式被揭示出來、而我們日積月累的關係極需要改變的時間點。

第七宮占星學

　　在占星學上，我們可以利用下降星座開始詮釋第七宮，這個星座是關係建立的入門。因爲它與上升點相對，所以經常是一種外來的體驗，因爲我們更傾向於實現上升的特質，而讓下降的極性特質飄向世界。任何上升特質的否認，同時也可能誇大了下降的特質。下降星座象徵著我們被別人吸引的特質，也許我們尚未意識到它們也是自我的一部分，因此，下降星座通常是我們伴侶的太陽、月亮或軸點之一的星座，這也就不足爲奇了，如果不是，那麼伴侶也經常會表現出該星座的特質。下降星座的守護星也扮演著某個角色，如果它在星盤中的相位和諧或得到支持，可能會讓人更容易進入第七宮的領域；而一個不好相位的下降守護星可能會難以維持第七宮的特徵，例如：關係中的承諾、伴侶關係的平等感受或妥協與合作。

　　第七宮行星是建立關係的過程中所遇見的原型模式，它們實際上可能是我們被他人吸引的外顯特徵，但後來發現它們是自我尚未開發的部分。它們象徵著我們對於建立關係和伴侶的態度，這些行

星經常被投射，但一旦被認知是我們自己的特質，這些能量便能夠更爲我們所用，不過由於第七宮本身的特質，因此它可能要到成年之後才會起作用。例如，火星在第七宮，我們可能會發現自己被富有進取心、獨立和活躍的人所吸引，這促使我們思考如何運用自己的火星能量，我們願意有多大的競爭力？我們如何主張自己的需求？我們如何表達憤怒？所有這些都是當火星經過伴侶的刺激、在人際關係領域所產生的潛在議題；然而，火星還說明了關係中的模式和主題，例如競爭、憤怒和獨立。

當不止一顆行星落在第七宮時，呈現出伴侶可能會激起我們的心理活動，由於其劇烈程度，個人可能一次只會意識到一種原型。例如我的客戶蘇珊，她的土星和冥王星落在第七宮，因爲其困難的關係而接受治療，她形容她的丈夫是一個具有支配和控制慾的校長，透過關係的治療，她發現了自己潛伏的野心並重新回到了工作崗位，她在結婚時放棄了自己的教師生涯。然而，她也發現了自己的情慾力量，並將這些感受轉移到治療師身上。這是我第一次見到蘇珊的時候，我們能夠利用她的第七宮行星來想像正在開展的過程，她可以清楚地看到她正在將自己的冥王星相位投射到治療師身上，就像她將她的土星特徵投射到她的丈夫身上一樣。

落在第七宮的星群本質上是複雜的，處理複雜性的方法之一是將能量分化爲第一宮，運用抵抗關係和親密關係的強烈自我意識；另一種方法是慢慢處理情結，一次解開一顆行星原型。通常，不同的關係體現了這些不同主題，如同蘇珊一樣，我們經常可以看到第七宮中的每一顆行星都化身爲不同伴侶、或是某個伴侶的不同面向。

　　當第七宮沒有行星時，下降星座及其守護星提供了此一生活領域訊息，這當然不會降低伴侶的影響力，但也許確實說明原型模式可能不是那麼強而有力。如果第七宮沒有行星而行星落在第八宮時，可能會因為關係的激情和戲劇化而犧牲掉建立關係的過程，換句話說，「了解你」的階段會因強烈的情感牽絆所帶來的影響而放棄。在這些情況下，這段關係在沒有任何東西可以依靠之下，可能會在剛萌芽時便快速瓦解。第七宮行星為關係建立了據點，因此，留出時間去建立關係是明智的。

　　沒有整合的第七宮行星通常會在其他的生活領域中無法控制及充分發展這顆行星，例如，在第七宮中有火星的人可能在其他的生活領域顯得過於激進或競爭激烈，但在關係中卻是順從和毫無目標。他們在伴侶面前用不到火星，因為已經將它交給了伴侶；在伴侶的範圍之外，火星通常是以不受控制或強迫的方式從容器中傾瀉而出，個人不知道他們行為的後果，也忘記了如何使用這種能量。

　　關於這個主題，在比對盤的研討會上，學生和我有一個清楚的例子：整個週末，其中一位學生完全無法控制的發言，她不停的打斷研討會、不停地說，所有上課的內容，她都能舉例，我努力制止她都沒用，我們只能繼續一直被打擾。同樣明顯的是，她並沒有察覺到這個團體對於她的行為的沮喪反應，每次她說話時，大家都變得焦躁不安。在探索第七宮的行星時，她又宣佈：「我的水星在第七宮」，大家又再次緊張起來了，她接著說：「而我的丈夫認為他自己很聰明，我根本插不上嘴」，大家都沉默地不敢相信自己所聽到的。隨著故事開展，我們發現她對丈夫的想法、智慧和知識具有威脅感，他是一個大學教授，很顯然的她讓他活出水星，而使自

己展現水星的過程混亂無序。由於無法走出投射到伴侶身上的陰暗面，她的個性幾乎不具備水星功能，而是無意識地在其他的生活領域中表現。小組討論幫助她看到了她所參與的無意識過程，她最後退縮了並陷入了憂鬱與沉思。

將第七宮行星投射出去，將它們排除在生命之外，它們會變得沒有活力或個性，因爲它們是透過伴侶去實現的。當我們在人們的關係之外──工作、學習或社交團體遇見他們，然後再看他們與伴侶一起時的感覺，經常會對他們個性的轉變感到驚訝。我們經常會驚訝的發現，這個愛社交的人當有伴侶在側時會變得比較安靜；或是這個無憂無慮、外向的朋友在伴侶的場合中會變得憂慮和膽怯。

當截奪（interception）發生在第七宮時，爲關係增添了另一層意義，被截奪的星座象徵著關係過程中出現的其他特質，這些特質往往與已經出現的事物不一致。攔截也擾亂了下降與第八宮宮首之間的關係，這對於關係的發展很重要。當下降描述了吸引我們的特質，第八宮宮首則代表了我們建立緊密及親密情感的方式。當下降是火元素時，第八宮則會是土元素，依此類推。在自然宮位之輪中，第八宮的行運總是與第七宮明顯可見的特質不一樣，但由於截奪的現象，情況便不會是如此，並且在第七宮中出現的一些議題可能會拖延第八宮情感的緊密及親密過程。

由於第七宮星象的描述很大程度取決於我們是否正在投射這些特質，或開始與之結合、將它們融入自我，因此觀察投射現象以及它如何與第七宮產生關聯是有幫助的。最有可能的是，在成年生活初期，我們仍然透過這個投射過程了解自己的複雜性。

投射

　　投射是透過另一個人去感知和反應自我無意識的特質或特徵，並讓它們被看見的機制。投射是普遍的，作爲一種防禦機制，它將感受、情感、思想和行爲歸咎於他人或物體，藉以捍衛仍然難以承認或不可接受的無意識衝動或慾望。當自我的某些方面被否認時，它們可以被投射到外界，因此，當投射運用在建設性過程時，是一種讓人更富自我覺知的方法。

　　投射的特質或態度可以是正面也可以是負面的，例如：我們可能會否認自己的創造性面向，並將這種自己沒有實現的潛能投射在那些活出創造力的人身上。如果這種投射變得深刻，被投射的人可能會成爲我們的缺失的代罪羔羊，我們責怪別人那些我們自己無法容忍的事。無意識的本質會扭曲我們的感知，因此，我們愈是沒有察覺到自己的動機或渴望，便愈會產生過多的投射。我們的視野會經過自我規範的扭曲鏡片過濾，如果讓我們清楚的意識到這些衝動，我們便會感受到威脅。當其他人不斷表現出誇張的特徵，造成我們強烈反應時，這就是思考投射的機會；或是當我們對於他人誇張特徵產生持續性的情緒反應模式時，我們便知道這是一種投射。不斷地指責別人或某種情況，可能也是我們正在投射的訊號，因爲我們不願意承認在這個過程中自己的角色。潛意識一直在不斷地投射，因此想像這個過程已經結束了是天眞的想法；然而，覺察到這些投射讓我們在人際關係中有更多空間，眞正成爲我們自己。

　　下圖顯示了投射的運作方式：我們的態度 A 對我們來說是未

知的，我們無法直接認知它，然而，透過表現出相似特質另外一個人、以 AOX 的途徑將此特質反映出來，而讓我們意識到這個特徵。當我們意識到態度 X 時，我們傾向於認爲這是另一個人的 A1 部分，而不是我們的 A 部分。大多數情況下，另一個人具有與我們未實現的本質相似的特徵；因此我們很容易將過錯或投射「掛」在他們身上。當我們認識到自己的無意識——態度 A，並開始收回其投射時，便可以發展自我的覺知；當我們開始擁有這些特質時，另一個人就比較不會被我們從無意識產生的投射所扭曲。

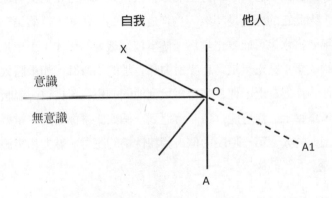

在出生盤中，整張星盤都會發生投射。宮位是投射發生的心理領域，由於宮位區分了我們找到他人的地方（兄弟姊妹—第三宮、小孩—第五宮、同事—第六宮、伴侶—第七宮等），宮位內的行星或宮位守護星都容易投射出去。宮位的星象爲我們提供線索——關於誰可能會與這些投射掛鉤。投射是類似於風元素的過程，因此，關係宮位經常是投射的領域，關係宮位是我們的意識經由他人而浮出水面的領域。在人際關係中，第七宮行星以及與第七宮宮首星座的相關特質清楚地說明了對伴侶的投射；而第八宮的行星以及宮首星座也容易投射（特別是如果第七宮沒有行星），然

而，這些投射通常不那麼明顯可見，就像第八宮的本質。這些第八宮的能量很容易重新組合，並重現了我們與父母的關係。

第七宮是相互關係的領域，而第五宮則是比較可能是單戀或單向投射。伴侶之間的投射通常具有可辨識的階段，我們可以將第七宮的投射過程分為三個階段[43]：首先是發熱期，原型的光亮由吸引我們的人表現出來，其特質發光閃耀，而我們感到敬畏。當我們第一次體驗到自己正在投射的特質時，它神奇而生動，由於它仍然是處於無意識的狀態，所以行星能量會被誇大或理想化並具有原型的力量，因此它的感覺是超然、也許是神聖的。例如，我們第一次遇見的第七宮水星可能會化身為一個卓越又機智的天才；土星是一個成功的故事；冥王星是富有吸引力和有趣的治療師。如果將太陽投射到你的伴侶身上，你首先會體驗到他們的磁性、自信、溫暖和創造性，事實上，你可能永遠不會遇到一個如此讓你陶醉、重要和具有原創力的人。第一階段由個人獨特性格的魔力、魅力和來源所標示。

下一個階段是退燒期，曾經令人著迷的特質現在變得令人感到困擾和不舒服，曾經抗拒不了的特質，現在它的負面暗流開始浮出水面，因為原型的陰影是透過關係的建立而釋放，曾經是神聖特質現在看起來如同惡魔一般，形成鮮明的對比。在這個階段，透過我們的失望、情緒反應和責備來看出投射，當投射情結的陰暗面開始出現，水星的投射現在被視為是那個知道這一切的人。你抱怨你插不上半句話，因為這個人從不停下來歇口氣，水星已經變得膚淺和不想承擔義務；土星現在居高臨下、態度冷酷；而冥王星變得強

43　Ray Soulard Jr. (ed.), *Letters to a Young Poet by Rainer Maria Rilke*, translated by Stephen Mitchell, Scriptor Press, Portland, OR: 2001, 26.

迫和控制。這個曾經具有超凡魅力和生產力的太陽人，已經變得自負、傲慢和自私，第七宮行星透過同一個伴侶揭示原型的兩面。雖然可以整合呈現出來的陰影來源，但是選擇另一個伴侶可以退回到第一階段，藉由他／她可以重新體驗奇蹟般的第一階段。

　　最後一個階段保持了原型對立兩面之間的張力，我們終於承認這是自我的面向，當我們承認這些特質是自己的一部分時，整合的過程便展開了。我們努力在自我和伴侶之間平衡這個情結的明暗兩面，例如：透過投射的水星，我們開始挑戰伴侶的想法，建立我們自己的觀點並更加自信地溝通；我們自己的土星變得更有權威、紀律和指令；我們的冥王星尊重自己的力量、深度和強度。當我們開始主張更多自我的太陽能潛力時，我們就會接觸到自己的創造力和自我表達。這一階段的特點是對抗、爭取平等和更大的自我省思。

　　收回我們對於伴侶的投射有助於釋放我們自己的真實面，它使關係更為穩固，然而，我們有可能痛苦地發現因為自己的投射而誇大了另一個人的個性。隨著心理關係中的動力正在發生轉變，收回我們的投射，會產生心理的混亂，當一個伴侶改變時，另一個伴侶就會產生焦慮。在我們撤回投射的過程中，我們也捨棄了那個理想化的伴侶，因此他們常常感到冷漠和不被支持，實際上，他們也準備以更真實的方式成長。

　　下面一些例子是我們可能在關係中放棄的第七宮宮首星座──也就是下降點所代表的特質。請記住，個人可能已經認知到他或她的投射，也可能已經減少吸引這些能量的模式，然後，個人可以更自由地自我發揮行星或星座的潛力，而不是透過他人實

現。由於投射經常被誇大，如果我們處於投射的控制之下，吸引我們的東西可能會被扭曲。下表簡略說明親密關係中投射的深奧動力。

人際關係中的投射：星座的情節

被投射的星座（下降點星座）	第一階段 理想化	第二階段 貶低	第三階段 整合
	別人吸引我們的特質——他們被過度膨脹和理想化。	減少投射會出現的特質——強烈的情緒反應。	需要認識自己的地方。
牡羊座	自信、直率、獨立、勇氣、創業技能、對抗、自立和主動。	自私、傲慢、憤怒、反覆無常、無力、懦弱、不願意合作或分享、逃避親密和建立關係。	我需要獨立和堅定自信；我渴望大膽和冒險；做自己並遵循自我的選擇。
金牛座	輕鬆、熱愛舒適、愉悅和美麗、簡約、足智多謀、能力和慷慨。	懶惰、遲鈍、頑固及不願意變動、終日懶散、貪圖享樂、占有慾強、迷戀金錢和財物。	我需要自尊和個人價值；欣賞美麗、價值穩定和安全；值得被愛。
雙子座	有趣、輕鬆、多樣化的興趣、有幽默感、博學多聞、善於言談。	逃避所有嚴肅的事或承諾、膚淺、矛盾、欺騙、意志不堅和缺乏承諾。	我需要多樣化的生活，自由地改變我的想法並以不同的方式表達自己。

巨蟹座	無條件的、關懷、滋養、感覺安全和受保護、情感表達及仁慈所給予的安全感。	情緒化、對於受傷的感覺很敏感、生悶氣、擺臭臉、仰賴和依靠。	我需要滋養自己及培養情感的安全感；僅僅是做自己便有歸屬感以及被接受。
獅子座	自信、興奮、吸引力、心胸寬廣、充滿活力、充滿陽光又溫暖、以及關注的焦點。	明星、炫耀、需要並尋求得到關注、自戀、富有高見和大嘴巴。	我需要創造性和自信地表達自己，為我自己和我創造的東西感到驕傲。
處女座	實際、服務慾望、體貼、職業道德、秩序和一致性、隱私、乾淨整齊和分析方法，	完美主義者、批評家、工作狂、無法放手、鑽牛角尖和吹毛求疵、嘮叨和悲觀主義者。	我需要在我的生活中創造秩序和連續性，有目的性並為他人的福祉做出貢獻。
天秤座	平等、和諧、浪漫、迷人、愛好藝術、合作、關懷和和平。	優柔寡斷、無法採取立場、喜怒無常、自私、粗魯、孤立、不惜和平的代價。	我在關係中需要平和、平等並受到讚賞；重視自己的不平衡。
天蠍座	強烈、熱情、誠實、可信賴、情感力量和儲備、魅力、深入理解。	權力遊戲、情緒控制、占有慾和嫉妒、祕密、懷疑、孤僻和情緒冷漠。	我需要開放情感，誠實待人並且與他人建立親密關係，在最深層的關係中得到滿足。

射手座	樂天派、信仰、智慧、世故老練、有遠見、令人振奮、樂觀的、有說服力和廣泛的理解。	無所不知——精神領袖、固執己見、教條、精神上的短視、躁狂和不安。	我需要了解和發展自己的一套信念，在我所有的關係中質疑和追求真理。
摩羯座	安全、可預見、忠誠和盡職、可靠、耐心，如父親般、保護和有組織。	居高臨下、支配、嚴厲和冷漠、工作重於玩樂、控制和專制。	我需要擁有自己的權威並尋求己見；承認自我的抱負和目標。
水瓶座	獨特、未來派、開放改變和新的想法、非傳統的、刺激、鼓舞人心、獨立及友善的。	沒有紮實的基礎、孤立、太過獨立、個人主義、混亂、叛逆和政治上的激進份子。	我需要獨特和獨立、更有選擇的生活；成為一個個體，在所有關係中感到自由。
雙魚座	溫和、有愛心、敏感、無私、富有同情心、奉獻、精神協調、藝術和創造性。	過於敏感、困惑、模糊、不斷的自我犧牲、照顧除了我以外的所有人。	在所有關係中感受魔力和創造力，追求靈性和創造力。

　　重要的是要提醒自己，投射是一種無意識的過程，無論是正面的還是負面的，目的是在保護自我，避免不舒服的心理感受。當我們開始認知這些是自己的特質時，我們便賦予自己未實現的潛力。卡爾・榮格指出，我們投射的是無意識，而不是個人。因此，收回投射是一種有意識的行為，它也是一個持續的過程，因為無意識就是無止盡的投射。

第七章
從鏡子中描述下降

　　無論我們如何將生活伴侶概念化，無論他／她是重要的人、忠誠的伴侶、靈魂伴侶還是我們的配偶，他們的形象都圍繞在我們的下降門檻。我們的「另一半」的形象自出生便已嵌入地平線，下降作爲上升對面的星座，與你的個性相輔相成，就像是當你穿越鏡子進入變形的關係世界時那個另一半的自我。這另一半在其他人身上通常比在自己身上更容易辨識，有時你想擁抱它，有時想拒絕它；當然，你發現這吸引人又煩人的特質就是由這個映像所象徵的。你的第七宮宮首星座通常會在你的伴侶星盤上突顯出來，但無論你是結婚還是離婚，你的第七宮本來就是你的一部分。例如：在布萊德‧彼特的星盤中，第七宮宮首是雙子座，這是安潔莉娜的太陽星座；而安潔莉娜的下降是摩羯座，布萊德有四顆行星在摩羯座，包括月亮和金星；安潔莉娜的太陽合相布萊德的下降，而布萊德的月亮合相安潔莉娜的下降。在惠妮和巴比的星盤中，產生了類似的交流：惠妮的第七宮宮首是處女座，而巴比的月亮在處女座；巴比的下降是巨蟹座，這是惠妮的北交點。

　　在第七宮，我們進入了關係建立的奧祕，吸引我們的事物似乎與我們相反和不同，然而，它也部分反映了我們尙未意識到的東西。在第七宮，可見之物和被陰影籠罩的東西交雜；對於第七宮伴侶，我們感覺像親人、有同質性和熟悉感，但這些感覺並非源自於

有意識的記憶。

　　我們的伴侶是我們的同伴、志同道合和親密的人，人性傾向於用我們尚未解決的模式和情結的黏土去塑造我們伴侶，這裡的原料是我們自己的投射、幻想和理想，以及我們從父母和手足關係內化的早期關係模式。第七宮是一個平等領域，因此，我們的伴侶將與我們有共同的特點和特質。第七宮不僅是一個結合的宮位，它也是一個獨立和個性的宮位，萊納‧瑪利亞‧里爾克（**Rainer Maria Rilke**）對於愛情和關係的動人書寫可能指的是第七宮，當時他寫道：「兩個孤獨的人，相互呵護、相互依偎、相互問候」[44]，在此，在平等的獨立個體之間建立了伴侶關係。

伴侶的星座：第七宮宮首星座

　　以下大致描述了下降星座，這些星座的目的並非在描述伴侶，而是積極的想像我們反應另一方的那些自己的特質。在上升／下降軸點的地板上，我們的上升個性和伴侶所具有的、我們的下降特質正產生一種舞蹈。這條軸線在人際關係占星學中扮演著重要角色，因為它常常與伴侶星盤的重要位置產生交點。在思考你自己的下降時，你可以更加意識到其蘊含的模式，這些模式可以讓你較少沉溺於過去，而更專注於當下。第七宮的特質似乎與你的上升性格不一致，但實際上它們是可以與你們的本性相伴的特徵。

44　Ray Soulard Jr. (ed.), *Letters to a Young Poet by Rainer Maria Rilke*, translated by Stephen Mitchell, Scriptor Press, Portland, OR: 2001, 26.

✳ 下降牡羊座（上升天秤座）

他人吸引你的特質包括自信、直率、獨立、勇氣、無所畏懼和自立，你可能首先對於他人的活力和坦率產生反應，但如果這些特質仍然被投射，那麼你所欣賞的無拘無束、勇敢、創業精神最終將表現出他或她的任性、不承諾、以自我為中心的一面。透過光明與陰影，第七宮的牡羊座將你帶入一種讓你更大膽和冒險的關係，鼓勵你主張自己的價值觀和慾望。

人際關係讓你知道，當你試圖取悅他人時，會威脅到你的獨立和熱血精神，因此，關鍵是在所有遭遇中做自己。雖然你很自然地支持他人的願望和目標，但你的伴侶會教你關於自己的意願和渴望，以及如何在逆境中堅持自己；在隱喻上，你與自己的勇氣和信念相結合。你的自然傾向是自發性的，以熱忱和活力快速投入關係，但如果只有承諾但沒有探索和冒險的自由，你會發現熱情很快就會消失，因此，你需要與那些能夠接受並滿足你成為自己這個需求的人保持關係。

✳ 下降金牛座（上升天蠍座）

你最初被別人吸引的東西可以透過他們的耐心和可靠而成形，因為他們的決心而感到溫暖，因為他們能夠準時而感到窩心，因為他們的慷慨而著迷，因為他們能夠品味美好生活而感到舒適愉悅。因為想要得到一個穩定又踏實的伴侶來自我平衡，你會被那些能夠支持你的生活、但又能夠自給自足及資源豐富的人所吸引；當這位溫和、喜歡安全的金融家被證明是有占有慾又不知變通時，這是很明顯的投射。如果曾經令人愉快的事情現在感覺是自我

放縱，或者你最初認爲能夠持久的事物現在感覺乏味，這能夠讓你去思索自己與安全、資產和資源的關係。

肉體、感官享受、感情和愉悅是長久關係的重要元素。關係教會你區分「我的」和「你的」，因爲資源分享可能會成爲一個戰場。你想辦法交換資源的方式與你在關係中結合和信任感程度成正比，你分享自己所有的能力與建立親密關係的能力交纏；諷刺的是，一旦你找到了自己穩定的內在基石，你就可以自由地享受各種關係和友誼。

✳ 下降雙子座（上升射手座）

年輕、多樣性、或者當人們模仿你的朋友或開玩笑讓你發笑的方式是非常具有吸引力的。你被那些贏得你的注意力或讓你思考的人吸引，適應力、溝通技巧、智慧和樂趣是你仰慕的特質。透過關係，你找到了意義，而你自己的才智和講故事的能力才開始出現，但最重要的是，透過分離和關係你找到了駕馭二元性的能力。

你可能對平等、分享和關係的理論感到自在，但在建立親密和堅定的情感方面並不輕鬆，你很自然地在所有關係中嘗試各種可能性，因爲你喜歡滿足你的好奇心和求知慾；在你能夠很舒服地「安定下來」或許下承諾之前，你需要在情感、身體和心理上都有很大的空間。你所欣賞並被他人吸引的特質，例如：智力、溝通和適應能力，這些是伴侶幫助你在自己身上找到的特質。你會遇到能夠幫助你找到自己理論缺失的人，透過與他人的信仰和觀念互動，你更能夠了解自己的敘述。

✻ 下降巨蟹座（上升摩羯座）

你自己的敏感、滋養特質和家庭模式是關係建立的部分結構，你會回應那些情緒化、熱忱、保護摯愛、同時也會對你的需求有同理心和反應的人。當陰影出現時，曾經悉心呵護的東西現在可能會感覺令人窒息和麻煩，或者曾經是敏銳的感受現在取而代之的是焦慮。關心可能被誤解爲愛，而關注則被誤認爲是激情；情感上的不平等是非常痛苦的，但有時必須學習與別人分開和區別這一門困難的功課。你與母親、其他家庭成員的關係以及童年愛與關懷的模式，會再次出現在成人關係中。

溫柔、善良、關懷、滋養和情感表達都是吸引人的特質，一旦你與伴侶結合，你就會希望它能夠一直維持下去，也許還包括一切與家庭生活相關的傳統。透過你的關係，你學會了不要對自己這麼嚴厲，並且找到自己的歸屬；關係有助於培養內在的安全感，讓你在世上感覺有所依靠。

✻ 下降獅子座（上升水瓶座）

你最初被別人吸引的是他們的天賦和積極的觀點、他們的玩樂和對自己創造力的迷戀。你羨慕他們能夠擁有自發性、迷人，心胸開闊又豁達的方式。如果只是專注自我而不關心別人，這些特質的陰影會破壞關係。當你曾經欣賞的這個才華橫溢、充滿樂趣的演員變得以自我爲中心和傲慢時，這份投射顯示了必須變得更加自我專注，並對自己的創造力和自我表達充滿信心。

第七宮的獅子座暗示著你知道當關係變得沉悶時，如何去激起

熱情。你的本性傾向可能是太情緒化，或者在最初的熱情消退時變得厭煩和不感興趣，因此，你需要與能夠引發你的自發性、創造力和內在小孩的人建立關係，他們可以等同於你對生活的激情和熱衷。藉由被別人的自信和創造力吸引，可以幫助你接觸自己獨特的才能，重要的是不要只是沉溺在欣賞別人的天賦和技能中，而是要得到靈感去發現自己；他人將幫助你找到自己的創造才能，以及改善並運用它的衝動。

✳ 下降處女座（上升雙魚座）

你欣賞他人的特質包括謙虛、自我控制、職業道德和幸福的覺知。因為實際和理智冷靜的能力很有吸引力，所以你會被那些能讓你變得更專注的人吸引，但是當陰影出現時，伴侶似乎過於挑剔而不是接受你是不完美的人。儀式和例行公事在關係中非常重要，因為你希望與伴侶共同分擔日常工作。在一天結束時，你的伴侶可以幫助你彙整並理解所發生的事情，伴侶傾聽、參與並幫助你清空當天的垃圾。

成人關係讓你能夠探索自己的私人世界與他人內心世界之間的空隙，透過人際關係，你將學習鑑識的藝術以及如何處理生活中出現的混亂。與他人建立連繫和溝通有助於確定重要事情的優先順序；即使你對別人的批評很敏感，但他們對待你絕對不會像你那樣挑剔自己。首先吸引你的是他們的勤奮和專注，你被他們的謙遜所吸引，感覺在可見的外表之下有更多的隱藏，那種性暗示和得不到的誘惑吸引著你。

✲ 下降天秤座（上升牡羊座）

你首先被他人吸引的是有教養以及隨和的魅力和社交能力，你可能會被浪漫的理想、一點點幻想和柔情的田園詩意吸引。雖然你可能會吸引這些特質，但你也可能發現它的陰影，因此迷人的社交名流變得以自我為中心，而不是你最初所想的那樣以你為中心。在儒雅時尚之下可能是缺乏精緻或粗魯，最終，吸引你的關係是能讓你找到生活中的平衡，能夠與他分享自己的天使與惡魔雙面性格的人。

你對於理想的關係非常熟悉，但對於承諾的現實性可能非常陌生。如同其他風象星座一樣，在所有緊密關係中，你需要空間與距離；你欣賞和被他人吸引的特質包括公平、外交、美學和藝術欣賞以及建立關係的能力。金星以其天使般的面容守護你的下降，因此關係的精神面向以及柏拉圖式的理想對於世俗與情慾的結合來說非常重要。

✲ 下降天蠍座（上升金牛座）

因為你被強烈的東西吸引，因此你被人格的力量、情感的深度和他人的激情所吸引，一些神祕、未知、甚至黑暗的東西吸引著你走向他人。但是，當你感到不滿足或被欺騙時，白熱激情的體驗可能會降到冰點，你可能會在激情的興奮和嫉妒、極度親密和隨之而來的占有慾之間被撕扯。但透過光明與陰影，關係讓你理解了感情的複雜性、深度結合和可能的親密性；天蠍座落在第七宮宮首將你的強烈、複雜、甚至負面情緒顯露在關係中。

別人的誠實、正直和激烈是有吸引力的，因此，你適合與你建立深刻和熱烈關係的伴侶。你想要深刻投入，但不是著魔；你被別人的療癒面向所吸引，你渴望創造一個神聖的空間，使關係能夠趨向成熟和蛻變。你可以在伴侶關係中創造遠遠超過你或他人可以自己創造的東西，因此，在一段關係中，你知道自己受到尊重、被視為是珍貴且平等的人，便可以產生深層的再生能源。

＊ 下降射手座（上升雙子座）

激勵你去看到更大風景的那個獨立、熱愛自由的樂觀主義者，是非常吸引人的；能夠理解你所有想法的他／她是誠實的並喚起希望，這非常有魅力。但在智慧導師背後經常隱藏著需要面對的教條和偏見，因此，雖然你可能在生活中遇到許多智者，但你也會遇到很多「假博學者」。第七宮射手座帶你進入的關係是能夠激發你跨越許多界線、走向更遠的地方並看到生命更廣闊的視野，因此，你的伴侶很可能出身於另一個國家、不同世代、或者完全出自外來的背景，你被他們成長過程中不同的文化、社會和教育吸引。

你欣賞和被吸引的特質包括：廣闊和有遠見的思想、理想主義、自由、倫理和道德行為，尤其是獨立、對生命的熱情以及對真理和意義的追求。這些特質對你的內在來說是非常珍貴的，而且關係教你如何找到自己的真理並相信自己。

✱ 下降摩羯座（上升巨蟹座）

穩定、耐心、成熟和對傳統的尊重是此下降星座所象徵的特質。他人的雄心壯志、對工作的奉獻精神以及一種古怪、自貶幽默感意外的激勵著你，但是那種貶低背後也可能是悲觀主義和憤世嫉俗。你的野心、勝出的衝動以及自主性與疏離之間的微妙平衡體現在你的人際關係中，能夠幫助你找到自己的權威、設定自己的極限以及世俗現實的關係是吸引人的。

紀律、承諾、經濟、耐心、權威、能力以及世俗成功的實用技巧伴隨著你的關懷個性，你希望能夠與伴侶分享成功的生活，並透過你們一起的努力以及認可你的成就而獲得回報，因此，你有可能在生命後期才建立密切關係，或者選擇年齡較大的伴侶。這種情況的另一種描述是，你為你需要去尊重和認可的關係帶來成熟和價值，因此，完美的關係隨著年齡出現。下降摩羯座說明你吸引了權威和有能力的人，他們教你如何更成功地管理和構建生活。

✱ 下降水瓶座（上升獅子座）

開放、友誼、好奇、獨立和平等是你看重別人的重要美德；友誼和婚姻排成一線，朋友和戀人之間的微妙差異是重要的區別。在一段關係中，陪伴和承諾以及獨立和結合是重要的，透過友誼和關係，你學會尊重自己和他人的個性、不同意見和觀點。

你欣賞他人拒絕被歸類的方式、他們的獨立性、人道主義精神、求知慾、獨特性以及他們似乎不在乎別人的想法，你喜歡他們在體制之外生活的能力。當這些特質被投射時，曾經吸引人的反叛

者可能會變得魯莽，而曾經的創造性和實驗性可能會因為你的喜好而過於前衛或創新。第七宮的水瓶座說明，人際關係可以幫助你探索自己的個性和獨立性，並展示如何在不將別人推開或切斷關係的情況下主張自己的空間；透過與同儕和伴侶的連結，你可以找到自己的原創性獨特性。

✳ 下降雙魚座（上升處女座）

下降雙魚座的你可能會遇到他人的混亂和模糊，伴侶和親密朋友都認為生活沒有按計劃進行，也缺乏你想要的秩序。雖然你對關係的承諾是一種深刻的連結感、並受到親密感的啟發，但可能會缺乏界線，更重要的是分開或獨處時，可能會產生困難。你有能力感覺到伴侶的感受、滿足他們的需求並關心他們的不安全感，但這可能會失去情感上的獨立和個人需求，而造成困境並感到被誤解。

你首先被他人吸引的是他們的敏感性和詩意、他們接觸生命的溫柔方式以及他們對其他生命的同情和關懷；但人性並不總是那麼美好，現實世界的陰影經常穿過裂縫顯露。你欣賞的夢想、有創造力的天才也可能會混淆、缺乏方向、無法應對生活的不斷索求，被認為是偉大的想像力現在似乎是在逃避現實，但這是關係經驗的必要部分，它可以幫助你發現自己的靈性、創造性和自我的真實性。走過關係的四季和伴侶的影響，你將更理解自己對於崇高和創造力的追求。

第八章
與他人的相遇
行星落在第七宮

當你出生時，你的第七宮行星正在沉落或準備落下，它們正在看得見或客觀的「白天」世界與看不見的主觀「夜晚」世界之間進行過渡；這些行星處於兩個世界之間的門檻，重新聚焦它們的視野和意圖，對不同的存在方式產生敏感。在隱喻上，這是一個「黃昏」階段，這些行星更容易接受逐漸黯淡的光線、變幻的色彩以及強烈的相異性、這些體驗所投射的陰影。

古人知道當我們在一個閾限空間時，是處於兩種存在方式的交叉路口，站在門檻上，有可能會出現神性，因此在轉換的過程中，我們更有可能保持警覺並接受標記道路的星座和符號。由於第七宮的氛圍是過渡性的，因此在這領域上的所有行星都對於其道路上的神性保持著警惕和敏感。當一個體現行星原型的人站在地平線上時，會讓人產生一種反應，有時是吸引力，有時是排斥，但仍然是我們內在自我的反應。在這裡的陰影裡，陌生人喚醒了我們身上一些東西，如同頓悟一般，當外在形象反映出內在風景時，便會產生突然的覺知，因而激起我們內在的神聖面向。

第七宮既蘊含著魔幻的詩意，也包括我們人生旅途上對他人失望的哀歌，他們激起了我們內在尚未被喚醒的眾神；在占星學上，這些都是由第七宮下降位置的行星所體現。想像一下，在餐桌

上爲一個不知名的訪客準備一個位置：他／她會是誰？

　　第七宮的行星很容易被投射到伴侶或平等的他人身上，這可能會阻礙我們自己與它們的接觸。由於星盤象徵著我們自己而不是其他人的特質，因此最好也試著尊崇自己第七宮的行星能量；如果只是將它們投射出去，往往會賦予他人權力並誇大膨脹別人，卻讓我們自己付出代價。當內在和外在不是處於平衡的狀態之下，所有權的權力鬥爭就會浮上檯面。擁有七宮行星的人自己運用它們是強大而有效的，因爲它們在地平線上反對我們並挑戰我們的身分；這一條地平線代表著透過人際關係追求自我，讓我們投入自我和他人的兩極性之中。

✻ 太陽在第七宮

　　你是在黃昏時分出生的，所以太陽正沉入西方地平線，準備收回它的光芒。在隱喻上，這說明你的個人身分自反映而來，你了解陰影和光明的相互作用、容易認同他人，在他們的光亮中看見自己的反射。從本質上說，太陽是明亮而閃耀的，但在這裡它準備收回它的光芒，陽光依舊溫暖、照亮，但現在是處於內在和創造性的層次。

　　第七宮的太陽對他人的吸引力、創造力和魅力產生反應，被你可能想要得到的自信吸引。雖然你被他人的明星光環吸引，但你可能也會在他們的陰影之下感到黯然失色；當你的身分和信心被遮掩時，你會發現你的伴侶比你更具創造力、更重要、當然也比你更加自信。在不知不覺中，你可能會賦予你的伴侶力量、英雄特質和偉大成就，而讓你自己的自我意識變弱、不確定和沒有安全感。

當你放棄你的太陽發光的權利時，你可能也會對你的伴侶失去興趣，直到你重新獲得自己的魅力和吸引力。當你的伴侶實現你在自己身上尚未意識到的東西時，會使你產生更多的怨恨和責備；一旦有自私自利和自戀的陰影，很明顯的你需要重新獲得自己的創造力和信心。在最好的情況之下，你將學會平等的分享舞台，強調你得到認可和讚賞的權利，第七宮的太陽透過與人產生聯繫的過程中去找到創造力和身分。由於太陽也是父親的原型，這個位置也說明關係領域可能會包括與父親有關的議題；你未解決的父親議題可能會聚集在伴侶身上，特別是偏心以及需要被看到和認可的主題。當你透過伴侶的創造性追求，在認可和支持你的身分認同之間找到平衡點時，你的關係將專注在支持每個合作伴侶的創造計畫上。

＊ 月亮在第七宮

你出生時月亮正沉落、象徵著照顧和關心、對他人的敏感和同理心，那些吸引你的人是能夠引起你的關懷和滋養特質的人；然而，你也可能會陷入保護者和養育者或被保護和被照顧者的低潮之中，使你漸漸失去想要獨立的心理渴望。第七宮的月亮說明依賴、共存和守護的議題微妙地進入你的人際關係，最終，你需要一種相互依賴的關係，在這種關係中，你會感覺得到支持及情感上的保護，但卻不至於感覺窒息或無助的程度。你的伴侶如果沒有察覺到你的月亮情感之重，可能表現出否定你的情緒，讓你有不被支持和不被愛的感覺。

母親的強大形象是具有影響力的，與母親之間未解決問題可能會主導你目前的關係，你並不知道你可能會在成人關係中無意識地

重建母親的關係模式。隨著月亮進入你的第七宮,也許一個值得思考問題是:「我要如何才能去照顧和滋養自己的需要,而不是將它們投射到伴侶身上?」你第七宮的月亮非常習慣比別人更先知道他們的需要,這使你更容易去照顧他人;當你覺得完全依賴伴侶或者自己成為付出情感的那個人時,便會產生陰影,這是當你開始需要更多情感支持和相互依賴的時候。

當你在情感和經濟上可以自給自足時,你就更有能力看到你真正的伴侶。當你遇到你的伴侶時,你便會知道,因為他／她感覺如此熟悉,就好像你們已經相識了一輩子;你的親密伴侶關心你,他們會竭盡所能的支持你,他們就是家人。

✳ 水星在第七宮

水星體現了思想層面上的合作,代表那些與我們溝通卻有不同興趣及觀念導向的人。水星落在第七宮,它就像是一種思想上的相遇,當水星被投射出去時,你可能會吸引聰明、擅長言語的人,他們總是顯得比你更具才智和激發性,鼓勵你開始發現你的溝通技巧和智慧。當一個水星人出現時,他們聰明、機智、喜歡社交、機靈、充滿活力,並且傳遞令人興奮的新想法。當吸引的熱度衰退之後,你會看到一個思想散漫、缺乏邏輯,說話嘮叨和緊張的人,也許事實是兩者皆有的特質;然而,在你開始分享你的想法、平等溝通及得到伴侶的傾聽之前,會看不清楚事實的真相。你希望在你的人際關係中有各式各樣的思想刺激,但可能會吸引看似多才多藝的伴侶,但最終發現他們可能是膚淺、定不下來或者是「樣樣通、樣樣鬆」。水星需要被分享出去,以便每個伴侶都能表達自己的想

法，有機會用言語表達，並輪流做評論。

　　水星也代表了兄弟姊妹和手足關係，水星落在第七宮說明未解決的手足問題可能會被引入成人關係中。我們的伴侶可能會讓我們想起早期在手足之間所建立的關係模式，我們需要小心早期手足之間的溝通模式，它們可能會滲透到我們目前的關係中。不可思議的是，我們的伴侶和兄弟姊妹之間可能存在著重複性——類似的舉止、相同的名字或太陽、月亮星座、或某種形式上的相似，但它也說明我們在關係中尋找兄弟姊妹和同伴。

✳ 金星在第七宮

　　金星回到第七宮的家，說明關係或至少是關係的概念對你來說是很自然的，你對於關係的建立可能會有一些理想、期望和標準，但最終你重視的是美、和諧、和平、陪伴、公平，最重要的是分享和平等。當你缺乏自我意識可能會吸引那些因為害怕破壞和諧而不表達自己的人，或者外表美麗卻缺乏個性深度的人，最終投射於外表美麗的金星會褪色，因為缺乏足夠的靈性來孕育愛與美的內在理想。《美女與野獸》的主題蘊含著一個被低估的金星，它們期待著美麗的東西來拯救自己，一旦美女同情野獸，便可以重新恢復平等關係。

　　姊妹或女性朋友未解決的問題可能會滲透到成人關係中，或者伴侶的姊妹可能會捲入你的關係中。你可能會陷入三角關係藉以抗拒親密關係，但是當你挖掘自我價值時，你更重視的是公開處理關係中的困難感受。你渴望建立一種以合作和妥協為基礎的關係，你對社交和美好關係的理想是：雙方都願意創造和諧及美的環境。

＊ 火星在第七宮

　　易怒而競爭激烈的火星在七宮顯得笨拙，當你建立關係時，與合作、共享和妥協有關的功課是比較困難的，你可能會吸引競爭和獨立的伴侶，他們會引起你急躁的反應。在人際關係中，難以表現憤怒和敵對，但這個星象說明它們也是這個領域的一部分，當面對攻擊時，你可能會發現自己以各種方式反應：

　　✦ 例如，你可能會選擇放棄，相信對方擁有所有的權力；因為放棄對抗，你的力量和自我主張都歸屬於另一個陣營，使你不得不順從且無能為力。

　　✦ 你可以迅速在所有關係中保持競爭力，確保自己先搶先贏；當對所有真實或想像的威脅做出反應時，你可能會變成「見到影子就開槍」的好戰份子。

　　✦ 最後你可能會選擇撤退，這樣其他人就威脅不到你，使你失去感覺、脫離關係。

　　所有這些狀況都是反作用力的，最終會讓你在重要關係中感覺被孤立。由於憤怒和競爭是關係的自然部分，你會發現它們有助於表現自己的慾望和獨立，而不是將它們排除在關係中之外。

　　當你只看到伴侶而不是你自己的憤怒時，你便看不到你如何挑起這種情況，或如何順水推舟藉以表達你的憤怒，這讓你感到無能為力，而不想去扭轉這個狀況。當你忽視自己的動力和決心時，最後你會覺得沮喪。健康的競爭——你和你的伴侶可以一起競爭，有時贏、而有時輸也是一種療癒；你的伴侶是你的對手，但他或她也是你最好的朋友。你可能與兄弟或某位男性有未解決的衝突，這可能會影響你目前的關係。你的伴侶希望你去追求你想要的任何東

西,所以讓他們知道那是什麼,以及他們如何提供幫助。

✳ 木星在第七宮

隨著木星正在下降,在關係建立中強調倫理、道德、哲學和靈性、信仰和眞理是重要的關係主題。如果你尚未審視自己本性中的智慧與哲理面向,你可能會被某位知道一切答案的專家吸引,而沒有意識到答案就在自己的心中。你可能會無意識地在女術士或大師的傳統中被預言的伴侶吸引,而不是尋求自我內在的眞實或是爲自己尋找眞相。隨著你開始學習更多,更常旅行及更有覺知,伴侶的知識變得不那麼令人驚嘆了;一個典型的例子是愛上老師的學生,卻發現老師仰賴他們的建議和理解。

你可能會感覺受到自由精神的吸引,或者你可能會突然開始或結束關係,因此,你的人際關係可能充滿永遠的學生、無業遊民、旅行者和自由精神。在你自己旅行和探索之前,很難在關係中平息你想要成長和擴張的強烈衝動。你被外國事物吸引,因此你可以與伴侶一起旅行,與靈魂伴侶一起在海外生活或與外國人結婚。你需要伴侶的刺激,藉以超越家族遺傳的信仰;你需要追求自己的傳統、信仰和儀式,而不只是淡然地接受伴侶的一切。

透過伴侶和親密的人,你可以找到自己的哲理和靈性,發現如何仰賴自己的內在指引和眞實。在你的人際關係中,你需要有足夠的空間去包容不同的信仰和文化、其他宗教、可選擇的眞理和互補的現實,如果沒有的話,教條、權利和偏見的陰影將會穿過裂縫。重要的是,你的關係鼓勵你尋找意義,並讓你持續發展和茁壯,當你和你的靈魂伴侶在一起時,你會感覺生命的擴展,知道它

正朝著天生的樣子展開而感到滿足。

✽ 土星在第七宮

　　你的伴侶體現出安全、穩定、組織和控制，他們可能會被形容是權威、限制、冷漠、過分負責或支配，如果你努力達到他們的標準而不是你自己的原則，他們通常會變成這樣。如果你覺得你的伴侶限制了你並責備他們過於嚴格，你可能會無意識地讓你的伴侶制定規則並劃定界線，讓你感到不滿和沒有成就感。當你遇到一些你覺得比你更世俗或更有能力的人時，就會喚起土星的原型，反映出你需要自我管理和掌握自己的命運。

　　當你覺得別人的控制會壓抑你或者不給你想要的自由時，答案不是要處理這種關係，而是努力找到你在世界上的位置，最終，你缺乏控制或知道什麼是適合你的感覺正是誇大了伴侶的限制性行為。你可以扮演的完整角色是商業夥伴，但首先你需要確定它是一個平等的競爭環境；你精明地幫助你的伴侶獲得成功，但重要的是你需要被公認是平等的合作夥伴。作為一個沉默的伴侶，你可能會覺得你的工作被低估且未被認可。

　　與別人的相遇可能會讓你感到焦慮，預期他們會批評、控制或支配你，這可能會拖延與他人產生聯繫和建立安穩關係的過程；但最終，你的伴侶反映了你靈魂中更古老、更有智慧的面向。時間允許你榮耀和尊重自己的權威和靈魂智慧，土星代表線性時間，因此，你可能需要更久的時間才能賦予你的關係靈魂，但隨著時間的經過，它們會變得堅固、安全和支持性。

✳ 凱龍星在第七宮

凱龍星在下降說明你的弱點是那些需要幫助的人，無論他們是邊緣人、流離失所者、受傷者還是絕望者，你都會衷心的為他們尋找避難所。凱龍星自己無家可歸，知道被放棄和被遺棄的感覺是什麼，因此，祂非常同情那些在祂的照顧之下尋求庇護的難民。在凱龍星的洞穴和家中，年輕人學會了英勇、超越不幸去尋找自己的召喚。培養那些可能受傷或遭遺棄的人的模式是天生的，但重要的是幫助者、治療者或監督人的這些角色不要掩蓋了平等伴侶的角色；你可能需要學習平衡助人者和伴侶的角色，或者掌控想要幫助他人和照顧自己之間的緊張情緒。

你可能會受到導師或治療師類型的人吸引，這些人看起來充滿智慧與關懷，然而在表面之下，他們個人與你建立關係的能力可能會受到損害，或者你也可能會透過處理伴侶的傷口來重建你身為治療師和助人者的角色。因此，有必要思考關係中的平等和交換，因為占星模式說明你可能容易將助人者和伴侶的角色混淆。在成人關係中可能會出現早期格格不入的傷口，以及最初被遺棄的感覺而得到療癒。凱龍星在第七宮，你會在關係領域中找到療癒你被排斥感和邊緣感的英雄行為，這是透過與溫和的伴侶建立關係完成的，他們有助於撫慰你的傷口，並讓你歸屬於一個不會讓你感覺被排斥或被驅逐的關係體系。就像真正的隱士一樣，與你志同道合的人可能會居住在邊陲地帶，而不是住在社區的中心。

✳ 天王星在第七宮

天王星打開一條通路，它更像是一條堤道，進入新的和未開

發的世界。當這股能量被體現時，便會增加個性、獨特性和分離性。獨特的人可能突然且意外地進入你的生活，天王星的能量就像一道突然出現的閃電，而在第七宮，你可能會意外遇到一個不尋常的人。但是事件不會只是發生而已，所以也許你也可能沒有活出自己激進和獨立的衝動，因此，你想要與眾不同的無意識衝動可能會被投射到特別和非傳統的人身上。在你準備好許下承諾之前，這些蠢蠢欲動想要冒險的衝動和渴望需要被滿足。

一個共同的主題是你對空間的需求——在身體、情感和心理上，如果你否認這種需要，你可能會吸引那些很不願意許下承諾並願意為給你所需空間的人。或者你可能會繼續重複吸引力的主題，然後脫離你的關係，一旦你感覺親密，你就需要逃離，然而當你的伴侶離你很遠時，你又渴望親近。你可能覺得無法協調對於自由和關係之間的需求，這種與自由有關的兩難可以抵擋被拋棄的恐懼；這種自我防禦的另一種表現是高度警戒和焦慮，而放棄的主題經常突顯出關係中的焦慮。分開和疏離的恐懼可能呼應了早期經驗，然而，分離的渴望也是天王星的真實本質，關係讓你知道獨立與被遺棄之間的區別。

個性和自由的平衡，意味著你接受你的關係可能是非傳統的，儘管如此，它仍然是真正意義上的婚姻。你的關係允許空間和自由屬於一個人，你的親密愛人可能是非傳統的人，但他們是令人興奮和愛冒險的，鼓勵你變成你知道自己可以成為的那個人。

✳ 海王星在第七宮

海王星呼應 agape 或神聖之愛，在海王星的咒語下，我們尋求

超凡脫俗、敏感和理想的靈魂，但他們往往難以捉摸或得不到。海王星的世界是創意、神奇而浪漫的，充滿了靈感之音和生動活力的色彩，但它也是一座海市蜃樓和幻想的世界，想像與幻想、創意與混亂只有一線之隔。你被他人的創造力和靈性特質吸引，你也可能會感覺到一股衝動，想要拯救他們以及實現他們未開發的潛力。由於這種經驗經常被誤認爲是浪漫或精神上的愛，因此你可能容易想要拯救別人的靈魂，卻觸及不到自己的。

海王星是無私服務的能量，當它在關係中糾纏不清時，經常會否認自我，失去了身分認同和創造力。在關係的這個階段，你將意識到自己需要回歸到創造力和靈性自我。當海王星站在軸線的基架上，這暗示著你或你的伴侶摔下來只是時間上的問題。

你的敏感和靈性會透過關係而得到提升，但也可能讓你容易陷入別人的戲劇當中；你可能會陷入無助的感覺，試圖幫助那些不想被幫助的伴侶，或者愛上無法愛他們自己的伴侶。如果你不抹殺你的浪漫面向，如何在你期待的關係中變得更爲實際呢？你渴望浪漫而沒有不快樂的結局，卻意識到精神層面的完美不是在別人身上，而是在你自己的創造力和靈性追求中，當你思考自己的靈魂特質時，這些變得更加眞實。海王星無邊無際，但第七宮是平等的領域，因此，這是很困難的組合，因爲缺乏界線會使你容易受到他人的影響。雖然你可能會面對心理挑戰，但你也有能力藉由自我檢視和接受，來建立深刻的愛和靈性關係。

＊冥王星在第七宮

你被他人的神祕及未表達的深刻吸引，你的關係幫助你探索自

己的情感深度，因此，你可能會被深刻而激烈的人吸引，你也可能會被一個具有療癒性質的人吸引，他會揭開你更深刻、更熱情的一面。當你感覺受到控制、操縱或被吸引到一個誘惑你的謎團當中，這是一種警示，可能是你把權力交給那些不知道如何成為平等或親密的人手上。在你的關係過程中，你學到了如何揭露伴侶雙方的黑暗和壓抑感受；學習分享權力是必要的，特別是在處理金錢或性等共享資源時。

冥王星是地底之神，所以思考他與波賽鳳的關係主題是否是你的關係基礎，這可能是有益的。透過在關係中引起的強迫情緒，你的無知和天真被綁架了嗎？伴侶可能會將你的黑暗和無法控制的感覺帶到表面，或者你可能會在伴侶身上看到這些黑暗情緒，卻沒有意識到它們反映了你自己的情感。當你尊重你的黑暗情緒，讓地底之神走進一段可信賴的關係時，你也邀請了轉變、誠實和親密；透過分享這些更深層次和更脆弱的感受，你會變得更為親密。

信任和背叛的主題也是透過你的關係喚起的，雖然伴侶的背叛可能會讓人感覺毀滅，但它會喚醒你真實感受的生活，在那裡你會發現自己的情感力量。你可能會試圖控制負面情緒，但是壓抑它們只會釋放強迫和控制性的反應，這可能會透過你的伴侶表現出來。當你激發情感勇氣來表達最深切的感受，並且冒著在伴侶面前顯得脆弱的危險，這也就是當你找到親密關係的時候。波賽鳳，天真的處女被冥王星綁架，但她也成為與他平起平坐的人；透過尊重自己的地底世界，你有更大的機會在你們的關係中保持平等。冥王星需要正直、誠實、脆弱和信任，第七宮的冥王星建議在親密關係中尊重這些特質。

第九章
親密關係
第八宮

在占星學中，死亡宮緊接在婚姻宮之後，這並不是特別浪漫的最佳組合，但絕對是關於婚姻的酒吧笑話的好題材。在婚禮中，「至死不渝」是婚禮新人相伴一生的誓言，至死才能將伴侶拆開，強調對婚姻的嚴肅承諾。由於這被廣泛使用，因此對婚姻的態度和處理方式發生了重大變化，但沒有改變的是親密關係的複雜性，其氛圍是由代表死亡的第八宮來象徵。

這種神祕的親密與死亡合體並个容易理解，包括第八宮的深度也是。在傳統占星學中，這個宮位被認爲是四個「凶」宮位之一，並不是說這些宮位是凶的或是會有不好的事發生，而是它的位置並沒有在與象徵生命力的上升點形成的托勒密相位中[45]，第八宮與上升點形成 150 度相位，與我們的個性產生衝突。死亡之宮的形貌不容易描繪或記錄，它的歷史被保存在私人日記、祕密記錄和未公開的事件中。雖然星盤的這個角落和心理一直是個謎，但現代占星學已經找到了不同的方式來傳達這些挑戰[46]。

---

[45] 占星學中沒有不好的宮位，但是古人將第二、第六、第八和第十二宮定義爲「凶」宮，因爲它們沒有與上升點而形成托勒密相位，這四個宮位與上升形成半六分相或 150 度相位，因此，它們被歸類爲與上升點不和諧或不協調。這是以定量分析的方式去說明宮位，而絕非定義性質或描述這些宮位的本質。傳統占星學的語言需要在文本中解讀。

[46] 請參閱布萊恩‧克拉克：“The 8th House: The Sacred Site of Eros” and Sandy Hughes, “The Soul's Plunge into the 8th House” from Intimate Relationships, edited by Joan McEvers, Llewellyn Publications, St. Paul: MN, 1991.

　　古代占星師看待第八宮主要是與死亡和失去有關的問題，特別是失去的獲益，例如：遺產或債務。這個宮位提及他人的錢財和資產、從別人的死亡或不幸之中繼承或獲益。死亡和債務仍然是透過抵押（mortgage）和攤還（amortize）等詞彙連結在一起；雖然現代「攤還」這個字是指逐步償還債務，但在早期，它是指死後財產的扣留。而 Mortgage 這個字中的 mort 和 amortize 是指死亡，但 amortize 這個字中的 amor 是指愛。死亡、債務和愛之間的這種神祕混合體，透過將親密與富貴連結在一起的第八宮而被帶入現代占星學中。心理占星學描繪了第八宮的禁忌，並描繪了自我的死亡與親密、性和權力、以及愛和失去之間的連結。死亡的轉變過程與伴侶在親密關係中所經歷的變化有關：「每一位伴侶都個別改變，於是產生第三個實體──也就是結合」[47]。死亡不是指字面上的死亡，而是從已知的生命當中轉身，轉向內在的靈魂；第八宮是透過親密關係的啓蒙而產生靈魂的宮位。

　　在傳統上，第八宮作爲分享或保留資源的宮位，它表現了個人親密關係中的情感慰藉。我們對於情感開放或封閉的態度顯示了我們與所愛的人分享資源的多寡。第八宮被簡稱爲 STD 之宮──或是性（Sex）、稅（Taxes）和死亡（Death）的宮位；此宮位關鍵字的字首還有另一個版本，性傳染病（STD，Sexually Transmitted Disease）也可以是「透過性關係所帶來的債務」（sexually transmitted debt），因爲在第八宮，愛情和信任以及性和金錢糾纏在一起。當信任的封口遭到破壞，共同資產也會是一樣！根據我的經驗，許多第八宮的特徵代表這種結合或分裂的資源，無論這是一

47　Jeff Jawer, “*The Paradoxes of Intimacy*”, Intimate Relationships, 70. 這個結合也是中點組合盤；雖然中點組合盤表達了一種關係的可能性，但它透過伴侶之間的融合而變得生動並充滿情慾。

個獲利的共同事業、意外繼承還是重大的離婚協議。第八宮的對面是第二宮，在什麼是「我的」和什麼是「我們的」之間形成了一種自然的極性；我的東西包括物質、經濟和情感，而它們如何被共同分享使它成爲我們的議題。

第二宮探討了我們與身體的發展關係，因此，第八宮是我們如何與他人分享我們的性和肉體，雖然傳統占星學將性行爲定位在第五宮，但現在它也是第八宮的一部分。第五宮是娛樂和生育的領域，性是歡愉又有趣的，由於第五宮也守護小孩，這裡的性也被視爲生殖。第八宮是一個親密環境，性是一種交流的方式，一種靈魂的交流，性交不僅僅是性的結合，也是指精神上的結合；同樣的，性也可能成爲支配或金錢交換的手段。在第八宮，性與死亡／債務融合在一起，性高潮象徵這種情況，因爲在這種狀態下，有意識的知覺暫時瓦解，在回到意識活動之前我們完全屈服，法語稱高潮爲「le petit mort」，字面意思是「小死亡」。

格蘭特是我不久前的一位客戶，他驗證了這種窘境，他的第八宮宮首在天秤座；海王星與太陽合相在第八宮；第八宮守護星金星與土星天蠍座在第九宮合相。爲了某種靈性修行，格蘭特在成年後的大部分時間裡一直保持單身，他對於超越的渴望反映在他的星盤中的許多方面，但是認同禁慾作爲一種淨化手段呼應了第八宮太陽／海王星的結合。海王星渴望犧牲並且放棄與他人親密接觸已被融入獨身主義的精神儀式中，在他的獨身心靈中，他不必再去面對童年時期所經歷的冷漠或被遺棄的這些痛苦感受，他完美實踐了一種超越性慾、接著是情感接觸的修行，然而，過去的傷痛卻依舊沉睡。

當他成為我的客戶與我見面時，二次推運的火星正合相他的海王星／太陽的合相，格蘭特感覺無法控制他的慾望，他有一股強烈的衝動，想要向一位在修院認識一段時間的女性表達他的性慾與情緒感受。他對於這股強列感受感到困惑，又考慮到他的靈性修行，內疚、憤怒與性慾糾結在一起，有時候他因無法控制自己的慾望而感到極度憤怒，甚至氣急敗壞不知道接下來該怎麼辦。

指引格蘭特回到第八宮去開始理解其過程是非常有幫助的，讓他能夠理解他的靈性修行可能是一種逃避而不是進入神聖領域。現在，更深層的自我召喚他另外去展開性關係的探索，這種被獨身主義的靈性修行所否定的關係。他的金星／土星在第九宮演變成一種嚴苛的愛情哲學，專注於對上帝的愛。雖然他對靈性的承諾是一種自然的傾向，但它卻被用來抗拒、逃避親密關係，諷刺的是，探索第八宮的親密關係是更真切的觸及神聖所需的啟蒙。

第八宮是一個神祕的宮位，在參與世界、投入於關係中的同時能夠忠於最深層的自我。當第八宮表現在地點特徵時，它勾勒出外在或內在風景中的黑暗和不祥之處；在第八宮，因為親密關係而引起生存的原始恐懼，經常是一種對於失去或被遺棄的恐懼經驗。然而，失去的痛苦與依附有關，第八宮的關係取決於信任和誠實，它們不僅僅是在生活、愛情或性伴侶之間，也可以象徵商業關係，其中合作將每個人帶入共同資源的共享領域，或尊重隱私的治療師／客戶關係 48。親密關係與失去有關，失去意味著發現，發現導致轉

48　第七宮的關係是客戶與治療師之間一對一的諮商，可能針對特定問題、處理行動策略和解決問題。而在第八宮的關係中，治療師處理的是轉化，進行的是更深入的探索，客戶和治療師投入於一種親密的信任交流，並重新喚醒童年創傷，以便釋放和轉變。在商業夥伴關係中，當合作夥伴的資源被共享和合併時，便展開了第八宮的關係；建立一個銀行帳戶，每個帳戶都可以自由存取，因此信任是至關重要的，因為合作夥伴需要分享他們的生計。

變，於是一個神聖的輪迴在第八宮翻轉過來了。

親密與誠信

親密（intimate）這個詞來自拉丁文 intima，定義爲向內的、最深處的、內在的或本質的。親密，正如某個學生曾經說過的，是「進入我的內心去看」，它指的是一種緊密的聯繫。親密的關係提供了一種了解自己的內在體驗，因爲自我的內在空間就參與其中，親密關係始於與自己的關係[49]。

翻開並私密分享的東西已經被鎖上，密封在心靈的地窖中，儘管它很珍貴，但它們也很脆弱，經常耗損，是祕密的且不太願意再次被分享，因爲最初的信任已被打破。丹恩·魯伊爾（Dane Rudhyar）認爲所有第八宮的事務所隱含的三個主要因素，其中一個是信任[50]。親密關係依靠誠實與信任，由於這是一個交換的宮位，因此，所有層面上的信任都必不可少。例如，當你將資源放入證券交易所時，你相信它不僅會收回，並且會增值；同樣地，當你將愛投入於伴侶關係中時，你相信它會被分享、其價值會增長。第八宮的領域是神聖且原始的，當我們再次表現親密、脆弱或毫無遮掩時，會完全喚醒它的潛力。

生活被分離事件打斷，出生本身就是一種從超越、共生爲一體到分離經驗的斷面。當我們成熟之後並在成人生活中產生親密接觸

---

49 關於親密與關係的傑出論述，請參閱 Thomas Moore，*Soul Mates*，Harper Collins，紐約：1994。

50 丹恩·魯伊爾：*The Astrological Houses*, Doubleday & Company, Inc., New York, 108. 第八宮另外兩個主要因素是管理和責任。

時，會發生其他類似這種最初的分離和失去感，重新喚醒這些沉睡的記憶，因此，親密感蒙上分離恐懼的色彩。伴隨著這種最初的失落和分離感而來的是悲傷，因此即使沒有帶著覺知地回憶起這種情況，我們也可能會感到被忽視。這也可以解釋爲什麼在最濃情蜜意之時，我們也可能感到痛苦的分離和悲傷，透過情感和性親密，我們發現了早期遺留下來的孤獨、悲傷和被虐感。

親密關係存在背叛的風險，在許多方面，背叛蘊含於情慾結合中、但卻是其重要的面向，因爲它也使個人去釋放那些使他們感到無助和依賴的最初傷痛。背叛可能是一個變革過程，是一個透過無力感迫使個人慢慢建構獨立成人視野的機會，當背叛被當成反省的媒介時，它會產生覺知。背叛是一種死亡般的感覺，但在第八宮的啓蒙中，它將我們與內在力量和資源連結起來，我們學會相信自己，知道會因爲這個過程而生存下來，諷刺的是我們將會更強大。透過面對死亡、一些不可逆轉的變化，這種變化並不是都能夠說得清楚，但總能感受到，於是地底世界不再那般可怕。

我們都熟悉的第八宮關鍵詞，如：背叛、死亡、親密情感、嫉妒、愛、激情、占有慾、權力、憤怒、重生、性親密、共享資源、轉化、信任和結合，都是第八宮發展過程的面向。最初階段包括親密情感、愛、激情、性親密和共享資源的覺醒，當這種融合仍是無意識時，就會出現背叛、死亡般的感受、嫉妒、占有慾、權力遊戲和爆發憤怒的階段。透過有意識地處理這些強烈情感狀態，而到達另一個重生、轉化、信任和結合形象的階段，親密關係到此是內在和外在的眞實結合。

我的經驗是通常會有一系列的第八宮事件，例如，在許多家族

同時有多人死亡的情況中，這是很明顯的。當防線被攻破而流露出無意識時，可能會有一連串的死亡和背叛發生，而在我的職業生涯中，得到過多次驗證。珍妮是這種情況的早期個案，她的一連串的情況總讓我想起了這個第八宮的主題。

珍妮的第八宮宮首是天蠍座；上升點及第八宮的守護星——火星落在天蠍座、第八宮內；第八宮的現代守護星冥王星對分相月亮水瓶座，兩者與火星形成了T型三角相位；金星射手座也在第八宮。火星和金星像擋書板一樣，分別靠近宮位的分界，帶著此宮位門檻守門人的形象。當冥王星行運火星並重新點燃本命盤的T型三角相位時，發生了一連串失去和背叛事件。在這麼短的時間之內發生這一切，使珍妮在接下來的三年中陷入失落、悲傷和沮喪的情緒當中，並試著想走出這場悲劇。

珍妮的母親和一位親密的女性朋友在珍妮因子宮切除術住院數週內死亡；同時，她的丈夫承認他有外遇，想要離開她投向另一個女人的懷抱。失去母親的悲傷與背叛、憤怒和倦怠感糾結在一起，使她接下來幾年籠罩在抑鬱和懷疑的陰影中。

珍妮形容虐待她的父親是暴君，母親被描述是提供服務和付出的人，此一遺傳已經深入珍妮的婚姻中，以至於她完全依賴丈夫的服務並犧牲自己來支持他的追求；而她自己的生命力和獨立性已經被父母的虐待關係和父親對女性的暴力行為、這些痛苦記憶掩蓋。但隨著冥王星行運經過第八宮火星，與她的月亮以及冥王星在本命盤中的原本位置產生四分相，引爆了這個情結。雖然這一連串的失去是悲劇，但經過這段時間，她改變了對火星原型的態度，變

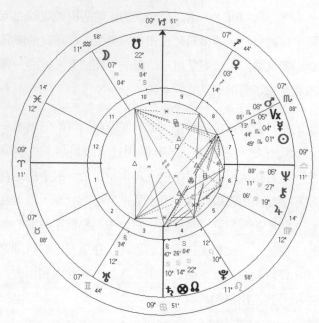

珍妮，1944 年 10 月 25 日，下午 4 點 45 分出生，珀斯，西澳。

得更加獨立，也更加確定自己的需求 51；這體現在增強活力、有勇
氣做自己的事以及迫切想要跟隨自己的眞實性。珍妮的經歷證實了
父母遺產的強大影響，不僅在財務上，而且在情感和道德上也是如
此。

---

51 沒有表現出來的火星等於是缺乏洞察力或不明確，當憤怒和性慾被壓抑時，也
   會阻礙分辨的能力。火星在天蠍座可能具有驚人的洞察力和明確的情感，但是
   當這種情況與鬱積的怒火和激憤糾纏在一起時，更有可能表現出沒有自我的洞
   察力。對於一個女性來說，這個沒有表現出來的火星可能會像是被監禁及俘虜
   的感覺。

遺產

遺產是這個死亡宮位的另一個面向，我們繼承的東西可能與我們的身分不相協調，但透過面對遺產，我們發現了真正與生俱來的權利。第八宮作為繼承的宮位，其領域是你在心理、情感或經濟上主張家族遺產的地方；發掘第八宮的祖傳遺產並不簡單，因為我們很少去檢視承繼而來的金錢、性和愛的態度。第八宮與地下世界的風景有關，隱喻著看不見的遺產和過去的遺贈，因此我們可以想像第八宮可能是我們與死者溝通的地方。這個領域是我們在家裡的壁櫥中所發現的屍骨，它們讓我們收回屬於我們的遺產，最好記住：在古代，地底世界是地下寶藏的來源。

隱藏在此宮位裡的事務也可能是家庭問題和關於金錢、意志和慾望的遺產；家庭過去的問題可能包括：透過金錢、債務、遺產糾紛、家產損失或者對於財務管控的深刻感受所進行的情緒操控。你對於繼承而來的債務或借貸的態度是什麼？家族對於共享資源的處理方法為何？

第八宮是家人雙方融為一體的地方，在心理上，第八宮顯示了家庭親密和緊密的能力或缺乏，因此，這裡的行星不僅描述家族遺產，還描述了家庭中的祕密聯姻和禁忌。在第八宮中埋葬的是代代相傳的家族收益和損失，這些收益和損失可能是財務性的，如金錢和遺產，或另一方面是家庭債務的故事，而在許多情況下，這些都是基於情感的收益和損失。

第八宮作為緊密度的量表，是指在成長過程中所體驗到的父母

親密程度，你可以用金錢和資源觀察父母對彼此的信任；關於金錢的爭論往往不是眞的與金錢有關，而是不被愛、不被承認或未得到滿足的感覺。你如何與自己喜愛的人分享個人資源會受到家庭環境的影響，並影響你在成年生活中對經濟和情感的信任；早年生活中尚未解決的依附、情感安全和父母問題，很容易透過親密的關係以成人的方式重新體驗。你也會與伴侶的心理、情感和財務結構相「結合」或產生關係。

那些過世的人的意志和遺囑對於在世的人的感情幸福產生了影響，遺贈、遺囑、遺產、共享資源和家庭信託等問題都是此一領域的部分。第八宮的遺囑也指那些已經過世卻仍然施加情感和經濟控制的人的意志；雖然人們可能會死亡，但人際關係不會，因爲他們的慾望會透過他們的意志繼續存在。

禁忌

禁忌（taboo）這個詞是庫克船長（Captain Cook）從湯加群島（Tongan）的禁忌（tabu）中創造出來的，意味著禁止，通常是因爲它保護的東西可能對外人構成危險。禁忌被視爲神聖，或者將某些東西限制在某種特殊目的中，它榮耀著一種神祕；禁忌致力於一種神聖目的，專注或奉獻於某些比已知更爲博大的事物。在心理上，我們最熟悉的禁忌是亂倫禁忌，其功用是引導心靈能量的傾向遠離回歸父母的慾望。禁忌驅使心靈走向個性化，因爲沒有禁忌，可能會讓心靈缺乏動力、發育不良或退化。

禁忌對精神生活至關重要，由於親密關係暴露了個人祕密、家

庭恥辱和文化偏見，因此通常會出現無意識的禁忌去反對親密關係；但親密關係是個性化過程的一部分，因此這無可避免。在第四宮，亂倫禁忌鼓勵人們遠離家庭、去發展英雄的自我形象；而在第八宮的親密關係可能會釋放出超然的自我。親密接觸是神聖的，因爲我們是眞實的，並且赤裸裸的站在另一個人面前。親密關係本質上是啓發性及無意識的，不像更有意識或更系統性的緊密關係 52；這有助於區分第七宮的平等和第八宮的依賴性。親密意味著回歸慾望和憤怒的本能感受、愛與失落、結合與死亡，在成人關係中，可以有意識地處理這些危險的對立面。

本能或未經處理的感覺蘊含於第八宮的表面之下，由於覺得危險，因此受到控制和管理，但當情緒壓力逐漸侵蝕它們的防線時便會爆發出來。負面情緒是這個領域的眞實部分，當遭受批判時，這些東西都無法被聽到或被看到，此時有必要將其釋放和轉化。批判讓它們更無路發洩，只是拖延它們壓抑不住而出現的時間，其中一種感覺就是嫉妒。

嫉妒是人際關係的 一種眞實感受，當嫉妒或憤怒情緒在現在的關係中爆發時，它們經常是回應伴侶在過去的關係中所親密分享的東西，贍養費、子女教養費以及前任打來的電話皆可能激起我們對於被遺棄或愛的不夠的恐懼。然而，被點燃的還有早期的無助、恐懼感，甚至是放棄的記憶或被遺棄的畫面；現在的親密關係暴露了過去的經驗，但不是預言或預測未來，而是試圖在成人背景中重新處理親密關係。

三角關係在親密關係所帶來的深刻結合之外出現，它呼應了我

52　T.P. and P.T. Malone, *The Art of Intimacy*, Prentice Hall Press, New York, 1987.

們在家庭及年少友誼中的三角關係。戀愛中的伴侶很少不受到三角
關係的影響，無論是另一個人、孩子、工作、興趣還是計畫；但它
們並不總是以悲劇收場，因爲關係可以轉變，每個伴侶在彼此的愛
中都會變得堅強。當這個第三者是幻想中的人物，並且將它與伴侶
一起分享時，通常可以促進關係的進展。

愛情、死亡和權力：
愛洛斯和桑納托斯

　　佛洛伊德心理學把愛洛斯（Eros）和桑納托斯（Thanatos）這
兩個神話人物放在一起，將兩種強大的人類本能驅力擬人化。桑納
托斯是死亡或自我毀滅的驅動力，與愛洛斯所代表的生存、性和創
造性的生活傾向相對立。兩位神祇在第八宮相見，西格蒙德·佛洛
伊德的第八宮有雙子座的月亮和土星，這個貼切圖像正好呼應了激
發其思想的生／死對立，以及他將手足之間的複雜情結帶入成人關
係中的這個主題 53。

　　桑納托斯是死亡本能，正是透過祂的痛苦，才得以說明我們的
差異和分離；死亡的感覺可以像是展開個性的重生、並接受生命的
對立面。桑納托斯的積極面說明了我們的孤獨和分離，雖然這本質
上是痛苦的，但它是一種解放，而祂的負面則是害怕失去。桑納托
斯是不可避免的經驗，因爲它本質上就是原型，我們以各種方式體
驗它：絕望、抑鬱、隱藏憤怒、喪失性慾，所有使我們離開結合體
的過程。

53　請參閱布萊恩·克拉克的著作《家族占星全書》。

愛洛斯的本性就是激情，但在激情存在的同時，伴隨而來的是痛苦，疼痛的程度經常催化更眞實之愛的出現。進入愛洛斯的領域就是進入對立的領域，愛洛斯的衝動是結合這些對立面，而不是摧毀它們。藉由融合、抹去對立而失去個人的身分，最後變成一種固定關係，沒有風險因此也沒有獲得。結合對立面是愛洛斯的工作以及第八宮的轉化經驗。

在第八宮，性、權力與親密關係密切結合，性行爲可以是一種愛或權力的表達，與情感結合的性行爲讓我們臣服，不是「向」另外一方投降，而是「爲了」另一方而臣服。權力和性也可以用來逃避親密關係，性變態否定了對立面的結合，使我們沒有親密的可能性；性變態、性功能障礙、陽痿、自淫、濫交和禁慾的動力基礎可能都是試圖逃避親密關係。在這些方面，性可能與桑納托斯結合，而不是愛洛斯的愛和親密的領域。

金錢和財產如同性一樣是抗拒親密關係的有力手段，親密關係意味著分享──這是我們的汽車、我們的房子和我們的銀行帳戶；一旦建立了親密關係，那就成爲在世俗中賺取金錢和價值的關係，而不只是指個人伴侶。不願意釋放在關係建立之前或期間所獲得的私人資產的掌控，可能會對維持親密關係產生影響；拒絕分享我們的資源可能也代表著拒絕分享自我。

讓自己陷入權力鬥爭中的另一種方式是債務，如果我們擔心親密關係使我們暴露自己，我們可能會更容易在破產法庭或稅務官面前重演嬰兒時期的依賴性，而不是走進成人關係的世界。對於債務的無能爲力經常是爲了掩飾害怕進入親密關係的恐懼；這毫不奇怪，我們的社會對親密關係所知甚少，卻非常重視債務。

　　麥爾坎在第八宮有冥王星、金星和火星，由於黑社會交易，他因毒品罪而遭到還押候審，警方不允許他在沒有監管的情況下離開當地，況且他還身負巨債，他感覺像是警察手上及破產法庭上無力的囚犯。麥爾坎總是覺得自己無法活在激烈而親密的關係中，他的專注和力量卻反而將他帶進了真正的地下社會，但在此世界，那些他信任的人以及他所建立的非法商業人脈背叛了他，就像他所擔心的所有親密關係一樣。麥爾坎曾經希望透過破壞活動可以擺脫在關係中暴露的痛苦，然而，無能為力的恐懼在這條路上成真了，當他思考自己的失落感時，親密關係的領域似乎不像過去那般令人害怕。

愛與轉化

　　婚禮是一種儀式，解決每個伴侶想要尋找神聖的衝動；結婚戒指、神聖誓言及其他象徵取決於文化，是婚姻開始儀式中的一部分。在煉金術中，神祕婚姻就是 coniunctio 或結合（conjunction）的意思，這代表了對立面的化學融合，為新的可能性注入了形式；但在結盟之前，必須消除對立，因此它們的衝突或對立面可以融合為一體。

　　在親密關係中可以利用的轉化是透過外在結合達到內在的合一，愛洛斯的轉化療癒早期的傷口，並幫助我們了解到摯愛的人、靈魂伴侶、情人和志同道合的人的形象也是屬於內在。當分享的渴望立基於更深刻的愛，並且當我們能夠信任自己時，便可以自由地付出，而不必擔心失去。

閒置的地方：占星學中的第八宮

　　在傳統的占星學中，第八宮被稱爲閒置的地方，因爲這裡的行星被視爲無效。就它們在天空中的位置而言，這些行星開始落下，掉到下降點，離開地平線以上看得見的地方；它象徵著英雄衰敗之處，太陽力量的衰微暗喻著「這一天」、自性或自我的消逝。雖然第八宮的行星可能看起來是處於閒置狀態，但它們絕對不是不動的，而更可能是屬於內在或精神心靈層面，但不是完全起不了作用。

✳ 進入第八宮

　　第八宮的入口有一個陡峭的下降坡，對於那些進入這個領域的人來說，最好是小心走好，因爲有可能會跌倒；然而，爲了對此處地形有所感覺，也可能需要跌一跤。

　　第八宮宮首星座象徵著解鎖、開放和建立親密關係的態度，它同時描述他人身上具有的吸引力或令人著迷的特質，以及別人在我們身上發現的魅力。我們對性和親密情感的態度也圍繞在宮首星座的特質上，這些都是遺傳，但可能也是尚未被過去的家族承認或成功發揮過的特質。

　　第八宮的宮首星座也可以用來抗拒親密關係，例如：水象星座可能會無意識地利用關懷來保護自己、避免受到更深層的干涉；巨蟹座的滋養、天蠍座的強烈性或雙魚座的同情皆可以取代眞正的親密。或者風象星座可能會利用意識形態抵抗更深層的聯繫；雙子

座的好奇心、天秤座的難題和水瓶座的意見可以有效地避免暴露自我。火象的熱忱和慷慨可以有效的抗拒親近；例如：牡羊座的獨立、獅子座的自戀或射手座的信仰，不僅可以引導個人進入關係，也可以讓他們遠離親密關係。土象的實用主義以及對於結構的需求會阻礙關係的緊密；例如：金牛座的抵抗、處女座的分析和摩羯座的經濟，可能會阻止、而不是邀請親密關係。在星座的優點中，無論是勇氣、耐心、善良還是慷慨，都可以拿來用以對抗平等、分享以及最終的親密關係。

由於第七和第八宮專注於成人關係的領域，因此注意兩個宮位宮首的星座組合是有趣的，因為可能在第七宮更為明顯的事物卻在第八宮被掩蓋了。如果第七宮沒有截奪現象，那麼第八宮與第七宮的宮首星座在元素上基本是不相容的，這意味著第七宮與第八宮人際關係的地質不同；從煉金術上來說，在關係中的兩人正將自己沉入無意識的水中。

將每個第八宮的宮首星座想像成是可以打開我們想要的東西的鑰匙，同時也是一道鎖，保護自我的脆弱部分。這個星座暗喻著我們在親密關係中需要什麼樣的特質，以及透過親密關係會讓什麼樣的特質浮出表面。這個星座的象徵意義是一刀兩刃的，因為它既吸引我們，也喚起我們更深層的恐懼。思考第八宮的宮首星座，將它當成是第七宮星座的自然發展。

一旦我們進入第八宮，就會揭開行星所代表的原型衝動；第八宮的行星可能是被意識覺知小心掩飾的渴望和潛在情結，而親密接觸喚醒了這些強烈的需求和衝動，以及它們的陰暗面。透過與母親的連結及親密接觸，第八宮的行星在早期生命中被觸發，它們在個

人的關係中再次被賦予生命。記住早期的依附，無論它是否造成影響。

　　第八宮的行星表現它們對於親密接觸的需要，也揭示了我們可以如何閃躲親密關係的複雜方式，例如，第八宮的木星可能是慷慨的，藉以避免親密關係，當我們總是付出時，便可以控制伴侶、以防他們離我們太近；也許月亮的關懷可能也在捍衛它們想要的領域以及恐懼，在我們關心伴侶的同時，也不必擁有平等關係，滋養可以避免敞開自我、以免容易受到對方影響；也許八宮火星總是在做事、競爭或領導，所有這些行動和能量都可能是無意識地防止暴露和脆弱。行星給我們充分的象徵，開始去探索我們在結合、性、情感和經濟上的投入方式。第八宮的行星衡量我們對於他人的信任，以及最終如何在融合當中擁抱我們的個人身分和獨立。

　　第八宮屬於三個水象宮位之一，象徵著我們祖先的遺產以及伴侶祖先的影響；第八宮的結盟是關於將原生家庭的忠誠移轉給伴侶的共同任務。第八宮也可能描述父母的婚姻或關係中的親密程度，而此宮位中的行星將描述我們從父母的關係中所繼承的親密關係議題。當我們將忠誠從父母轉移到我們的第八宮伴侶身上時，經常會讓人覺察到家庭的祕密和模式。

　　因此，我不覺得第八宮的行星是閒置的——也就是我們現今理解這個詞的方式。然而，它們是神祕、保守和防衛的，也許是祕密的，因此，在關係背景下思考第八宮行星時，重要的是，要記住雖然它們可能會引起深刻的感受和想像，但它們可能不容易被說清楚。

＊ 第八宮的行星

例如：第八宮的**月亮**象徵著對於親密關係的一種深刻、近乎基本的需求，不過由於月亮在關係中喚起了共生關係，這種依賴關係可能會轉移到伴侶身上，渴望伴侶能夠知道他們的需求並滿足他們。月亮落在第八宮可能對伴侶非常敏感並且會產生情緒化反應，直覺、感受他們的一舉一動，就像母親對她的孩子一樣，但發展功課是要照顧自己的需求。第八宮的月亮有一項艱鉅的任務，即從母親及家庭情感的破滅中找到親密關係，透過親密和分享來尋得成年之後的穩定和安全性。戀母情結（Oedipus complex）──男孩弒父娶母這個心理故事的作者西格蒙德‧佛洛伊德，其月亮落在第八宮。

隨著**太陽**在第八宮，我們將思考在情感、心理和經濟上父親這一脈所遺傳的天性；我們也可能會思考與父親或其家庭過去有關的所有祕密或被否認的事，因為與父親的關係會影響我們在成年生活中親密關係的自在和經驗。當太陽落下穿過第八宮時，開始失去光芒，這暗喻著與親密關係中所確知的自我黑暗面相結合，身分認同的焦點從自我轉移到他人以及深刻關係的建立。

與家庭成員之間的早期關係中，便已開始尊重個人隱私並且考慮到個人感受，以及發展或者否定親密關係的能力。隨著**水星**在第八宮，真正的傾聽及誠實的溝通，最先是在父母的關係中形成，因此，父母互動模式中的真摯和誠信程度會影響個人對於關係保持開放和誠實的能力。從本質上講，水星是地下世界的引導者，當它落在這個宮位時，對於關係中沒有說出或表達的東西感到好奇；在第八宮，水星的溝通變成交流，因為它發展了親密能力，水星暗喻著

我們寫給自己的情書。

　　在傳統占星學中，**金星**與第二宮一致，當它落到八宮時發現自己因這個意外而感到虛弱，雖然這聽起來很不祥，但它只是暗示金星現在把注意力轉向了天生不舒服的事物。金星與和平合而爲一，但現在她需要揭露與存在有關的不和諧與黑暗面。金星在第八宮暗示她可能遺傳了家庭歷史中與結合、斷絕關係、背叛、外遇和三角關係相關的不圓滿，因此，逃避親密關係或其中的困難，可能也與家庭情結有關。在第八宮金星的旅程中，將個人帶入自我和他人的地下世界，以發掘來自過去家族的關係及遺產中所留下的遺傳。透過關係的糾葛和複雜，金星找到了親密關係與愛。

　　父母婚姻中慾望和性的表現會影響個人在其成人關係中的自在程度。隨著**火星**在第八宮，慾望和獨立、性和親密關係編織在一起，爲了處理這些主題，尋找線頭的第一個地方是父母關係。火星具有競爭和對抗性，努力爭取結果，並且當它無法爲所欲爲時可能會產生分裂。在第八宮，火星被邀請去共享最深層次，並將關係置於個人慾望之前，個人目標和抱負可以讓步給關係中的更深層需求。

　　木星在第八宮，講述了一個關於跨文化家族遺產的故事。在這個位置的基礎之下，我經常聽到一個關於失去遺產的家庭故事，但是換句話說，當個體追隨自己的慾望時，就會有豐厚的遺產。以神祕的方式繼承遺產，在大多數情況下，它不僅僅是資源，也是思維方式、哲學和樂觀主義。慷慨的行爲受到考驗，個人必須經常超越家庭價值觀的限制才能找到自己的價值觀。伴侶的資源，無論是財務、情感還是心理，都是非常有益的。經常在與外國人一起或原生

國家、文化之外的地方找到親密關係。

土星在第八宮，可能說明家庭遺產是一個議題，也許是不公平的分配、管理不善或者伴隨著父母的掌控。在情感層面上，這可能暗示難以表現親近或情感，也許這也是父母婚姻中的第一次體驗；家庭表達親密情感及財產價值的方式，其結果隨著時間的累積漸漸地突顯出來。對親密、性、共享資源或緊密情感的恐懼會隨著時間的經過而緩解。親密屬於成年時期──當親近關係中的努力和承諾日趨成熟時，現在，透過親密關係，焦點是控制和權威的需求。

凱龍星的遺產可能已經以多種方式造成影響，然而，潛藏的症狀可能是來自於家族的變遷和劇變，也許家庭中的移民、離婚、分居和喪親之痛，可能是導致情感和財務的損失。凱龍星在第八宮，進入親密關係之後有人傾聽及療癒被疏離或剝奪權利的感受經驗，這也可能是透過伴侶的創傷而帶來的體驗。無論是伴侶哪一方露出痛苦及磨難的事，親密關係皆可能帶來療癒；其人際關係可能屬於邊緣、非傳統及脫離正道的，但它為他人帶來了希望和慰藉。

天王星所代表的解放、獨立和分離的占星學原型，在此親密關係領域是不舒適的。有可能是早期父母婚姻中的分離或緊張的經驗，或是避免親密關係的模式。當天王星被整合至伴侶關係中時，能為關係帶來一種不尋常和令人興奮的氛圍、一段充滿激情和特別的經驗。但是，當分手時，第八宮的天王星可能會變得冷酷和毫不相干的樣子，天王星以快刀斬亂麻及快速掙脫的能力逃避緊密的情感及性；因此，親密關係可能是不可預測的，它們需要結合足

夠的空間、自由和距離，才可以彰顯每位伴侶的獨特精神。

海王星嚮往神聖，當它落在第八宮可以透過尋找理想的另一半將此願望變成關係；但由於種種原因，理想的另一半可能不可得或難以得到，讓另一半活在想像中是為了防止對日常關係的失望。家庭背景可能是神祕和複雜的，或者有一種失去、缺席的感覺，而這種失去某種東西的怪異感被帶進成人關係中。海王星渴望融合及開放心靈的衝動，可以在第八宮透過感情接觸、性行為、靈性關係和創造性的伴侶關係而得到滿足，但是當關係無法持久不衰時，接下來就是失望了。如果沒有足夠的情感、性和心理界線，海王星的缺乏界線可能會讓人感覺被背叛、欺騙或者利用；親密關係是建立在相互承諾的精神、創造和有界線的關係上。

冥王星在第八宮，可能暗示過去的家庭祕密、一種神祕或一項遺產影響個人的親密能力。背叛、債務或失去可能是父母婚姻的基石，但是這個符號的表現，可能是禁忌和藏在家裡衣櫃中的骨骸隨著親密關係而被重新喚醒，就如同波賽鳳和賽姬一樣，因為一段愛情關係就此展開冥府之旅。這是一段尋找真相和真實性的地下世界之旅，激情和痛苦、全有或全無、愛和失去是鍛造一段充滿激情和濃烈關係的一部分。信任、愛和親密關係不是理所當然的，而是透過勇於面對真實的自我，並在伴侶的存在中被揭開。

✳ 第八宮的行運

當行運進入第八宮，經常會再次揭開傷疤，痛苦和不確定性經常使客戶去尋求占星師就其感情的複雜和混亂給予意見。當客戶將他們的故事託付給占星師時，占星師便能夠傾聽他們的痛苦，並且

在情緒上關懷、沒有評價的接受他們，一段親密關係就此形成，並且進入第八宮的領域。

移動較緩慢的行星（土星／冥王星）行運到第八宮，可能將原型脆弱的底部帶到表面。當個人行星與這些外行星產生行運接觸時，可能會讓人意識到信任和背叛、占有慾和嫉妒、失去、死亡和喪親、性功能障礙、祕密、羞恥和三角關係的議題。行運是一個機會，去認知和改變一些更黑暗的嬰兒感受，憤怒的嬰兒可能會被釋放，藉以找到他／她個性化的道路。如果我們看到行運的發生是在潛力被發現之時，那麼行運至第八宮就會彰顯我們親密結合的潛能；然而，這種轉變往往伴隨著悲傷和失去的痛苦感受。

我相信第八宮的潛能必須等到我們已經達到某種成熟度的成年時期，才能夠完全被欣賞。在我們年輕時，第八宮可能代表著我們對於生命奧祕的迷戀，行運可能會引導我們去探索神祕學並且檢視隱藏在事物表面之下的東西。在青春期，第八宮等同於性慾的覺醒、變得強大和具有影響力，此時第八宮的行運可能會加劇這些感受。在晚年，第八宮的行運轉化了孤獨及失去的嬰兒期傷痛。在第八宮，我們遇到了愛洛斯強大的形象，祂們在我們每個人身上移動；當愛情發生時，祂就是被喚醒的神，但祂也會把我們帶入痛苦的對立之地，以便將我們失去的另一半內化為自我。

第七宮的個人行星——太陽、火星和金星的二次推運進入第八宮，也是自我發展的有力指標。進入第八宮的二次推運，由於移動緩慢會持續很長時間，這些發展中的行星集中在親密接觸的領域，並且其內在發生了心靈的轉化。當二次推運的月亮通過第八宮，情感發展集中在失去和釋放的領域，因此我們可以更有時間投

入在成人關係中。在這兩到兩年半的時間裡，人們與被壓抑或未被承認的事物激烈碰撞，強迫釋放那些再也無法成爲我們生活中的一部分的事物，二次推運的月亮通過第八宮是一種下降，進入自我的深層情感中。

在成人生活中，第八宮的二次推運將自我意識的議題從童年延續到現在的關係，這可能與親密關係的成熟和深化過程同時發生。行運也可能與緊密關係的發展關係同步，這有助於將我們的人生轉化爲更具生命的體驗。在開放及處理嬰兒期分離、如死般痛苦的傷痛時，喚醒了生命力和性慾，而新的成長機會隱藏在表面之下。

第十章
財富與友誼
第十一宮

　　傳統上，第十一宮被稱之為「好的守護神」的居所，一個積極正面的神靈居住在此領域中，它被認為是一個吉宮，充滿善意的精神。在幸運之輪上，這個地方正在上升，它的氛圍鼓勵生活中的信任感和慰藉；啓發此宮位的良善精神令人倍感幸運，因為木星喜歡落在這個位置，對於祈求者的目標、希望和願望，祂給予祝福[54]。我想像第十一宮裡的朋友，是這種善良精神的代言人。

友誼精神

　　第十一宮是我們希望並期盼擁有更美好未來的地方，不僅是為了我們所愛的人和我們自己，也為了世界這個大家庭。第十一宮的理想所關注的是社會力量和家庭範圍以外的關係，因同質性的關係而產生；不是血源的結合，而是精神上的相似性。在這裡，我們找到了我們的支持者，我們的盟友和幫助我們的人。友誼是這個宮位的基調之一，朋友們觀察我們的本性，他們看透我們，如此一來他們幫助我們去看到眞正的自己。友誼延伸了我們的界線，鼓勵成長

54　在傳統上，行星在某些宮位中據說是喜樂的，行星的喜樂描述了七顆行星喜歡座落的宮位。它們是：第一宮水星、第三宮月亮、第五宮金星、第六宮火星、第九宮太陽、第十一宮木星、第十二宮土星。

和自我發現；也許第十一宮的「好的守護神」是當朋友看到我們可以成為最好的自己時，賦予我們希望。

> 友誼交流的禮物是希望，朋友見證我們在生活中的特徵，幫助我們相信自己身上具有人們可以擁有的最好的東西，一個充滿希望的社會是一個可以相信自己的社會……55

雖然我們在建立友誼方面有更多的選擇，但這些關係仍然可以挖出過去與手足、童年的親密朋友、甚至是成年伴侶關係中的殘餘。這個宮位是我們在世界上遇到志同道合的人、也是我們有機會藉由朋友的感情來療癒早期傷口的地方；我們在手足和其他關係中已經建立的角色和立場，本能地被納入於更大社群的關係中。我們之於社會和社會之於我們的影響，與早期的關係經驗相互關聯，在第十一宮，我們成為更大社會的公民，在那裡我們遇見了心靈摯友。

在第五／十一宮的兩極中，我們遇見了友愛（Philia），友誼的深刻之愛，在這裡我們可以在沒有評價或羞恥之下揭開靈魂的深處。第五宮是創造好運的宮位，透過過渡的關係、遊戲和創造力，一個潛在的空間被打開，與他人分享我們的創意，透過朋友反映和見證，因此它可以同時是孤獨也是交流的地方。

卡爾・榮格在他的傳記《回憶・夢・省思》（*Memories，Dreams，Reflections*）序文中說道，他的生活故事集中在他的內在世界，並指出唯一值得講述的事件和旅行是他的內在生活。當他回憶起與他人的關係時，他說道：

55　Graham Little, *Friendship Being Ourselves with Others*, The Text Publishing Company, Melbourne: 1993, 251.

同樣地，只有當別人的名字從一開始就捲進我命運的滾軸中時，他們才會不可缺少的根植於我的記憶中，因此與他們的相遇同時也是一種回憶 56。

當我們遇到一個靈魂伴侶時，我們會記得，因為他們的特徵已經是我們的一部分；第十一宮的關係感覺很熟悉，因為他們是親人、靈魂伴侶的結合。激起我們的共同精神是與朋友和同事的連結，在這個宮位裡，我們發現了一個更大家庭的歸屬感，成為一個更大集體中的個體。

在古希臘，城邦不僅是城市，也代表都市國家的精神，因此，民主得以蓬勃發展，公民權受到尊重，並且嘗試了早期分享權力和影響力的實驗。第十一宮是一個政治領域，它以平等的集體精神將個人與每個人聯繫起來，在那裡你與他人建立民主、同伴和合作關係。影響第十一宮關係的成功與否是早期的關係經驗，你對人際關係的信任以及你對他人的期望，在這裡，你會遇到在世上與你志趣相投的人，那些分享你的激情、見證你的成功並分擔你的重擔的人：同事、敵手、競爭者、同伴、熟人和珍貴的朋友。

好朋友的財富是他們鼓勵我們做到最好，他們見證我們的人性；朋友住在我們的心中，其中馬爾西利奧・費奇諾（Marsilio Ficino）的美好生活的配方成分是「友誼的調味」57。

56　卡爾・榮格：《回憶・夢・省思》（*Memories，Dreams，Reflections*）translated by Richard and Clara Winston, Pantheon Books, New York, NY: 1973, 5.

57　馬爾西利奧・費奇諾（Marsilio Ficino）：*The Letters of Marsilio Ficino*, Vol. 2, Fellowship of the School of Economics, London: 1978, 52.

第十一宮的宮首星座

如同所有的宮首，星座是宮位的入口，它有助於打開前門；這個星座的守護星也很重要，因爲它是門檻的守衛。以下是一些簡單敘述，可以幫助你思考你第十一宮的特質，透過你的朋友和結交的人得到見證，這些是我們希望透過友誼能夠找到的美德和理想。

✳ 第十一宮牡羊座

朋友們勇於嘗試新事物和走新的路，刺激你盡一切努力去獲得你想要的東西，因此，你希望與他們分享你的探索和冒險事業。當你還是一個孩子時，你的夥伴可能會冒險；當你成年後，你的朋友是積極、有創業精神的。朋友帶出你的信心，讓你勇敢，即使你自己看不見，你的朋友也能夠看到你的榮譽精神，並且頒發給你勇敢的勳章。

雖然朋友鼓勵你的鬥志，但他們也可能會點燃你的競爭力，只要你對此誠實並且能夠找到健康的競爭方式，這就很棒。朋友們會激勵你找到平等相見的地方，陶醉於享受競技遊戲或挑戰的冒險；因此，無論他們在高爾夫球場、網球場、舞池還是拼字遊戲桌上都具有競爭力，重要的是要認知這就是你參與和見面的方式。雖然獲勝可能是目標，但參與和同伴之誼是結果，透過這種接觸所創造的能量，可能會激勵你和你的朋友組成一個團隊，創建一個企業或一起展開冒險。

✳ 第十一宮金牛座

透過你的友誼，你發展了一種價值感，開始欣賞你的可靠性和穩定性，這有助於你成爲一個有價值和值得信賴的朋友。朋友是一種珍貴的有價之物，他們所給予及提供的安全感和資源是無價的；雖然你的朋友圈不是你的家人，但他們接近你重要關係的核心圈。朋友是你安全感的試金石，因爲它們提供了堅實的支持網絡、可靠的建議和穩定的基準點；當事情變得艱難時，你會向朋友尋求安慰，因爲它們提供了一個安全港口，確保你安全地度過暴風雨。

因爲你對於朋友如此強烈的依附，並且將自我意識和資源投入其中，當他們需要繼續前進或發展新的社交時，你可能會感到震驚，但眞正的朋友即使是在遠方也很重視和欣賞你。金牛座是關於你帶入友誼中的財產和所有權，或許這與智慧相呼應，它們警告你防範借錢給朋友的風險，或者至少提醒你將有價之寶和辛苦賺來的資源借給那些可能不像你那樣重視這些寶物的朋友、其中所產生的複雜性。是你的朋友幫助你了解什麼是寶貴以及讓你感興趣的東西。

✳ 第十一宮雙子座

朋友就像是兄弟姊妹一樣，也許你暱稱某個朋友是「我的兄弟」，或者用「她就像我的姊妹」這樣的表達；你可能會覺得與某個朋友有著緊密的連繫，是你無法從眞正的手足關係之中感受到的。許多社區計劃承認手足關係背後的依附是普遍性的，因此，利用志工幫助被剝奪權利和弱勢群體的組織經常以手足連結爲名，例

如：「兄弟會」、「姊妹會」等組織。你的朋友成爲你回到手足關係的連結，幫助你療癒並歌頌它們。

第十一宮宮首雙子座暗示著你有各式各樣的朋友和熟人，社區的參與對你來說是很自然的。你的朋友支持你自由探索所有可能性的需求，你用友好和開放的方式與許多人交往，因此，你建立了一個廣大的朋友和盟友網絡。朋友是生活舞台上的玩伴和共同表演者，他們知道如何以一種讓你感知和理解的方式進行交流，他們也分享你對於生活的互動、對話和好奇心的熱愛。

✳ 第十一宮巨蟹座

養育和保護的巨蟹座特徵被帶入友誼的領域，眞正的朋友是那些你可以依賴的人，他們幫助你感覺到自己的歸屬，並爲生活的不安全感和不確定性提供安全的庇護。你可以本能地意識到朋友的需求，並在他們需要拉一把、強有力的肩膀或避難所時就在那裡；但這可能並不是每次都有用，雖然友誼建立在相互依賴的基礎之上，但它們也需要平等和個性。你對別人有一種感覺，這通常是你需要給予尊重的直覺；然而，你可能會感受到的另一種直覺是胃裡的「蝴蝶」（騷動），因爲當你遇到新的一群人時你也會感到害羞又焦慮。

家人和朋友的角色交錯，在社交場合上，你可能會扮演照顧團隊中其他人的角色，而你的任務是屬於這個團體而不是承擔那個唯一的養育角色。你爲自己的遭遇帶來溫暖和個人的開放性，你不需要一個很大的社交圈，只需要一小群像家人般的親密好友，一個你覺得有歸屬感的圈子。朋友們支持你，讓你感到安全而不要求你照

顧他們，正是這些少數朋友觸動了你的靈魂。

✱ 第十一宮獅子座

獅子座守護心臟，這個令人玩味的象徵是朋友欣賞你的地方，你的溫暖和慷慨對別人很有吸引力。人氣在年輕時比成年之後重要，因爲你會知道友誼的眞正價值。當你回顧過去，你知道其他人的認可和讚賞是至關重要的，但現在重要的是你的朋友對於創造力的認可，以及他們想要下去玩和參與的意願；朋友鼓舞你的信心，爲你的成就喝采，並給予你高度支持。

你眞正的朋友是生活中共同創造和分享工作、見證勝利和彙報評論的人。當你需要朋友來加強你脆弱的自我感時，你可能會與他們的投射一拍即合，活出他們不曾實現的生活；因此，重要的是要認知朋友是與你一起分享戲劇、並且一起創造劇本的的同伴。在你的朋友圈中，當你透過你的互動和友誼來表達自己時，可能會有初戀的情事發生；朋友可以幫助你在生活中做出重要的轉變，因爲他們會提醒你重要的事情以及你需要付出忠誠的地方。當你進入學校、離開家、訂婚或有了你的第一個孩子時，朋友們都在場，朋友見證了你生命的創造。

✱ 第十一宮處女座

朋友們需要尊重你的隱私，並了解你爲何不時的從人群中撤出及隱退，在早年，你需要獨處的時間可能被誤認爲是冷淡，因此，社交對你來說可能並不像別人那麼容易，這可能會讓你在社交

場合中挑剔自己。然而，你對他人有強烈的服務意識，但眞正的朋友也是在你需要的時候照顧你的人，因此有必要讓朋友知道你需要他們爲你做什麼。

你的友誼是基於誠信、信任、尊重、信心和信念，在某種程度上，我們可以認爲眞正的友誼是神聖的。雖然你是一個忠誠而細心的朋友，你也需要獨處，如果沒有這樣的關係的話，即使有他們的支持和鼓勵，你也可能會感到窒息。眞正的朋友會尊重你對隱私的需求，這是一種信任和尊重的友誼，可以幫助你感受到整體。重要的是要在你的友誼當中建立持續性，讓你的朋友分享你的日常活動和經驗，他們非常善於幫助你放鬆以及傾聽世界的考驗和磨難。

✱ 第十一宮天秤座

伴侶關係和友誼：它們是一樣的嗎？這是一個需要問自己的問題，因爲你可以與你的朋友成爲伴侶，也可以和你的伴侶成爲朋友，毫無疑問，這裡存在著很大的重疊性。但妥協的問題、對時間和資源的承諾程度、以及生活方式的議題將會有所不同，因此，重要的是考慮這種差異並在兩者之間建立適當的界線。你有建立聯繫的天賦，你發現自己被社交生活吸引；你的朋友鼓勵你熱情好客的天賦以及能夠將人們聚集在一起的能力，但不利用你天生想要取悅他人的渴望。

你喜歡冒險，可能會有很多社交活動，但是在你所有的社交活動中，你如何滿足你對空間和距離的需求？雖然你喜歡人，但你也喜歡按照你自己的計劃行事，因此友誼中的一個很好的學習功課，就是平衡時間和空間，好讓自己有時間和朋友相處。友誼教會

你如何在關係中能夠獨立的去做自己的事情，卻不會感到自私或無禮；朋友們與你冒險合作，見證你的旅行、成長和生命經驗。

✱ 第十一宮天蠍座

靜水流深，而強度、深度和親密度可為你的友誼增添色彩，當你需要他們時，真正的朋友就在那裡，就像你在關鍵時刻為他們所做的那樣。你保守並值得信賴，當他們要求你說實話時，你會告訴朋友真相；友誼是神聖的領域，你尊重親密夥伴的神祕和隱私。另一方面，你可能會和朋友一起捲入三角關係或陰謀中，因此，當你信任朋友時，運用你的辨識能力是明智之舉。

少數好朋友比一群熟人更有吸引力，你有很強的能力，可以獲得持久、具支持性、私交深厚的友誼。與朋友分享個人危機、悲劇以及成功和成就，使你更加接近他們，因此，你的友誼最終是一件非常私人的事情。有時很難在親密關係和友誼之間劃清界線，朋友和情人不一定相同，想必你已經了解到朋友和戀人之間的情感界線是重要的。

✱ 第十一宮射手座

年輕時，讓你感到陌生的人可能會吸引你，所有具有異國情調的人似乎都很有趣，你的早期朋友支持你的漫遊癖和對生活的好奇心；而現在，這意味著你的朋友可能來自世界各地或不同的文化和背景。重要的是，你的朋友是一群兼容並蓄的人們，能夠分享你的哲理、理想和價值觀，他們需要的是富有遠見、寬宏大量、心胸開

闊的人；偏見和缺乏道德觀讓你感到絕望，但也讓你反而提升與人類議題有關的社會意識。你需要朋友與你一起分享更大的生活樣貌，幫助你回答更博大的問題並一起走過人生的旅程。

社群對你很重要，尤其是倡導人類價值觀和道德的社會團體；然而，你也受到捍衛道德、代表哲學思想、展示精神理想並追求理性知識的團體所吸引。你受到歡迎進入團體，因為你對自己的信仰直言不諱，並以你所信仰的精神行事。無論你的友誼是發生在宗教團體、大學，或透過一起旅行還是在同一個團隊，你的精神和樂觀是別人的福音，你的朋友欣賞你生活的精神和信念。

✳ 第十一宮摩羯座

在這個令人困惑和混亂的世界中，你很高興知道你可以依靠某個人，一個朋友、一位同事或一個不會讓你失望的隊友，真正的朋友對你負責並忠誠於你，所以你可能會覺得不需要很多朋友，重要的是可靠和可信賴的同伴。從很小的時候開始，你的朋友可能是年長或更成熟的人，因為你被他們的世俗經歷所吸引；在成人生活中，這些朋友分享你的價值觀、目標和抱負。

雖然你可能會覺得需要對他人負責，但這種義務感會阻礙友誼，因為你成了別人的老媽子而不是一個對等的人。這通常需要一個有意識的行動，讓你理解到當他們應該自己來的時候，而你只是在為他們扛責任。當你在友誼和責任之間取得平衡時，你會體驗到友誼的忠誠和不可抹滅的連結。有時候你可能會對自己在關係中的高度期望而自我防衛，和朋友一起學習真實、不完美，除非你成為真正的自我，否則不會有完美的友誼。

✽ 第十一宮水瓶座

由於水瓶座以自由和創新的理想而聞名，你可能會被那些不屬於人群的人所吸引；友誼是一種冒險，並且是值得爲之的冒險。自在的做自己是友誼的必要條件，有足夠的空間可以在不受評價及打破規則的情況下進行實驗，當這些條件都被滿足時，你就是眞正及忠誠的朋友。當你感到某人期待你的順從時，你的反應可能是離開及變得疏遠，你需要自由自在的成爲自己，即使這意味著暫時消失。諷刺的是，當你覺得朋友越是不在乎你有沒有空或是疏遠時，你就越不會如此。矛盾和差異性是你友誼的特徵。

你的命運可能具有政治的傾向，會參與那些注重人道主義或未來導向的團體或組織。你的口頭禪是努力建立一個更開明的世界，而你的同事和同志與你有此共同的世界觀。友誼需要具有這種開放和廣闊的視野，否則你會感到窒息，然後以離開的方式逃避。你還需要在你的友誼中尋找知識的交流，因爲你需要探索和討論你的想法和見解。

✽ 第十一宮雙魚座

理想、創造力和靈性在你的友誼中很重要，你可能對朋友抱有很高的期望，而這些經常會令人感到失望。然而另一方面，當你沒有期望時，有時會爲朋友的小小善意感到激動。友誼是充滿各種感受的一個生活領域，無論這種感覺是親密還是傷害、同情還是嫉妒，它們都說明了你爲友誼帶來的深切情感。

你的同理心、敏感和溫柔需要得到親密朋友圈的認可和回

報，由於你對於創造力和靈性的堅持，以及賦予它們足夠的空間，使你更廣泛的為人所知。你有強烈的直覺，與朋友相處得很好，經常可以在他們心碎之前就已經事先察覺，並給他們一些令人感到療癒的想法和安慰的話。你的敏感使你成為助手、治療師和生活導師，你的洞察力使你成為珍貴的朋友，因此在你的社交圈中，會找到以深度關懷、同理心和同情心為基礎、深刻而持久的關係。

行星在第十一宮

　　第十一宮的行星是在與他人的社交活動中遇到的，它們追求平等並參與公共的理想和目標，因此，它們也代表了我們對社會的希望、願望和抱負，以及個人在社群中扮演的角色。第十一宮的行星象徵著我們在社會參與與接觸的過程中明顯的模式和需求，而這些原型也體現在我們的朋友身上，透過投射的認同，我們藉由親密的友誼去了解靈魂的這些面向。以下是行星在第十一宮的簡單總結，用來開始思考友誼帶來的價值和財富。

✱ 太陽在第十一宮

　　隨著太陽在第十一宮，朋友和同事都是你身分認同的一部分，成為及擁有一位好朋友、認知到你所擁有的影響以及你在朋友的生活中所扮演的重要角色，這些都很重要。你希望被同儕接受，被你的同事認可，或在你的社交圈中受到喜愛，因為就在這個領域中，你塑造自己的身分並找到你的目的，藉由朋友們的認可而

重獲新生，重要的是如何分享及培養創造力。從自我中心的角度來看，團體可能會變成自戀的鏡子，而不是共享創造力、也不是眞實地賦予我們成就所帶來的價值感的地方。隨著太陽在這個宮位，個人追求相互支持和欣賞的友誼，藉以增強自我意識；這個位置本質上說明「創立」團體的能力或成爲領導者，至少是需要完成之事的發言人。

透過團隊參與、組織和社群成就來發展個人認同，隨著太陽在第十一宮，個人學習團隊合作；不是在群體中迷失，而是在社會組織的創造過程中一個重要、不可或缺、必要的連結。在爲團隊的成功做出貢獻時找到滿足感，並且個人越是認同團體的目標和目的，自我意識就越強。

✱ 月亮在第十一宮

隨著月亮落在這個政治領域，婦女議題、女性的角色以及所有月亮議題都與社會關係相互產生關聯，例如，家人和朋友混在一起，你的朋友是你的家人或家人是你的朋友。這可能暗示長期友誼，例如從童年開始就一直與朋友保持聯繫；從很小的時候，支持和保護家庭圈以外的親密關係是非常重要的。再往後的歲月，需要被更廣泛的圈子所接受，並在自己的家庭之外發展依附關係，這些都很重要。需要參與社群並成爲更大體系的一部分，這培養了靈魂所需要的歸屬感。

在群體和與朋友的相處中突顯月亮的敏感性，這有助於你接受群體氛圍中的暗流和緊張，或者過度認同朋友的感受和情緒狀態。這種滋養他人需求和照顧到他人情緒危機的本能，可能會讓你

變得脆弱和筋疲力盡。毫無疑問，第十一宮的月亮是由團體參與所培養並且由朋友支持的，但是要小心以免成為團體的大媽或是朋友的顧問／媽媽。可以在與你有共同興趣的廣泛接觸中找到一個家的感覺，或者你同樣也可以為一群志趣相投的人提供家庭和住所。

＊ 水星在第十一宮

水星對溝通和互動的渴望在代表志同道合的同好和同事的第十一宮中找到了自然的出口，透過成為團體發言人、教師或推動他人的人，可以實現水星的本質。在這個共同且往往具有前瞻性的地方，水星能夠就人道主義議題發表意見，並為人類所關注的問題發聲，進而影響體系的政策和目標

你作為朋友，透過各式各樣的友誼追求知識分子的平等與融洽，信使之神水星激勵你成為朋友鏈中的聯繫，促成團體聚會或成為其他人之間的中間人。你透過溝通和聯繫維持關係，透過友誼找到你的兄弟姊妹，這有助於修正早期與手足和同學的關係。在團體中，你可以找到自己的聲音，藉由朋友和同事發展你的想法、意見和聰明才智；你作為朋友，會欣賞充滿活力的思想交流以及沉默的聲音。

＊ 金星在第十一宮

友誼和個人情感可能交織在一起，而愛情可能來自於友誼，區分友誼和愛情的分別可能很重要，當團隊中的兩個人浪漫地交往時，必須意識到個人動態是如何轉變的。金星往往容易受到三角關

係的影響,但是你所經歷的第十一宮是屬於一個團體,而不是二元一體,如果一對伴侶的某部分是在更廣大的群體中發展,則可能會產生衝突、分裂和嫉妒;因此,重要的是不要混淆伴侶動態與群體動態的經驗,或者將友誼誤認爲愛情,或是弄不清情人與朋友的身分。

友誼、同事關係和社會接觸的舞台,在自尊發展中扮演著關鍵的角色,社群中相互支持的關係可以幫助你找到使你被重視和欣賞的資源。友誼和活躍的社交圈是可以帶來滿足和愉悅的成就之處,社交圈是一種很好的資源,它提供一個表現你的才能和創造力的管道。你熱情好客,樂於創造一個人際交往的空間。落在社群領域中的金星說明,你有可能與富有創造力的人建立有趣的交情,並在別人的社團中受到喜愛與欣賞。

✳ 火星在第十一宮

第十一宮戰士原型說明,在社交場合中可能會點燃競爭和衝突,因此,所有惡化的手足競爭、對目前或前伴侶未解決的憤怒都可能會蔓延到友誼之中。當火星落在這裡,果斷的衝動最好是專注在領導團隊、而不是對抗這個群體。無論是透過運動、工作、愛好、政治議題還是其他理由的團體參與,都會產生獨立和自由的挑戰。火星在第十一宮有時暗示著變成團體敵對的目標,或者被挑出來當成是衝突的原因。

雖然可能會與朋友發生衝突和爭吵,但也有尊重和熱情,衝突和意見分歧是每段友誼的一部分,而火星的挑戰在於管控這些,這樣就不會產生緊張和痛苦。第十一宮的火星願意爲朋友和團體而

戰，以捍衛他們的權利和自由，在所有社會化進程中，這將刺激獨立和自主的需求。因此，個人需要意識到不要過於認同團體而使人失去身分，或者他們很獨立，永遠不會成為團體的一部分。這裡的挑戰是成為團體的一員但不會感覺失去身分認同，諷刺的是，火星在第十一宮，也就是與我們的朋友一起並透過團體參與，我們將面對建立身分的挑戰，而其他人有助於反映我們的獨立性和特殊性的積極表現。

✳ 木星在第十一宮

根據傳統占星學，木星喜歡在第十一宮，友誼擴大你對自己的理解和信仰，一群各式各樣的朋友可以豐富你的生活經歷，並鼓勵你在理解和信仰之中成長。透過社群參與，你可以探索有助於你學習成為世界公民的知識體系，並在團體參與中找到你的精神之路。你與他人分享你的願景和理想，並在社群中尋找老師和導師，但你也同時扮演指導和導師的角色，你可以與團體、同事和朋友一起獲得許多教育和鼓舞人心的體驗。

友誼指出個人生活中的里程碑，無論是曲棍球隊、辯論隊還是地方議會，第十一宮的木星都是團隊的隊員，它需要團體和其他人保持活躍的想像力和靈感。透過木星在這個位置，你的財富就是你信任別人的能力，相信人類精神的勝利，相信人類的正直和道德，這也說明你在世界上的積極態度和樂觀精神吸引了慷慨的朋友。

✳ 土星在第十一宮

　　土星作為等級、權威和控制的行星原型，它在重視平等和民主的地方感到不舒服，因此，土星可能會對友誼產生需要防衛和提防的感覺，或者被迫領導或控制這個團體。與他人的密切交往喚醒了脆弱感、拒絕的恐懼和失敗的擔憂；另一方面，這一個位置也說明了自然的領導能力以及對團隊的承諾。並非所有團體或協會都符合你的需求，因此，你和團體之間的界線就很重要，只要這些界線不是一種自我防備。我經常遇到土星落在這個位置的人，描述著他們的隔閡、孤獨或缺少朋友的感受，也許這就是自己一個人的存在感；或者它可能是一段童年經歷，重新出現在團體當中——獨生子女或年齡大一點的孩子、早年沒有玩伴、孤立的家庭氛圍、兄弟姊妹年紀比較大或承擔重大責任的孩子，所有這些都可能造就團體的孤獨感。隨著土星進入第十一宮，這種孤獨感在成年時受到了挑戰。

　　友誼是長期的承諾和鍛造，你有能力成為忠誠、支持的盟友和同伴。第十一宮是相互關係的領域，你不需要成為關係中盡職或負責任的那個人；每個人都必須做「對的事情」會讓友誼成為一種負擔，並讓團體感到受限和要求很多。土星在第十一宮，你需要知道領導力和指導的技能，以及你帶給團體的穩定和成熟。當你這樣做時，你會從同儕中獲得支持和尊重，他們會感謝你在社團中的智慧和指導。

✳ 凱龍星在第十一宮

　　凱龍星是屬於邊緣的，這是一個局外人的原型，他與對古法感

興趣的團體一起在傳統之外找到自己的族群。隨著凱龍星在第十一宮，個人可能會感到被排除在團體之外；爲了確保這些傷口不會變成長期或一輩子的痛，必須要了解你的公眾生活不是既定體系的一部分。你的同事也很邊緣，一起分享被忽視感的相似傷口；你的靈性團體存在於主流之外，你的角色是成爲導師及療癒師，療癒你的朋友被剝奪權利和被排斥的感覺。隨著凱龍星在十一宮，你可以繼續留在邊緣處，看清楚團體核心正在發生的事情，因此，你可以代言激進思想及創新的社會改革。第十一宮的凱龍星之下是關於療癒族群的更大議程。

隨著凱龍星在第十一宮，你被導師和指引者的朋友吸引，作爲回報，你提供了彼此陪伴關係中的療癒。某個朋友或某一段團體中的經驗可能會重新揭開被排斥或被忽視的傷疤而傷害到你；但是，當你轉向一個體貼的朋友或回到一個富有同理心的團體，在與志同道合的人在一起時可以得到療癒。

✳ 天王星在第十一宮

天王星在第十一宮突顯了爲團體帶來理想主義、創新和啓發的能力。天王星本質上可能是反叛的，但在第十一宮，藉由容忍和接受其他觀點的多樣性，團結在一起。如果一個群體過於停滯或陷於一成不變，那麼你就會成爲破壞現狀的革命者。因此，天王星落在這個位置說明一個人可能會感覺脫離群體，而這隻黑羊帶進另一種觀點來催化群體的改變，或者從自滿情緒中震撼並喚醒領導者，推動群體進入一個嶄新及解放的方向。

你可以從各種不同的生活方式中維持不同的友誼，像閃電一

樣，天王星會不幹了，然後消失。友誼也可能是無法預測、疏遠或獨立的，你需要一種分離和空間感，否則你可能會突然地切斷友誼。天王星在第十一宮，藉由在社群中與獨特朋友的往來而自由的做自己。

✱ 海王星在第十一宮

海王星在第十一宮的衝動是與朋友的融合，透過團體參與尋找靈性和創造力；然而，自己與他人之間消融界線的傾向也會使你感到脆弱，特別是如果已經做出了個人的犧牲。群體能量可能令人著迷，團體參與的魅力可能會讓你陷入另一個世界，或者讓你掉進一種缺乏支持的體系中。

海王星的理想主義和犧牲傾向，與代表平等和緊密關係的第十一宮環境不一致，雖然靈魂伴侶和精神伴侶是經由持久的友誼找到的，但是當涉及到朋友時，也可能存在盲點。因為不願意看到他們的失敗或弱點，當承諾被打破或期望未被實現時，會留下一點遺憾。當你將自己的創造力和對一體性的渴望帶入你的友誼中時，如果沒有相互的投入，你可能會因為付出卻沒有得到任何回報而感覺筋疲力盡。你是一個忠誠而有力的朋友，願意自由而公開地付出自己，但需要區分希望和友誼的現實。

✱ 冥王星在第十一宮

冥王星在第十一宮暗示團體參與可能會激起深層的情結，顯現被渴望和被愛的熱切需求，進而尋求療癒。參與團體可能就像團體

治療，處理更深沉的感受和早期被接受與否的議題。隨著冥王星落在社會的領域，有一種傾向被視爲集體的陰影或野外的黑馬，如果團體中有暗流，那麼你自然會感受到它們。你對於任何一個團體可能都會產生強大的影響，並成爲轉型改變的推動者。

　　情慾特質或對親密關係的渴望可能是友誼的基礎，因此，清楚知道個人與朋友之間的本質是很重要的，使彼此的衝突不會演變成情人之間的爭吵。冥王星在第十一宮暗示在關鍵時刻成爲一個強大的朋友，不僅僅成爲一個，而是擁有一個。友誼是充滿激情和強烈深刻的，因此你擁有的是一些親密的朋友，而不是很多熟人。深層的依附是非常重要的，在忠誠的友誼中，信任是重中之重，經過生命的失去和轉變，友誼是持久、值得信賴的和給予支持的。

第十一章
友誼的光譜

　　我在書桌上放了一張跟好友亞歷的合照，我已經忘了那張照片已經放在那裡多久了。亞歷比我年長九歲，他的木星／南交點牡羊座合相我第十一宮的北交點；而他的南交點天秤座則合相我的海王星、北交點及水星；他的月亮落在我的天頂，我的月亮則落在他的上升點。從相遇一刻開始，我們就一直是好朋友，他見證了我的重大經歷──那些塑造我觀察這世界的方式，雖然他已經離世超過十年，但我們的友誼仍在，我仍然緬懷他的仁慈、我們一起經歷的冒險、以及彼此的扶持，我們的友誼如同永恆。

　　友誼的光譜相當遼闊，因此它並不局限在第十一宮，其實也可以是第三宮、第七宮或第八宮，以其親密的本質而定。每一段友誼都是意義非凡的祝福，就像我們會在之後提到的阿內絲・尼恩（Anaïs Nin）所言：

　　「每一個朋友都代表了我們的一個世界，這個世界可能不曾存在，直到他們的到來，也只有透過這種相遇，一個全新的世界才會誕生。」[58]

58　阿內絲・尼恩（Anaïs Nin）：The Quotable Anaïs Nin, collected and complied by Paul Herron, Sky Blue Press, San Antonio, TX: 2015, 10

♣ 朋友的一點幫忙

艾拉・費茲潔拉（Ella Fitzgerald）是史上最受歡迎的爵士樂女歌手之一，以其美妙、悅耳及寬廣音域的嗓音聞名，她與很多著名歌手一樣，太陽落在金牛座並緊密合相金星，這個形象反映了她那絕妙的歌唱天賦。雖然艾拉擁有過人的才能，但她同時因為膚色而遭受歧視；雖然她的歌聲歷久不衰，但她卻活在一個飽受白眼、法律禁止黑人擁有與白人一樣平等的時代。

但友誼從不評價，它歌頌平等、珍視對方，並互相分享自己的資源；朋友會支持你面對逆境、排除萬難，朋友會打破不真實的社

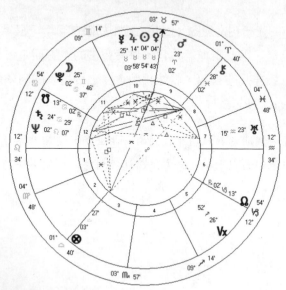

艾拉・費茲潔拉，生於 1917 年 4 月 25 日，出生時間不詳（設定為正午十二時），出生於美國維吉尼亞州・紐波特紐斯。

會界線，並且無論你的種族、信念、膚色、年齡、宗教、性傾向或政治取向如何，他仍然會欣賞你，而這正是瑪麗蓮夢露與艾拉成為朋友的方式。

　　艾拉形容瑪麗蓮夢露是一個「不一樣的女人——有一點超越了她的時代，但她自己並不知道。」[59]，艾拉的天王星觸動了瑪麗蓮夢露第七宮的月亮／木星水瓶座合相。瑪麗蓮夢露的金星落在天頂，她一直在鎂光燈之下，受到眾人的渴望，並被《時代雜誌》封為「愛情女神」；然而，瑪麗蓮夢露同時有金星／凱龍星的合相，她深知不被渴望、被邊緣化所帶來的傷痛，這是她立刻可以在艾拉身上所察覺到的傷口。也許正是因為她自己也有這種傷，所以她才跟艾拉成為好友。艾拉這樣說道：

　　「我真的欠瑪麗蓮夢露很多，因為她，我才能夠在五十年代相當受歡迎的夜總會莫坎博（Mocambo）中演出，她親自打電話給莫坎博的老闆，並跟老闆說她希望能夠馬上安排我的演出，而如果老闆願意幫忙的話，那麼她會每晚都預約舞台最前面的桌子，她跟老闆說媒體會為之瘋狂——事實也的確如她所言，這當然是因為她的巨星地位。老闆答應了，而瑪麗蓮夢露每一晚都在場，就坐在最前方的座位，記者們蜂擁而至，從此之後，我再也不必在小型爵士樂俱樂部演出了。」[60]

　　艾拉的出生時間不詳，因此我們使用正午作為出生時間；巧合的是，這條上升／下降軸線的位置與瑪麗蓮夢露的一樣。雖然這純屬偶然，但是上升／下降軸線的確經常描述了友誼的特質，因為它

59　來自艾拉‧費茲潔拉官方網站 http://www.ellafitzgerald.com/about/index.html
60　來自艾拉‧費茲潔拉官方網站 http://www.ellafitzgerald.com/about/index.html

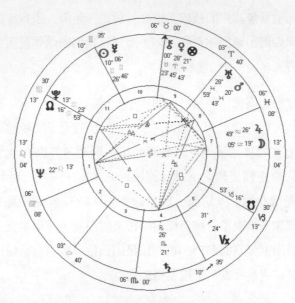

瑪麗蓮夢露，生於 1926 年 6 月 1 日上午 9 時 30 分，美國加州洛杉磯。

所象徵的地平線反映的是自我與他人；在人際關係占星學中，這條
軸線描述了兩個個體以及他們各自建立關係的方式。

　　二人的年紀相差九歲，但值得注意的是，艾拉在巨蟹座 13 度
2 分的南交點合相瑪麗蓮夢露在巨蟹座 16 度 53 分的北交點，這讓
二人的人生道路相會，並反映出北交點的拉力如何有助於扭轉南交
點的潮汐。艾拉的月亮大概在雙子座 19 度 46 分至巨蟹座 1 度 45
分之間的任何位置，對分相瑪麗蓮夢露的宿命點（Vertex），這是
一個具有連結作用的意象，讓參與其中的兩個人相遇並且互留印
象。瑪麗蓮夢露的天頂同時也合相艾拉的太陽及金星，為她的才華
提供揮灑之地。

　　瑪麗蓮夢露的第十一宮宮首落在雙子座，由第十宮的水星守

護,她用自己的人脈及媒體去協助艾拉。太陽與冥王星是她第十一宮的守門人,太陽守在前門,冥王星則在後門,瑪麗蓮夢露相當強烈地認同艾拉,並利用自己的力量為她創造機會。這不只是朋友之間的互動,更是一個快照,紀錄了一段友誼所帶來的幸福,而這種互動及幸福能夠逆轉我們人生的潮汐。

✣ 友誼之舞

在講求科學的世界中,異性之間的友誼似乎存在著風險,尤其是異性戀者之間,他們有可能會發展出愛情或性關係 [61];但科學並非人類行為的最終權威,尤其當涉及愛情及伴侶關係的時候。在每一天的玩樂、學習、工作及社交聚會中,男性與女性必須找到一種方式,彼此在愛情或性關係以外的關係中互相配合:一段工作或專業上的關係、互相分享創作精神、集體資源、相互的熱情或一個共同的任務,都可以讓男女雙方有機會成為朋友,並擴展彼此對異性的理解。異性之間的友誼會遇到不同性別的價值觀、性態度及思考方式,但他們同時也幫助自己的夥伴去熟悉與自己不同的性別面向。

異性關係會更容易面對八卦及被放大、對於性別平等的議題更為敏感,並對於彼此的性吸引力存在著偏見而讓關係變得複雜。某些情侶剛開始時是朋友,一些曾經是情侶則會繼續做朋友,也許每一個例子都是獨一無二的;因此星盤成為了一個指引,讓我們去理

61　詳見 Adrian Ward 於 2012 年 10 月 23 日於 Scientific American 網站所發表文章,標題為 Men and Women Can't be "Just Friends". http://www.scientificamerican.com/article/men-and-women-cant-be-just-friends/

解每一段關係當中獨一無二的地方。

　　柏拉圖在《饗宴》（*Symposium*）中對愛慾（Eros）的論述啓發了「柏拉圖式關係」這詞彙的出現。在這種關係中，愛並不涉及性慾，而是直接導向神性，柏拉圖式關係中的伴侶們往往會把情慾導向共同的創作力之中：也就是第十一宮；第十一宮是第五宮的第七宮，第五宮的創造衝動會在第十一宮相互結合。友誼是創作力及表達的互相分享，當一個創作團隊中包含男性與女性，這在創意上可能是浪漫而熱情的。史上最出名的雙人舞團之一：佛雷·亞斯坦（Fred Astaire）及琴吉·羅傑斯（Ginger Rogers）相當善於彼此分享創作力，1933 年，佛雷及琴吉共同參與一部電影的演出，這展開了二人之間的夥伴關係，他們一起合作了十部電影，其中大部分是在經濟大蕭條的年代拍攝，二人在銀幕上的化學作用及搭檔，提

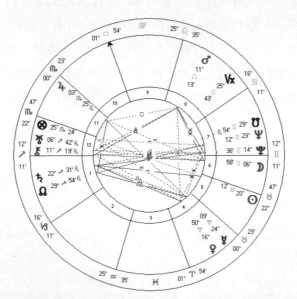

佛雷·亞斯坦，生於 1899 年 5 月 10 日下午 9 時 16 分，美國内布拉斯加州·奧馬哈。

升了當時的社會士氣。

　　佛雷的木星落在天蠍座第十一宮，比他年輕十二歲的琴吉木星
也在天蠍座，守護她的第七宮，並合相南交點及宿命點，這些皆合
相佛雷第十一宮的木星，強調了二人之間宿命般的連結。但最明顯
的一點是二人的上升點正好相反，佛雷的上升點在射手座12度11
分，合相琴吉射手座14度9分的下降點，而琴吉的上升點在雙子
座14度9分，合相佛雷雙子座12度11分的下降點；佛雷第十一
宮的現代守護星冥王星在雙子座14度36分，合相自己的下降點
以及琴吉的上升點；琴吉在雙子座28度3分的冥王星合相佛雷在
雙子座29度54分的南交點。1933年當兩人合作第一部電影的時
候，冥王星正在巨蟹座，並繼續緩慢地經過琴吉的太陽／海王星合
相，而那位置同時合相佛雷的宿命點。二人像鏡子倒影一般對調的

琴吉・羅傑斯，生於1911年7月16日上午2時18分，美國密蘇里州・獨立市。

上升點與下降點強調了這兩個人的結合；然而，宿命點與月交點之間的同步互動才是暗示了這種強大聯繫的潛能。

　　佛雷有月亮／天王星的對分相，琴吉則有太陽／天王星的對分相，讓彼此有足夠空間去做自己的事情；在占星學上，這同時暗示了這組合中的兩個人也許會幫助彼此變得更加自由，並在這段關係中更安心的依靠對方。雖然落在第十一宮的木星也許給予佛雷祝福，讓他找到支持他的夥伴，不過這也同時暗示了他與朋友分享其指引與智慧；關於這一點，當他獲得同行的表揚，得到奧斯卡榮譽的那一刻，頒獎給他的人正是琴吉。擁有女性朋友及舞伴的佛雷，在第十一宮的木星正是不同性別之教育及平等的最佳典範。

　　琴吉第十一宮的傳統守護是木星，在第六宮合相她的南交點，這使她將工作與友誼結合；第十一宮的火星落在代表友誼的領域帶來競爭或衝突，在她與佛雷的夥伴關係中，她曾經因為他的傑出表現而感到沮喪，並一直認為他才是明星。鮑勃‧戴維斯（Bob Thaves）曾經說過，佛雷的確相當善於他所做的事情，但「別忘了琴吉‧羅傑斯也同時像倒帶一樣重覆了他所做的每件事——而且是穿著高跟鞋」[62]。她最後證明了，在此共同的創作之中，自己與夥伴的位置是平等的並且同樣精湛，而不只是個人的演出。

　　佛雷與琴吉後來各自得到非凡的成就，這正是擁有如此動態又是柏拉圖式的夥伴關係的成果。

62　http://www.gingerrogers.com/about/quotes.html

✤ 同事競爭的案例

對於佛洛伊德來說，友誼及同事間的互相支持無比重要，然而，他們卻一直躲開他。在一封寫給同事卡爾‧亞伯拉罕（Karl Abraham）的信函中，佛洛伊德表達了心中的感慨：「終此一生，我一直在尋找不會利用我之後，然後再背叛我的朋友。」[63]

在很多段友誼中，這個願望一直都沒有被實現。在早年擔任精神分析師的生涯中，他與身邊親近的同事，例如：威廉‧弗里斯（Wilhelm Fleiss）與約瑟夫‧布羅伊爾（Josef Breuer）之間的親密友誼都因為嫉妒與敵對而被破壞了。當佛洛伊德在精神分析運動中成為更成熟、更傑出的人物時，阿爾弗雷德‧阿德勒（Alfred Adler）成為他一個重要的同事，然而，這段友誼也不愉快的結束了，就像佛洛伊德所說的：

「我的內在情感一直堅持，我應該要有一個親密好友與一個憎恨的敵人，而我也一直能夠一再重新面對這兩者；但往往是，童年時代朋友與敵人體現在同一人身上的典範，如此完整的再次出現。」[64]

佛洛伊德對於手足的那種不完整、模糊不清的感受，很可能在朋友和同事身上重新出現了[65]，同事們替代了他的兄弟姊妹，較年

---

63 Duane Schultz, *Intimate Friends, Dangerous Rivals: the Turbulent Relationship between Freud and Jung*, 216. 這裡所指的是「殘忍、偽善的榮格與他的學生們」。這封信寫於 1914 年 7 月 26 日，剛好是榮格的三十九歲生日當天，榮格跟佛洛伊德的妻子瑪莎（Martha）同一天出生，她生於 1861 年 7 月 26 日。

64 同前揭書 p29

65 這些探討佛洛伊德友誼關係的內容是接續《家族占星全書》中對其手足關係的檢視。

輕的同事們激起他敵對的感受，並強調他想要控制支配的需求。我
們會在手足身上初次體驗到正在發展中的社會精神，然後校園操場
上的其他小朋友則成為友誼及職場關係的基石。社交連結源自於我
們所否認的手足嫉妒與敵對，手足之間的敵對以及我們如何處理相
關的感受，將會影響我們在團體中如何提倡平等互愛的能力。在占
星學上，這是第三宮與第十一宮的連結；佛洛伊德的火星落在第
十一宮，並三分相第三宮的凱龍星，第三宮的守護星土星落在第八
宮，並與第十一宮的火星形成四分相。

　　在佛洛伊德的星盤中，與同事的敵對關係之主題透過第十一宮
的逆行火星清楚顯現，而火星同時也是他的上升點與第六宮的守護
星，落在弱勢的天秤座，是星盤中唯一的逆行行星及唯一落在東半

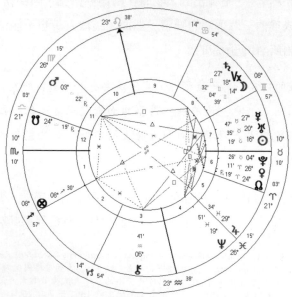

佛洛伊德，生於 1856 年 5 月 6 日下午 6 時 30 分，奧地利帝國弗萊堡‧摩拉維亞，
今捷克共和國。

球的行星（不包括凱龍星）。這顆火星值得高度重視，它對分相在雙魚座最後幾度的木星、四分相土星並與冥王星形成 150 度相位。

佛洛伊德的「王位繼承人」榮格是他曾經珍視的同事及他欽點的接班人，但就像佛洛伊德自己清楚描述的模式一樣，後來二人也漸行漸遠並成為激烈的競爭對手。在榮格的星盤中，火星也一樣落在第十一宮的射手座，也像佛洛伊德一樣，與冥王星形成 150 度相位，以相似的方式引導榮格與他的同行敵對競爭。

相差十九歲的佛洛伊德和榮格，二人的北交點同樣落在牡羊座，火星守護他倆的北交點，這也許暗示了雖然這兩個男人的命運都是劃時代並強調個人主義的人物，但他們同時需要透過妥協及合

榮格，生於 1875 年 7 月 26 日下午 7 時 32 分，瑞士凱斯威爾。

作，去面對落在天秤座的南交點所代表的果報。這兩個人的南交點
守護星金星都落在第六宮，這一宮與講求細節的工作有關，也是他
們的競爭的重點。二人的北交點守護星火星都在第十一宮，這反映
了他倆因為共同的心理學精神而展開了一段熱切的友誼，同時又闡
述了他們的友誼因為彼此的敵對而畫下句點。雖然火星也許是衝突
之神，然而我們仍然有選擇戰爭的權利，當二人都擁有這個本命盤
主題時，這代表在他們的中點組合盤中，火星同樣會再次落在第十
一宮，確認此主題是這此段友誼的首要考量。

1913 年 1 月 3 日，佛洛伊德寫信給榮格：

「我提議完全放棄我倆之間的私交，我將不會有什麼損失，因
為你我之間唯一的情感聯繫長久以來就像是一條細線——那不過
是因過去的失望而殘餘的影響而已——有鑑於你在慕尼黑所說的
話，關於你與某個男性的密切關係將會阻礙你在科學上的自由，因
此我認為放棄這段關係後，你將會贏得一切；因此，我建議你拿回
你全部的自由，並請你收回你那所謂的友誼。」66

這時候，行運土星正在逆行，並緊密合相佛洛伊德第十一宮
的守護星水星；南交點在天秤座正行運到第十一宮並即將合相火
星；行運冥王星正緊密合相第八宮的土星，也就是他的第三宮守護
星——第三宮與手足關係有關，也是最初的人際關係模式。這些行
運都呼應了關係結束的主題。

二人的本命盤之間有著非常明顯的相位互動：佛洛伊德的太陽
在金牛座 16 度 19 分，與榮格的月亮在金牛座 15 度 35 分緊密合

相，這是典型的「婚姻」相位，公元二世紀，托勒密在其著作中提及，當思考男女本命盤中的婚姻時，我們應該先觀察相反性別的發光體：

「對於男性，應該先觀察月亮的意向，但如果是女性的話，則必須觀察太陽，而不是月亮。」[67]

以現代的文本來看，我們知道這是說當描述我們內在伴侶的特質時，應該使用女性的太陽及男性的月亮；現代占星學仍然觀察太陽與月亮強大的結合形象，作爲 conjunction 或 hieros gamos 的形象，意即「神聖婚姻」。傳統占星學將太陽與月亮的組合視爲婚姻的指標，這啓發了榮格去進行共時性的實驗，比較夫妻星盤中的日月相位[68]。矛盾的是，這個相位透過他與佛洛伊德的友誼產生了迴響，而在這段「與某個男性的密切關係」中，沒有人能夠將它維繫下去。

所有的友誼都會影響我們，當然程度各異，而占星學幫助我們透過星盤比對去考量這些關係的影響力，而我們會在本書第二部開始集中討論這些。以下是佛洛伊德與榮格的一些星盤互動：

67　J. M. Ashmand, Ptolemy's Tetrabiblos, Symbols and Signs, North Hollywood, CA: 1976, 124.
68　Jung, 'Synchronicity: an Acausal Connecting Principle', Collected Works Volume 8, § 869 註腳

佛洛伊德	榮格	評語
太陽在金牛座 16 度	月亮在金牛座 15 度	發光體之間的經典組合，但如果二人不能設法共存且共榮的話，那麼其中一人的光芒也許會蓋過另一人。
凱龍星在水瓶座 5 度	上升在水瓶座 4 度 太陽在獅子座 3 度	佛洛伊德的存在激起榮格心中的懷疑、焦慮及信心議題，但這種影響也可能是互相的。
北交點在牡羊座 24 度	凱龍星在牡羊座 26 度	榮格對於靈魂受難的獨特見解及興趣對佛洛伊德造成影響。
天王星在金牛座 20 度 水星在金牛座 27 度	冥王星在金牛座 23 度	佛洛伊德有趣而具原創性的思想遇到榮格的深度；佛洛伊德的天王星與水星都在第七宮，因此它們有可能被投射到手足的代替者身上，也許如榮格這樣的人。
天頂在獅子座 19 度	天王星在獅子座 14 度	榮格第七宮的天王星意外地影響了佛洛伊德的方向。
南交點在天秤座 24 度	木星在天秤座 23 度	佛洛伊德認為榮格寬廣的視野、社交及治療的態度都似曾相識。
火星在天秤座 3 度	南交點在天秤座 10 度	佛洛伊德具侵略性的本能，觸碰到榮格內在那種敵對及競爭的熟悉感。

土星在雙子座 27 度	火星在射手座 21 度	佛洛伊德的土星對分相榮格的火星，榮格也許會覺得佛洛伊德似乎控制、批判或控制著他。
水星在金牛座 27 度	土星在水瓶座 24 度	佛洛伊德也許會覺得與榮格的溝通受到阻礙，例如佛洛伊德會覺得自己受到挑戰，認爲自己應該更有條理、更具結構及更有準備。

友誼讓我們確定自己是更廣大社會的公民，同時也是某個更偉大設計的一部分，這偉大的設計爲我們帶來未來的希望。

我們會與朋友分享獨一無二的人生觀及人生經歷，因此，我們的友誼就像是某種靈魂占星學，它爲我們打開行星的世界，爲我們的人生帶來文化及表述。[69]

69　Thomas Moore, *Soul Mates, Honoring the Mysteries of Love and Relationship*, Harper Collins. New York: 1994, 93.

第十二章
業力的連結
從相遇的一刻開始

　　當人際關係帶來強迫、迷惑及混亂時，人們往往會尋求占星師的見解。當一些超自然、神祕或命中註定的事情似乎正在發生的時候，占星學是不少人的選擇，因為它幫助我們反省人際關係上的情結及迷思。當代占星學使用各種不同的鏡片去放大這些強迫性的人際關係，但無論其方式是強調原型、轉化、心理學還是靈性，這都是占星師的思考方式及他們在人際關係中的經歷，這些東西影響了他們處理、分析及表述星盤的方式。依照占星師本身的世界觀，人際關係中的強大吸引力也許會以無意識投射、家庭模式、業力模式、前世今生、與靈魂伴侶或雙生火焰（雙生靈）相認等包裝加以表述；而不管使用哪種說法，占星學都可以透過符號去反映這些連結。這些觸動記憶、迷戀、期盼、依戀及激烈的情感依附也許會被稱為業力關係，而「靈魂伴侶」這名詞也許可以意指一段互相安慰、支持及滋養的關係。一段精神連結也許暗示了兩個靈魂之間的連繫，或這段關係在無意識層面上的影響。

　　不同表達方式或概念背後有著相同的占星意象，它是掀開神祕面紗的重要關鍵。

業力

業力作爲印度教及佛教的基本教義，已然成爲西方思想中的流行觀念[70]，雖然這個詞本身與行動、工作或行爲有關，但它最常被用來指出靈性層面上的因／果；其中我們的企圖及行動影響我們的未來，現在與過去的行動都會慢慢積累並決定我們的命運。業力作爲道德因果的律法，它呼應了早期希臘的公義及報應之說，以及基督教的「種瓜得瓜，種豆得豆」的信仰；當業力被簡化爲因／果的假設，它就不再與靈魂有關。

業力的規則並不受時空限制，它延伸並穿過這些次元，它不屬於時間也不限於空間，那些強大的吸引力或排斥往往被稱之爲業力，因爲它就如同相關的兩個人曾經在其他時空中存在過的一樣。從東方的靈性觀點來看，業力與輪迴轉世密不可分；而在西方或心理學的思想上，它類似於遺傳的靈性原則。在所有體系中，業力都非常類似宿命及命運，因此對於所有占星師來說，這都是他們必須以自己的方式去擁抱的必要課題；依照占星師的信仰體系，業力可以用前世、精神遺傳或永恆輪迴等字詞去表述[71]。無論業力是活生生的現實還是比喻，最重要的是要說出與之緊密連結的占星學原型，因爲這些原型並沒有受到文化及哲學的暗示。

在人際關係中，業力暗示著心靈的連繫、強烈的渴望、某種不

70　1978 年，史蒂芬‧阿若優推出創新的《占星、業力與轉化》（Astrology, Karma and Transformation, CRCS Publications, Vancouver, WA）一書，其中傾向以意識層面及靈性角度去討論占星學。

71　當提及業力時，榮格使用「精神遺傳」一字，這包括了我們在疾病、人格特徵、特殊天賦等傾向，以及「心靈上的普遍傾向」或原型，詳見 Carl Jung, Collected Works Volume 11, Psychology and Religion, § 842 – 846.

完整的認知、或渴望藉由他人讓自己完整。而一段業力關係暗示著
關係中的雙方都被對方的思想、情緒及行動影響，兩個生命的人
生道路彼此交錯，並改變了這段關係及彼此。從心理學的角度來
看，這一對伴侶在無意識中以強大而神祕的力量吸引對方，透過本
命盤的檢視以及二人的星盤比較，占星學有助於定義這些業力連結
的基礎。

　　星盤的某些方面讓我們去思考生命中與業力有關的印記，也許
本命盤中最明顯與業力有關的占星符號是月亮南北交點軸線，從
二十世紀中葉開始，它一直被用來定義我們的前世[72]。土星經常被
稱之為「業力之王」，而第十二宮裡的行星也往往被當成是傳承自
過去的業力，事實上，整張星盤都是業力印記的動態融合，因為星
盤描述了我們的整體，星盤中有許多意象指出一些來自過去的殘
餘、持續的印記及模式。同樣地，在人際關係占星學中，整張星盤
都應該以業力模式的角度去思考，雖然沒有一種星盤中的特徵可以
為這種神祕的吸引力提供完整的解釋；然而，其中一些占星拼圖的
確在我們思考業力關係的過程中扮演著關鍵角色。

　　當我們專注在業力關係時，星盤中有兩條軸線會帶來非常多的
資訊：即月交點以及宿命點／反宿命點軸線。這兩條軸線都是宇宙
的點，建立在其軌道或大圓圈與黃道的交錯上，因此它們不是如行
星神祇般的原型，而是代表了某種方向或人生道路。我們已經討
論了另一條上升／下降軸線在理解成人的人際關係上如何舉足輕
重，在《家庭占星全書》中，我們也討論了天頂／天底軸線在家庭

72　例如：馬丁・舒爾曼（Martin Schulman）在 1975 年創立了業力占星學，並出
　　版此主題的系列叢書的第一冊，書名為《月交點與輪迴轉世》（The Moon's
　　Nodes and Reincarnation），這對人們如何以月交點作為前世的象徵帶來了重要
　　的影響；之後，他在 1987 年出版了《業力關係》（Karmic Relationships）一書。

關係中的重要性，這四條與黃道交錯的軸線指出了天空中的十字路口，在星盤中，它們象徵了兩條道路的交會。從業力關係的角度來看，月交點與宿命點指出了我們與他人之間難忘的相遇。

業力關係：月交點軸線

月交點並非行星，而是宇宙中太陽軌道與月亮軌道交錯的一點；月交點與行星的移動方向不一樣，它是沿著黃道逆行前進的，因此它們本質不像行星那般受到時間及空間所限制，也不像行星一樣屬於物質或是在天空中看得見。月交點作為天空中的抽象構想，我們可以認為它們有著形而上的特質，當行星象徵人類的本能，月交點則象徵了人類經歷的另一面向。月交點就像是跨越時空或不同人生的靈性之旅，當丹恩‧魯伊爾提及月交點時，他說道：「我們所處理的是月亮在人類身上，如何以一種也許被稱之為業力的方式運作[73]。」月交點的本質之所以適用於業力的觀念，因為它會喚起永恆經驗的意象，而這些由南交點與北交點承載。

魯伊爾認為，月交點軸線描述了本命盤月亮以外的另一面向，它代表了我們情緒過程及依附的表現。當月亮象徵我們情緒及家庭上的連結時，月交點軸線為我們增添了另一層面，橫越時空去理解這些依附。月交點讓我們從靈性或神聖方式的角度，以比較非個人性的視野去觀察這些依附。與佛教看法相似的是，月交點幫助我們脫離月亮情緒，並以形上學的見解，去深入探討情感依附中所經歷的痛楚及苦難。月亮是盛載靈魂的器具，它裝載著深層的情感

73　丹恩‧魯伊爾（Dane Rudhyar）：*The Astrology of Transformation*, The Theosophical Publishing House, Wheaton, IL: 1980, 71.

生活；月亮的經驗是非常感受性的，例如：一段分離的依附關係所帶來的心碎、情緒傷口所帶來的痛苦、或是因為被忽略及被孤立所帶來的折磨等等。從業力的角度來看，月交點在穿越時空的靈魂之旅中，以超越的角度去指出個人的傷痛；月亮是本能性的，月交點軸線則是靈性的。

月交點是循環性的，它們每 18.6 年會回到本命盤的位置，也與其他循環一樣，舊循環的所有的成功和失敗都會被席捲一起前進。北交點充滿活力，它暗示了在過去成就的總合之下，現在與未來成長的可能性；南交點是惰性的，它盛載了以前的失敗所帶來的記憶及感受，但它同時也裝載著過去成就所帶來的知識及經驗，可以讓人借鏡前行。由於月交點軸線不像行星原型一般受到時空環境的限制，因此它成為了許多占星理論及觀察的焦點，某些月交點軸線的分析認為，我們有必要離開南交點的退化走向北交點。然而，南交點與北交點是相同系統的不同部分，它們不是分開的；因此，我們也許可以把北交點和南交點之間的移動想像成穿越時間的永無休止之舞，而不是一個有待完成的任務。

在《職業占星全書》[74] 第五章中，我深入討論了月交點在本命盤中不同位置所帶來的意涵，透過對天職的探討，我們從星座、宮位及相位去剖析月交點；因此，這些可以作為理解本命盤月交點軸線的有用資源。在人際關係占星學中，月交點也有著同樣的意涵，只是在此我們會從人際關係的角度出發去看待它。

月交點軸線兩極的星座及宮位相當重要，因為它們象徵了十字路口、重要的相遇及兩條交錯的人生道路；而比對盤中的月交點幫

74　布萊恩・克拉克《職業占星全書》，城邦出版集團春光出版社：2016.

助我們去理解這段關係的目標，至少是靈性上的目的。南交點是我們熟悉的一點、感受性的經驗、記憶、或對他人的認同，它是我們感到與他人連結或因爲了解別人而感到安心的地方。北交點則代表了發展過程所需的特質，我們也許會在鼓勵發展這些特質的人際關係中看見自己的北交點；北交點是一道連結，聯繫我們的一個重要特質，它會透過我們與他人互動及建立關係而尋求增強的機會。

作爲「命運」的軸線，月交點軸線所反映的人際關係，往往是幫助我們尋找人生方向、目標及成就的重要關係；「業力」一字在月交點軸線上出現，是爲了總括熟悉感或陌生感、吸引力或排斥感，以及這段關係讓人無法否認的命中注定感。當一段關係涉及月交點時，會激起這段關係的靈性特質，因此，這場相遇所觸發的感受，經常會被人們以例如：神祕或奇幻等玄妙字眼形容。

讓我們回到布萊德·彼特與安潔莉娜·裘莉的星盤上。我們看到安潔莉娜在第五宮的北交點射手座，與布萊德的上升點星座相同並落在十二宮；同樣地，布萊德落在第七宮的北交點巨蟹座，也與安潔莉娜的上升點星座相同並落在十二宮。每個人的北交點方向會深深地影響他人的想像力、創作力及靈性層面，感覺像是每個人的人生方向觸碰了對方身上某些敏感卻仍然無以名狀的東西，並觸動了一些興趣、神祕及更深層的靈性連結。

✤ 互相掩蓋

月交點軸線與日蝕循環有著密切的關係，當太陽與月亮靠近月交點軸線時，代表太陽、月亮與地球正形成一直線，這正是爲什麼

在新月或滿月時有機會發生日蝕或月蝕。日蝕每年都會發生至少兩次，在本命盤中，當月交點與太陽或月亮糾纏在一起時，日月蝕的循環也許同樣也會影響這對情侶的關係動態。

日月蝕在威爾斯親王及王妃關係的轉捩點上，扮演了重要的角色，戴安娜王妃的本命盤中，南交點／月亮在水瓶座第二宮合相；查爾斯王子的北交點／月亮在第十宮合相，兩人的月亮都合相月交點，這暗示著遺傳自家庭、母子關係及公眾的動態會在重要的關係中出現。

戴安娜出生時，日月蝕正發生在獅子座／水瓶座軸線，這一條被截奪的軸線落在她的第二宮與第八宮；她出生之前的 1961 年 2 月 15 日，曾經有日全蝕發生在水瓶座 26 度 25 分，與她的本命月亮相距 2 度；她在 1981 年 7 月 29 日嫁給查爾斯王子，那是 1981

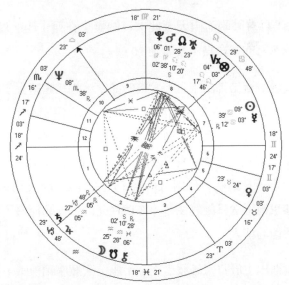

威爾斯王妃戴安娜，生於 1961 年 7 月 1 日下午 7 時 45 分，英格蘭桑林翰。

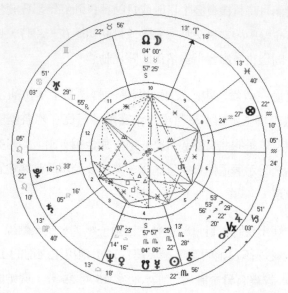

威爾斯王儲查爾斯，生於 1948 年 11 月 14 日下午 9 時 14 分，英格蘭白金漢宮。

年 7 月 31 日日蝕的前兩天，此次日蝕發生在獅子座 7 度 51 分，靠近她第八宮的宿命點，當時她 20 歲。

　　戴安娜是羅馬神話中月亮女神的名字，她結婚時發生在獅子座 7 度 51 分的日蝕落在查爾斯的上升點上；在不同層面上，當戴安娜成為受人喜愛的公眾人物時，查爾斯都被戴安娜掩蓋了。王儲的外遇對象卡蜜拉・帕克・鮑爾斯（Camilla Park Bowles）的上升點與土星分別落在這次日蝕附近的獅子座 3 度 6 分與獅子座 9 度 57 分，同樣也被這次日蝕遮住了；作為月亮的戴安娜掩蓋了身為太陽的王子與他的情人。

　　查爾斯出生於日月蝕發生在金牛座／天蠍座軸線時，他出生前一次的日月蝕發生在 11 月 1 日、天蠍座 8 度 44 分，接近他的月

交點軸線並合相他的水星。

在 1992 年北半球的夏天，兩人的婚姻發生了巨變，在 1992 年 6 月 30 日當天，也正是戴安娜三十一歲生日的前一天，當天在巨蟹座 8 度 57 分發生的日蝕遮住了戴安娜在第七宮的太陽。這次日蝕同時落在查爾斯王儲的情人卡蜜拉・帕克・鮑爾斯的月亮／金星合相（巨蟹座 9 度 56 分／巨蟹座 10 度 34 分）上。之後，同年 12 月 9 日，當時的首相正式宣佈這對皇室伉儷分手的消息，正好是月蝕發生當天，落在雙子座 18 度 10 分——太陽當時在射手座 18 度 10 分，月亮則在雙子座 18 度 10 分，準確地落在戴安娜的下降點，也就是婚姻宮第七宮的宮首上。與結婚那一天不一樣的是，這一次輪到戴安娜被太陽所代表的皇室光芒掩蓋。

戴安娜同樣逝世於 1997 年 9 月 1 日，日蝕發生在處女座 9 度 34 分的那一天，靠近她第八宮的冥土星。日蝕發生的黃道位置靠近行運月交點，行運月交點在關係發展上同樣有重要意涵，尤其當太陽或月亮與月交點之一產生合相時。在人際關係占星學中，本命月交點的星座、以及它們與伴侶星盤中的互動非常重要，並且顯示了許多資訊。

宇宙的連結：宿命點

星盤中另一個值得注意的位置是宿命點（the Vertex），它屬於現代占星學的概念，因爲它在二十世紀中期才進入占星學的傳

統[75]，由加拿大占星師愛德華·約翰特羅（L. Edward Johndro）提出；他把宿命點的另一端「反宿命點」（anti-vertex）當成一個「充滿電力的上升點」[76]。他的占星同事查爾斯·傑恩（Charles Jayne）以此點為實驗，並認為宿命點會回應太陽弧正向推運（solar arc directions）。他們都同意宿命點是命中注定的，也代表了我們難以控制的議題，因此宿命點就這樣進入了占星學的思想體系，深刻烙印為強迫性及宿命之點。宿命點出現在星盤的西半球，它自然與人我關係、妥協、以及注定或難以控制的神祕事物有關；宿命點所展開的人生象徵著充滿張力的人我關係以及強大的依附。

宿命點／反宿命點軸線是星盤中第三個軸點，讓我們更進一步在三度空間中看見自性；它不像天頂／天底軸線一樣是垂直的，也不像上升／下降軸線一樣是水平橫向的，宿命點只會出現在星盤的西半球，它是卯酉圈（prime vertical）與黃道的交會點[77]，代表著自己與他人的另一個層面。而由於這個交會點是由快速移動的大圓圈交錯而成，所以宿命點對於時間相當敏感，必須仰賴非常精確的出生時間；它也許不像傳統軸點擁有清晰的定義，但比它們更神祕、更不確定、更難以觀察。宿命點象徵了我們在地平線上的經驗中無法直接觀察的議題，可以被看見的下降點象徵了伴侶的特質及性格，在下降點的關係模式是可以被理解的，同時象徵了能夠被意

75　宿命點的英文 Vertex 一字來自拉丁文 vertere——翻轉之意，它有很多反義詞，而這些反義詞都集中於最高點或端點的意象，例如頭上的皇冠、尖峰或山頂。與它擁有同一字根的拉丁字包括脊柱（vertebrae）與垂直的（vertical），這兩個字都描述了一個支撐的結構；同時還有眩暈（vertigo）及可以四面旋轉的（versatile），暗示了很多東西環繞著它們旋轉。

76　愛德華·約翰特羅是一名工程師及占星師，他把占星學視為電磁場的影響，這正好解釋了他為什麼會想出了「充滿電力的上升點」（An Electric Ascendant）一詞，electric 除了解釋為充滿電力之外，也有「充滿刺激性」的意涵。

77　卯酉圈是其中一個經過天球最高點、天球最低點及地平線東西兩邊的大圓，天球最高點是垂直於觀察者頭頂上方的一點，天球最低點則垂直於觀察者所站之處下方的一點。

識到的結構因素，不像宿命點的議題無法被看見及認知。在人際關係占星學中，你可以比對下降點星座及宿命點星座，這些對於下降點星座的想像特質比較爲人所知，而宿命點星座則否，這種練習往往能夠帶來不少的省思。

在中緯度的地方，宿命點一般會落在第五宮至第八宮之間，如果是靠近赤道的緯度，那麼宿命點則可能會落在第四宮或第九宮。當下降點與宿命點落在不同星座時，我們可能會傾向於在別人身上尋找下降點的特質，但同時會看不到由宿命點所代表的特質及模式。然而，隨著時間的經過，宿命點在無意識中的運作會浮現在人際關係中，縱使方式往往出人意料而且充滿衝突，但它可以帶來珍貴的資源及價值。當宿命點與下降點落在同一星座，它們的特質會變得激烈並難以分辨。不管出生於哪個緯度，只要夏至星座巨蟹座或冬至星座摩羯座 0° 落在天頂，那麼上升／下降軸線與宿命點／反宿命點軸線就會落在春分星座牡羊座及秋分星座天秤座 0°；當天頂在容許度之內落在巨蟹座或摩羯座 0° 時，宿命點與下降點則會落在同一個星座。

宿命點軸線爲我們的人際關係帶來了第三層面向，爲我們重要的相遇、關係中隱藏的命題及生命中躲不掉的邂逅提供不一樣的視角。考量宿命點／反宿命點軸線的過程就像是帶上 3D 眼鏡去觀察星盤，突然之間一些本來看似遙遠的東西一瞬間就在眼前，而過去落在背景之中的東西現在來到了最前方，本來隱晦的地方現在也變得顯而易見了。宿命點被描述爲命中注定的相遇、宇宙安排的約會及衝突，並且似乎是我們無法控制的[78]；反宿命點落在星盤的東半

78 Janet Booth, "*The Vertex, Cosmic Appointments*", The Mountain Astrologer, June/July 2003.

球，它與星盤極點的另一端夥伴相輔相成，去揭示無法一眼看穿的自我層面、隱藏的胎記、另一個自我、還有自主的聲音。反宿命點與宿命點所組成的軸線，往往會揭示出一些尚未運用的資源，能夠在生命的課題中支持並延續我們的個性，尤其在工作及人際關係上。

宿命點最初被視為是關於宿命以及我們無法有意識去控制的事情，這意指宿命點所揭示的盲點，也就是那些在人際關係中出現的、未被看見的特質並且會改變我們的東西；因此，那些看似難以控制、自發的事情，其實只是在無意識中運作的東西終於曝光而已。矛盾的是，正是這些人際關係影響了我們，並往往改變了我們的人生道路。我的經歷讓我經常開玩笑的說，宿命點代表著我們無法擺脫的人際關係；換句話說，這些關係不斷的改變我們，以及我們建立人際關係的方式[79]。

現代占星學不一定會參考宿命點，但從我的經驗所得，在人際關係占星學的課題上，宿命點與業力關係存在非常共時性的關係，它象徵著在人際關係中也許有一些我們無法駕馭的地方或盲點。宿命點象徵著被遮住、看不見的議題，直到這段關係在情感領域中被挖得夠深；就像在煉金術的意象中「用左手握手」所象徵的無意識的共謀一樣。宿命點的議題往往與人際關係中有意識的相互契合相反，因此，宿命點的占星意象有助於闡述一些隱藏的議題。宿命點是我們在人際關係中努力想要完成的事物，以及那些讓我們綁在人際關係中或至少做做樣子的形象，直到它突破自我防

---

[79]　正因為宿命點擁有這種「命中註定」的特質，它在合盤及星盤比對上相當有用，尤其是針對那些「一生一世」的關係，例如：親子關係、手足關係、靈魂伴侶等等。

衛，迫使我們面對。

✤ 本命盤中的宿命點

　　宿命點／反宿命點軸線作為星盤中的第三條軸線，在性格傾向上扮演了重要角色，正如之前所述，宿命點只出現於本命盤的西半球，因此它象徵了我們在關係中個人意志妥協的地方，也是我們感到無法控制、強迫性或沒有什麼可以選擇的地方。它也可以象徵那些在我們生命中扮演重要角色的人，在占星學上，這可以透過與宿命點的接觸而被看見。

　　東半球的反宿命點描述了當關係發生危機時可以運用的資源，從而找到方法繼續往前走，這股輔助力量支援了由上升點所反映的個人特質。約翰特羅與傑恩最初對於兩邊軸點的測試都與宿命點有比較好的互動結果，因此，慢慢地忽視星盤另一邊的反宿命點變成了一種共識，但這也正是反宿命點的本質：它是潛伏在人格陰影中未被承認、不被看見的資源。反宿命點也暗示著依舊被上升點遮住的慾望及渴望，那些經常是自我尚未使用的價值及資源；假如這些資源被忽略太久，它們慢慢會變成希臘神話中塞壬（半人半鳥的女海妖）的歌聲，帶領我們走向那命中註定的相遇。

　　要分析宿命點，首先考量它的星座，特別要與下降點星座相比較；第二，注意宿命點的宮位。宿命點的星座代表了那些未被認同的特質，它們似乎與我們意識上的企圖相違背，然而，它們在我們的生命藍圖中有著無比的價值。因此，經過宿命點的行運會喚醒這些特質，當伴侶的行星接觸這一條軸線時也一樣；最重要的是要考

量所有在宿命點軸線前後 10° 的行星，因爲它將會在我們理解伴侶關係的過程中扮演重要的角色，同時它可能會指出那些在關係模式中強迫性及困難的能量。

宿命點集合了人際關係之中的無意識主題，例如：如果宿命點在牡羊座，人際關係中也許會出現無意識的對抗及競爭，讓人覺得無法逃避也難以滿足；當它在雙子座，也許再一次強調手足關係中的不完整及強烈欲望，或是迫切地想要找到雙生的靈魂；當它在天蠍座時，也許會突顯個人對於性需求及情感的欺騙和戲劇性，包含愛與權力或愛與占有的情結主題也許會影響了人際關係的面貌。

其他軸線都將星盤劃分成不同象限與宮位，宿命點則不一樣，它佔據了某一宮位，而這一點是可以被加以闡述的：宿命點所在的宮位暗示了重要人際關係發生的地方。由於宿命點一般會落入第五宮至第八宮（除非這個人的出生地靠近赤道）；因此，可以考量那一宮的影響。這一宮的環境往往是我們從別人身上看到自己影子的地方，中緯度地區出生的人其宿命點往往會落在第五宮至第八宮之間，這些宮位也被稱爲星盤中的人際關係宮位，是我們傾向與別人互動的地方。

宿命點透過宮位，象徵了我們可能會遇到人生轉捩點、或者與別人激烈地互動的環境或地方，或是在這裡我們可能會與那些幫助我們轉化的人相遇。這是一個充滿命運的地方，因爲在這裡我們會遇到某事、某地或某人，觸動無意識的記憶或是深深地感到被認同。例如，如果宿命點落在第五宮，會放大與孩子、情人或創造力之間的關係；當它在第六宮，我們的焦點是在與工作、同事、客戶、僱員、助理或服務提供者之間的關係；當宿命點在第七宮，

會強調平等的夥伴關係，與親密朋友、商業夥伴或婚姻伴侶的相遇，這些人可能會不斷的翻轉你的人生；在第八宮，宿命點要我們面對失去純真以及一段特別人際關係的結束。

落在宿命點的行星相當具影響力，它會引導我們透過人際關係進行重要的改變，如果一個男性的月亮合相宿命點，那麼他的人生可能會因爲與某位女性的相遇而發生強大的變動，首先是與母親，然後是姊妹、同事、妻子、小姨子及女兒之間的關係；對於女性來說，月亮落在宿命點也許暗示了與母親之間不完整的關係，或是母性可能會主導了尋找平等關係的過程。

總括來說：

宿命點的形象及象徵	反宿命點的形象及象徵
人際關係中的隱藏議題，因此往往被視爲是業力或命中註定的關係。	個性中未被看見的特質，當我們要向世界展示自己時，這些特質是強大的支援。
人際關係中牢不可破的連結及無意識中的互動。	可能被掩蓋的個人創意。
無法控制的議題及事件。	鞏固我們性格的面向。
人際關係中那些根深柢固、難以壓抑、無從逃避的主題。	未被我們有意識地善加利用、也許是未被察覺的個人特性及特質。
超離世俗的，對於微妙的現實很敏感。	另一種力量或能量資源。
改變我們人生觀的人際關係及經歷。	自性中的隱藏面向，這也許會改變我們與他人及整個世界建立關係的方式。

✤ 人我關係

　　宿命點／反宿命點這一條軸線的主題與內容活躍在人際關係占星學中，當與伴侶們進行星盤比對時，我通常會把宿命點看作是對於轉化性的相遇的一種肯定。當個人的宿命點與另一人星盤的行星或軸點交會時，通常會帶來一種強烈業力的連結感；反之，當個人的星盤與伴侶的宿命點有著強烈相位時，也會帶來相同的感覺。

　　讓我們再一次透過布萊德・彼特與安潔莉娜・裘莉的星盤去展示關係中的宿命點，以及它通常會在重要的人際關係中如何被啓動。在裘莉的星盤中，宿命點合相海王星射手座並對分相太陽，這清楚地指出了她與父親的關係、以及父親的原型如何深刻地影響她的人際關係；當宿命點落在第五宮時，會明顯將小孩與創意帶到她的人際關係當中。彼特的宿命點落在第八宮的巨蟹座並對分相金星，親密關係及熟悉感會成爲他人際關係中的重要主題。另外，讓人驚訝的是他們彼此的宿命點合相對方的上升點。

　　彼特的下降點在雙子座 11 度 54 分，宿命點則在第八宮的巨蟹座 27 度 22 分，也許他也知道自己容易被擅長社交、聰明而機智的伴侶吸引，但他也許不一定察覺到在巨蟹座的宿命點議題如何滲透或參與他的家庭關係。裘莉的下降點在摩羯座 28 度 53 分，宿命點則在射手座 11 度 5 分；在占星學上，我們可能會認爲她知道自己容易被「成熟」及「白手起家」這些特質吸引，但她是否注意到自己星盤中位於射手座的海王星／宿命點合相的冒險、神祕及創意的需求呢？

　　當比較二人星盤時，會發現二人的軸點糾纏在一起：彼特的上升點在射手座 11 度 54 分合相裘莉的宿命點，所以他可能會把旅行冒險與神祕主義帶到二人的關係之中。裘莉的金星／上升點合相、同時也合相彼特的宿命點，她也將一個六個小孩之家帶進他的人生之中。這種軸點之間的強大連結表現於媒體的注意以及裘莉被取名為「布萊安潔莉娜」的綽號上。

　　另外值得注意的是，二人的發光體之一都合相反宿命點：裘莉的太陽雙子座合相她的反宿命點，她在電影中飾演英勇的另一個自我、此一強大的形象，以及她因人道主義工作而得到的許多表揚；在金星合相上升點的美麗之下，我們可以看到她的魅力和創意。彼特的月亮／金星合相於摩羯座落在他的反宿命點上，這是一種包容、關懷別人的權威特質，埋藏在上升點、帶著西部牛仔特質的人格面具之下。有趣的是，在彼特之前的伴侶關係中，都以不同方式強調了他的宿命點及下降點：葛妮絲·派特洛（Gwyneth Paltrow）曾經與布萊德·彼特訂婚，二人的伴侶關係持續三年，她的月亮落在雙子座 11 度 33 分合相彼特的下降點、她的南交點落在巨蟹座 23 度 5 分合相他的宿命點，這兩個合相都展示了一個強大而熟悉的連結，但這種連結也許是屬於過去的，與現在無關。布萊德·彼特也曾經與珍妮佛·安妮斯頓（Jennifer Aniston）有過一段五年的婚姻，她的宿命點在雙子座 6 度 45 分靠近彼特的下降點，而她的天頂在巨蟹座 27 度 19 分則落在他的宿命點上。

　　在業力占星學的研究上，宿命點在星盤比對的技巧中扮演著重要角色，以上例子展示了宿命點／反宿命點軸線與上升／下降軸線之間的互動，我已經在很多激烈的關係中看過這些組合。例如：在威爾斯皇儲與王妃的皇室婚姻中也有這種相位，注意查爾斯的

宿命點在射手座 22 度 53 分，合相戴安娜的上升點在射手座 18 度
24 分；同時，戴安娜的宿命點在獅子座 4 度 17 分合相查爾斯的上
升點在獅子座 5 度 24 分。他們彼此的上升點都落在對方的宿命點
上，他們內在的一些看不見卻根深柢固的東西，可能會毫不費力地
反映在另一半的身上；但這些東西不一定會得到當事人的認同，也
不一定能夠被整合到伴侶關係之中。卡蜜拉‧帕克‧鮑爾斯的上升
點和宿命點位置都與查爾斯皇儲的差不多，她的上升點在獅子座 3
度 6 分，宿命點在射手座 20 度 4 分，不但與查爾斯的星盤產生共
鳴，也重演了查爾斯與戴安娜之間的星盤相位互動。由於宿命點本
身的特質，它往往會在三角關係及外遇中被突顯出來。

　　星盤與星盤之間宿命點的強烈連結突顯出人際關係的精神，
例如：在惠妮‧休斯頓的星盤中，她的宿命點處女座 20 度 50 分
合相巴比的月亮處女座 19 度 57 分；巴比的宿命點獅子座 22 度 56
分合相惠妮的太陽獅子座 16 度 41 分。這些相位加強了彼此的連
結，加深了難以控制的衝動並在兩組相位之間建立強大的關聯。
然而，即使沒有宿命點強有力的聯繫，當伴侶的人生道路相互交
錯時，在行運或二次推運之下，宿命點經常會扮演重要角色。例
如：有人認為戴安娜和查爾斯之間的關係在 1980 年夏天變得嚴
重，因為海王星行運至戴安娜的上升點和查爾斯的宿命點；2016
年 9 月，當安潔莉娜‧裘莉正在申請與布萊德‧彼特離婚的新聞
出來時，土星正行運至她的宿命點及他的上升點。

　　查爾斯與戴安娜舉行婚禮的廿五年前，摩洛哥舉行另外一場
「世紀婚禮」，美國女星葛麗絲‧凱莉（Grace Kelly）與她的白馬
王子——摩納哥王子蘭尼埃三世（Prince Rainier III of Monaco）在
結識一年後舉行婚禮。約好第一次見面當天，葛麗絲覺得好像所

有的事都不對勁，讓她想要取消，但最終她還是被朋友說服決定赴會，當她到達的時候，蘭尼埃卻遲到了[80]。照片原定於 1955 年 5 月 6 日下午進行拍攝，剛好當晚會有滿月在天蠍座 15 度 36 分，也就是說，當天下午月亮還差幾度就要形成滿月了。

我們不知道蘭尼埃王子的出生時間，但有一些人聲稱是上午六時[81]，根據這個時間，他的木星天蠍座 11 度 2 分會合相宿命點天蠍座 14 度 47 分，並對分相金星金牛座 11 度 32 分，因此，當日的滿月會在當天稍晚合相他那「不確定」的宿命點軸線；但是當天下午，行運月亮正經過他的金星／木星的對分相。葛麗絲的水星落在天蠍座 10 度 42 分並合相她的南交點天蠍座 12 度 10 分、對分相凱龍星金牛座 11 度 37 分，因此，葛麗絲的北交點合相蘭尼埃的金星，而她的南交點則合相他的木星，也可能合相他的宿命點，當天二人最終碰面的時候，月亮正行運經過這組比較盤上的相位。雖然第一次的安排相當匆忙並且被攝影師擾亂了，但這一次的約會有著一種命中註定的意味，這場拍攝是由《法國雜誌》（*Paris Match*）所安排，也可以說是由他們牽線，雖然這次見面差一點泡湯，但它最終還是成事了。葛麗絲的月交點軸線與蘭尼埃的宿命點／金星之間的糾結、以及二人見面的當天滿月經過這組相位，都讓人覺得彷彿是命中註定。這次滿月也預言了摩納哥王子伉儷接下來的婚姻。

正如之前所述，當我們要考量關係中的業力痕跡時，星盤中有許多不同面向可以放大來看，其中之一可以反映在當「熟悉」及

---

80 http://scandalouswoman.blogspot.com.au/2008/11/grace-kelly-americas-princess.html
81 由於出生時間不詳，所以無法肯定宿命點的確實位置；然而，他的木星／金星對分相落在葛麗絲的月交點軸線上。

「神祕」彼此充滿說服力的結合時，哪個原型會對它作出反應？也就是所有行星當中移動最快與最慢的行星所代表的兩個原型：月亮與冥王星。

熟悉及神祕

在英語中，familiarity 一字意指非常親近的連結，或是我們久而久之已經相當熟悉的事物；在人際關係之中，它所指的是類似於家庭關係或親密關係、與人變得親近、親暱、甚至是私人、互信的關係。這個英文字源自於拉丁文 familialis，同時也是英文「家庭」（family）一字的字源，因此，與工作夥伴、伴侶、同事或同伴變得熟悉，暗示了一個更親密的連繫，而其根源來自過去，「熟悉」暗示著靈魂上的連結。

當 familiar 作爲名詞的時候，除了熟人之外，同時也是指精靈或指導靈（daimon）；歐洲的民間傳說、巫術及薩滿中都有各種關於精靈的記載，這些熟悉的精靈經常以動物的面貌出現，因此它也與本能性的生命、以及阿尼瑪或靈魂有著密切的關聯。這些精靈或動物靈親密地依附在人類身上，通常會被賦予名字，並被視爲同伴，童年時期想像的同伴正是精靈的其中一個樣子。雖然這些經驗也許可以透過臨床實驗被合理說明，或是以「兒童的幻想」而被帶過；然而，這些體驗也是我們與熟悉的精靈之間的相遇，它們會引導我們進入之後的人際關係領域。

某程度上，精靈就像是另一個自我，就像是透過他人而被重新喚醒的另一層自我。我們可以透過很多方式去思考何謂精靈，其中

一種方式可能是想像它是指導靈；也就是透過愛的力量而被吸引的個人靈魂，當它再一次被喚醒時，無論是身體還是心理上，其力量都會是顯而易見的，而情緒也會因此被觸動。在相遇之後，剩下的便是似曾相識的感覺，以及理解彼此之間有著深層的連結；而當這些被投射到某人身上時，感覺就像是我們以前就已經認識彼此了，但是，是從怎樣的過去開始的呢？

當一個人因為他人而感受到深刻的情緒反應，那感覺彷彿是永恆並穿越了時空。在現代，我們也許會認為這種熟悉的靈魂感知是成人依附關係的基礎，也與所有依附一樣，這是似曾相識、有家的感覺與安全感。在心理學上，與自己所愛的人、靈魂伴侶或渴望之愛的相遇會喚醒一段遺忘的過去，這些會被重整為過去曾經發生過的經歷、來自早期的經驗。與靈魂伴侶的相遇就像是一種回憶，那是與內心深處早已知道的事物所產生的共鳴。親密的關係會重新燃起人們想要回家的本能，因此，當發生親密連結、情緒上的親近、性愛上的和諧或志同道合的友誼時，也會有著一種終於回到家的安全感，感覺就像是被別人擁在懷中的安全感。月亮的原型呼應成人的依附關係，並會重新引起一種業力上的熟悉感。

我們所說的「神祕」（Mystery）一字，暗示著複雜難以理解或解釋的事物，就像是謎、祕密或難題一般；希臘文中有許多相似的字根，例如：mysterion 意指神祕的儀式或教條；mystes 或以 mystes 為首的字、以及 myein 則有「關閉」的意涵。「神祕」一字在字裡行間的意象指出了一種祕密的儀式，而參與儀式的人們通常會為了體驗神聖的啟示而在過程中閉上嘴巴、蒙上眼睛。古代最有名的祕儀應該是厄琉息斯祕儀（Eleusinian Mysteries），它體現了波賽鳳被冥王擄走之後墮入地府的啟蒙之旅，一旦踏入神祕之

中，人們就不再畏懼死亡。

在人際關係占星學中，冥王星體現出一段難以壓抑、具轉化性的相遇，它極具吸引力又難以克制；當冥王星進入了人際關係的領域時，它象徵著一場無法避免的旅程，帶領我們前往深刻而親密的連結之中，而冥王星謎樣的原型同時也反映了業力的關係[82]。

♣ 多愁善感：月亮的愛

占星學中的月亮相當敏感，也會回應周遭的情緒，因此，所有潛藏的焦慮、緊張或情緒往往都會被記錄及記憶。「情緒」代表了一個人對於某種事物的感受，然而，在現代的環境下，因為情商不再受到重視，因此「情緒」這個字也被認為是誇大、懷舊或顧影自憐的愁緒與慈悲。月亮是充滿情感的，即使它的反應不一定能合理解釋或用邏輯表達，但它們也具有本身的意涵。

月亮是情感生活的容器，隨著時間的過去而成為一個保險箱，裡面放滿了我們曾經體驗過並給予回應、卻不一定能夠記住的感官、感受、味道、畫面、氣味及聲音。月亮作為移動最快的一顆行星原型，也是屬於最個人層面的範圍，它只需要 27.3 日就可以環繞黃道一圈。在這期間之內，我們就可以體驗月亮在占星學中的每一種可能性，讓它引領我們進入自己的月亮性格。這個符號深刻象徵著我們內在已經變成的習慣及本能，它也紀錄了我們最早期的情感印象，當我們嘗試回溯，會發現月亮也象徵了過去的感受，無

---

82 詳見由傑夫・格林 （Jeffrey Wolf Green） 所寫的《冥王星：靈魂的演化之旅》
（*Pluto the Evolutionary Journey of the Soul*）一書。

論是個人、家庭、祖先還是文化上的過去,這些都會深埋在月亮之中。

雖說記憶是月亮的一種特徵,但它說的是情感記憶,因此,記憶可以透過收音機播放的歌、某種味道、一個夢境、身體的痠痛與痛苦而被再次喚醒。記憶既不是線性也不具邏輯性,但它是我們對於過去事物的某些強烈印象,理智會嘗試尋找一種合乎邏輯的假設,去整合這些時空裡的熟悉情感。在人際關係占星學中,月亮代表了一個人在關係中所感受到的舒適感與庇護,但它同時也代表了一種熟悉感與過去的時光;因此,當一段關係中月亮成為強烈的面向時,往往會有一種業力的感覺。

在親密關係、家庭關係、激烈關係與充滿情緒的關係中,往往會看到其中一人的月亮合相另一方的軸點、合相或對分其太陽或其他內行星,例如:我們可以看看以下這些著名的伴侶:維吉尼亞‧吳爾芙(Virginia Woolf)的月亮牡羊座 25 度 19 分合相薇塔‧薩克維爾‧韋斯特(Vita Sackville-West)的金星牡羊座 28 度 48 分;阿內絲‧尼恩(Anaïs Nin)的月亮摩羯座 0 度 14 分合相亨利‧米勒(Henry Miller)的太陽摩羯座 4 度 42 分;萊納‧瑪利亞‧里爾克(Rainer Maria Rilke)的月亮水瓶座 16 度 46 分合相露‧安德烈亞斯‧莎樂美(Lou Andreas-Salomé)的太陽水瓶座 23 度;而伊莉莎白‧泰勒的月亮天蠍座 15 度 26 分則合相李察‧波頓(Richard Burton)的太陽天蠍座 17 度 32 分。

月亮在一段關係中所強調的也可能是與家庭及安全感有關。另一對皇家伴侶的例子是日皇明仁及皇后美智子,他們彼此的月亮產生合相,這暗示著關係中的二人都知道另一半在情感、回應、情緒

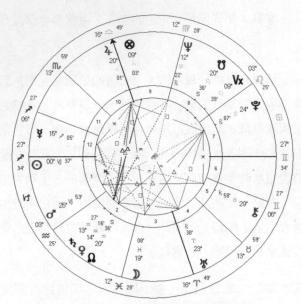

日皇明仁，生於 1933 年 12 月 23 日上午 6 時 39 分，日本東京。

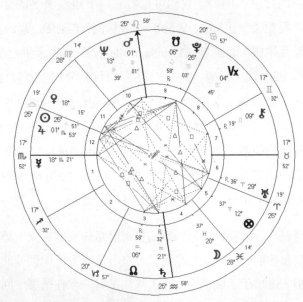

日本皇后美智子，生於 1934 年 10 月 20 日上午 7 時 43 分，日本東京。

及需求上的細微變化，其中有一種自然而然的舒適感、情愫與熟悉感。二人本命盤中的月亮也會在差不多時間經歷相似的行運，雖然這也許會帶來同理心與憐憫，但同時也暗示了這對伴侶可能對於情感生活缺乏一種想法，也可能伴侶的其中一方以相反的意見作回應，試圖重新獲得獨立感。在這樣強大的連結之下，我們值得留意這段關係中的潛力與隱憂，由於這二人的月亮都在雙魚座，這會在中點組合盤中再次出現，並讓關係中的這個形象建立一種強大的持續性。

　　二人星盤中月交點與宿命點的位置也同樣值得注意，他們的出生日期只相差十個月，因此，月交點軸線在這期間也只在黃道上逆行了大概 15 度左右 [83]。明仁的北交點水瓶座 20 度 36 分合相美智子在天底的土星水瓶座 21 度 32 分；美智子的北交點水瓶座 6 度 58 分則合相明仁的土星水瓶座 13 度 27 分，土星並合相明仁自己的金星；明仁的宿命點獅子座 9 度 39 分合相美智子的南交點獅子座 6 度 58 分；美智子的宿命點巨蟹座 4 度 45 分則對分相明仁的太陽摩羯座 0 度 37 分；這些強烈的月交點、宿命點及月亮的互動，帶來了深刻的業力痕跡。

♣ 冥王星的激情

　　雖然過去一段時間，人們曾經懷疑過冥王星的存在，但一直

83　月交點軸線每 18 至 19 個月會在黃道上逆行一個星座。

到 1930 年它才被正式發現 [84]。冥王星以地府之神命名，大概在兩次世界大戰之間進入占星學的殿堂，不久之後就發生華爾街股市崩盤、禁酒時期及獨裁統治的崛起，這些同時性的象徵皆呼應了冥王星的出現。作爲死亡之神，這個原型挑戰占星師們在祂的冥府深處中尋找意義與洞見。

當伊莎貝爾・希琪（Isabel Hickey）在 1970 年出版她那廣受歡迎的《占星學：宇宙的科學》（*Astrology a Cosmic Science*）一書時，當時她認爲需要進行更多的研究，所以並沒有把冥王星寫進去。三年後，她出版了一本《布魯托還是彌涅耳瓦：決定由你》（*Pluto or Minerva: The Choice is Yours*），其中從占星學的角度闡述了冥王星，把它描繪成看不見、在地面無法察覺的能量，但它會在我們的內在深處不停地運作。這股被埋在地底的力量，其「最壞的情況」之下可以引發暴力，但希琪同時也認爲冥王星「最好的情況」是能夠讓人從內在轉化，它們被清理然後重生，並且「從此之後不再處於相同的意識狀態」[85]。

伊莎貝爾・希琪的靈性思考及對於輪迴轉世的信仰，讓她從演化的角度出發去觀察冥王星，我們可以選擇如何去處理這隻充滿慾望、激情、誘惑或野心的野獸，是以光明或是黑暗力量的方式去

84　冥王星在 1930 年 2 月 18 日被正式發現，發現者爲克萊德・湯博（Clyde Tombaugh）。在此十五年前，帕西瓦爾・羅威爾（Percival Lowell）曾經在尋找名爲「行星 X」這顆不知明行星時，拍攝到兩張模糊的冥王星的照片。一個十一歲大的女學生建議把新行星以冥王星命名，並得到羅威爾天文台全體成員一致通過，當時其他的命名建議包括了「彌涅耳瓦」（Minerva）及「克羅諾斯」（Cronus），而當時占星師也一直觀察新行星的誕生，詳見 http://www.astrolearn.com/articles/astrologers-on-pluto-1897-1931/。冥王星於 2006 年被降格爲矮行星。

85　伊莎貝爾・希琪：《占星學：宇宙的科學》（*Astrology, A Cosmic Science*），CRCS Publications, Sebastopol, CA: 1992, 283. 當此書推出時，冥王星或彌涅耳瓦被列爲該書的第二部。

驅使它。傑夫・格林（Jeffrey Wolf Green）在 1990 年代，在其著作《冥王星：靈魂的演化之旅》（*Pluto the Evolutionary Journey of the Soul*）一書中發展了一套稱之爲「演化占星學」（*Evolutionary Astrology*）的理論，專注討論靈魂如何經歷各種輪迴轉世而成長。這套理論其中一個重點是冥王星、冥王星與靈魂之間的關係、以及冥王星在人我關係中所暗示的業力[86]。冥王星作爲行星原型，集詭計、權力、挑戰及精神淨化於一身；在占星學上，它同時類似於靈魂及業力，因爲它引領人們踏入神祕之旅及其淨化過程。在人際關係占星學中，它象徵了激情與慾望，同時也面對禁忌，以及靈魂關係的試煉。

冥王星其中一個標誌是其激烈的情感，它愛恨分明而激烈，全有或全無的極端性格讓冥王星有一種「吸引／抗拒」機制，當受到威脅或感覺嫉妒時就會運作。冥王星在本命盤中的位置及相位有助於找出什麼事物會被帶進人際關係的領域中，當它在人際關係領域中被強調或與內行星產生相位時，我們需要注意這種激情的個性會如何在人際關係的建立過程中出現。

巴比・布朗的星盤中的冥王星在第八宮合相月亮，而在惠妮的本命盤中，冥王星則在第七宮並合相水星，二人的冥王星都在與親密關係有關的宮位之中，暗示著二人互動中的激情與激烈程度。是否要用前世今生的觀點去分析它們，得看占星師本人的世界觀；然而，如果從行星原型的角度出發，冥王星會將過去的事物與一直未被察覺的東西顯現在個人關係中。

年紀相仿的明仁與美智子二人的本命冥王星位置也相當接

---

86 詳見 http://schoolofevolutionaryastrology.com/school/

近，它們都在巨蟹座，由月亮守護，而且都與本命盤的月亮雙魚形成三分相。明仁的冥王星在第七宮並對分相火星，兩者同時與木星／天王星對分相形成一組大十字圖形相位。美智子的上升點落在天蠍座，因此冥王星是其星盤的現代守護星，冥王星與她的金星及太陽形成四分相，賦予她強烈的冥王星特質，這也相當吸引明仁在第七宮的冥王星。也因爲二人的冥王星相當靠近，暗示了美智子的冥王星會加劇明仁本命盤中的大十字相位，雖然二人分享了月亮所帶來的熟悉感，但兩人同時也分享了由冥王星所守護、激烈的原型領域。

第十三章
性格與關係
元素之間的協調

　　當我們開始分析一張星盤時，可以從考量星盤所代表的性格開始，這往往會帶來很多重要的資訊，特別是建立人際關係的強項或弱點。我們在親密關係中，感受到自己性格上的長處與限制並且與之共舞，因此，清楚知道自己星盤中的性格，可以梳理人際關係中的混亂，同時讓我們更能夠包容、欣賞人我的差異性。雖然剛開始，兩個人之間的性格差異也許不會太明顯，但經常會在已經承諾的關係、二人同居一年之後，不同的能量、價值觀、情緒與溝通方式上可能都會慢慢出現。

　　每一張星盤都反映了個人天生的性格，以及這些性格在關係建立中可能會如何運作；不過，首先讓我們從占星學的角度去思考性格的主題。

性格

　　麗茲・格林在 1977 年出版她的第一本著作《建立人際關係的占星指引》（*Relating an Astrological Guide to Living with Others*），在這本書中，她引介了許多榮格的思想並將之擴大，讓人們對於占星學象徵有更豐富的理解。在初版推出近十年之後，麗茲・格林重

寫這本書的前言，並提到了這十年期間占星學領域中所發生的各種發展及演進，當中她特別提到：

「我現在覺得、甚至比過去更強烈感覺，占星學中的四種元素是星盤的重要支柱，就像意識中的四種功能是個性的必要支柱一樣。如果占星師第一步先以個人獨特的元素分配開始分析星盤的話，那麼便已經說出了星盤中的重要精髓，並攤開了此人所有故事的發展模式。」[87]

這對於每張星盤的元素分析賦予高度肯定，並認同了古老的性格（temperance）分析傳統；temper 這個字帶有適度、調整和平衡的意味，此拉丁文字根所指的是一種適當的混合物，是希臘醫學傳統中的一種延伸，其中認為以適當比例去混合不同本質的組合元素，可以促進健康。身體元素由四種元素火、土、風、水所組成，而大自然則被視為四種性質：熱、冷、乾、濕的動態互動；在身體的新陳代謝上，黃膽汁、黑膽汁、血液和痰液這四種體液象徵了身體內的四元素。這四種體液也被用來形容人的四種性格：易怒的／黃膽汁質的、憂鬱的／黑膽汁質的、樂天的／血液質的與冷靜的／痰液質的。性格論有著非常長遠的歷史，源自於古希臘的醫學中對於健康的概念，並一直演進至今；這些理論奠定了占星學中四種元素與三種性質模式的發展，而這些都是讓人們從占星學的角度理解自我性格的最基本入門。

元素的象徵也在占星學以外帶來影響：塔羅牌的傳統發展了權杖、聖杯、寶劍及錢幣四種花式，這些小祕儀牌卡表達了日常生活

87　Liz Greene, Relating, xii.

的本質[88]；煉金術中同樣也有煅燒、凝固、昇華及溶解四個轉化發
展的階段或分類。

　　煉金術師們相信，物質世界的基礎是「原始物質」（prima
material），或稱「最初的混沌物質」，透過四種元素的運作，形
體才能夠脫離混沌而形成。[89] 在人際關係的煉金術中，元素同樣互
相混合在一起，透過性格差異的認知，一種更有覺知的人際關係建
立模式會從原始混沌之中出現，將不同比例及組合的元素混合在
一起會帶來無盡的可能性。作為占星師的我們擁有豐富的傳統及
想像力，去思考每一張星盤中的元素組合其中所代表的意涵，因
此，在分析人際關係時，從元素組合所帶來的性格開始分析是最好
的地方，因為它會指引我們去思考匹配及平衡的問題，也會帶領我
們去質疑自身的不平衡，以及我們如何在自身以外的世界去回應這
一切。性格與生俱來，所以它會呼應、描述我們天賦特質的本命
盤。同時，這些天生的性格也具有心理動力，因為它會指出個人內
在的人際關係風格，以及靈魂回應外界的自然傾向。人際關係會透
過性格差異來挑戰我們，而更常見的是，我們天生的性格會與愛人
及伴侶的性格產生分歧。

　　榮格在他 1921 年首次以德文發行、討論心理類型的論文中提
出了四種心理類型，包括：直覺、感官、思考及情感。他受到煉金
術學說及占星學理論的影響，在以認同占星學具有前瞻性貢獻的
前提之下建構了他的學說理論：那些最初由黃道星座所代表的事
物，之後由古希臘醫學中的生理學語言呈現[90]。此外，榮格也認同

88　Brian Clark and Kay Steventon, The Celestial Tarot, US Games, Stamford, CT: 2006.
89　詳見附錄二的表格。
90　榮格：Psychological Types, The Collected Works, Volume 6, translated by H. G. Baynes and R. F. C. Hull, Princeton University Press, Princeton, NJ: 1971, § 933.

占星學在類型學上所帶來的深遠影響：

「由古代開始，人們就一直積極以類型將個人分類，爲混亂帶來秩序；我們目前已知的最早期例子是東方的命理師，他們巧妙地發明了以火、土、風、水四種元素組成所謂的三角結構。」[91]

榮格的四種心理功能，描述了個人可能如何回應原型世界，這些心理類型可以等於四種元素，就像所有思想體系一樣，它們**不是百分百的相同**，但是，這種比對可以用來擴大及思考占星學的元素。對我而言，榮格的解釋，其價值在於這四種心理類型（直覺、感官、思考及情感）彼此之間如何互相產生關係，並啓發我們去理解兩個人之間的元素互動。占星學的傳統已經發展了很多方式從星盤中去評估性格，而每一種都可以成爲我們以占星學去理解性格的起點。[92]

體液不平衡與人際關係

榮格的類型學將感官及直覺的功能區分爲「感知」，思考與情感則被歸類爲「判斷的功能」，每一種功能也會因爲外向或內向的態度而有所調整。「外向」暗示了心靈能量是往外投向外在的事物、事件及關係，而「內向」則將心靈能量的管道轉而向內。不像外向的人會從外界的反應當中尋找意義，內向的人會從主觀反映中汲取意義；外向的人會享受社交生活，內向的人則會從人群之

91　同前揭書：Volume 6, § 933.
92　如果想了解占星學體液論的長久發展過程，作者非常推介由 Dorian Gieseler Greenbaum 所撰寫的 *Temperament: Astrology's Forgotten Key*, The Wessex Astrologer, UK: 2005.

中退隱。由於對立面的奇特與迷人，這種自然的兩極性在關係建立中經常會相遇。占星學模式有多種不同的方式去思考理解這種兩極性，例如透過陽性及陰性星座與行星、星盤中的北半球與南半球、以及相位組合。正如榮格所言，我們每個人同時有外向與內向的特質，因此每種占星元素及星座都可以透過兩者其一的方式表達。

在占星學上，火元素／風元素星座容易與改變狀況有關，土元素／水元素星座則寧可維持現狀，雖然這種分類方式與外向／內向有點相似，但最重要的是，每一個星座的性格都可以用任何其中一種方式去表現。火元素及風元素星座需要活動、行動及移動，然而這些能量的流動也可以透過往外（外向）或往內（內向）的方式被引導；水象及土象星座天生就比較內斂、小心謹慎、有耐性，這種傾向可以被投射到外在世界（外向）或是保持內化（內向）。

「判斷」類的心理功能整理外在世界，而這些性格也傾向去管理及控制周遭環境，讓它們有組織及有系統，類似於固定星座的特質。「感知」類則傾向自發，在人生的態度上比較能夠適應，就像是變動星座，「感知」的功能會吸收資訊，並保持選擇的開放性。這種性格上的差異，再一次在人際關係中以最簡單的方式相遇，最常見的通常是日常生活的習慣，伴侶其中一方可能會想要自發性地行動，另一方則比較喜歡有計劃；其中一方看見細節，另一方則看到大格局。

開創、固定、變動這三種特質，在性格上扮演了重要的角色，這些特質模式影響了自然的能量表達。雖然每一種元素可以代表一個季節，而每種特質模式則代表了每個季節的那三個月：開創

星座代表了季節的開始，而在性格上，它是自發和躁動的；固定星座代表了穩定，是一個季節的第二個月，在性格上，固定星座傾向一致及持久性，並且往往抗拒改變；最後，這個季節的結束，而當中的變動性由變動模式所象徵，作爲一種性格，它暗示著彈性及經常的不穩定。這三種特質也可以被視爲是一個完整的過程，其中開創是一個開始，是一個創新的想法及啓動式的行動；固定是過程的中間階段，概念的種子會在這裡建立創造，帶來形體；變動則是最後成品的發佈散播，並結束整個過程。

在占星學上，有許多榮格學派與占星類型之間的比較：

榮格的分類	占星意象
直覺	火元素
感官	土元素
思考	風元素
情感	水元素
外向	地平線（上升／下降軸線）以上
內向	地平線（上升／下降軸線）以下
感知	變動星座、牡羊座／天秤座的開創兩極
判斷	固定星座、巨蟹座／摩羯座的開創兩極

榮格學派的模式讓占星師們更加了解四種元素在心理學上的表現、以及它們在人類心靈上的運作。就像古代的導師，榮格認爲每一種性格組合都有其獨特的功能，比較容易接觸、成爲習慣，因此，也會掩蓋了其他功能。在理論上，四種類型之一會比其他三種更容易被意識到，這種元素也是自性最容易認同的，榮格稱它

爲「優勢的功能」，認爲它會得到心理上的對立面或無意識的輔助；後者榮格稱之爲「劣勢的功能」，這些劣勢功能會是最難以被意識到的。

所以，如果其中一種心理類型主導意識，它的心理對立面會被貶到無意識之中，這正是我們透過人際關係所意識到的無意識元素。榮格把不同的心理類型以「優勢／劣勢」的對立模式，將類型配對爲「思考／情感」、「直覺／感官」，反之亦然。例如，如果某人的心理主導是思考類型，那麼情感自然成爲他的劣勢功能，在現實經驗中，這說明我們無法同時間運作思考及情感，於是這兩種級性中的一方便癱瘓了。從性格的角度來看，如果我們是思考類型的話，情感就會變成像是復仇女神涅墨西斯（Nemesi）一般，在我們所有的人際關係中一次又一次的遇見她。

劣勢功能會以各種方式在意識中發揮其影響力，最常見的方式是投射到別人或事件上、口誤或環境中的目標；它也可能透過某種疾病或沉迷的方式，讓人驚覺需要自我注意的部分。同樣地，自我也會因爲劣勢元素而充滿能量並被啓發，劣勢功能就像是童話中最年幼的弟弟，看起來遲鈍又愚笨，但他會以自己的方式去解決王國的危機。也就是說，我們身上的劣勢元素會成爲我們的英雄，但它經常會被投射到別人身上，特別是我們的夥伴或伴侶。

在榮格的心理對立的分類中，思考（風元素）在心理學上與情感（水元素）對立，直覺（火元素）則與感官（土元素）對立；在占星學的語言上，則代表了風元素在心理上與水元素相對，而火元素在心理上則與土元素產生對立。榮格認爲有一種「輔助功能」作爲優勢功能之下的第二功能或是支援角色；對於思考來說，直覺是

它的第二功能，對於感官來說，這種支援功能則是情感。

思考（風元素）		情感（水元素）
	半六分相	
	四分相	
	150 度相位	
感官（土元素）		直覺（火元素）

　　在黃道上，風元素星座與水元素星座之間相距了一、三或五個星座，同樣地，火元素與土元素之間也是這種角距關係。從傳統觀念看，這構成了一種困難的角距關係或相位，這些關係構成了一種不和諧或是傳統上複雜相位中的半六分相位、150 度相位還有四分相。這些充滿挑戰性的相位結合了心理學上相對立的元素，當這些元素配對在星盤中備受壓力或在星盤比當中被強調時，它們形成一種性格上的對立。當行星落入這些相對立的元素時，它們在意識上傾向支持其中一顆行星，但同時又否定另外一顆行星；透過劣勢功能或劣勢元素表達的那一顆行星也許會更容易被投射、否定或壓抑。

　　透過人際關係，我們認知到自己處於劣勢的類型，或是弱勢、缺乏的元素，例如：熱忱的火元素可能會覺得土元素的沉穩非常鎮定，而小心謹慎的土元素則認為火元素的自發性令人振奮。剛開始，這種配對似乎非常合適，但隨著時間的經過，如果缺乏覺知及妥協的話，兩人的性格差異會越來越難以處理，火可能會對土元素的動作慢感到不耐煩，而土元素則會被火元素的活動干擾。剛開始，風元素會被水元素的照顧及關心吸引，而風元素的刺激及見解也會吸引水元素；但在沒有注意到這種動能之下，彼此的魅力會漸漸消退，風元素會因為水元素的關注而感到窒息，而水元素則會因

爲風元素毫不在意感受而覺得被遺棄。

性格四元素

正如之前所述，性格是天生的，因此，它符合占星學的思考模式，並可以用火、土、風、水四種元素加以說明。每種元素的三個星座形成一個神聖的大三角——一個代表和諧及平衡的幾何結構，讓我們逐一探討每一種性格。

♣ 火元素：牡羊座、獅子座、射手座

未來導向的火元素傾向生氣勃勃、熱忱、樂觀、能夠被激勵，並受到創新的概念及想法啟發。火元素看起來自信滿滿又喜歡到處探索，勇於冒險並排除萬難，而其心理上的對立面——土元素對這種外放態度格外敏感，並經常感到威脅及受限，因此，火元素會難以展現或難以接受現實，並感覺受到架構及規則的限制。火元素不想受到細節干擾，想要讓人看到更大的畫面，所以火元素的信念及視野所帶來的精力及熱情也可能充滿了不切實際。

火元素因慾望及熱情而燃燒，並會忽略了自己憂鬱的那一面，而這一面也許容易籠罩在伴侶頭上，就像是一件黑色沉悶的斗篷。火元素難以處理負面情感，會排斥伴侶抑鬱的原因，不會認爲它們是更深層事物所表現出來的徵狀，而認定它們只是單純的渴望尋求關注。這有可能會導致對於負面感受的過度補償作用，透過不斷證明自己或是冒著不該冒的險、採取不當的行動；過於自信的人

格面具背後，往往隱藏著不安全感。

火元素的性格是躁動的，會不斷地尋求刺激，並受到新奇、刺激、充滿希望的事物吸引；這個元素喜歡探索，尋求解答、想法或概念去滿足內在深切的渴望，真相、原因及道德是他們追求的動機。然而，如果缺乏實際的態度，這個冒險之旅經常會讓想要尋得啓蒙的熱切之心，被假大師及僞預言家澆熄；他們需要純粹的視野，但卻往往同時要面對自己的無知。

在占星學中，火元素呼應心理學中的直覺類型，直覺類型有一種期待，不需要經過意識的過程就得到答案，並深信自己是正確的，一種堅定及期待的氛圍通常伴隨著肯定的態度；直覺比較容易去質疑事物的意義，而不是接受既有的信念或事情的表面價值。在能量上，直覺類型的能量是間歇性的，最初會表現出強大的能量及熱忱，接著則是筋疲力盡及崩潰，他們本質上會不自量力以及承諾太多。直覺類型的人可以運用自己的預感，將不同的想法連結在一起，並得出結論；他們能夠看到整體模式，並賦予它們一種具創造力的想像及視野。

因此，當火元素向外表現時，它們會想大步往前走，用讓人意想不到的速度去完成事情。因爲這些人的直覺非常強，所以也可以非常快速的被啓發及激發，在任何事實或模式還沒確立之前，就已經看到整體的大格局。因此，一方面他們可能會一直追尋理想；但另一方面，他們也是偉大的推動者、發明家及推銷員。外向的火元素是一股具推動力的能量，是一個讓他人相信自我潛能的教練或老師，無論這些潛能是真實存在還是只是流於想像；而內向的火元素則是一個畫面，編織夢想的人及預言家，擁有敏銳直覺的他們可以

看透及看穿眼前的世界，但他們的弱點則在於耐性及思考。

　　當火元素轉而向內時，直覺會被引導往內在生活及想像的世界，兩者會結合並創造出藝術家、神祕學家、詩人與預言家；但同時也可能會成為錯誤引導、被誤解、不被看見的人，就像是朋友之間謎一般的人，他們會覺得自己無法向外在世界表達自己內在多面向的世界。

✢ 土元素：金牛座、處女座、摩羯座

　　土元素踏實而具生產力，努力創造具體、可以真正摸得到的東西；雖然土元素善於累積事實，但也經常忽略了其中的連結所產生的重要性或意義。土元素的功能在於肯定事物的存在，並運用五感作為衡量現實的方式，任何超過身體五感的事物都是可疑且不真實的。與傾向使用直覺的火元素不同的是，土元素利用的是感官所帶來的身體上的肯定，榮格稱這為「感知」（perception）：「由感官及『身體的感覺』所傳達的感知。」[93]；土是物質世界的元素，這個現實世界也是所有心理類型習慣轉向的世界。

　　土作為賦予形體及物質的元素，資源及財物對於土元素而言非常重要，當代的價值觀及物質價值的象徵——金錢及財物——正是其中的代表。土元素對現實世界有一種親密性，它同時與大自然、無生命的事物及財物建立關係；雖然它們需要注意是否過度認同物質主義，但土元素的天賦在於資源管理、物質上的安全感、以及天生想要完成工作的能力。在心理上，土元素是一個人的價值觀

93　榮格：Psychological Types, The Collected Works, Volume 6, § 703.

及自我價值。

　　土元素需要在人際關係中畫下界線，但不會斷絕其中的活力；它要建立一段穩定的關係，但同時不會變得太僵硬或墨守成規。土元素與火元素不一樣，它天生傾向慢慢行動，小心謹慎地進入一段關係之中，對於需要穩定及安全感的土元素來說，人生是否為它帶來持續性及架構這一點相當重要。雖然土元素看似被動，但當它的安全感受到威脅或當珍貴的東西被拿走時，它們絕對不會讓人予取予求。土元素對於人際關係相當認真，因為它需要投入情緒、心理及經濟的資源，當中包括時間；當土元素類型的人感到不安的時候，他們的占有慾及控制慾會變得強烈，限制對方的自由與隱私。在關係中，控制、擁有及平均分配資源會變成重要的議題。

　　改變並不是土元素的特長，由於土元素喜歡經常不變，人們往往會把它的固定及關係中的閒散態度誤解為倚賴；當對方沒有投入相同程度的的忠誠度、責任感或可靠度時，他們會感到失望。在這個瞬息萬變的世界，我們往往會忽視了土元素，當土元素被忽略時，我們想要放鬆、活在當下、享受時間慢活的這些能力，都會被逐漸犧牲掉。

　　感官類型的人就像土元素，倚賴他們的身體感覺去決定事物的價值，他們並非憑著理智或概念去判斷特定狀況，而是去衡量及評估當自己親身經歷時所能得到的愉悅或感官體驗。就像榮格所提出的：「他們唯一的價值標準在於他們的客觀特質能夠產生的激烈的感官體驗。」[94] 一些常見的表達，例如：「社會精英」、「講求

94　同前揭書：Volume 6, § 604.

實據」、「實事求是」、「腳踏實地」等都能夠形容感官類型的人，他們是事實的觀察者，實際而且安於跟隨前人已被證實是成功的方法。他們非常熟悉細微問題、細節及說明，並會對象徵、標誌及隱喻心存懷疑；當有人示範、展示、或有一本說明書指導他們怎麼做時，他們會學得很快。感官類型與直覺類型不同的是，他們傾向把整本使用手冊從頭到尾看完，他們安於一步一步來，但當他們完全掌握技巧之後，就會比較安心去探索其他可能性。在能量上，他們傾向按照自己的節奏行動，畫下適當的界線，並且與自己的身體結合。

當土元素以外向類型表現時，危險之一是過度依賴物質，甚至在極端的情況之下被物質控制。對於外向的感官類型來說這也許會比較難以處理，因為他們天生就自然地被物質世界及具體的東西吸引，這種類型的人會尋找那些能夠激發強烈感官體驗的東西、人物及處境；他們實際、踏實與就事論事，善於處理、維修及手工藝。但是，正是這種努力不懈與競爭心理，使他們也許會在不自在時，以此作為防衛機制，做其他的事讓自己不去感覺，並讓自己看起來沒有在這段關係之中。

內向的土元素並不依賴外在世界的感官及物體，而是往內尋找愉悅及刺激，他們經常會發展出高度的身體敏感性，注意細節、材質、聲音及人聲的轉變。因為他們如此活在當下，也許會讓他們難以去預知未來，因為他們太過依賴當下所參與的事情，往往不知道這些事將會帶領他們往哪裡去。

✤ 風元素：雙子座、天秤座、水瓶座

風元素尋求多元的經驗，並透過各種不同的人際關係去分享它的想法及經驗，它有時候會不顧隱私及自制。人際關係會引發各種好奇心，風元素喜歡求知及互動的態度，經常會讓人誤解爲想要發展更深一層的情感關係，或想要變得更親密的意思。風元素會將客觀態度及疏離感作爲建立人際關係的擋箭牌，運用智慧去批評情感遭遇中的不理智；他們對人際關係的分析以及對於空間和距離的需求往往具有防衛功能，保護它們避免受到建立人際關係所帶來的不確定與失控影響。

風元素所關心的包括溝通、醞釀想法、發展語言、與他人發展連繫、以及人際關係的建立過程；風元素學習很快，而且能夠抽象思考，它對人生抱持理智的態度，並經常害怕無意識中的不理性及神祕。爲了解自我及其背後動機，風元素需要公開談論及分享自己的感受；也正是透過討論這些情結及混亂感受，讓風元素的人感覺到情緒。風元素講求觀點及距離，因此它與人切斷關係的能力往往十分有用，而它同時也可以用來保護自己的情感及內心。雖然風元素需要公平公正，但當面對重要決定時，它也會猶豫不決、並逃避不去確認那些有爭議的議題。

風元素與所有元素一樣，也需要人際關係，它對於平等議題、分享以及建立關係的理論感到自在，但當涉及親密關係及情感的忠誠時則往往會感到困難。對於風元素來說，嘗試人際關係的各種可能性是最自然不過的事情，這可以滿足它的好奇心及求知慾。風元素類型的人需要很多空間，無論是情緒、身體還是心理

上，然後它們才能夠安心的「定下來」。改變是風元素的天賦能力，如果缺乏足夠空間時，風元素會感到窒息及無法呼吸，這會讓他們越來越焦慮。關係中各種層面的溝通都很重要，雖然風元素想要凡事都說清楚、講明白，但是在情感上它經常很不清不楚、含糊其詞，偷偷摸摸而不是光明磊落。

榮格這樣形容思考類型的人：「在心理功能中，這種類型的人會跟隨自己的規則，將自己的理想變成與他人之間相互的概念性連結。」[95] 一個思考功能高度發展的人傾向以一種具組織力、有系統的方式去接觸世界，他們所作的決定都經過計算、權衡輕重及客觀判斷，盡其所能地讓自己免於受到感覺的影響。他們能夠將想法及觀念連結成有秩序、線性的理論或概念，而且傾向於獨立及自給自足；不過，他們對於邏輯及理性的強調，可能會不小心傷害到別人。

外向風元素的人生哲學及道德觀帶有一種強烈的利他主義，而且往往會傾向大眾共識所影響的立場；因此，風元素向外表現時，他們的思想、想法及溝通會圍繞著社會的脈動及流行，無論是否贊同，它們都需要引起社會話題。外向的風元素善於思考、組織事實、理解及分析，然而這種執迷也可能讓他們脫離渴望的社交圈。當風元素向外表現時，想要建立人際關係的渴望也許會變得非常理想化，以致於他們會發現自己被認為是難以溝通或過於冷漠；正義與真理固然重要，但這些東西也可能讓他們逐漸失去家庭及個人的情感及價值。

當風元素轉向於個人的內在時，他們敏銳的推斷力及批判能力

95　同前揭書：Volume 6, § 830.

會集中向內，讓他們能夠釐清思想及了解複雜的事；與其追求寬廣的思想，他們更想要的是深度思考。當風元素專注而向內時，很容易就會察覺公式的錯誤、不合邏輯的陳述及不正確的標點符號，但這種批判性的思考也可能轉而向內，成為自己最苛刻的批判。他們可能更投入於理想及原則而非情感及建立關係；但是透過複雜的人際關係，過去曾經分析、梳理及處理過的情感有可能會再次被喚醒，並深深地撼動他們的心。

✤ 水元素：巨蟹座、天蠍座、雙魚座

就像大自然中的水一樣，水元素緩慢而彎曲的流動並且改變路線，在可見的表面上潮起潮落。水元素類型的人會被他人的「共鳴」所吸引及排斥，經常無法清楚說明是什麼隱形的線拉著他們進入一段關係，或是怎樣的衝動讓他們離開。水元素在情感上是理想性的，可能會因為情感或是對他人的同情心或同理心而陷在一段不實際、功能失調的人際關係中。

水元素近似於本能地能夠察覺及領會他人的痛苦與絕望，他們善於察覺別人的需求，並且習慣、自動且默默地滿足別人的需求；即使對方沒有提出，水元素類型的人也經常想要抒解別人的痛苦、傾聽別人難過的事、滋養那些破碎的心。但是當這些感受並非是雙向時，他們會覺得情感沒有得到支持，對於水元素的人來說，這種被遺棄的感覺及情感上的不平等會帶來無比的痛苦，但對於他們難以學會的抽離來說，這畢竟是必修課程。水元素會模糊自己與他人之間的界線。

　　水元素的表達往往缺乏適當的界線，強調與他人結合的渴望，無意識的想要抹去與他人之間的差異與界線，但這會讓水元素暴露自我，缺乏保護及變得脆弱。水元素重視情感生活，不只是在自我的層面，也包括與他人的親密關係，家族及祖先的模式會透過水元素傳承，其根源深植於深刻的集體意識中。水元素容易被控制或受到迷惑，他們透過屈服在複雜的情感中而讓自己可以逃避，或是以改變心情或扭曲知覺的方式得到解脫，而這些方式可以透過自然也可以經由藥物，水元素渴望能夠從世俗之中得到釋放。

　　正如我們所知，水元素是心靈元素，並會與周遭的事物融合為一；然而，水元素同時也能夠揭開可見的世界與看不見的世界之間的帷幔，它對於象徵及符號有一種自然而然的喜愛，天生傾向於想看到根源而不是徵狀，並且能讀出事情表面之下真正的情況。水元素本質上沒有形體，需要容器盛載，如果沒有承載物，它可能會侵入或侵蝕而不可收拾，水元素的性質會吸收、同化環境中的事物。在心理學上，水元素難以釋放情感的影響，並會慢慢收集情感生活的片段及回憶，這是懷舊與感性的元素以及深刻的親密關係及結合。

　　情感類型的人會以自己認為重要、有意義的價值去做出決定，榮格認為情感是一個主觀的過程，它會影響做出判斷的方式 96。一般來說，這些人強烈地需要人際關係中的和諧，感情類型的人即便抱怨也會傾向於配合對方，好讓關係能夠和諧。

　　對於外向的水元素類型來說，情感是激烈的，而且往往讓人無從招架，這可能是例如：從恨到愛的強烈情感反應，或是從憂鬱到

96　同前揭書：Volume 6, § 724.

溫暖的感受；他們能夠快速地建立依附，而且在互助合作、充滿和諧的氣氛中最能發揮，而他們也經常對於負面情緒與批判過度敏感。外向的情感會讓人看見，或是像英文的說法「把心穿在袖子上」一般流露情感。

榮格以「靜水流深」這句話去形容內向的情感類型 97，他們難以被解讀，經常被誤解爲冷漠或麻木，因爲他們的沉默經常被誤認爲是沒有興趣，因此，這些人看似充滿神祕感、具有吸引力或充滿魅力。然而這些人的內在是很拘謹的，面對他們的理想標準讓他們難以衡量自己，因此他們經常陷於自我懷疑及不如別人的痛苦中。雖然內向的水元素可能經常感到憂鬱，但是他們豐沛的內在情感會爲其人生經驗帶來靈魂及熱情。

劣勢元素

所謂劣勢元素，即是星盤中發展較少的元素，也許稱它爲「內在的元素」會比較生動，因爲它是意識及外在世界最少接觸到的元素，這也許是沒有任何行星落入的元素，或是在心理上與主導元素相對立的元素。劣勢元素沉默而強大，但它難以被清楚的意識到；因此，有些人也許會滿懷熱情地探索這些元素，彷彿它是一種召喚、魅力或執迷。星盤中缺乏的元素會形成一道缺口，缺少的元素力量會塡滿心理的這個眞空地帶、耕耘這一塊空間，並邀請個人去發展這種能量。聖女貞德聽到一種聲音、追隨自己的願景、激勵法國軍隊，最後悲劇性的死於火刑成爲的女英雄，而火正是她星盤中所缺乏的元素；維吉尼亞・吳爾芙也被星盤中

97　同前揭書：Volume 6, § 640.

所缺乏的元素淹死，雖然她的星盤中缺乏水元素，但她的文字動人而且引起共鳴，文字喚起了情感並帶來撼動人心的影響力；海倫‧凱勒（Helen Keller）發展了一套溝通方式，讓過去無法與他人建立關係的身障人士可以進行溝通，她的星盤中缺乏風元素，但她不斷探索讓自己跨越了這個界線，並幫助別人互相溝通；米開朗基羅（Michelangelo）的星盤中冥王星是唯一的土元素，這顆行星在他的時代尚未被發現，雖然星盤中缺乏土元素，但他仍然能夠從冰冷、毫無生命力的大理石之中雕刻出無比的美麗。

在占星學中，缺乏的元素存在著巨大無比的力量，這股力量的推動力是其背後想要被認知的渴望。劣勢元素可能被投射到別人身上，把我們覺得自己缺少的特質賦予對方。在某程度上，劣勢或缺乏的元素就像是命中注定，因為我們必須與它建立關係，即便我們不是在自己身上看到它，也會透過別人身上找到它，這種消失的功能經常會偽裝成我們的伴侶、老闆、父母及子女出現。然而，正是透過成年後的重要人際關係，讓我們察覺到自己與伴侶之間的不同，而更加意識到自己的性格。因為劣勢功能想要被看見，因此，它往往會在人際關係中爭取存在感。

占星學中也有對立的系統，它出現在自然的黃道帶之中：火元素永遠與風元素對立，土元素則與水元素對立。占星學中的這種對立，相對來說比較像是功能上的互補，我們會把每一組對立視為軸線，而不只是單純的對立；雖然它們視覺上彼此對立，但軸線上對立的兩個星座彼此卻是存在著相似極性的夥伴。占星學中的對立鼓勵人們和解並察覺這些差異，然而，當一組占星學的對立被拉扯到極限時，這條軸線也許會變得非常失衡，以致於相對立的能量會被打壓到無意識之中。

占星學軸線的對立	榮格學派動力的對立
火元素－風元素	火元素－土元素
土元素－水元素	風元素－水元素
這些星座是自然兩極的一部分	這些星座在心理學上有著對立的觀點
牡羊座－天秤座 金牛座－天蠍座 雙子座－射手座	火元素： 牡羊座 / 獅子座 / 射手座 | 土元素： 金牛座 / 處女座 / 摩羯座
巨蟹座－摩羯座 獅子座－水瓶座 處女座－雙魚座	風元素： 雙子座 / 天秤座 / 水瓶座 | 水元素： 巨蟹座 / 天蠍座 / 雙魚座

元素的組合

　　元素恰當地暗喻著人類的性格，它們在大自然中組合的方式也同樣暗喻著它們在心理層面上可能的結合方式。人際關係提供管道及機會讓我們去處理這些難以在我們身上結合的元素；透過在人際關係中元素差異的混合，使我們更能包容自身性格的矛盾掙扎。

　　元素的組合產生特定相位，因此，在人際關係的分析中，這同時突顯了行星之間的相位。當兩顆或更多行星分別落在火元素與土元素、或是風元素與水元素時，它們會形成半六分相、四分相或150度相位；同樣地，火元素與水元素、以及風元素與土元素的組合也同樣是情結性的組合，同樣形成半六分相、四分相與150度

相位這些傳統中的困難相位。當兩顆行星同時落在陽性或陰性星座時，它們會形成六分相或對分相；而落在同元素星座的行星則會形成合相或三分相。了解元素組合同時可以幫助我們去認識相位的意涵，以下表格總括了在自然黃道帶中所形成的這些組合。接近星座 0 度前後的行星可能會帶來不同元素的組合，這也許會為相位帶來微妙的影響，例如：當落在牡羊座 2 度的行星與雙子座 28 度的行星形成四分相時，雖然這仍然是四分相，但因為兩顆行星同樣落在陽性星座，這會緩和一般四分相平常帶來的內在張力。

相位	元素組合
合相	火—火，土—土，風—風，水—水
半六分相	火—土，火—水，風—水，風—土
六分相	火—風，土—水
四分相	火—土，火—水，風—水，風—土
三分相	火—火，土—土，風—風，水—水
150 度相位	火—土，火—水，風—水，風—土
對分相	火—風，土—水

除非是分離相位（落在星座 0 度前後所產生的相位），否則兩個人本命盤之間的相位互動真實體現了元素的組合。當觀察兩個人的星盤時，首先注意元素如何結合或分開，這種練習能夠讓你意識到兩種心理類型如何一起運作，然而，這也同時能夠讓你去思考相位的運作。讓我們來看一下比較困難的元素組合。

火元素與土元素在心理上並不協調，因為土元素努力想要以現實、實際的方式去體驗人生；在大自然中，土可以滅火，但火也能瓦解土。如果想要在關係中同時發揮火元素與土元素，我們要刻意去意識到這兩種元素在性格上的差異：火元素是理想主義而且強調直覺，重視未來的各種可能性；而土元素則以現實主義活在當下，並安於現實。土元素不喜歡被催促，火元素則不想要一直原地踏步，當兩個人需要面對這個組合所帶來的緊張感時，透過結合願景與務實的態度，二人便可以滿足、完成非常多事情。然而，他們也需要好好處理這種緊張感，讓關係不會因為強調其中一種處事方式而造成不平衡。在處理這種元素差異時，二人需要找到理想主義與務實應用之間的正確比例。

火元素與水元素同樣不適合，本質上水可以熄滅火，那麼這兩種元素之間有何共通之處呢？首先，這兩種元素都非常熱情，因為在自然界中，火／水的結合可以產生蒸汽；其次，兩種元素都有理想主義的人生觀，同時當它們被引導之後，會帶來高度的創意及投入；第三，兩者都是溫暖而迷人的元素。因此，當二人要處理這兩個元素所帶來的性格差異時，有效的方式之一是要知道兩者之間是相似的，只是表達方式有異；兩者都需要在自己所做的事情當中得到滿足感、熱忱參與、並能夠自由地表達他們的元素創造性。然而，火元素望向未來，水元素則轉向過去；火元素強烈地表現情感，水元素則傾向稍作等待；火元素覺得會被水元素的敏感牽制，水元素則會覺得被火元素的莽撞而瘀傷。對於二人來說，重要的是要清楚彼此的人生本質傾向非常不同，因此，他們需要建立足夠的空間及時間，讓這些差異找到調解之路。

風元素與水元素同樣難以共存或處於同一空間，風元素傾向客

觀，水元素則傾向主觀。至於在建立人際關係上，風元素疏離，水元素緊密；風元素需要空間及距離，水元素則需要親密及支持。這是一支棘手的舞蹈，當其中一種元素接近時，另一元素會躲開，因此在人際關係中，這可能是一種困難的組合，因為水元素對接觸與情感連結的需求，會讓風元素感到窒息，水元素則會因為風元素的疏遠及難以親近而感覺受傷；但當取得平衡之後，這兩個人會發現他們一起創造了一個整體畫面去了解這段關係的本質。當這兩種元素在一起之後，兩個人在建立社交生活與私人生活的界線方面合作無間，雖然風元素需要自由而水元素需要親密，但透過覺知與包容彼此的差異，他們可以為了家與關係而好好處理這種分歧；持續的溝通、覺得自己的話被聽見、能夠盡情表達自我感受，皆是其中的關鍵。

　　風元素與土元素需要我們付出刻意的努力，才能讓這兩種特質互相協調。在自然界中，我們知道風如何吹散泥土，風元素傾向有一種吹散的能力，會削弱土元素的決心；當土元素安於框架之內享受穩定的同時，風元素則需要距離、空間及流動性。這正是這兩種元素所面對的兩難，它們專注不同的道路，並跟隨不同的時間表，因此，協議與排程是必須的，兩個人充分溝通，知道什麼時候需要完成哪些事情，有效率的管理彼此的時間，這也同樣重要。兩人都需要一份日程表：對風元素來說，它需要的日程表是概念性的，但土元素需要的則是真正的時間表，當二人合為一體時，這需要被清楚討論、排好時間並善加管理。對於他們來說，首要的是在某人以正確的方式做好自己事情的同時，也要為對方負責。這兩種元素的組合也會帶來貧脊與乾涸，因此，兩個人需要一些方式，促進彼此的情感連結與互相牽絆。

探討性格的方法

以星盤中占星學的平衡去確認性格的方法並不如我們預期的直接，中世紀的占星師使用上升點、月亮星座及其守護星、月相及誕生的季節去評估性格；占星軟體可以根據必然尊貴、行星的元素等等去計算出一個分數，但那只是一種技巧，並不是性格的真相。重要的是星盤被用來確認個人性格上的平衡，使他們更能夠自我管理，也更能意識到自己的天生傾向。元素能量從出生就存在於星盤的所有面向，例如：相位、宮位及所有行星本質中。

我們無法因為某人星盤中有某個主導元素，就假設他會認同這個元素成為優勢的心理功能，因為環境的因素、祖先的影響、家庭的氛圍、出生的排行、教育等等都可能是強調元素的主題，而這些主題也許並非從出生開始就存在於星盤之中。一個有很多行星落在風元素的人，他的父母與手足也許星盤中強調了水元素，而他在如此的環境中長大，這也許會為他帶來影響，讓他捨棄了自己的天賦傾向，並發展出強調水元素的特質，讓自己融入家庭生活之中。雖然風元素也許是他星盤中突顯的元素，但水元素卻主導了家庭的氛圍，因此這個人仍然會比較熟悉水元素，雖然這並非他的優勢元素。榮格雖然認為：「占星學對元素剖析簡單而客觀，但那畢竟是對於出生一刻的描述」[98]，而人類的精神面並非那般紙上談兵，身為人類，我們的平衡會隨著時間的過去而產生各種變化，突顯不同的元素。

當「天賦」的心理功能在意識中被另一種功能取代時，榮格

98　同前揭書：Volume 6, § 934.

稱此情況爲「倒置的功能」（inverted function），比較流行的說法爲「轉換類型」（turn type）。珍·辛格（June Singer）把轉換類型定義爲「某人因爲環境的力量而嘗試某種心理類型，而這類型並非他天賦的優勢功能，反而是劣勢功能」[99]。我們相信此類型是某人天賦性格的對立面，雖然我們也許能夠找到每張星盤的元素平衡，但這無法保證這個人能夠發展出這種性格。

當我們專注於元素時，可以跟隨不同的步驟，嘗試找出一張星盤中的「元素分量」。我最先考慮的是**每一顆行星的重要性**，因爲行星會透過特定星座運作，而這些星座是每種元素中三個星座的其中之一。包括發光體與上升點在內的內行星是個人能量，也會對個人性格帶來重大的影響；因此，我會認爲它們的位置在元素考量中比較重要。太陽、月亮與上升點這三位一體對性格影響最大，這也表現出它們的極高分量，由於上升點是軸點而不是行星，因此我認爲上升點與其守護星分量相當。外行星在元素中代表了世代的能量而非個人能量，因此，我認爲它們的比重比內行星少。

這個方法可以有各種不同的變化值得討論，但爲了進行探討，我評估行星與軸點的分量是爲了測定它們的性格，而並非測定它們的力量。我發現專注於行星的元素及性質，有助於讓我去考量它們在人際關係中所代表的性格，以下工作表正是我所使用的指引，本書的附錄中有一些例子，示範這張工作表該如何使用。

99　珍·辛格：Boundaries of the Soul, Anchor, New York: 1972, 206.

性格工作表

姓名：＿＿＿＿＿＿＿＿＿

行星或軸點	星座	分數	元素				性質		
			火陽	土陰	風陽	水陰	開創	固定	變動
上升點		4							
上升點守護星		4							
月亮		8							
月亮的支配星		2							
太陽		8							
水星		5							
金星		5							
火星		5							
木星		3							
土星		3							
天王星		1							
海王星		1							
冥王星		1							
		50							

總分：火＋土＋風＋水＋開創＋固定＋變動＝ 100

填補缺口

當我們在本書第四章引用安潔莉娜·裘莉的星盤時，明顯看到她的星盤沒有任何行星落在土元素，唯一落在土元素的軸點是她的下降點。布萊德·彼特的星盤有充沛的土元素，但他缺乏水元素，分析如下：

火	土	風	水
19	25	5	1

安潔莉娜的上升點與金星都在水元素巨蟹座，金星與上升點的緊密合相落在布萊德的宿命點上，並對分相他落在摩羯座的月亮／金星合相，這的確暗示了一種強烈的情投意合，但同時也讓我們注意到安潔莉娜在土元素的缺口及布萊德水元素的空白如何在這段關係中得到填補。他們也分享了豐富的火元素，因此他們可能會分享熱情與理想，但卻會在情緒與日常現實層面中面對彼此的差異。

讓我們看看另一對伴侶：維吉尼亞·吳爾芙與薇塔·薩克維爾·韋斯特，正如前述，吳爾芙的星盤缺乏水元素，這導致了水元素心理功能的對立面風元素成爲了主導元素。當計算元素平衡時，作爲水元素心理功能對立面的風元素，也成爲星盤中最具代表性的元素。

	火	土	風	水	開創	固定	變動
維吉尼亞・吳爾芙	8	14	28	0	13	25	12

　　主導的元素為風元素，同時缺乏水元素；優勢性質為固定，而最缺乏代表性的性質則是開創與變動。當我們將這些組合成為星座或特徵時，主導的是固定的風元素或水瓶座；劣勢特徵是開創的水元素或變動的水元素，或是巨蟹座或雙魚座。

　　星盤中缺乏的元素尋求表達的方法之一是透過建立人際關係。薇塔・薩克維爾・韋斯特是吳爾芙的親密伴侶之一，這不僅指性愛上，更包括創作上，二人也有一段歷久不衰的友誼。薇塔的太陽在雙魚座，月亮在巨蟹座，這正是吳爾芙的劣勢特徵，也是性格

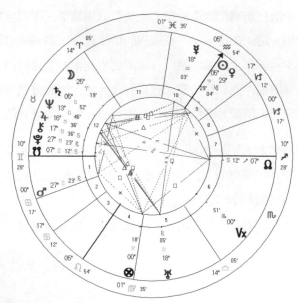

維吉尼亞・吳爾芙，生於 1882 年 1 月 25 日下午 12 時 15 分，英國倫敦。

上彼此吸引的一個例子。

薇塔・薩克維爾・韋斯特的元素平衡如下：

	火	土	風	水	開創	固定	變動
薇塔・薩克維爾・韋斯特	10	11	2	27	19	1	30

　　她的主導元素為水元素，最缺乏代表性的是風元素，優勢性質是開創與變動，最缺乏代表性的性質是固定。當我們把這些組合起來成為一種特徵，會得出主導的是開創或變動的水元素，也就是巨蟹座與雙魚座；劣勢特徵則是固定的風元素，也就是水瓶座——吳爾芙的太陽星座。在二人的關係中，其中一方所缺乏的元素，往往會由另一方填補。

	火	土	風	水	開創	固定	變動
維吉尼亞・吳爾芙	8	14	28	0	13	25	12
薇塔・薩克維爾・韋斯特	10	11	2	27	19	1	30

　　當熟悉個人的性格之後，我們就可以開始探討它會如何影響人際關係。人際關係占星學讓我們有機會看見性格上的差異，當我們意識到這些差異之後，便可慢慢包容並接受關係中的另一人。

薩塔・薩克維爾・韋斯特，生於 1892 年 3 月 9 日上午 4 時 15 分，英國諾爾莊園。

第十四章

不存在的存在

星盤中的缺乏

　　星盤在本質上並不缺乏任何東西，因為其中皆包括了建構整體占星能量的所有重要元素。每一張星盤也都具有個人色彩，蘊含著某種獨特原型的安排，並且較強調其中的某些能量，因此，每張星盤也都會有一些空白，其中某些占星元素沒有被完全發揮。在占星學上，當某些元素沒有得到良好發展或者在星盤中相對是缺乏的時候，星盤的主人可能會完全沒有意識到這個元素，而容易去否定、過度補償或捨棄這些能量，其中的風險是：這些能量會被投射到親密朋友或親密的伴侶身上。

　　在心理學上，「占星學中的缺乏」象徵著它會顯露於人際關係中的領域，因為缺少或沒有被意識到的部分就像一個空虛的空間，它是一種渴望找到家的情結能量。在心理學上，這股能量也許被會注入於某種容器或承載物中，讓此容器或承載物作為一種互補；但因為個人尚未承認這股能量是自己的一部分，因此只有投射到別人身上時，才能夠被認出。這些可以在他人身上看見的特質，正是個人感覺到缺乏的特質。

　　同樣地，我們也許會排斥別人身上出現、屬於自己卻仍然被否定的面向。正面來說，這鼓勵我們去認識這種缺乏，並能夠更自在地與自我的這股能量共處；但負面來說，這可能意味著我們將這

股能量拋給伴侶或夥伴、讓它繼續成爲自我潛在、未被檢視的一面。正是這些未被檢視或未被活出的部分，讓這些模式在人際關係中一而再地出現。星盤中的這些缺乏部分相當迷人，但是它們同時也會展現出某些行爲，最終會讓人覺察到不斷重複的關係模式。

空白往往等同於無底洞或什麼都沒有的空間，它觸發了空無、空洞或一無所有的印象。從另一角度來看，空白可以被認爲是「沒有東西」，有一些東西尚未被認出或呈現，在某程度上，這與古希臘對「混沌」的看法非常接近。「混沌」是一個裂開的空間，裡面存在著所有可能性，正是透過混沌，所有的創造物得以出現，其中包括愛洛斯。

空白與人際關係

占星學的傳統總是努力去確定每一顆行星的強項或弱點，然後再做出判斷或預測，當我們評估人際關係的態度與模式時，考量每一張星盤的長處與脆弱處相當有用。從我對於親密伴侶關係的經驗來說，某張星盤所反映的優勢，往往會補償了另一張星盤的缺乏；我們覺得自己所缺乏的，卻體現於對方身上，這是吸引、磁性、潛在的誘惑。然而，這也同時成爲一股情結能量，其中不同的能量會讓感情惡化並產生不安全感，而曾經互相吸引的地方最終成爲了衝突的原因。

在心理學上，我們意識到自己缺乏的東西，也許會在遇見某人的時候，產生精神、迷人甚至靈魂上的體驗；即使我們的「空白」被隱藏、不知道它是什麼東西或是存在於陰影之中，矛盾的是

它們卻近似於我們的靈魂。當我們在別人身上發現了自我尚未發展的特質時會因此觸動靈魂，我們身上某些未被滿足的東西，因為別人而終於變得完整。然而矛盾的是，這些體現在對方身上的東西，往往會讓我們有崇拜感，因此覺得對方是神聖的，即使我們與他並不熟悉，也會很自然的認為自己的靈魂反應與此人有關，因為這些特質而認為是他們啟發了我們，而不是來自於自我的內在連結。

從對方的角度出發來看，正面的投射會令人感覺溫暖而滿足，然而，關係無法一直維持在投射的狀態，它會隨著親密關係的發展最終變得黑暗。當陰影出現時，這對伴侶會體驗到這段關係中的人性面，也因此展開了讓關係更加深入的任務。蘊含在這些缺乏的能量之下的，正是異性相吸的概念；然而吸引個人的並不是真正「相反」的特質，而是同一軸線、一種二元性另一端的補償性能量。這種特質正好解釋了為什麼占星符號能夠容易地反映出二人之間的不平衡、以及這種不平衡會如何在人際關係上被看見。緊密的連結與親密關係會喚醒這些缺乏，雖然它們具有強大的吸引力，但如果在人際關係中一直沒有意識到它們的話，它們也會成為二人互相排斥的原因。當二人真正認知到關係中缺乏什麼東西時，也會揭開這個空白所代表的智慧，透過接受彼此之間的差異，關係邁向成熟。

因此，讓我們檢視星盤中哪些部分會被認為是缺乏的，以及我們可能會如何將這些缺乏投射到別人身上，好讓自己感覺完整。透過與這個人建立關係，我們同時也可以與自身缺少的特質產生關係。與互相支持的朋友、夥伴或親密伴侶一起展開旅程，往往能夠幫助我們察覺到自己的這些特質，並讓我們在情緒與心理上有更多

可以讓這些關係成長的空間。

星盤中的空白

我們有許多方式去思考星盤中沒有、缺少、發展不全、或不平衡的能量，我喜歡稱之為「空白」。然而，從靈魂的角度來看，這並不等於不足，只是尚未被利用的資源，而且往往需要透過人際關係中的煉金術，有意識地去重新填滿這些空白之處，個人才能夠更加察覺到這些過去接觸不到的特質。

讓我們先思考以下這些空白。同樣地，這只是一種方法去思考在星盤中可能會逐漸惡化的弱點，就像每一段關係一樣，每一次分析都是獨一無二的，因此突顯出來的組合與模式也會不一樣，我們盡量不要太僵化或墨守成規，重要的是要記下任何明顯的空白或強調。以下的情況並非沒有優先順序，在人際關係分析中，最明顯的往往是元素或性質的缺乏，但其他的空白也同樣值得我們思考；另外，觀察星盤中過度強調的能量也同樣重要。

＊ 缺乏或弱勢元素

這暗示沒有任何行星落入四種元素的其中之一，或是，即使有行星落入，也可能只是一顆外行星。

＊ 缺乏或弱勢性質

這暗示沒有任何內行星或社會行星落入三種性質之一。

✷ 易受影響的行星：星盤中相位很少或沒有得到支持的行星

每位占星師對此可能有不同看法，但一般來說會認為是那些沒有太多表達管道的行星。在傳統占星學中，這可能會是一顆被「包圍的行星」[100] 或落在「燃燒之路」（Via Combusta）上 [101] 的行星；在現代占星學與心理占星學中，我們可能會認為是無相位行星或有困難相位的行星。行星的能量由很多部分組成，當中包括了弱勢、落陷、相位或在星盤中的位置。

✷ 無相位行星

意指在特定的角距容許度下，此行星沒有與任何其他行星形成托勒密相位，它孤立無援，難以與其他行星建立連結。它焦躁不安又非常富有創造力，但同時努力被看見，方式之一是透過人際關係，此能量可能會透過伴侶的星盤與我們相遇。

✷ 沒有行星落在陽性星座或陰性星座中

這意指星盤中所有行星都落在水元素與土元素的陰性星座中，沒有行星落在火元素或風元素的陽性星座中，反之亦然。

---

100 所謂被包圍，即行星被兩顆凶星一前一後包夾，所謂凶星包括火星、土星、甚至是冥王星，例如，月亮可能與火星形成一個出相位的合相，但同時又與土星形成一個入相位的合相。雖然這是一個傳統占星學的技巧，但從行星的限制來看，仍然有參考的價值。

101 燃燒之路（Via Combusta）意指天秤座 15 度至天蠍座 15 度之間，這部分被認為是黃道上的困難區域，尤其對月亮而言，這雖然是傳統占星學的技巧，但仍然值得參考。

* 缺乏某種相位

意指整張星盤中完全沒有合相、對分相、三分相、四分相或六分相。

* 星盤中其中一個半球沒有任何行星

這是指在星盤中有四種可能性之一：可能是沒有任何行星在地平線之上或之下，或是沒有行星落在子午線以東或以西；同樣地，如果四個象限中之一沒有任何行星的話，也同樣值得注意。

* 缺乏逆行星

當星盤中沒有逆行星時，那張星盤大體上會是集團型星盤或碗型星盤，或是提桶型星盤而由月亮為其提把。如果星盤中只有一顆行星逆行也算在內，而這顆逆行的行星，會在人際關係分析中極為重要。

* 截奪星座

在希臘人最早期的占星學中，使用的是全星座宮位制；因此，在古典占星學中並不會出現截奪及重複的星座。然而，當使用以象限為基礎（不平均宮位）的宮位制，例如：普拉西度制（Placidus）或柯赫制（Koch）時，截奪星座可能就會變成需要被考量的情況。被截奪的星座軸線是獨特的，因為它強調了某一組宮位軸線，並且讓這一組星座由於難以接觸而變得易受影響。

✳ 空宮

意指某一宮或某幾宮內沒有任何行星。

空白也有可能被平衡，這會發生在當此空白因為另一人的星盤而得到補償時；當這種情況發生時，極可能伴隨著投射、理想化或糾纏不清，某種人際關係情結可能會環繞此空白主題而發展。

✳ 優勢元素

意指最被強調的元素，當中包括了太陽、月亮、月亮的支配星、個人行星、上升點及／或上升守護星。

✳ 優勢性質

意指最被強調的形態，當中包括了太陽、月亮、月亮的支配星、個人行星、上升點及／或上升守護星。

✳ 高度聚焦的行星或合軸星

意指強而有力的行星：與軸點合相、相位良好、與發光體（太陽或月亮）之一有相位或在星盤中條件良好的行星。

✳ 強調陽性星座或陰性星座

強勢的陽性或陰性正是另一張星盤所欠缺的，對於沒有行星落在水元素與土元素的陰性星座，或沒有行星落在火元素或風元素的陽性星座的星盤產生一種平衡。

✳ 強調某種相位

意指整張星盤中強調了主要相位：合相、對分相、三分相、四分相或六分相之一。

✳ 強調星盤中其中一個半球

許多行星落入星盤中兩個半球之一或其四個象限之一。

✳ 超過五顆逆行星

星盤中有五顆或以上逆行星的情況並不常見，當有眾多行星逆行時，它們會落在太陽的對面；因此當星盤中出現五顆或以上逆行星，可能代表強調某個半球，或是可能是一張翹翹板型星盤。[102]

✳ 重複的星座

使用以象限為基礎（不平均宮位）的宮位制時，可能會有某一

---

[102] 詳見布萊恩・克拉克另一本著作 *Planets in Retrograde*, Astro*Synthesis, Melbourne: 2011 - www.astrosynthesis.com.au

組星座軸線重覆落於宮首，藉以補充被截奪的那一組星座軸線。

✳ 三個或以上行星落入同一宮

當強調某一個宮位時，這一宮的環境可能會在個人的生命經驗中扮演重要角色。

讓我們重溫上述各種空白狀況以及相應的彌補方式，這些心理動能會在本命盤中運作，並且會突顯在人際關係分析中。

空白	補償	星盤案例
缺乏或弱勢元素	優勢元素	維吉尼亞・吳爾芙沒有水元素，薇塔・薩克維爾・韋斯特的優勢元素是水元素。
缺乏或弱勢性質	優勢性質	吳爾芙的優勢性質是固定性質，正是薇塔的劣勢性質。
容易受到影響的行星：無相位、相位很少或沒有得到支持的行星	高度聚焦的行星或合軸星	惠妮的星盤中弱勢的火星在第七宮，巴比強勢的火星則在第十宮。
沒有行星落入陽性星座或陰性星座	強調陽性星座或陰性星座	音樂人科特・柯本（Kurt Cobain）所有行星都落在陰性星座，其妻寇特妮・洛芙（Courtney Love）星盤中逆行的金星雙子座則準確地合相他的天頂。
缺乏某種相位	強調某種相位	吳爾芙的星盤中沒有對分相，薇塔則有金星／天王星對分相、土星也對分相雙魚座星群。

某個半球或象限沒有任何行星	強調某個半球或象限	巴比的星盤中沒有行星落入第二象限或第七宮，惠妮則有包括太陽在內的三顆行星落在第二象限，同時有三顆行星落在第七宮。
缺乏逆行星或只有一顆逆行星	多於四顆逆行星	查爾斯王儲的星盤中只有一顆天王星在雙子座 29 度 55 分逆行，戴安娜王妃則有五顆逆行星，包括凱龍星。
截奪星座	重複星座	戴安娜王妃的星盤中，獅子座／水瓶座軸線被截奪，而重覆了雙子座／射手座軸線；查爾斯王儲則是重覆了獅子座／水瓶座軸線，雙子座／射手座軸線被截奪。
空宮	三個或以上行星落入同一宮	安潔莉娜的星盤中沒有行星落在第二宮，布萊德則有四顆行星落在第二宮。

✣ 一分為二

　　每一張星盤都有我稱之為「分裂」的部分，所謂分裂，我認為是一道穿過星盤的潛在斷層，其中兩股強大的情結能量互相衝突、碰撞。本質上，衝突的兩邊各走極端難以和解，其中一方可能會成為主導。在人際關係中，這種分裂變得脆弱，因為伴侶可能會體現或偏好這種情結的其中一邊，並犧牲了另外一邊；另一方面，關係正是自性中的這種交戰被確認及投入的地方。

　　維吉尼亞・吳爾芙星盤中缺乏水元素這一點非常明顯，而同樣

明顯的是她那擠滿行星的十二宮，十二宮強調孤寂與失去，讓她難以好好的活下去。而她星盤中的分裂也相當明顯：一方面缺乏水元素、同時強調十二宮；另一方面太陽在水瓶座合軸天頂、水星在水瓶座第十宮，暗示了超卓的智慧與世俗的存在。在她的星盤中，外在知識分子的世界與內在情感世界之間的分裂非常清楚，這呼應了她的生活中個人的聰明才智、社交圈與她的絕望憂鬱之間的分裂。

薇塔・薩克維爾・韋斯特有五顆落水象行星，包括太陽與月亮，這可能會帶來情感上的穩定；不過，薇塔外在的貴族背景、社交手腕及正向的人生態度似乎才是吸引吳爾芙的特質。薇塔的雙魚星群與火星和土星形成 T 型三角相位，她星盤中的分裂發生在雙魚座的理想主義、創作力及變動性、與土星 / 火星的現實、原則及小心謹慎之間，這也許正是她從吳爾芙身上所看到的。伴侶各自的分裂，往往會透過伴侶關係相互結合。

♣ 缺乏或弱勢的元素

理察・艾德蒙（Richard Idemon）提到，星盤中所缺乏的功能是「我首先在星盤中尋找的線索之一，讓我對於此人的人際關係有一個初步概念」。艾德蒙在這裡所指的「功能」是指那些沒有任何行星落入的元素、性質、陽性或陰性星座、個人的（牡羊座、金牛座、雙子座、巨蟹座）、人際的（獅子座、處女座、天秤座、天蠍座）或超個人（射手座、摩羯座、水座瓶、雙魚座）的星座，他確

定星盤中缺乏的功能「很可能會投射到另一個人身上」。[103]

　　當我們在別人身上看到自己缺乏或未被發展的特質時，往往會覺得它們極具吸引力，星盤中任何缺乏的元素都可能會本能地受到它所缺乏的能量吸引。然而，如果此元素或功能持續投射在別人身上，某一種模式或議題可能會環繞著這個缺乏的特質而發展起來。例如：伴侶其中一方擁有滿滿的熱忱及自發性，也許會溫暖缺乏火元素的伴侶的心，然而，雖然剛開始伴侶會感到被觸動，但他們會慢慢地因為對方缺乏承諾或常規而感到沮喪。當其中一方缺乏土元素時，也許一開始會被對方的自律、努力及奉獻所感動，但卻會慢慢地厭倦他們專注細節、太過專一的習慣。當缺乏風元素，某人會被那些能言善道的社交達人吸引，但會在這些人面前感到緊張焦慮。缺乏水元素的人可能會被那些釋出溫暖及表達情感的人吸引，但可能很快會被伴侶的情緒及情感需要壓垮。記得注意任何缺乏或弱勢的元素，因為如果不去注意這些性格上的差異，伴侶雙方可能會因為對方缺乏的特質而一直責怪對方。

　　當星盤中缺乏某種元素的時候，可能會以許多方式被認出，不只是透過落在那個元素的行星，雖然這經常是最直接的方式。除了元素的衡量之外，以下狀況也同樣值得考量：

　　如果個人缺乏火元素，可能容易透過許多火象星座的行星、或是透過太陽、火星與木星這些火象行星去感知火元素的精神。落在生命宮位——第一宮、第五宮與第九宮的行星以及其守護星，透過相位或合軸星於另一人的星盤可能扮演了重要角色。

103　理察・艾德蒙：*Through the Looking Glass*, 197. 艾德蒙在書中將人際關係的星座稱為社會星座，把超個人星座稱為與世界整體有關的星座。

　　如果個人缺乏土元素，可能容易透過許多土象星座的行星或落在物質宮位——第二宮、第六宮與第十宮的行星去感覺到他人身上的土元素。水星、金星與土星這些土象行星，透過相位或合軸星於另一人的星盤可能扮演了重要角色。

　　如果個人缺乏風元素，可能容易透過許多風象星座的行星或落在關係宮位——第三宮、第七宮與第十一宮的行星去感知到他人身上的風元素精神。水星、金星與天王星這些風象行星，透過強力相位或合軸星於另一人的星盤可能扮演了重要角色。

　　如果個人缺乏水元素，可能容易透過許多水象星座的行星或落在結束宮位——第四宮、第八宮與第十二宮的行星去感覺到水的流動。月亮、海王星、冥王星這些水象行星，透過相位或合軸星於另一人的星盤可能扮演了重要角色。

　　以布萊德・彼特的星盤為例，他的星盤中明顯強調土元素，月亮摩羯座合相金星與水星在第二宮，火星也合相南交點組成摩羯座星群，天頂落在處女座。生於 1963 年的他，天王星及冥王星也同樣落在處女座，突顯的土元素成為他的主導元素。守護土象星座的水星及金星落在摩羯座第二宮，其支配星土星落在自己守護的星座水瓶座也同樣落在第二宮，因此，我們看到非常強勢的土元素。

　　在安潔莉娜・裘莉的星盤中毫無疑問缺乏土元素，沒有行星落在土元素，唯一落在土象星座的軸點是下降點；當我們談到人際關係中的投射時，下降點是一個「熱點」。布萊德第一段高調的婚姻是與珍妮佛・安妮斯頓（Jennifer Aniston），她的星盤同樣沒有土元素，本命盤中唯一落在土元素的行星是世代行星冥王星，唯一落在土元素的軸點是摩羯座 27 度 19 分的天底。諷刺的是，這與安

潔莉娜落在摩羯座 28 度 58 分的下降點只有一度之差，兩者皆合相布萊德的月亮／金星合相。

	火	土	風	水	開創	固定	變動
布萊德·彼特	19	25	5	1	38	6	6
安潔莉娜·裘莉	23	—	15	12	36	—	14
珍妮佛·安妮斯頓	20	1	23	6	22	19	9

　　彼特的太陽與上升點都落在射手座，這是一個喜歡社交、平易近人、富冒險精神的組合，土元素是他星盤中分量最重的元素，不但支撐了他的星盤，也是這兩段婚姻中的吸引力之處。因此，我會注意這個動機，並觀察它會如何在伴侶關係中呈現。

　　雖然我們天生會被自己所缺乏的元素吸引，但這同時也是相處上的困難所在。雖然大量的土元素代表著穩定，但是布萊德可能會無意識地被火元素的自發性吸引，因為珍妮佛與安潔莉娜的本命月亮都在火元素。但火與土能夠建立關係嗎？在布萊德與裘莉的關係中，裘莉的火元素具有極大的吸引力，就像布萊德的土元素吸引著她一樣。但在伴侶關係的冶煉中，兩者可以磨合、找到出路嗎？兩者都需要有意識地付出努力，去理解這兩種元素所衍生的不同又互相對立的慾望。當二人攜手努力，伴侶關係就會成為煉金術的容器，將二人感覺缺乏的東西轉化為實際的元素。

✣ 缺乏或弱勢的性質

　　同樣地，如果星盤缺乏開創、固定或變動型態之一，或是比重

較少時，可能容易在人際關係中受到影響，他們容易受到夥伴所建立的東西吸引，而往往尚未在自性中發展；如果伴侶的星盤缺乏同一種東西，這也是一個值得注意的地方。當兩人缺乏同一種要素，那麼我們需要注意的是當這種面向需要被表達、行動或處理時，這段關係將如何反應？有時候，這種缺乏會讓關係中的二人各走極端，其中一方可能會繼續負責去照顧這些缺乏或不足的要素，這會讓彼此感受到壓力，甚至使二人分手。在一段動態的關係中，最理想的是二人同時分擔照顧關係中缺乏或不足的要素，因為當這個責任只落在其中一人的身上時，便會成為這段關係的負擔。

在布萊德的星盤中，固定星座的形態比較不具代表性，只有落在土星水瓶座與海王星天蠍座的四分相唯一落在固定星座。安潔莉娜的星盤同樣缺乏固定星座，當比較二人星盤時，問題之一也許是這段關係如何維持專注、一致、貫徹始終、並且努力解決他們的困難。兩人皆高度發展開創星座的型態，可能都會在沒有考慮後果之前便展開行動、促成改變、展開計劃，而不是專注在一個困難的過程直到它完成為止。

♣ 易受影響的行星

星盤比對中很明顯的是，在某人的星盤中某一顆特定行星或是某一顆沒被發展或易受影響的行星，展現出吸引人的特質。神祕的事情總是迷人的，星盤中的無相位行星或極多相位的行星、在第八宮或第十二宮壓抑或「隱藏」的行星、元素上的單一行星或唯一的逆行星等等，都可以被視為易受影響的行星。這些行星可能象徵著

關係中敏感或被看見的議題與主題，星盤中未被整合的行星極可能在其模式中是處於無意識的狀態。一段互相支持的關係可能會以更有效的方式，將此能量整合至生命中，因此，如果你認為某顆行星是易受影響的話，那麼，重要的是去思考這個原型會如何展現在你的人際關係中。

例如：讓我們思考惠妮·休斯頓星盤中的火星，它落在天秤座的弱勢位置、第七宮，唯一的相位是與金星的六分相以及與月亮寬鬆的對分相；火星並不特別支持人際關係的發展，而是比較傾向於個人主義。她的丈夫巴比·布朗的火星落在自己守護的天蠍座，不但守護也合相天頂、落在第十宮，火星是合軸星同時具有強大的相位，它似乎專注於個人的願景。當二人星盤上的火星力量上出現如此分歧時，我會注意這種原型會如何在二人的關係中展現。

✤ 高度聚焦的行星

當一顆行星在星盤中脫穎而出時，它既有魅力又有吸引力；另一方面，它也有可能容易被影響或無法拒絕他人。高度聚焦的行星包括了合軸星或半球的唯一行星，也可能是提桶型星盤的提把，或是元素與性質上的單一行星。此外，如果那是星盤中唯一的逆行星或是無相位行星，那麼它就更容易受影響，並會妨礙了關係建立的某些領域。

✤ 缺乏或強調某種相位

如果星盤缺乏某種相位，可能會無法知道這種狀況的思考方式，而對它感到興趣並受到吸引。例如，布萊德與安潔莉娜都有強大的星群，因此，他們也許已經習慣了非常積極、主觀及專注。裘莉的星盤中有較強的對分相，特別是大多涉及太陽和月亮，可能會讓她較傾向於客觀，而這也許會造成一種模式，其中布萊德比較傾向本能、主觀的下決定，裘莉則扮演比較客觀、抽離或公正的角色。

吳爾芙的星盤中沒有行星之間的對分相，五顆行星加上凱龍星落入第十二宮，這可能會讓她的處事方式更加主觀；薇塔的土星與雙魚座的三顆行星形成對分相，這也許會為此雙魚座領域帶來更加客觀的視野。

✤ 星盤中強調某個半球

例如：如果一個人所有行星都落在星盤的東半球，當有另一個人大部分行星落在星盤的西半球時，他可能容易覺得與此人產生互補作用。強調東半球的星盤暗示了這個人比較自發與專注；大部分行星落在西半球的人則傾向以他人為主，而且習慣妥協及先考慮到別人。大部分行星落在地平線以下的人會與那些落在地平線以上的人產生互補，因為主觀的前者會因為客觀的後者而感到滿足。

♣ 缺乏逆行星

逆行星暗示著與直行星有不同的過程及傾向，缺乏逆行星的人可能會被那些有很多逆行星的人吸引，雖然這可能是一種自然的吸引力，但同時也暗示了關係中的兩人可能出現的兩極化：其中一方想要往前走、堅持自我；另一方卻退一步反省思考。雖然這種狀況可以非常正面地解決問題，考量兩邊的情況，但這段關係也可能會因爲無法安定下來或往前走而停滯、陷入僵局。

如果星盤中只有一顆逆行星，那麼它也算是單一行星，傾向需要透過關係建立而被看見、被了解。我們可以注意到安潔莉娜的星盤中，水星是唯一逆行的個人行星，它落在布萊德的第七宮並緊密對分相他的太陽；他沒有逆行的個人行星，但與裘莉一樣，天王星與冥王星都逆行。

另一個例子是本命盤中完全沒有逆行星的比爾・柯林頓，他的妻子希拉蕊有兩顆逆行星，其中一顆是水星天蠍座 21 度，它緊密對分相柯林頓的月亮金牛座 20 度並且四分相他的太陽獅子座 26 度；他的剋星莫妮卡・陸文斯基（Monica Lewinsky）有三顆逆行星，其中一顆是木星水瓶座 8 度，與柯林頓由土星、水星與太陽所組成的獅子座星群形成緊密的對分相。柯林頓的本命盤沒有逆行星，因此當這些逆行星與他星盤的重要部分形成相位時，比較容易受到影響。

♣ 截奪及重複星座

截奪星座暗示了該星座的能量可能難以有意識的接觸，因此相當容易在人際關係中由他人表現，當星盤中出現截奪星座時，自然在其他宮位的宮首會出現重複星座；因此，這兩個宮位的兩極星座也許會比沒有落入任何宮首而被截奪的星座得到更多的發展，查爾斯與戴安娜的伴侶關係正是其中一個例子。

查爾斯王儲的雙子座／射手座軸線在第五宮／第十一宮被截奪，獅子座／水瓶座軸線則成爲重複星座，上升／下降軸線以及第二宮／第八宮宮首都落入其中，而這些宮位皆與人際關係有關。戴安娜的獅子座／水瓶座軸線在第二宮／第八宮被截奪，雙子座／射手座軸線則成爲重複星座，上升／下降軸線及第六宮／第十二宮宮首落入其中；也就是其中一方的截奪星座，卻於對方星盤中成爲了重複星座。同樣有趣的是他們各自的截奪星座都是對方上升／下降軸線的所在，而這一條軸線是人際關係中最顯而易見的。

在以下的工作表中，我使用布萊德與安潔莉娜的星盤作爲例子，標示出占星學上的缺乏以及資源，這張工作表也在本書的附錄中，也許可以用來協助比對二人的本命盤。

✤ 星盤比對工作表：評估本命盤——占星學上的缺乏與資源

星盤 A：安潔莉娜・裘莉　　　星盤 B：布萊德・彼特

星盤 缺乏／強調	星盤 A 安潔莉娜	星盤 B 布萊德	評語
元素：火	月亮、火星、木星、凱龍星、海王星、天頂	太陽、木星、上升	布萊德的太陽會認同安潔莉娜豐沛的火元素。
元素：土	缺乏土元素	月亮、水星、金星、火星、天王星、冥王星、天頂	布萊德星盤中豐沛的土元素彌補安潔莉娜星盤中的缺乏的土元素。
元素：風	太陽、水星、天王星、冥王星	土星	安潔莉娜的風象行星滿足布萊德盤中缺乏的風元素。
元素：水	金星、土星、上升	凱龍星、海王星	布萊德的宿命點巨蟹座合相安潔莉娜的上升點。
模式：開創	月亮、金星、火星、木星、土星、凱龍星、天王星、冥王星、上升、天頂	月亮、水星、金星、火星、木星	二人的星盤都有豐富的開創性行星，為關係添加熱忱及熱情；然而，卻缺乏固定性質去守護、穩住的能量。
模式：固定	缺乏固定性質	土星、海王星	
模式：變動	太陽、水星、海王星	太陽、凱龍星、天王星、冥王星、上升、天頂	安潔莉娜的太陽四分相布萊德的天王星／冥王星合相。

易受影響的行星（們）			
合軸星	金星合軸上升；木星、月亮、火星合軸天頂		安潔莉娜有很強大的合軸星，並與布萊德的行星形成動態相位。
相位模式	月亮、火星、木星形成牡羊座星群合向天頂；金星、凱龍星、天王星形成開創 T 型三角	火星、水星、月亮、金星形成摩羯座星群	二人的開創星群都有月亮及火星；A 的火星與 B 的火星形成準確四分相，暗示了二人可能朝不同方向前進。
強調的宮位	第一、二、六、七、八宮沒有行星；星群落第九宮	太陽、火星在第一宮；星群落在第二宮	布萊德強調第二宮，但安潔莉娜沒有行星在那裡。
強調的半球	強調地平線以上的第三及第四象限	強調地平線以下的第一象限	強調不同的象限：布萊德的星盤高度強調與自我有關的第一宮，但這狀況並沒有在安潔莉娜的星盤中出現。
逆行星	水星、天王星、海王星、冥王星	天王星、冥王星	安潔莉娜只有一顆個人行星逆行。
月相	下弦月	新月	
截奪及重複星座	沒有	沒有	
其他考量	安潔莉娜所有個人行星都在地平線以上，只有三顆外行星落在地平線以下。	布萊德所有個人行星都落在地平線以下，只有三顆外行星在地平線以上。	這一組星盤比對相當有趣，因為二人皆與對方形成互補，但重要的是，要考量 A 也許會比 B 更以外在世界為目標。

第二部

比對合盤

星盤比較及組合技巧

兩個人的相遇就像兩種化學物質的接觸，如果其中發生了任何化學反應，彼此都會因此轉化 [104]。

——榮格（C. G. Jung）

104 榮格：*Modern Man in Search of A Soul*，由 W.S. Dell 及 Cary F. Baynes 翻譯，Routledge & Kegan Paul, Ltd., London: 1953, 57.

第十五章
協同效應及比對合盤
兩個人的力量

　　是什麼讓兩個人走在一起？關於兩個人之間神祕的吸引力，以及我們如何遇到自己的靈魂伴侶有許多說法，正因爲它如此神祕，因此我們才產生從業力到無意識等各式各樣的假設。對於那些講求現實的人來說，一切都是機緣，它就是那樣的發生了；而從靈魂的角度來看，世上毫無意外，所以無論我們運用何種假設，一切都是命運，一種我們無法控制與理解的智慧力量。對於那些超過科學界線的思維與問題，占星學的傳統能夠帶來深刻的見解，揭示意義並啓發思考。關於人際關係的模式及目的的問題，我們會從合盤著手；在關係的背景之下，占星學中可以專注考量兩張或以上的星盤組合，正如湯馬斯・摩爾（Thomas Moore）所說，我們需要「尊重星星所有的安排，將我們帶入故事之中」。[105]

　　我們在關係中需要什麼、尋找什麼呢？理察・艾德蒙認爲「關係中最基本的需求是重新驗證我們的基礎神話」[106]，或是像柏拉圖的暗示：「人際關係是我們與靈性遺產之間的連結，伴侶則是那扇讓我們看見的神性之窗。」人際關係是人類經驗中的原型元素，它無比重要也無遠弗屆；占星學善於幫助我們去思考我們的基礎神話及人際關係模式。在本書第一部分中，我們透過觀察本命盤

---

105 湯馬斯・摩爾：*Soul Mates, Honoring the Mysteries of Love and Relationship*, 61.
106 理察・艾德蒙：*Through the Looking Glass*, 9.

檢視了人際關係，現在我們會開始專注於兩張星盤之間的互動，以及兩個人之間的連結是如何形成的，這正是所謂的「比對合盤」（Synastry）。

比對合盤 Synastry 這個字的字源結合了字首 syn 及字根 nastre。Syn 源自希臘文，常見於許多技術辭彙中，它有很多不同意思，包括：「與」、「在一起」、「共同地」、「同時」、「相似」，皆暗示著「在一起」之意；Astre 意指星星或星體，這字延伸自希臘文 astron 或「星星」一詞。因此，Synastry 一字意指「與星星在一起」，這也是占星學中的領域，用來分析關係中兩人或兩人以上的星盤。其目的是爲了揭示關係當中的模式、目的及本質，探討有可能出現的衝突領域及調和，並描繪出這段關係中的核心議題。合盤就像是一種珍貴的指引，除了幫助我們認識一般的人際關係之外，也讓我們在特定的人際關係中看到細微之處。

比較兩張出生或本命盤的技巧，除了記載於托勒密的《占星四書》（Tetrabiblos）之外，其他希臘占星師也曾經提及；然而，卻沒有任何有系統的方法或古文獻流傳下來，告訴我們古代的占星師是如何運用合盤。隨著二十世紀現代占星學逐漸發展，描述二人之間的協調度與衝突的占星學也越來越受歡迎[107]；然而，占星學的傳統一直包括判斷星座、行星及其他占星符號之間的協調度，例如：相較於水元素或土元素，火元素與風元素更加匹配；或是月亮落在金牛座與巨蟹座是一個好位置，但當它落在天蠍座或摩羯座

---

107 1958 年，美國占星師協會（American Federation of Astrologers（APA））出版了由 Lois Haines Sargent 著作的《如何處理你的人際關係》（How to Handle Your Human Relations）；此書的副標題是「比較占星學」（Comparison Astrology）。1982 年，班尼‧桑頓（Penny Thornton）於其著作《比對合盤》（Synastry））（Aquarian, Wellingborough: 1982）中描述了比較合盤技巧的架構。

時則沒有那般安穩。星座之間也可以彼此協調，但即使星座再相配，也不一定能夠等同於個人；從性格上來看，占星學可以假設人與人之間的契合度，但兩人要否交往則全由他們自己決定。

占星學揭示的是建立人際關係過程中輕鬆自在與衝突的可能性及機率，以及如何認同兩張星盤之間的模式及過程。個性不合的兩人如何建立關係正是人際關係的功課，協同效應或攜手合作會讓一切變得不同；協同效應是兩人或兩人以上彼此之間的一種動態力量，他們一起合作達成某些事情，其效果會比他們自己單打獨鬥更強大，也就是一加一會大於二。

由於比對合盤檢視的不只是一張星盤，因此所產生的細節及資料量劇增，因此，在分析占星資料時遵循一些步驟和指南會很有幫助。比對合盤過程有一些步驟，有助於同時研究兩張星盤，我還發現編排表格並將比較合盤放在單獨的文件夾非常有用。占星軟體對於資料收集有很大的幫助，但最終還是我們的分析及占星學的洞察力解讀了資料的基本含義與意義。

比對合盤是所有占星師都會自然遇到的工作，客人總是會問關於伴侶的事：「我們合適嗎？」或「你可以幫我看看我的另一半的星盤嗎？」憂心的父母則會希望能夠從孩子的星盤中尋求一些見解，希望可以理解他們的親子關係；也可能是客戶想要知道朋友星盤中的行運，找出與朋友之間到底發生了什麼事。然而，在我們遇到這些無可避免、與他人有關的問題之前，比對合盤就已經在作為占星師的我們與客戶或朋友之間靜靜地運作了——每次當我們解讀另一人的星盤時，比對合盤也同時正在運作。

比對合盤就像是一本人際關係互動的宇宙指南，它甚至存在於

每一段關係中，無論是稍縱即逝還是細水長流的關係。如果我們沒有看過別人的星盤，我們不會產生覺知；但是，這些原型與性格上的互動仍然會發生，比對合盤隱藏著我們如何參與及體驗人際關係。雖然我們也許沒有想過，但我們正與解讀的星盤或教導的學生之間建立某種關係，無論我們有多客觀、公正、不徇私，我們仍然會從自己的想像及經驗去回應他們的人生故事及占星象徵；即使我們正在解讀的星盤主人並不在場，星盤中的象徵仍然會讓我們以自己的模式、偏見及描述方式去參與。因此，當我們解讀星盤或準備占星諮商時，其中一個不必說出來的想法是考慮自己與客戶之間的比對合盤，看看星盤會強調哪些我們可能會對客戶做出的回應。

經驗告訴我，當準備占星諮商時，注意自己的星盤與客戶的星盤之間的困難相位，這有助於指出兩人之間可能會關注與困難的領域，互動相位就像是一個遊樂場，讓轉移及投射作用更容易浮現其中。因此，比對合盤並不只是一套分析人際關係的占星技巧，也是一門藝術，它強調作為占星師與個人的我們如何去參與其中。

我們可以從兩個截然不同的層面去思考比對合盤：第一個層面是兩張星盤中占星符號的相互關係，另一個層面則是作為「解盤者」的占星師與被解讀者之間的關係連結；換句話說，這兩張星盤與這兩個人之間是有關係的。我們可以解讀任何星盤並詮釋它的象徵，但當我們與星盤主人一起參與星盤時，彼此的互動會觸發一種更廣闊、更深入的認知。當我們解讀一張與我們毫無關係的人的星盤時，無論我們是否察覺到，我們的占星符號仍然會與他們相對應，這種解讀比較可能傾向於資料分析而較少涉及私人。然而，當占星師與客戶之間建立了互信、互動的關係之後，星盤的象徵也會變得更加活躍，流露更多。

當我們利用比對合盤與伴侶、團體或家庭進行諮商所面對的問題是：要找到一個尊重此複雜過程的道德規範。為伴侶們進行星盤比對會帶來另一種人際關係動力，形成一種三角關係，有可能會與伴侶之一共謀，而排斥另一方，特別是當我們已經與伴侶之一進行諮商過後且已經建立了一種聯盟，使之更加明顯。更加複雜的是，如果我們只見到伴侶的其中一方，但卻要同時解讀二人的星盤，可能會不知不覺與眼前的人串成一氣。當我們將自己的星盤與這對伴侶各自的星盤進行比對時，可以指出相當多值得思考的議題，例如：我們會如何傾向支持其中一方，或是如何喚起我們自己的人際關係經歷。

比對合盤讓我們意識到人際關係的原型性本質及模式，並認知到人與人之間的協同能量，這是當我們找到「對」的方式時，占星解盤能夠帶來的極度滿足之處。所謂的「對」的方式，我所指的是畫下適當界線、要有道德、建立一個能夠讓客戶思考的諮商風格、並承認在工作中學習的價值。因為也就是在實際的占星應用中，我們將面對從星盤中察覺到的事物之下所隱藏的道德暗示。

首先，我會先列出比對合盤的五個清楚階段，總結我們在全面探討兩張星盤的互動之前所必須採取的步驟。請記住，每一段關係都是獨一無二的，因此建立一種態度與方法去進行星盤比對，對占星師會相當有幫助。

比對合盤的步驟

♣ 本命盤中的人際關係主題

　　由於比對合盤只是用來加強我們對於人際關係的理解，因此最重要的是要先確認你所分析的是哪一種關係，因為每一種關係本來都是獨一無二的，不同的關係會強調星盤的不同面向，並針對那一種關係的互動本質進行探究。比對合盤可以有效應用在所有形式的人際關係上，包括：親子、手足、情侶、朋友、同事、僱傭、婚姻或生意夥伴上，因此，我們可以單獨描述特定的人際關係，每一段關係中都有不同的慣例、常規、操守、權力結構及熟悉度，雖然每段關係所專注的占星符號與及呈現資訊的方式也許會改變，但技巧都是一樣的。雖然我們專注的是成年後伴侶關係的比對合盤，但其過程及技巧也可以應用到各種不同的人際關係上。

✳ 本命盤

　　「在進行星盤比對之前，我通常會先觀察個人星盤，因為在關係中投入一切的人正是你自己。[108]」當我們展開合盤分析時，麗茲・格林建議首先需要尊重個人星盤，因為他們的性格、企圖及意識是建立一段夥伴關係的原始材料。因此，比對合盤的第一步是要先探討每個參與者的個人星盤，並專注於其中的關係模式及可能性。

---

108 麗茲・格林：“Chart Comparison and the Dynamics of Relationship”, The Jupiter/ Saturn Conference Lectures, CRCS Publications (Reno, NV: 1984), 16

這包括了星盤中關於最初關係的形象，包含父母、父母的婚姻及他們的親密關係、家庭氛圍以及手足體系。當檢視成年後的人際關係時，我們會試圖去確定這個人想要透過關係尋求什麼、他們的哪些面向投入了與他人之間的互動、以及在這種交流中會觸發什麼模式；我們想要尋找的正是個人可能沒有完全意識到、但會被觸發的主題及模式。星盤鮮活地指出每個人也許會在無意之間吸引而來的東西，我認爲自己作爲占星師這個角色，是要幫助他人在人際關係中更眞實地做自己，以及找到鼓勵他們有意識地去產生互動以及建立關係的管道。

✤ 星盤比較

當你對兩張本命盤中的關係主題有所了解之後，就可以去比較其中的相似與相異之處。星盤比較是要試著去看看一個人的星盤會如何影響另一方的星盤，以及這些可能暗示了怎樣的互動。

這可以用各種方式進行，開始的方法之一是找出每張星盤缺少了什麼，以及另一方是否填補了這些缺乏。此人爲這段關係經驗帶入了什麼？從人際關係的角度來看，我們問的是這二人的關係中「這個人補償了什麼」或「伴侶可能沒有意識到什麼」。星盤中缺乏的部分比較容易被投射、移轉或扭曲，我們已經在之前的章節中展開了這個步驟，現在可以去比較本命盤中的人際關係領域，找出那些連結或斷開發生的地方。

史蒂芬・阿若優（Stephen Arroyo）在其著作《人際關係與生命循環》（*Relationships and Life Cycles*）一書中強調了另一種技

巧，將伴侶的行星及軸點放在對方的星盤上或顛倒過來 [109]。我們可以畫出兩張雙圈星盤，將伴侶之一的行星放在另一方的星盤之外，反之亦然；這可以讓我們看到其中一人如何對另一方的能量場及環境帶來影響，這是伴侶關係最初步的概覽。雖然這個技巧不像相互相位及中點組合盤那樣指出這段關係的動能，但它能夠快速地讓我們知道伴侶在哪些生活領域爲另一方帶來影響。

♣ 相位表

星盤比較中最具動能的技巧之一是分析兩張星盤之間的相互相位，在這裡，我們必須先認識每顆行星的本質，以及當它們形成主要相位時，會如何影響其他行星。

相位表或比對合盤表展示了兩個人之間行星的交流及動態，星盤中的每一顆行星都需要與另一方星盤中的每顆行星作比較，找出兩張星盤之間最爲主導、最具力量的相位。但當你畫出相位表之前，記得要先設定你的參數：也就是當你進行比對時，要使用哪些行星、軸點、小行星或其他占星點？你會選擇用哪些相位、多寬的角距容許度？我們可以使用占星軟體，畫出兩個人之間的相位表。

設定好參數之後，軟體就會跑出相位表並檢視行星之間的明確交流，以及當兩顆行星相互產生相位時，產生雙向的共同交流；雙向的相互相位強調兩顆行星原型之間的動態互動，而這往往會在中

---

109 史蒂芬·阿若優：《人際關係與生命循環》，CRCS Publications, Vancouver, WA: 1979, Chapter III, 145 -155.

點組合盤中再次強調。

✤ 中點組合盤

當我們將兩張星盤完全比較與分析之後，就可以結合兩張星盤製作另一張星盤，稱之爲中點組合盤（Composite chart）或人際關係盤（Relationship chart），它試圖描繪出當兩個人合爲一體並在同一個共同空間中活動時，這段關係本身的能量爲何。不同於有出生時間／地點的人際關係盤，中點組合盤是根據兩人行星的中點而畫出的，因此，中點組合盤中可能會產生一些變動，使它成爲合盤研究中獨一無二的工具。這張充滿動能的星盤爲占星師帶來此種煉金術的另外一面，讓他們看到所檢視的人際關係的獨特之處。

✲ 會面及婚姻盤

其他同樣重要的星盤包括婚姻及會面盤，會面時的行運及推運相當重要，因爲它們是這段關係的基礎能量，會被帶入星盤比對並出現在中點組合盤中。使用會面盤或第一次親密接觸的星盤，將爲這段關係的進展帶來占星學上的連續性。

✤ 綜合占星資料

掌握合盤中的綜合資料只是熟能生巧的問題而已，因爲從分析過的星盤中所得到的資訊是如此之多，因此重要的是，要記住本命盤中一直重覆出現的、然後在星盤比對中再次出現、最後在中點組

合盤中又突顯出來的那些模式的重要性。我們需要區分這些資料的優先順序，例如可以按照重覆出現的模式、合軸星、主要相位等等去排序這些資料。

在展開合盤之前，不妨先列出一張清單，整理需要被納入考量的主題，確認已經準備好初步的占星工作。在本書附錄中有一張清單，你可以直接使用它或因應你的需求去修正它，一旦熟悉了合盤的細節，你自然會發展出自己的風格及方法。

✳ 計算時間的技巧

個人星盤及中點組合盤的行運也是考量的重點，因為這有助於描述這段關係的發展及演變。二人的本命盤也可以用二次推運推至一樣的日期，然後進行比較。有趣的是，你會看到這段關係中的本命盤主題如何在推運中改變，你也可以使用二人推運的中點，建立中點組合推運盤。

✳ 個人的偏見

我們會帶著覺知、努力讓自己盡可能的保持客觀、中立並且不加以評價，但仍然會有一些人際關係中的動能與議題會困擾或取悅我們，還有一些是我們不想招惹的。所以，思考你對於人際關係所抱持的個人偏見、信仰及批判，以及這些想法將如何影響你解讀星盤，將是一個明智的做法。

＊道德及轉介

思考如何用道德方式去從事人際關係占星諮商是一件重要的事，例如：你如何告訴客戶關於這段關係的事，當客戶的伴侶不在場時，我們應該如何尊重這位不在場的另一半，客戶甚至可能會談論這個缺席的人。你對於討論不在場的人的星盤有哪些原則嗎？如果你真的會幫助客戶看人際關係星盤，適當時候把他們轉介給其他專業人士也是相當有用的做法。

使用占星軟體進行合盤

我喜歡用的占星軟體是「太陽火」（Solar Fire），當我在準備星盤進行分析時，它可以帶來莫大的幫助。首先，畫出兩個人的本命盤、行運及二次推運盤，畫出兩張雙圈星盤：一張將伴侶放在內圈，另一張放在外圈；然後畫出合盤相位表，列出兩人之間的相位，最後畫出中點組合盤。請參考附錄中如何使用「太陽火」建立星盤的教學 110，我習慣列印出所有星盤及相位表，並標示出重要的領域、寫下筆記及列出問題。

占星軟體提供無數技巧及選項，數量之多讓我也不可能知道它們每一項的功能，我建議你只要使用你覺得好用、知道它們的原理或知道它在做什麼的那些技巧。剛開始，資訊量可能會讓你感到吃不消，所以，讓我們先一步一步的進行基礎工作。

---

110 「太陽火」由澳洲的 Esoteric Technologies 開發，詳見 http://www.esotech.com.au/

一段關係，兩張星盤

在你開始進行合盤之前，你應該要先將這段關係中所有人的本命盤並排放置，熟悉每一張星盤的人際關係主題及模式。我們在第一部中已經展開了這過程，現在讓我們重溫其中一些領域。即使你已經對每一個人以及他們的人際關係傾向有一些印象，但是請試著以占星符號為依據去維持這些印象。

如果這是一段親子關係，那麼我們也要知道，孩子的星盤正是他出生那一刻父母本命盤的行運。如果是兩個生意夥伴，要注意二人的合約、協議以及他們對彼此的期待，並觀察每一張個人星盤所帶來的影響會如何釐清或混淆這些議題。如果是伴侶，我們會注意其中一方如何接受另一人星盤的某些部分，他們會如何無意識地建立或一起帶來了這些模式。這是合盤過程非常重要的一步，我們以某種方式去評估星盤，嘗試深入觀察這段關係的模式及潛力；我們主要專注在成人關係，但這也可以因應其他類型的人際關係而做出調整。

✳ 遠觀星盤

我們對星盤的第一印象已經揭示了很多東西，正因為星盤是一張符號地圖，無論我們有沒有意識到，我們都直覺地對許多意象及關聯留下印象，對我們的自性來說，這些印象都是獨一無二的，並透露出我們觀察星盤的方式。然而，就像所有直覺的回應一樣，這些印象都需要在星盤中被落實及探討才會變得有意義。我們對占星

符號的知識，正好爲這些感覺反應提供立足點，因此你可以認同自己對星盤的第一印象，然後客觀地去確認這些印象是否反映在星盤中。

　　將你要檢視的兩張星盤並排放在一起，嘗試從中得到一些印象，在你尚未使用任何描述技巧之前，先記下哪些東西你認爲相當突顯、你首先看到什麼、星盤的形狀如何或是你想到哪些意象，這些都會提供很多資訊。我習慣在這裡就開始爲星盤記下筆記；這時候，我們便已準備好開始分析那些我們看到或直覺感受到的主題了。

✳ 性格

　　在第十三章中，我們探討了性格，並製作了一張工作表去分析每張星盤中的性格傾向，以及它將如何展現在人際關係的動態中。思考每張星盤中的性格，注意其主導、缺乏的元素及性質，以及這些在人際關係中會如何吸引或阻礙其眞實的呈現。

✳ 空白

　　在第十四章中，我們擴大檢視的範圍，將星盤的空白部分納入考量，這些空白會在人際關係中產生吸引、轉移或投射作用。我們可能會被吸引並在伴侶身上發展那些自己所缺乏的特質，但同時也因此妨礙了自己的個人發展。那些空白部分可能會發展出一些角色，使雙方產生挫敗，讓他們在這段關係的發展中感到不平等。

＊ 原型的需求：將行星配對

　　兩張本命盤的每一顆行星都有其獨特的衝動及慾望，在人際關係中，這些原型需要被眞實地表述；然而，爲了顧及另一方的需求或願望，伴侶關係的本身也需要有一定的妥協。星盤會描繪出個人對每一個行星原型的獨特傾向，合盤則透過符號表達了行星原型之間的互動。星盤之間的相互相位是性慾的，因爲讓原型彼此觸碰、讓神祇們在關係中互相往來，合盤相位表可以將所有這些相位編排在一起。

　　不過，剛開始，我們可以像在第一章所提及的，讓自己以人際關係爲前提熟悉星盤中的每一顆行星。當我們評估成年的親密關係時，太陽、月亮、金星與火星這四大原型是最重要的，它們是發展出來的陽性及陰性內在人物，透過人際關係的建立，我們會在外在世界中遇到它們。

＊ 阿尼姆斯：太陽及火星

　　太陽與火星作爲陽性原型都比較外向，它們代表著精神及驅力、自性及個體；因此，這些原型希望透過被接納而得到補充。當代占星學認爲太陽及火星是代表了阿尼姆斯或女性的內在特質與情結，藉以塑造可能吸引她的外在男性形象；她的父親（太陽）與兄弟、叔伯或其他男性人物（火星）是最初出現的外在形象，他們體現並描述了她想要在人際關係中尋求的人物形象。這是一種思考陽性原型如何由男性或女性建立並表達的方式，而不是性別分類。

＊阿尼瑪：月亮及金星

同樣地，月亮及金星代表了阿尼瑪或是男性的內在特質與情結，藉以塑造吸引他的女性形象，他的母親（月亮）與姊妹或童年朋友（金星）是最初出現的外在形象，她們描述了他想要在人際關係中尋求的外在人物形象[111]。作為陰性原型，月亮與金星都傾向於內，代表了靈魂與愛，關懷與感官；因此，這些原型會希望透過結合與相遇而得到補充。

這些行星的星座特質與相位有助於描述吸引此人的伴侶，雖然這是值得參考的模型，但千萬不要把阿尼瑪或阿尼姆斯想像成固定的、或某人身上確實存在的一面；它們是一種內在意象或象徵，它會召喚並描述他人身上具吸引力、並能帶來補充作用的各種特質。

＊溝通管道：水星

溝通、對話、分享意見及想法在每一段關係中都是重要的部分，水星既是溝通者也是連結者，它在每張星盤中的位置都顯示了天生的表達模式；當我們比較這些時，便可顯示彼此之間的溝通管道是否順暢。例如，布萊德的水星在第二宮的摩羯座 16 度，暗示了他可能以實際而有架構的方式溝通及聆聽、深思熟慮，並且小心解釋，謹慎地表達自己；安潔莉娜的水星則在第十一宮雙子座 22 度逆行，她的溝通模式就非常不同，也許在想法尚未成熟之前就先表達出來，搶著說話或同時有很多不同的點子。一眼看來，很清楚的是這兩個人水星的表達方式非常不同。

---

111 如想更深入了解阿尼瑪跟阿尼姆斯，請參閱麗茲·格林：Relating, 110–154.

✳ 信念與文化：木星

當木星突顯於合盤時，文化主題成為焦點，例如：宗教信仰、教育背景、社交圈、以及種族或語言差異等。布萊德與安潔莉娜由於相差十二歲，他們的木星都在牡羊座，雖然二人木星的特質相似，但年齡上的差異暗示著二人對於世界的理解，出現了文化及世代的代溝。

✳ 目標與挑戰：土星

土星透過互動可以是一段關係的穩固動力，它與伴侶的行星所產生的相位，可以讓那個原型能量變得成熟克制。然而，土星也可能聽起來像是批評或父母的聲音，經過時間與接受，我們在伴侶那裡聽來的反對與權威性語言，會慢慢變成熟悉的內在聲音，提醒自己的不足。安潔莉娜的土星落在巨蟹座並對分相布萊德包括月亮與金星的摩羯座星群，這說明了她的權力及存在造成了強大的印象。

✳ 代溝：外行星

在合盤中，凱龍星及外行星會透過與內行星的相位及互動發揮其影響力，如果出生時間差不多，星盤的外行星位置也會比較接近，因此外行星已經在伴侶的星盤中帶來相位的迴響。但如果二人有一定的年齡差距時，他們的外行星可能會落在不同星座，指出世代差異，可能不容易去分享成長過程所熟悉的東西。

＊ 我與你：上升 / 下降軸線

作爲自己與他人之間的軸線，上升 / 下降軸線是合盤的焦點，它是兩個人在一段親密關係、平等關係、親密友誼或商業合作上的連繫。下降點及第七宮是夥伴的位置，對於那些情緒、性愛及心理上的親密伴侶來說，在進行合盤時，這裡是最先考量的地方。這是我與你的領域，也是當兩個人在個人與結合之間來回跳躍中我們的個性如何融合在一起的地方。

正如同第六章與第七章已經討論到的，下降星座指出別人吸引我們的特質，而它的守護星也同樣重要，當它的相位良好或受到支持時，人際關係會感覺比較輕鬆或受歡迎；如果第七宮守護星沒有得到好的支持，需要考慮到這個人在人際關係中可能難以承諾、互相依靠或感覺平等。

＊ 第七宮

第七宮星群本身就非常複雜，因爲由伴侶所觸動的心靈活動可能會讓人很吃不消，應付這種複雜性的方式之一，是將能量投射到軸線另一邊的第一宮，利用強大的自我意識，避免關係與親密關係的建立。另一種方式是慢慢地處理這種情結，逐一拆解這些行星模式，而不同的人際關係往往會體現不同的第七宮主題。

如果第七宮沒有任何行星，但第八宮有行星落入，可能會因爲第八宮所帶來的激烈人際關係而犧牲建立人際關係的過程，爲了強烈的情感連結而放棄約會及建立人際關係的開始階段。當危機發生時，這種人際關係可能會沒有任何東西可供依靠之下快速瓦解，就

像它當初如何快速建立一樣。在這情況下，不妨多給點時間讓人際關係慢慢發展，因為如果急著發展親密關係，卻沒有建立一個穩固的情感基礎，往往會因為投射及理想化而讓關係變得複雜。

當我們將第七宮行星投射出去時，等於將它從自己的生命中排除，它們再也沒有任何活力或生機，因為我們已經透過伴侶將它活出來。發生在第七宮的截奪會為人際關係帶來另一種面向，因為被截奪的星座象徵著在建立人際關係的過程中所出現的其他特質。

✳ 我的與我們的：第二宮與第八宮

第二宮與第八宮宮首就像是邊境，讓個人價值與共同價值變得更加明確，這兩個宮位指出了哪些東西是屬於我的，以及我如何與別人分享它。第二宮的價值被放在我所擁有的東西上，而第八宮則是我與親密的其他人一起分享的事物，但我們只可能提供自己所擁有的；因此，第八宮是暴露私密自我、在他人面前變得脆弱的地方。第八宮是人際關係的冥府，親密關係就在其中，而且讓我們感受到它的地方。

✳ 第八宮

第八宮宮首星座及其守護星可以被當成是第七宮人際關係的延伸，但這一宮宮首將人際關係中的平等與親密性切開了。如果第七宮與第八宮宮首落在同一星座，將難以清楚分辨這兩個生命領域，此人可能會太快展開關係、或在沒有足夠準備之下就匆匆與他人產生親密接觸，強烈渴望把自己交給別人，因為他沒有適當的界

線或分辨力去避免自己沉溺於他人。

　　熟知每張星盤的第八宮能讓我們更加覺察在分享資源、信任及親密關係上的模式。例如，安潔莉娜星盤中的八宮宮首落在水瓶座20度，非常接近布萊德的土星水瓶座19度；布萊德的八宮宮首落在巨蟹座14度並非常接近安潔莉娜的土星巨蟹座17度。在合盤中，這是一個非常值得注意的雙向相互相位，土星警戒的主題與第八宮領域被帶入這段關係中，並讓他們互相分享。

＊人際關係宮位

　　在分析人際關係時，每一個宮位都扮演了重要角色，特別是那些描述他人或有星群落入的宮位。當我們分析情緒需求及人際關係經驗時，會考量家庭的影響、影響人際關係的模式及傳統，因此會考慮第四宮與第十二宮，這些宮位能夠讓我們衡量家庭歷史及模式影響目前關係的多寡。由於第十二宮深入於我們的無意識之中，因此它敘述著投射到他人身上的特質，期盼、夢想、恐懼、恐懼症、長期模式及未被表達的創造力都會被裝載於第十二宮的容器中，而這些都是所有人際關係分析的重要考量。第四宮則觸及了人際關係中的依附經驗及安全感，以及被移轉至成年人際關係中的家庭模式。所有宮位都是重要的考量，用來深入探索宮位複雜性的技巧，將會讓你知道如何去理解這些宮位對於人際關係的影響力。[112]

　　人際關係宮位也包括第三宮的手足及第十一宮的朋友、同事，當我們評估其他平等人際關係，例如：手足、同輩、好友、同

---

112 如欲深入了解這些關係宮位，請參閱布萊恩・克拉克的著作《家族占星全書》。

事等關係時，這些宮位都很重要。注意兩人從第五宮到第八宮之間行星的相互相位，第五宮宮首象徵著最初依附及成年後的情感關係之間的門檻，這一宮與我們的創造潛能及人際關係中的自我表達有關，這是戀愛、孩子、玩樂及娛樂的宮位。在合盤中，第五宮在評估小孩在關係中所扮演的角色、以及創造性的內在小孩的角色是重要的，在一段安全的人際關係中，內在小孩有可能會體驗不同、有益的經歷。第五宮作爲人際關係中玩樂、性及表達的領域，對於處理關係中的這些需求十分重要。

雖然第六宮經常被認爲是「不平等」的人際關係，但在這一宮中比較容易產生有意識的自我思考過程。這一宮象徵了準備踏入平等關係的心理過程，第六宮作爲與日常有關的宮位，在人際關係中，重要的是能夠一起工作、以及在例行公事、習慣及日常家務方面都能夠相互配合。

✻ 業力關係：月交點軸線及宿命點

正如在第十二章所探討的，月交點軸線及宿命點／反宿命點軸線往往在人際關係中有很重要的意義，它讓兩個人第一眼就覺得熟悉或像命中注定一般，彷彿兩人的相遇是註定要發生的。當它們在合盤中被強調時，這段關係會感覺有一種目的、一種靈性上的意義、以及互相從對方身上學習的意味，這往往會是一種難以言喻的感受，但卻會讓人感到這段關係是深刻而重要的。

協同效應

　　當我們集中分析關係中每張星盤的這些領域之後，應該已經標示出許多潛在的輕鬆與困難之處，這些對於分析這段關係相當有幫助。同樣地，製作一張工作表去整理這些資訊會很有用。以下這張工作表收錄於附錄之中，我習慣使用它去記下那些整合星盤比對資料時讓我覺得重要的內容，這是以安潔莉娜及布萊德星盤為案例的工作表例子。

合盤工作表：評估本命盤——人際關係主題

考量	星盤 A 安潔莉娜	星盤 B 布萊德	評語
第七宮：星座、守護星及行星	摩羯座／守護星土星在第十二宮並四分相月亮／沒有行星落入	雙子座／守護星水星在第二宮並合相月亮、南交點／沒有行星落入	二人的守護星都與月亮產生相位，強調家庭及安全感的議題。布萊德的月亮／金星接近安潔莉娜的下降點；安潔莉娜的太陽也落在布萊德的下降點。
第八宮：星座、守護星及行星	水瓶座／守護星天王星在第四宮並四分相金星／沒有行星落入	巨蟹座／守護星月亮在第二宮並合相金星	二人的守護星都與金星有相位，安潔莉娜的土星落在布萊德的第八宮宮首；布萊德的土星也落在安潔莉娜的第八宮宮首，強調了二人對於親密關係的不同傾向。

人際關係宮位	宮首都落在土元素	宮首都落在風元素	安潔莉娜的冥王星在第三宮，太陽、水星在第十一宮；布萊德的凱龍星在第三宮，海王星則在第十一宮。
月交點軸線	北交點射手座在第五宮／南交點雙子座在第十一宮	北交點巨蟹座在第七宮／南交點摩羯座合相火星在第一宮	安潔莉娜的月交點落在布萊德的第六宮／第十二宮；同樣地，布萊德的月交點落在安潔莉娜的第十二宮／第六宮。
宿命點	射手座 11 度 5 分合相海王星在第五宮	巨蟹座 27 度 22 分在第八宮	布萊德的上升點在射手座 11 度 54 分，準確合相安潔莉娜的宿命點；安潔莉娜的上升點與金星的合相也準確合相布萊德的宿命點。
阿尼姆斯：太陽	雙子座 13 度 25 分在第十一宮，對分相海王星	射手座 25 度 51 分在第一宮	安潔莉娜的太陽落在布萊德的下降點，海王星落在他的上升點，強調投射作用。
阿尼瑪：月亮	牡羊座 13 度 5 分在第九宮，合相木星、火星，四分相土星，對分相冥王星	摩羯座 22 度 49 分在第二宮，合相水星、金星	布萊德月亮合相安潔莉娜的下降點並對分相她的金星，這勾起他內在滋養又性感的女性形象。

阿尼瑪：金星	巨蟹座 28 度 9 分，合相上升點，四分相凱龍星及天王星	摩羯座 23 度 28 分在第二宮，合相水星及月亮	布萊德的水星落在她的下降點並對分相她的金星；安潔莉娜的金星落在布萊德在第八宮的宿命點，這會讓人有一種宿命感，或是令人難以抗拒或產生複雜的吸引力。
阿尼姆斯：火星	牡羊座 10 度 42 分在第九宮，合相木星、月亮，四分相土星，對分相冥王星	摩羯座 10 度 1 分在第一宮，合相南交點及水星	二人的火星彼此形成四分相，形成了一種熱烈的競爭；火星落在布萊德的南交點上，會讓他覺得似曾相識，而對於安潔莉娜來說，這讓她覺得是一個很大的挑戰。
溝通：水星	雙子座 22 度 20 分在第十一宮逆行	摩羯座 16 度 6 分在第二宮，合相南交點、火星、月亮、金星	對溝通有很強烈的需求；安潔莉娜的水星對分相布萊德的太陽並且逆行，而布萊德的水星合相南交點並合相月亮，讓他本能地覺得與安潔莉娜的思考方式很相近。
道德及倫理：木星	牡羊座 17 度 25 分在第九宮，合相月亮、火星，四分相土星	牡羊座 9 度 50 分在第五宮，四分相火星、南交點	二人都具有木星在牡羊座的視野，但兩人年齡相差十二歲，布萊德的木星四分相火星，並合相安潔莉娜的火星，他的信念也許會與他的渴望及抱負「方向不一樣」。

承諾：土星	巨蟹座 17 度 23 分在第十二宮，四分相火星、月亮、木星	水瓶座 19 度 8 分在第三宮宮首，四分相海王星	二人的土星彼此形成 150 度相位，各自的土星皆落在對方的第八宮宮首；因此，在這段關係中，關於愛與忠誠的有力保證是必須的。
世代影響：外行星	天王星在處女座／海王星在處女座／冥王星在處女座	天王星在天秤座／海王星在射手座／冥王星在天秤座	二人所有外行星的星座都不一樣，暗示了在價值及態度上會出現世代差異，同時強調了外行星也許會與伴侶的內行星形成重要相位。

星盤中的線索

當我們分析個人星盤時，應該已經注意到星盤中某些領域，其中產生投射或容易讓別人來填補空缺的傾向：例如某種元素的缺乏或過多、第七宮宮首等等。雖然這的確具有誘惑力及吸引力，但這些空白同時也有可能充滿絕望、怨恨或迷惑，這些領域需要伴侶有意識的注意。

製作一張表單，列出有可能發生這些情況的星盤領域，想出方法去認知這些模式，並提出建議處理這些狀況。製作如下面這張表格也許能夠有所幫助，當中 A 代表安潔莉娜的星盤，B 則代表了布萊德的星盤。

星盤 A 安潔莉娜	星盤 B 布萊德	可能的模式	建議
缺乏土元素	強烈的土元素	結構、責任與權威可能會投射到 B 身上，因此，他最初會給予 A 一種世故、有成就的感覺，但之後可能會有一種控制慾強、冷漠、父權及自負的感覺。	注意要有效地規劃二人的時間、一起計劃及編制預算、分擔責任、一起認定什麼是有價值的事物；維持例行公事及持續性；騰出時間去完成事情。
沒有固定星座	在固定星座的土星／海王星的四分相	二人同樣缺乏固定星座，因此可能會難以堅持到底，其中一方可能會策劃，完成另一方才剛開始的事情。	需要架構、容器及貫徹始終；需要事先思考及討論何謂承諾；完成計劃，並需要後續跟進。
下降點在摩羯座 28 度	月亮／金星合相在摩羯座 22 至 23 度	B 容易在照顧者與戀人、仁慈與責任兩者之間產生分裂；但對於自己的角色及工作沒有感覺被珍惜、欣賞或報答。	她需要意識到自己在這段關係中的責任及職責，不要期望 B 自動自發為她完成這些事情；察覺及分辨 B 在關係建立中的角色。
太陽落在雙子座 13 度	下降點在雙子座 11 度	B 容易覺得伴侶比自己得到更多鎂光燈、注意力及創作上的突破；B 可能會想像他的伴侶更善於社交、溝通及適應。	B 需要找到管道去表達自己的創意及關係中的需求；A 需要在社交圈及朋友圈中以她自己的方式去發光發熱。

　　開始列出及分析這些潛在的危險區域，有助於讓伴侶更加注意到在他們的關係中無意識重覆的模式。

第十六章
星盤比對
交換宮位

　　當兩個個體建立一段關係時，便會產生一個融合的體系，我們不僅帶入過去的祖先、文化背景、家庭、人際關係以及許多潛藏的次人格；其中有一些人會比他人要求更高，而結合在　起的需求及慾望也希望找到一個歸處。我們的驕傲、感受、意見、品味、煩惱、信仰、批評、傷口、怪癖、理想主義及憤世嫉俗全部都需要被認知及承認，這些存在方式都是我們的行星原型，它們每一個都需要在關係中找到自己的位置。我們有兩個方法可以開始評估這些行星以及它們的表達方式是容易或是困難的：

　　首先，我們可以將自己的行星放在伴侶的星盤之上，看看這些行星會落入哪一宮，我們的行星落在伴侶星盤中的宮位，代表此能量會在那一個生命領域及環境中影響我們的伴侶。如果想要研究占星學中其中一人的原型特性對另一人的本質所帶來的可能影響，我們可以使用二人的星盤製作一張雙圈星盤 [113]；這將會為我們創造一個充滿動能的畫面，顯示伴侶其中一人的行星落入另一人星盤中的哪些宮位。我們需要製作兩張雙圈星盤，每個伴侶各一張，但需要注意的是，這個技巧需要具備二人準確的出生時間。此技巧並不是用來定義關係，而是指出伴侶其中一人會保持開放、容易被改變或容易對另一方產生反應的地方。試著想像你星盤中的宮位，如同

---

113 詳見附錄八：「使用太陽火占星軟體製作合盤」

是你的生態系統、你的個人氣場或能量場，當伴侶的行星落入特定領域時，它帶來了與那個行星原型相同的印象、感官或感受經驗，這往往會在關係剛開始發展時特別容易被注意到，當二人尚未熟悉對方的回應方式、習慣與模式時 [114]。

第二，我們可以看看自己的行星與伴侶的行星彼此形成的相位，作爲一種量計去計算在關係形成中彼此的原型如何互相連結。這些可以從雙圈星盤當中看到，尤其當出現強烈的合相與對分相時。不過相位表會更清楚的顯示二人之間互動的程度，我們將在下一個章節中討論。兩張星盤之間的相位稱之爲「相互相位」（inter-aspects）。

容納伴侶的行星

首先讓我們概述每顆行星在人際關係中代表的意涵，然後再思考當這些行星落入伴侶的宮位時，各自會爲伴侶的環境帶來怎樣的改變，以及每一顆行星會如何透過相位去影響伴侶的本命盤行星。讓我們先從行星開始：

✳ 太陽

太陽作爲能量、力量及自我認同的象徵，爲它在伴侶星盤中

---

114 史蒂芬・阿若優在 *Relationships and Life Cycles*, CRCS Publications, Vancouver, WA: 1979, 80 一書中提到，其星盤比對的哲學是根據相信人類都是正在發揮作用的能量場：「我們是多種能量場的結合體，以互相連繫的方式同時發揮作用。」我從史蒂芬・阿若優這本書中第一次接觸到星盤比較中交換宮位的技巧，145 -155.

所落入的宮位注入能量，照耀他們生命中的那一個領域。透過相位，太陽會為伴侶帶來刺激及能量，讓伴侶透過自我表達及創意，找到更多的身分認同，這代表著自我的建立。在合盤中與太陽形成相位的行星，會塑造及影響伴侶正在慢慢出現的自我意識。

✳ 月亮

月亮在伴侶星盤中所落入的宮位，是注入情感、影響情感的穩定性以及培育安全感的地方，同時，這也是伴侶的情感性格影響此情境氛圍的地方。月亮會帶來對於成家、滋養、舒適及保護的渴望，並在此處影響伴侶的需求、習慣、生活方式及情感上的安全感。月亮反映了伴侶之間可以如何分享他們的生活空間、以及伴侶如何回應對方的家庭習慣、本能反應及日常行為。

✳ 水星

關係中最常出現的抱怨是缺乏溝通、感覺沒有被聽見、或是被誤解，這些都是水星所掌管的；它在伴侶的星盤中所落入的位置，是強調溝通、想法與交流的地方。水星的相位會刺激及影響溝通管道，並為有效的溝通及聆聽帶來挑戰。任何與水星形成相位的行星，都是需要對話及被聽見的一股力量。

✳ 金星

喜歡、不喜歡、審美觀都是金星所管轄的，因此它所落入的宮位，是此人以其品味及價值，為伴侶的環境帶來影響的地方。與金

星形成的相位會影響伴侶的感官，左右他對於價值、美感或價值觀的看法。在心理學上，伴侶各自的自尊皆會面臨挑戰，並會透過各種資源例如：資產、所有物及金錢以及愛與被愛的能力中呈現出來。

＊火星

火星是一個富生命力的男性原型，會將衝突與爭執帶入它在伴侶星盤中的宮位領域，這裡也是伴侶可能會面臨挑戰、受到壓迫、同時也是他得到勝利之處，因爲這裡是伴侶的競爭傾向最明顯的領域。火星的相位可能描述伴侶會如何刺激、挑釁，或是個人面對較爲精神性或情緒性的地方。火星象徵著憤怒，因此火星的相位可能會揭示了侵略、競爭及煩惱的感受會如何在這段關係中被觸動。

＊木星

跨文化經驗及其他超越社會和家庭界線的體驗都會觸動木星，因此，伴侶木星所落入的宮位透露了你可能會在哪些人生領域對新的信仰、冒險及靈性生活方式保持開放態度，這也可能是你內在的某個地方，受到伴侶的影響而擴張及發展。透過相互相位，木星會鼓勵成長、教育、旅遊、新的哲學及信仰，然而木星也同時象徵著文化、道德及信仰的衝突，透過木星與伴侶的行星原型的接觸而點燃。

＊ 土星

　　雖然土星代表了我們可能會專注於障礙或控制之處，但是它也是人際關係的黏膠，土星會把它的高標準帶到人際關係中，因此，土星在伴侶星盤中所落入的宮位，也許會讓伴侶感覺受限，或是產生更多的自覺。這同時也是伴侶其中一方憑著專注及努力幫助另一人變得成熟，並為自己的理想及目標負責的地方。土星透過相位而為伴侶的行星所帶來的影響，會讓人感覺父權或居高臨下，甚至是負面及愛控制；另一方面，土星善於建立權威及界線，這是一個正面的影響，讓人更加負責任、更具權威、更認真、更有成就。

＊ 凱龍星

　　基本上，凱龍星主要特色之一正是它難以被歸類或整合。在星盤比對中，凱龍星可能會在無意之間在它所落入伴侶的宮位中掀開一道傷口，這也許是一個脆弱、痛苦的位置，但最終會帶來療癒，畢竟兩者是相輔相成的。透過相位，凱龍星可能暗示了哪些傷口會透過這段關係再度被打開，但那也可能是產生療癒的地方。凱龍星指出了自我被邊緣化之處，透過伴侶的支持，個人會覺得有能力去接受這部分的自己。

　　與外行星的相位，特別是那些與伴侶內行星之間的相位，暗示著伴侶也許會體驗到強大的本能、思想、感受、反應及情緒，而這些並非是伴侶的預期。如果兩個人年齡相差大於七歲，外行星同時會彰顯世代差異及經驗。

✳ 天王星

　　天王星作爲象徵「意料之外」的原型，預告著改變、動盪、以及徹底離開已認知的事物。它爲人際關係帶來刺激，但同時也帶來未知、不確定而引起高度焦慮，並要求伴侶冒著失去安全及穩定性的危險。它所落入的宮位會帶來分離，讓伴侶離開習以爲常或是期待發生的事物；改變及動盪會發生在此環境中，剛開始會讓人覺得很混亂，但它同時也帶來自由及解放、新的事物及轉化的過程。天王星的相位會喚醒它所觸碰到的行星，動搖伴侶的這一部分，雖然會體驗到震驚或突發的崩裂，但這可能暗示了某些事情的確需要改變，伴侶會覺得好像爲了進一步成長的可能而賭上了某部分的自我。

✳ 海王星

　　海王星對另一人星盤的影響範圍很廣，從神奇到令人失望，海王星的魔法會滲透、溶解、迷惑、啓發、混淆、欺騙，它就像迷幻藥，會改變自我的認知及了解。在海王星帶來影響的領域，有如掛起了一層紗幕，而無論海王星落入哪一宮，都有可能受到創造力及靈性的影響，可能會讓人對於自我的這部分產生更深層的共鳴。要記住，生於同一世代的人，伴侶的海王星很可能會落在與自己的海王星一樣的宮位，透過相位，海王星可以帶來啓發或迷惑。但不管是哪一種影響，它都有可能改變伴侶的意識，並以一種神祕、更深奧的東西帶來挑戰，並要他們面對人生的不確定及神祕。

＊冥王星

如果兩個人的生日相近，他們的冥王星也會非常靠近，而伴侶的冥王星很可能會落入另一方冥王星的宮位中，並重覆其本命盤中的冥王星相位，伴侶會強調另一方去加強及轉化此方面的需求。無論冥王星在哪裡帶來影響，它都會帶來面對真相的過程，揭示被否定的地方，並挖掘祕密及禁忌。這過程不是為了喚起羞恥感或負面情緒，而是要讓人捨棄那些無助於提升生命的特質。透過相位，冥王星會重塑及轉化伴侶的經驗，讓他可以有更真實、更誠實的表達。冥王星會挑戰伴侶，讓他們在此領域中相信自己，並去面對自己的真實性。

落入的宮位：為環境帶來的影響

在我們詳述行星會如何影響伴侶的宮位體系之前，讓我們先用布萊德與安潔莉娜的星盤製作一張雙圈星盤，以下是從布萊德的觀點製作的雙圈星盤，因為安潔莉娜的行星被放在外圈上。由於她的年紀比較小，這張星盤也是在她出生那一刻布萊德星盤中的行運，當時他十一歲半，正經歷自己第一次的木星回歸。

我們立即看見她的牡羊座星群落入了布萊德的第四宮，影響他個人最深層的地方，並刺激他對於家與家庭的信念；也有行星落入第八宮及第十二宮，顯示了安潔莉娜為布萊德的生命帶來深層感受及靈魂層面的印象。此外，我們馬上看到她的宿命點落在他的上升點，而她的太陽則落在他的下降點。

為了思考這些行星影響具有哪些本質，我使用以下工作表

（詳見附錄）去編排筆記；在這張雙圈星盤之後是一張工作表，顯示安潔莉娜的行星落入布萊德星盤的哪些宮位。

在這張工作表中並沒有顯示行星的逆行，所以在本命盤分析時就要記下哪些行星逆行，我也沒有在星盤中顯示相位線，為的是想要更專注於安潔莉娜的行星在布萊德的星盤宮位中所產生的影響。

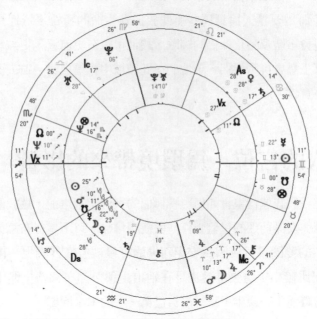

雙圈星盤：內圈是布萊德·彼特，外圈是安潔莉娜·裘莉。

合盤工作表：落入的宮位——我的行星在你的宮位

安潔莉娜 （A）的行星 ／軸點	落入布萊德 （B） 的宮位	筆記
太陽	第七宮 合相下降點	強烈的吸引力：首先會注意到她的創造特質、自信及魅力，可能會被她迷惑或被其光芒掩蓋，出現創作上的競爭。
月亮	第四宮 合相木星	A 具有動力的滋養方式影響 B 的安全感；但同時培養及鼓勵他對自己、家庭及歸屬感的信念。
水星	第七宮	在 A 的溝通方式中，需要注意不要對言語產生誤解或假設。
金星	第八宮 合相宿命點	A 對家及安全感的價值觀、審美觀與 B 緊緊相繫，因而產生親近、連結與親密感。
火星	第四宮 合相木星	A 的勇氣及動力挑戰 B，使他在家、家庭及歸屬的議題上更加樂觀、更具冒險性。
木星	第四宮 合相木星	A 相隔十二年出生，而她的信仰及道德觀會深刻地影響 B 對人生的看法。
土星	第八宮 寬鬆合相宿命點	A 對於什麼事物對家庭來說是適合的、如何滋養及關懷別人這些主題有很強烈的看法，這會影響到二人的親密度及深層的連結感。
凱龍星	第五宮 合相第五宮宮首	A 的孤立及邊緣化會影響 B 對孩子及創造力的態度。

天王星	第十一宮	A 會把她的獨立性、她的世代對自由、友情、科技及社會的態度帶到 B 的社交圈中。
海王星	第十二宮 合相上升點	A 的有趣及迷人之處，對 B 來說便如同海妖的歌聲，覺得她脫俗又富創造力。
冥王星	第十宮	A 會對 B 的志業、他的生涯規劃及在世界上的角色帶來強烈的影響；她會強烈地影響他的計劃，並將她的說服力及權力施加於他的選擇及方向上。
北交點	第十二宮	A 的人生方向會喚醒 B 更深層的靈性歸屬感。
天頂	第四宮 合相木星	A 的志業及更高的目標會影響 B 對家庭及家族的信念。
上升點	第八宮 合相宿命點	A 的個性及生命力與 B 深層的自我之間會產生一種非常強大的結盟，這暗示了 A 的個性非常具有說服力及觸動人心，她本身就有一種具療癒力的特質，並會鼓勵 B 去更加的察覺自己更深層的情結。
宿命點	第十二宮 合相上升點	同樣地，A 那些神祕的需求及強烈慾望會透過 B 的個性及他面對人生的方式而暴露。

　　以下是當行星落入伴侶某個宮位時，可能對那個宮位所造成的影響，這是我們首先應該考量的地方：

✳ 當伴侶其中一方的行星落入另一方的第一宮

當伴侶的行星落入你的第一宮時，它會馬上影響到你的能量場或氣場，這可能是刺激或需要面臨的挑戰，而你的個性會因此參與其中。例如，某人可能會覺得對方的太陽是一股具吸引力及生命力的能量，因而產生即刻的認同及溫暖；另一方面，土星則讓人覺得冰冷或批判，讓人產生焦慮或自我意識。其他落入第一宮的行星都會在第一次見面時便立刻被感受到，進而影響個人的活力及個人意識；如果該行星合相上升點，更會強化這種反應。

✳ 當伴侶其中一方的行星落入另一方的第二宮

當伴侶的行星落入另一方的第二宮時，這些行星會影響他的價值體系、品味、好惡以及他對資源和所有物的態度。一方面，依據行星的本質以及伴侶對財務的態度，第二宮的主人可能因此在財務、金錢及資產的領域得到提升或援助。然而，如果那些行星未被善加整合，伴侶可能會對於另一方看待財富的價值觀及態度有所保留或挑剔。

✳ 當伴侶其中一方的行星落入另一方的第三宮

當伴侶其中一人的行星落入另一方的第三宮時，也許會涉及溝通、思想交流、語言及手足互動。根據所落入的行星，另一方可能會與此行星能量和諧共存，並激發出新的念頭、想法及對話。第三宮的星盤主人會因伴侶在此領域的力量及存在而感到充滿能量；另一方面，伴侶也會覺得另一方以嶄新的想法、思想和連結方式去迎

接他們。在這關係中，老舊的溝通模式及學習模式可能會受到挑戰。

✱ 當伴侶其中一方的行星落入另一方的第四宮

當一個人的行星落入伴侶的第四宮時，其基石、最內在的情感及情緒防衛會受到影響，一方面他們會感到更安全、更被支持；但另一方面，他們可能會覺得沒有得到保護與沒有安全感。落在第四宮的行星會挑戰個人的安全感以及對自我的更深層認知，這些行星助長對安全感的需求並建立一個能夠支撐人們在世上立足的架構，落入第四宮的行星原型強調及挑戰來自原生家庭的模式。

✱ 當伴侶其中一方的行星落入另一方的第五宮

落入第五宮的行星可以為伴侶的創造面向注入能量，至於是關於孩子、藝術、創作、原創性還是自我表達，得看伴侶的行星所帶來的影響，但不管如何，這會強調個人玩樂及表達面向。這段關係影響伴侶，讓他們更加意識到創造力及動力的潛能，強調對玩樂及快樂的覺知、自我表達的自由、以及不怕被否定的原創性。這是一個滋養及療癒內在小孩的機會，而且極有可能可以想像出新的創造可能。

✱ 當伴侶其中一方的行星落入另一方的第六宮

當第六宮受到影響時，個人的例行公事及日常習慣也會被對方影響，伴侶會鼓勵他接受新的日常生活方式。第六宮星盤的主人可

能會更加傾向於活在當下，並與伴侶分享自己的日程；這可能是發展出充滿刺激性的全新工作慣例或模式，或可能二人在工作中認識或是在一起工作的同事。爲了關係的持續及加深彼此的經驗，重要的是在日常的兩難之中溝通分享。

✳ 當伴侶其中一方的行星落入另一方的第七宮

當伴侶的行星落入另一人的第七宮，會讓他注意到合作與妥協，也更容易看見投射的作用。落入第七容的行星會刺激自我的覺知，「另一半」可能會成爲一種催化劑，讓我們理解不容易察覺到的特質及特色，這個重要的另一半，他們會受到挑戰成爲我們的夥伴，與我們合作、協商及互相妥協。

✳ 當伴侶其中一方的行星落入另一方的第八宮

當伴侶的行星落入我們的第八宮，它們會像一個槓桿，幫我們撬開心靈之甕的蓋子，裡面裝載著最親密、私人的情感及回憶。它強調個人情感的脆弱及敏感度，深刻的激烈情感及壓抑的慾望輕易的被觸動，伴侶會感到赤裸，並面對讓自己更爲誠實與開放的挑戰。雖然第八宮的星盤主人會被另一半的原型影響而受到啓發，但他們可能尚未做好準備變得如伴侶所渴望的一樣開放、誠實，這可能需要一點時間。資源共享的議題，特別是金錢及性愛，以及祕密的洩漏，可能會是關係中的一部分。

✳ 當伴侶其中一方的行星落入另一方的第九宮

當伴侶的行星落入你的第九宮時，他可能會啓發你對未來的願景，或是喚醒你、讓你更加眞誠地面對自己的信念及道德觀。這個伴侶可能是一個助手，幫助你探索新的意識形態，也可能是一個導師，帶領你進入更高的領域；如果是與理解生命有關的話，那這個人可能是一個教育或冒險家。當行星落入你的第九宮，這些能量可能帶來更廣闊的世界觀，或是讓你對於正在尋找的事物有更偉大的想法，你會以全新的眼界去看待自己的信念、理想、哲學、教育及志向。

✳ 當伴侶其中一方的行星落入另一方的第十宮

由於第十宮是你塑造你在世界上的身分及地位的地方，因此，別人落在這裡的行星會影響你的專業及世俗的事務，這通常會幫助或妨礙你立足於世的舒適感。這可能暗示了一段商業或專業上的關係、一份共同的工作或專業、甚至是來自於父母或導師的影響。第十宮的伴侶會受到他的另一半的態度及理想影響，這段關係有助於讓某人有一個更清晰的企圖，知道他想要在世上扮演怎樣的角色以及最終的重要貢獻是什麼。

✳ 當伴侶其中一方的行星落入另一方的第十一宮

當其中一人的行星落入另一人的第十一宮時，友情、平等及社會議題會被帶到檯面上，第十一宮的主人會受到刺激，參與新的組織、認識新朋友、以及尋找新的可能性去參與社會。第十一宮的行

星象徵著由於這段關係而在社會上打開的新管道，平等、社會關懷議題、社區參與以及朋友間的共通性會突顯在這段關係的日程之中。

✱ 當伴侶其中一方的行星落入另一方的第十二宮

如果伴侶的行星落入你的第十二宮，你可能會受到啓發並探索未知。在某種層面上，這可能突顯全新的認知、見解及創造動力；但在另一層面中，這可能讓人意識到深藏的恐懼或情結。無論是哪一種方式，伴侶都會是這些見解及揭示的催化劑，最終，第十二宮的伴侶會激發出更加眞實的靈性及個人創造力。祖先的鬼魂可能會被喚醒，幫助我們去處理家庭拼圖中缺少了的那一塊。

在思考行星如何影響伴侶的星盤之後，現在讓我們觀察另一張雙圈星盤，也就是將上一張雙圈星盤的內圈與外圈對調。同樣的，在這張雙圈星盤中，我們將布萊德·彼特的行星放在安潔莉娜·裘莉的星盤之外。

首先看到的是影響她第六宮工作宮的摩羯座星群，二人最初的關係是工作夥伴，在《史密斯任務》電影的片場中相遇，當時他們扮演一對夫妻。他的天王星／冥王星合相落在她的第二宮，影響她的安全感及根基，雖然她影響了他的情感領域，但她也在生命中的工作及物質層面受到影響。布萊德的上升點射手座 11 度落在安潔莉娜第五宮的海王星／宿命點合相上，點出了他的態度以及對小孩所抱持的理想主義。

他的宿命點落在她的上升點巨蟹座，點出了他對於家及家庭的

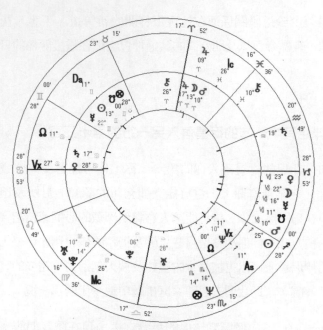

雙圈星盤：內圈是安潔莉娜‧裘莉，外圈是布萊德‧彼待。

深層議題被安潔莉娜帶到公共領域。金星合相她的上升點，因此
她帶入家庭以及關懷中的強大價值與忠誠，對照出布萊德對於家
庭、家及安全感這些未被表現的反應。當這些形象變得清晰易見之
後，可以讓我們總結布萊德對安潔莉娜的能量場所帶來的影響，當
我們逐一描述這些占星形象之後，就會看見一些重覆的模式。

布萊德（B）的行星／軸點	落入安潔莉娜（A）的宮位	筆記
太陽	第五宮	B 會照亮 A 的創意及自我表達。
月亮	第六宮 合相下降點	B 的月亮落在 A 的地平線，會立即感受到舒適及輕鬆感；由於它是落在第六宮那一邊，暗示了 B 的情緒及情感如何影響 A 的日常生活。
水星	第六宮	B 會激發 A 在工作及日常生活中的對話及彙報的需求。
金星	第六宮 合相下降點	B 的金星落在 A 的地平線，突顯對另一半的一見鍾情及欣賞；B 可能會讓 A 在日常生活中感覺更加有價值、更被欣賞。
火星	第六宮	B 的火星會刺激並鼓勵 A 更專注於工作行程及身心健康。
木星	第九宮	A 的木星在第九宮，因此 B 會更加強她的理想及觀點。由於 B 的木星合相 A 的火星與月亮牡羊座的合相，因此會為她的人生帶來更多的冒險、旅行、國際互動及國外居住經驗。
土星	第七宮	雖然土星被認為充滿批判性，但當它落在第七宮可能暗示了為人際關係努力的意圖；B 可能會挑戰 A 在建立關係的過程中更加的投入與合作。
凱龍星	第八宮	B 可能勾起了 A 的一些隱密傷口及痛苦回憶。

天王星	第二宮	B 出生在天王星／冥王星合相的重要階段，並將那個世代的價值觀帶入這段關係；B 可能會改變 A 對自身、價值及資源的看法。
海王星	第四宮	B 可能會帶來一些新的方式去想像家庭的親密性，爲 B 對於家庭生活的破碎感（天王星第四宮）開一扇鼓舞及希望之窗；然而，這同時也可能暗示了家庭中的失望。
冥王星	第二宮	冥王星與天王星一起，讓 A 面對自我價值以及能夠與人分享創造資源時，強調一種更加眞實的看法。
北交點	第十二宮	A 可能會讓 B 有一種命中注定的感覺，讓他覺得自己正走在正確的路上；而 B 則可能會爲 A 的內心世界帶來更大的舒適感。
天頂	第三宮	B 的人生方向與 A 相近，她可能會是他人生目標之路上的姊妹，而他也可能是她人生目標之路上的兄弟。
上升點	第五宮	B 的熱忱與視野有助於 A 的創作，B 的上升點同時合相 A 的海王星／宿命點合相，因此，B 的個性會讓她看見她的理想主義及對孩子和創作的任務。
宿命點	第十二宮合相上升點	B 的宿命點巨蟹座合相 A 的上升點，暗示了透過他與 A 的伴侶關係，她會意識到較少注意到的家庭及親密關係議題。

　　布萊德上升射手座的守護星木星落在第四宮的牡羊座 9 度 50 分，安潔莉娜上升巨蟹座的守護星月亮則落在第九宮的牡羊座 13

度 5 分，同樣落在牡羊座的這兩顆行星把二人的守護星結合在一起。在安潔莉娜的星盤中，這兩顆行星在第九宮合相，在布萊德的星盤中則在第四宮合相，這種排列延續了二人一直不斷重覆發生的主題，關於如何在國際及跨文化的家庭價值之下，重新去觀看家庭及安全感議題。

　　安潔莉娜的本命月亮合相布萊德的木星，但是布萊德的月亮摩羯座 22 度 49 分則四分相安潔莉娜的木星在牡羊座 17 度 25 分。由於這組相互相位在兩邊都同時發生，因此它是雙向的，並透露了月亮及木星的原型需要得到高度的關注，而我們在星盤比對中也許已經注意到這一點。接下來我們會進行下一個步驟，製作合盤的相位表，這會讓相互相位的細節更加明顯。

第十七章
二人之間
相位表格

　　相位就像是關係的生命線，因為它們會以相互配合或衝突的方式，將兩股力量結合在一起，就像愛洛斯讓神祇們互相交往一樣。因為相位是以圓圈的劃分為基礎，因此它們會將元素連繫在一起，提醒我們性格是相位不可或缺的要素。相位讓元素成為我們關注的焦點，因此，首先我會透過不同的元素組合去複習相位。如果我們能夠想像不同元素的行星會如何結合，我們就可以開始去理解合盤中的相位。

　　我相信你曾經在星盤比對中以星座去體驗相位，並從中得到一些有意義的模式。例如：如果伴侶其中一人月亮在雙魚座，另一人月亮在雙子座，即使不管角距容許度，我們仍然會在這段關係中感受到一些張力。雙魚座和雙子座的特質暗示著非常不同的傾向及經驗；簡單來說，它們各自的需要與習慣都相當不同，因此在關係中，這些差異需要我們帶著覺知去理解及處理。

關係中的行星

　　比對合盤中的相位概念與平常一樣，但不同的是我們不會把它們看成兩個原型之間的內在對話，而是兩個個體的原型之間的對

話。當在人際關係中體現相位特質時，它就便被賦予了生命，伴侶在外在世界相處，而兩個行星原型之間的交流也會活躍於外在世界。在相位表中，我會使用以下六種相位：

♣ 合相及三分相

這兩種相位是相同元素的結合，因此它們往往被認為是和諧的，如果是合相的狀況，有時候不一定會那麼協調。雖然同一元素會讓二人專注於相似的方向，但是仍然需要一些平衡及差異。

✳ 火／火

這是一個不穩定的組合，它暗示剛開始，所有事情都是快速、熱情、精神飽滿的，但當熱情褪去之後，就會顯得後繼無力。可能會快速點燃熱情之火或彼此燃燒，因此當兩個火象的人相遇時，可能會產生火花、充滿熱情，但當一切慢慢變成規律或太熟悉時，這種狂熱也許會褪燒。透過相位，兩顆同樣落在火元素的行星會有共同的元素特質，但它們傾向互相刺激及煽動。

✳ 風／風

雖然這是一個能夠激發社交活動的組合，但它也暗示著他們可能會難以親身參與及投入於關係之中；他們不是不知道或沒有能力去探索這些特質，但是他們就是不容易將把計劃或方案付諸實行。兩個風象的人可能擁有同樣的想法以及思想交流，但如果要讓

任何連結扎根發芽，這個環境可能會缺乏灌溉而過於乾燥。兩顆風象行星透過相位，可能會令人感到興奮，但也可能會缺乏扎實的基礎，最終只是被沖昏頭而已。

✳ 水 / 水

水元素善於感應環境及他人，特別是他人的內在世界，所以這個組合暗示了對他人的情緒異常的敏感。當兩個水象人在一段關係中時，他們可能會嘗試去「解讀」對方，然後當對方沒有回應自己那些沒有說出口的需求時，就覺得被拒絕或孤立；他們擁有豐富的情感及敏感度，卻沒有足夠的客觀性或火花去點燃這一段關係。兩顆水象行星透過相位，可以互相啓發，但它們也可能會將彼此淹沒。

✳ 土 / 土

這個組合可能會帶來過於謹慎或安全的意識，他們會努力不懈地去磨合；但是也會進退不得。當兩個土元素人在一起時，他們有潛力去建立資源，並在世俗中獲得成功，但是這段關係也可能會缺乏熱情及刺激。兩顆土象行星透過相位可能會互相支持及包容對方，但也可能會阻礙對方或變得了無生氣。

♣ 六分相及對分相

這兩種相位會把同樣是陽性或陰性的星座結合在一起，對分相

在合盤中屬於和諧相位，對分相中的兩顆星可以被視爲是一對或能量的交換。

✳ 陽性星座：火／風

　　這是一組自然的兩極，暗示著利於溝通及成爲伴侶的潛力。可是火元素不會總是獨立，風元素也無法一直維持熱度，而可能會導致溝通及理解的過程最終瓦解。在私人的關係中，它們可以相互支持，但風元素的想法會沖昏頭、不切實際；火元素的視野也可能會變得膨脹及燃燒過度。透過相位，它們傾向互相刺激，但同時也需要保持冷靜。

✳ 陰性星座：土／水

　　這是另一組自然的兩極，它們互相同理對方，不過，土元素會努力想要理解水元素情感的深度和善變的情緒，而水元素也可能會因土元素所需要的原則及架構而痛苦掙扎。當他們認知彼此的情感及情緒，並有足夠的規律與安全感之後，便可以學習彼此支持及合作；透過相位，他們會互相支持，但也可能會傾向束手無策或消沉。

♣ 四分相及 150 度相位

　　這兩種相位會將心理上互相對立的元素結合在一起，因此，當共處一室或同時出現時會無法輕鬆相處。在合盤中，它們代表了行

星之間比較困難的對話。

＊火／土

　　火元素代表了視野、精神及戰鬥，而土元素則暗示了現實層面、一致性及持續性；火元素經常會覺得被困在土元素的僵化及架構之中，而土元素則會因為火元素持續不斷的混亂而感到沮喪及失去自我價值。當他們共事時會充滿動能，這兩個元素之間往往存在著一種神祕的情愫和吸引力，而這是剛開始難以被看見的。在一段關係中，雖然這兩種元素互相對立，但它們往往註定要在一起，這個相位雖然讓人感到緊繃和困難，但卻充滿巨大的動能。

＊火／水

　　它們都是充滿情緒的元素，火元素表現自己的情感，而水元素則往往包容或抑制自己的情感，它們都難以接受對方的看法，因為火元素會把情感概念化，而水元素則難以說清楚。這個組合充滿了熱情，有時暴躁易怒，有時熱血沸騰；水可以熄滅火，火則可以將水燒開。透過相位，重要的是要注意這個組合壓抑不住的面向，而同樣重要的是要認清其中的激烈及熱情，因為它們可以帶來創造力及豐饒富庶。

＊火／風

　　水元素會因為風元素的人缺乏情感的回應、以及無法察覺到他們的情緒和需求而感到沮喪；而對於情感和情緒世界無知的風元

素，則會因為水元素複雜的情感生活而感到困惑。因此，他們經常會感覺錯過了彼此，雖然這兩種元素經常無意識地互相吸引，但他們的命運會在投入與抽離之間不斷搖擺，他們努力在分離和親密感、空間與在一起之間尋求適當的平衡。這兩個人往往會經歷很多的沮喪和誤解，當行星分別出現在水元素與風元素，重要的是要知道表達感受的需求，以及嘗試在不犧牲個人感受的前提之下盡量保持客觀。

＊土／風

天空與大地神話般的結合，象徵了天空神祇們之間持續不斷的紛爭，以及對於大地的節奏與循環的理解。對土元素來講，風元素不感興趣也停不下來，而具有優越感的風元素則會覺得土元素太墨守陳規、太務實。在關係之中，這可能會使二人對於如何做事產生衝突，而陷在細節裡或一直爭論不重要的事情。這兩種元素的焦點非常不一樣，因此它們會需要刻意地互相鼓勵才能一起工作，並尋找適當的方式把二人分開的能量帶入關係之中。

現在，讓我們思考相位本身並探討它們在兩個人之間如何發揮作用。

♣ 合相

在本命盤占星學中，我們會使用強調、焦點、專注、激烈、融合、統一、結合等關鍵字去描述合相，當兩顆行星在相同的黃道位置上合而為一時，它們的能量需要學會如何分享同一個空間及同一

種觀點。當它們如此接近時，很難有足夠的距離去保持客觀；因此，我們會認為合相是非常主觀的相位。在比對合盤中，當其中一方的行星合相另外一人的行星時，關鍵的是他們的原型性本質如何為了統一及共同目標而相互合作及共同努力。考慮行星的本質，其中一方有可能會主導另一方，或是被另一方支配甚至顛覆。因此，當二人的行星合相時，伴侶二人皆需要察覺這兩顆行星之間的力量差異，如果兩顆行星試圖同時或在同一空間行動的話，可能會產生衝突。合相本身也象徵了第一泛音盤，所以它可能也傾向於單一，兩顆行星在關係中合而為一的意象是相當有用的隱喻，有助於檢視它們可以一起發揮功能的方法。

✤ 對分相

它象徵著第二泛音盤，也是比對合盤中的自然相位。就像人際關係一樣，對分相帶出了二元性的本質，它指出一種需要二人共同分享的能量組合，以及可能需要互相妥協、爭論及協議的議題。它可能指出了二人各自堅持的地方，在本命盤占星學中，我們會使用覺察、矛盾、投射、平等、拉扯、不合、互相制衡及建立對立等等關鍵字去描述對分相，當兩個人之間有行星互相形成對分相時，這些意象相當重要。當我們要思考對分相的兩顆行星時，要記得衡量這兩個行星的原型傾向是相互合作、還是往相反的方向拉扯。

✤ 四分相

可能會或可能不會感到自在結合的兩顆行星被安排在一個充滿挑戰的情況之下。在比對合盤中，四分相將每個夥伴的行星放在一段緊張的關係中，這說明這些原型與另一個原型之間可能產生不一致、互有成見。這個相位強調了每個夥伴都需要了解彼此之間的爭執，如此一來，當相位的緊張狀態發生時，任何一方都不會損耗另外一方。挑戰、緊張、危機、衝突、動態抵抗、刺激與不和諧的本命主題現在已經進入行星所代表的夥伴立場的關係中。比對合盤中的四分相本質上是動態的，並且可能將這段關係聯繫在一起，然而，當這個相位無法得到認可時，它可能會磨掉親密感。四分相是最困難的組合，但卻充滿了生命，讓人覺察到對立的特質，並帶來在緊張和衝突之中創造的可能性。

✤ 三分相

它會帶來元素的流動，雖然行星的傾向與方向可能相似，但也可能因此犧牲了成長的刺激及推動力。本命盤中，三分相帶來的交融、流動、聯繫、結合才華和技能、以及容易產生關係的這些主題，都有助於建立安全感與穩定性，但是這也可能讓人認為是理所當然的。比對合盤中的三分相暗示著可以為這段關係帶來穩定及發展的能量，然而這些能量同時需要被觸動及引導。

♣ 六分相

本命盤中，六分相的關鍵字是機會、友善、結合、鞏固、促進幫助，這些反映了形成六分相的行星潛在的正面特質，它們可以在關係中結合在一起，加快過程、製造機會或帶來轉捩點。這兩顆行星可以專注於建立支持這段關係的平台。

♣ 150 度相位

150 度相位如同四分相，會透過結合不同的觀點，挑戰行星將其潛能發揮至最大化。當合盤當中的行星形成 150 度相位，我們可以將本命盤占星學中 150 度相位的主題應用其中，例如：調整、壓力、作出決定、脫軌、分離、干擾、擴展及重新引導。150度相位與四分相一樣，會帶來元素上的不協調，這暗示了二人需要刻意地以有效率的方式去結合這些能量。在合盤中，150 度相位是一個充滿動能的相位，雖然它可能會帶來很多要求與試煉，但最終也會帶來回報，因爲它會爲伴侶帶來挑戰，要他們尋找另一種合作方式。

製作相位表格

我們已經準備好去製作一張描述兩張星盤之間的相位表格，這可以透過占星軟體「太陽火」完成，其步驟已收錄於本書附錄之中。但在製作表格之前，我們需要先設定好表格所使用的參數：要

使用哪些行星、軸點和其他的占星符號，以及使用哪些相位及角距
設定，這可以幫助你在整理資訊時保持一致性，以及控制所衍生的
資訊，如果我們不將限制設定好，可能會產生多餘又不相關的資
訊。我認為建立好這種工作架構相當有用，因為它能夠讓我們在分
析相位表格時，不只專注於其中的相位，同時可以分析相位的數目
及種類。當然，一旦你慢慢熟悉如何使用你的相位表之後，你就能
夠加入更多的點或小行星等等，但是在剛開始接觸如何分析相位表
格時，我認為最好還是重質不重量。

✣ 設定參數

　　剛開始，我會建議你只使用自己熟悉的行星，我習慣在相位表
格中只使用十顆行星（太陽到冥王星），再加上凱龍星，同時我們
加入上升點、天頂及宿命點這三個軸點以及北交點。我選擇了每條
軸線的其中一端加上一個月亮交點，因為另一端的軸點與交點也已
經自然地涵蓋在這些相位之中。

　　接下來，選擇你要使用的相位，以及每種相位的角距容許
度，這裡沒有嚴格的規定，在合盤中，某些占星師認為應該給予合
相較寬的角距，其他占星師則認為應該使用較緊密的容許度。在設
定規範時，你會對相位表的研究保持一致性，並慢慢學會如何確認
一段關係應該擁有多少種相位，因為只要兩個人之間行星的相位越
多，這段關係可能會產生更多動態、也愈加複雜。角距就像是武
斷的分界線，需要因應不同狀況調整，因為它不是如此僵硬的界
線。我在合盤表格中所使用的容許度，正是在本書第四章中所使
用的：

合相及對分相	六分相	三分相及四分相	150 度相位
10 度	6 度	8 度	5 度

　　當星盤之間的相位緊密時，會強調這一對伴侶的共同經驗，當相位的容許度越緊密，兩顆行星之間的緊張或自在程度就會越大，而在某個特定行運中，這種狀況會更明顯。首先只從星座出發去考量相位，然後再考量角距，從而更加容易精準指出這些輕鬆或緊張的領域。當你已經分別檢視兩張個人星盤之後，你應該已經發現每張星盤中突顯的星座，例如在布萊德的星盤中，突顯出摩羯座，因此安潔莉娜的牡羊座行星在星座上與之形成四分相，而她的巨蟹座行星在星座上也與之形成對分相。

　　以下是布萊德與安潔莉娜的相位表格，布萊德的行星在表格上方橫向列出，安潔莉娜的行星則於表格左方縱向列出。請注意，無

	☽	☉	☿	♀	♂	♃	♄	♅	♆	♇	⚷	☊	As	Mc	Vx
☽				□ 3A01		3S03	3S15	□ 3S00	3A43	1A08			16S5	10 10	
☉				⊼ 2A41		3S23	3S15	✶ 5A43	3S21	3A22	0A48	2S50		1S30	
☿	⊼ 0S30	♂° 3S32		⊼ 1S08			△ 3A11							□ 4S39	
♀	♂° 5S19	⊼ 2S17		♂° 4S41									✶ 1S10	♂° 0S47	
♂	□ 5A24			0S40	♂° 0S52		⊼ 3S38		3A31		0A27	1A12			
♃	□ 5A24		□ 1S18	6A02	7S23	♂° 7S35	✶ 1A43		⊼ 0S37	⊼ 3S11		6S15	5S30		
♄	♂° 5A26		♂° 1S16	6A04	7S21	7S33	1A45		△ 0S35	✶ 3S09	△ 6S48	♂° 6S13			♂° 9A58
♅	□ 5A58	✶ 2A56		□ 5A19											□ 1A25
♆				△ 0A30		□ 0A16		3S53	0S14	⊼ 0S49	1S34				
♇				□ 3S30	♂° 3S18			⊼ 4S03	✶ 4S38	5S23	✶ 9A32		♂°		
⚷	□ 3S56	△ 0S54		□ 3S17							♂° 0A12	□ 0A35			
☊												✶ 3S53	△ 3S31		
As	♂° 6S03	⊼ 3S01		♂° 5S25									✶ 1S54	♂° 1S31	
Mc	□ 4A57	△ 7A59	□ 1S45	△ 5S35	7S50	♂° 8S02	✶ 1A16		⊼ 1S04	⊼ 3S38		6S42	5S57		
Vx				△ 1S15		□ 1S01		3A07	0S31	0A03	0A48				

布萊德與安潔莉娜的相位表格。

論是橫向或是縱向，都分別有十五格，當中包括了十顆行星、凱龍星、北交點、以及上升點、天頂和宿命點三個軸點。正如前所述，南交點、下降點、天底及反宿命點也會形成相應的相位，因為它們相對的軸點已經反映出這些相位。因此，整個表格共有 225個格子，在開始分析相位表格時，不妨記下每一顆行星有多少相位，這是相當有趣的做法，也要記住我們只使用托勒密相位以及150 度相位。

相位表格分析

開始時，我們可以製表列出每一顆行星在相位表中有多少相位，這可以讓我們知道相位數目，同時知道哪些行星比較具有動能。這個練習是開始分析人際關係互動的方式，相位的數目暗示了行星對話互動的激烈程度，然而，我們也需要仔細地研讀這張表格，將之分辨及排序，以下表格總括了兩張星盤之間形成的 100個相位。

設定我們上述的規範後，我習慣把那些相位數目超過總相位數目 40% 的項目視為具有動能，並可能暗示了這對伴侶的互動本質，但是這並不等同於這段關係特質或契合度的描述，它比較像是一個描述二人連結方式的總綱，我喜歡把它描述出鞏固這段關係的「渠道」115。

---

115 這裡的「渠道」指的是在一個領域的佈局之中，連接意義及靈性之處的路徑，這些路徑連接了不同的聖地，它作為象徵，比喻相位線如何連接靈魂的不同部分，以及它如何成為人與人之間的路徑，讓關係發展下去。

	與安潔莉娜裘莉個人行星形成相位的數目	與布萊德彼特個人行星形成相位的數目	注意
月亮	8	8	安潔莉娜的土星四分天頂，因此，很多合盤相位都涉及了土星與天頂。布萊德的摩羯座星群對分相她的土星並四分相其天頂，增加了相位的數量，並強調了相關主題。
太陽	9	6	
水星	5	6	
金星	5	8	
火星	7	7	
木星	10	9	A 的下降點是摩羯座，在關係中，強調土星／摩羯座主題。
土星	11	5	
天王星	4	5	
海王星	6	5	B 的行星所形成的相位比較平均，但他木星的相位最多，這是出於 A 的牡羊座星群。
冥王星	6	8	
凱龍星	5	5	
北交點	2	8	
上升點	5	8	
天頂	11	6	
宿命點	6	6	
總相位	100 相位表格的 44%	100 相位表格的 44%	

　　在這例子中，星群所形成的相位添增了相位的數目，注意安潔莉娜的土星與天頂擁有最多相位，暗示了這段關係強烈影響這些原型，可能因爲這段關係使她更加專注於方向、目的及對社會的貢

獻。在布萊德的星盤中，木星擁有最多相位，暗示著安潔莉娜影響了布萊德對於周遭世界的想法及信念；另一方面，木星的過度可能會因爲土星的堅持而有所收斂。這兩顆社會行星皆有很多相位，讓社會原型在二人的互動中成爲首要任務。

　　思考哪一種相位在相位表中出現最多。在分析相位數目之前，要記住合相及對分相在相位循環中只會發生一次，而其他相位可以有上弦與下弦之分，因此，比較少合相與對分相也是合理的。六分相及 150 度相位的容許度不像三分相或四分相那麼寬，而這些相位的容許度也沒有合相與對分相多；不過，即使在這些條件之下，仍然可以看見四分相及 150 度相位在這裡非常明顯，同時也強調開創星座的四分相。較爲輕鬆的三分相及六分相則較少，我們可以認爲這段關係有其共同的挑戰，但那股吸引對方進入這段關係的動態張力可能是充滿性慾且具有生產力的。

安潔莉娜／布萊德相位表格中的相位總數：

合相：11 個	四分相：35 個	
對分相：11 個	六分相：9 個	
三分相：13 個	150 度相位：21 個	總數：100 個

　　我也使用同樣的規範，爲本書所討論的伴侶們建立相位表格，我們需要關注擁有很多相位的行星或軸點，因爲它們指出關係中被高度強調的原型。

◆ 戴安娜與查爾斯有 99 組相位，佔所有相位的 44%；查爾斯的月亮及月交點擁有最多相位，戴安娜則是月交點及兩個發光體太陽、月亮最多相位。

✦ 日皇明仁及皇后美智子有 96 組相位，佔 43%；明仁的金星
形成了較多的相位，美智子的行星所形成的相位數目則比較
平均，其中冥王星形成較多相位。

✦ 阿內絲·尼恩及亨利·米勒的相位表格中同樣有 96 組相
位；二人都是宿命點擁有最多相位，阿內絲的土星形成較多
的相位，亨利則是天頂形成較多相位。

✦ 維吉尼亞·吳爾芙及薇塔·薩克維爾·韋斯特有 92 組相位，佔 41%；吳爾芙的凱龍星及天頂形成較多相位，至於薇
塔則是金星及冥王星比其他行星／軸點佔更多相位。

✦ 最後來到巴比與惠妮·休斯頓，他們有 78 組相位或 35% 的
接觸；巴比的火星形成非常多的相位，惠妮則是上升點形成
最多相位。

✤ 相關原型之間的行星對話

在開始分析表格內的相位時，我們可以先從由相似行星所形成
的相位開始，特別是內行星，因爲它們是最個人、最個體化的原
型。例如，巴比的太陽水瓶座 16 度 27 分緊密對分相惠妮的太陽
獅子座 16 度 41 分，這突顯了二人不同的性格，但這同時也是一
個機會，讓他們透過彼此，反映出自己性格的另一面向。明仁與
美智子二人的月亮都在雙魚座，這暗示了他們情緒上的結合，因爲
他們都能夠透過自己的體驗去理解伴侶的情感生活。由於他們的情
感與私人生活緊密捆綁在一起，因此他們會同時經歷相似的人生轉
折及情感。布萊德與安潔莉娜的金星彼此形成對分相，二人的火星
則是四分相，這暗示了他們的價值觀、喜好及欣賞的東西可能會非

常不一樣，而他們激勵與肯定自我的方式也不合。一旦他們意識到這些不同時，他們就可以得到認知，並將這些差異整合到關係之中。從性的角度去看，這對組合非常激烈熱情，因爲愛神愛洛斯喜歡將相反的事物結合在一起。

相位表格讓我們看到每顆行星的大概狀況，因此，如果這兩個人關注的是溝通及分享想法，水星及其相位就會變得重要；如果是價值觀、金錢、資源及自尊，我們通常會專注於金星；至於憤怒、慾望、動機及衝突成爲議題時，則會將火星視爲需要關注的焦點。當相似的行星形成相位時，該相位的本質會告訴我們這股原型能量可能會在二人之間如何展現。

✤ 雙向的相互相位

當伴侶其中一方的兩顆行星與對方星盤中同樣兩顆行星形成相位時，就會產生雙向的相互相位。例如：安潔莉娜的木星四分相布萊德的月亮，而布萊德的木星則合相安潔莉娜的月亮，二人的行星都與伴侶的同一組行星形成相位。當關係中出現雙向的相互相位時，這組行星的動能會在關係中被強調，並暗示了他們彼此以相似的方式影響對方。這一方面可能指出因爲二人不願意達成必要的妥協，而讓關係進入進退不得的領域；但另一方面，這也可能暗示著這兩股能量的組合可能是強力的聯盟，它們能夠建立深入的互相理解，同時當他們在一起時，這一組行星也提供一種創造性的結合。

布萊德與安潔莉娜二人涉及月亮的雙向相互相位，強調了他們

在關係中對於情感空間及獨立的需求；這組行星的相互相位同時指出旅行、遷居、以及以獨特方式擴大家庭的可能性。這些雙向的相互相位以下列的組合呈現：

＊A 的水星 150 度相 B 的月亮；B 的水星四分相 A 的月亮

這強調了二人在互相理解、認識及溝通過程中的挑戰，他們可能沒有察覺到對方的需求或情緒，或是難以理解對方想要表達甚麼；某些溝通模式可能是家族對話的延續。當他們管理好這些模式之後，其中的能量互動暗示著他們能夠支持對方去表達及接受不易處理的情感；同時他們都可以看見事情的另一面，帶來更多的可能性及選擇，讓事情變得更清楚、更容易處理。這組相位暗示了這兩個人需要察覺到存在於溝通及聆聽中、遺傳自家族的困難模式，才能夠改變這個模式。

＊A 的木星四分相 B 的月亮；B 的木星合相 A 的月亮

這組相互相位暗示了二人對安全感及自由的需求如何相左，以及想要待在家中或是外出旅行的意見截然不同。他們似乎都在挑戰對方踏出舒適區，當伴侶其中一方想要大步踏出時，另一方可能會想要回歸習慣的日常之中，或是感到不安全及不確定。然而，這組相互相位的動態可能會為他們各自帶來新的人生及成長機會，並在這段關係中激發出更寬廣的視野及可能性。因此，當二人於關係中都有安全感時，就會增加遷居、旅行、定居國外、投入國際關係及成長的可能性。然而，他們最好要理解，這相位的無意識動態可能會是當其中一人往前走時，另一方卻仍然原地踏步。

✳A 的天王星四分相 B 的月亮；B 的天王星 150 度相 A 的月亮

　　與上述相互相位相似的是，它強調對自由及親密感的渴望。透過這組相互相位，可能會擾亂他們的舒適度、習慣及需要；他們很可能都會覺得與伴侶失去連繫、當他們需要對方時都被迫分開、或是對方忙於其他更有趣的事情而忽略了自己。兩個人都會面對在情感上更有安全感、冒險嘗試新的依附及存在方式的挑戰；新的情感典範會在這段關係之中誕生，很有可能二人會一起冒險、迎接改變及意外。

✳A 的月亮三分相 B 的上升點；B 的月亮對分相 A 的上升點

　　當月亮與對方的上升點互相連結時，需要確認關係中的舒適感及安全感。這暗示著情感連結、相互關心、保護、安慰及自在、熟悉感都會出現在星盤中象徵人際關係的地平線上。

　　二人之間同時有四個與太陽相關的相互相位：太陽／水星、太陽／天王星、太陽／凱龍星、太陽／上升點。太陽與地平線的相位暗示著一見鍾情及一見如故，布萊德的太陽射手座與安潔莉娜的上升巨蟹座形成 150 度相位，暗示了二人之間可能需要調整或是清出一條路，然而他們之間的確存在著強烈的吸引力。太陽／水星的相位重申了溝通及思想交流的主題。而太陽／天王星則強調了需要在關係中認同自由及個性的主題。太陽／凱龍星的相互相位則說明需要認知對方身上的傷口，然而，它同時也暗示著療癒及關注自性中身不由己的部分是一件重要的事。

　　基於二人之間存在許多連結因此，在原型性互動上，他們會有更多重要的相互相位需要討論。首先需要討論涉及內行星的相互相位，因爲這暗示了這段關係挑戰二人的自我認同以及如何理解現在的自己。

♣ 表格中的副表格

　　相位表格也可以被劃分成不同的部分，去突顯行星之間的互動及原型之間的對話，做法如下：

✳ 太陽／月亮副表格

　　這個副表格一共有四格，包括了太陽與月亮之間的相互相位，我們首先需要分析太陽與月亮之間的相位，這些核心能量象徵了人格的基本特色。二人太陽之間的相位暗示了他們如何影響對方的自我認同，月亮之間的相位會揭示他們情感上的互動方式，以及如何慢慢熟悉對方的情緒、情感及需求。這些相位集結了家庭動態及父母議題，同時也描述二人如何認同及支持對方在創造上的獨立性及內心世界。

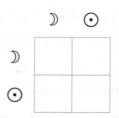

當比較伴侶或可能成為伴侶的星盤時，占星學的傳統認為首先應該關注太陽與月亮之間的相互相位，這種古典象徵最先在公元前兩世紀托勒密的著作中被提出。他認為當我們在星盤中考量男女的婚姻議題時，首先觀察象徵異性的發光體 116，而現代占星學也呼應這個看法：

太陽作為陽性的「主導」原則，自然會得到月亮陰性包容力的輔助。事實上，當象徵女性伴侶的月亮合相男性的太陽時，這是伴侶之間最經典的和諧象徵；反之，當男性的月亮合相女性的太陽時，也是和諧的象徵。117

在成人關係中，太陽／月亮的連結也暗示了二人之間的陪伴及舒適程度。在布萊德／安潔莉娜的相位表格中，並沒有這種相位；在威爾斯皇儲及王妃的相位表格中，只有兩組或佔這組副表格50% 的相位；至於在日本天皇及皇后的相位表格中，也同時出現了兩組這樣的相位。雖然太陽及月亮是男女婚姻的原型形象，但它們代表的是傳統上的的結合過程，而不單指婚姻。每一段關係都是神聖而獨一無二，我們都需要以這種角度去觀察。

✳ 金星／火星副表格

在一段富創造力及或浪漫的關係裡，金星／火星相位顯示激情及激烈的程度。二人金星之間的相位描述彼此的價值觀如何碰撞或互動，而火星之間的相位則暗示了他們如何體驗能量及進取本

---

116 J. Ashman. Ptolemy's Tetrabiblos, Symbols and Signs, North Hollywood, CA: 1976, 124
117 Thornton, Penny. Synastry, 93.

能。金火相位是一種情慾上的互動，它可能暗示了性愛的交流及契合；在成人關係中，這些相位能夠衡量其中的激情、激烈程度及吸引力。在布萊德／安潔莉娜的相位副表格中有兩組相位，他們的金星彼此形成對分相，火星則彼此產生四分相。

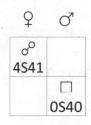

✳ 月交點與軸點的副表格

這個副表格會突顯兩張星盤的軸線，每一張星盤的軸點都是建構星盤的框架，這些軸線的互動就像是交叉路，讓伴侶們相遇並建設新的框架及架構。這些都是我們經過的道路，而當這些軸點之間產生相位時，人生的道路會以有目的的方式產生交會。

每條軸線都有其傾向，例如上升／下降軸線就像是交叉路口，讓不同的人相遇，並強調了各自的獨立性和個人發展。天頂／天底軸線是家庭與世俗角色之間的交會；宿命點軸線是發現、圓滿無意識的任務之處；至於月交點軸線的交會則鼓勵個體化過程的發展。這個副表格有助幫我們解答一段關係的發展方向、目標及任務。在布萊德與安潔莉娜的這個副表格中有幾組相位，透露出二人的生命之間有許多互相連結的道路。

	☊	As	Mc	Vx
			✳ 3S54	△ 3S31
			✳ 1S54	♂ 1S31
		□ 6S42	△ 5S57	
		⊼ 0A03	♂ 0A48	

✤ 世代性的相互相位

　　當移動緩慢的行星彼此形成相位時，世代性的議題及年齡會成為值得關注的焦點。例如：當其中一方的土星四分相另一人的土星，他們應該會相差七歲或廿二歲；如果木星對分相，可能是六歲或十八歲的差距；如果是月交點相反而產生對分相，則可能相差九歲或廿七歲。在布萊德與安潔莉娜的表格中，他們的木星合相，反映出二人之間相差十二歲；他們的土星也形成了 150 度相位，同樣代表了十二歲的年齡差距。也許他們能夠與對方分享自己的想法，但可能會發現雙方對於規則、架構及體系的態度非常不同。

　　如果伴侶出生於不同世代，二人的外行星形成相位，世代之間的偏見及影響會出現在這段關係中。例如：當其中一方的土星四分相對方的海王星，世代性的規則與限制可能會與伴侶的世代所造就的理想、夢想及靈性思想產生衝突。在布萊德與安潔莉娜的相位表格中，布萊德的天王星及冥王星四分相安潔莉娜的海王星，這可能

暗示了其世代的激進、轉化性企圖的餘韻，可能會與她的世代理想不相協調。雖然這不屬於個人層面，但當二人參與更多集體或社會性奮鬥時，這些議題可能會浮現。

明仁與美智子二人出生的時間相差不到一年，因此在他們的相位表格中，二人的土星、天王星、海王星、冥王星及凱龍星全都合相，這意味著其中一方本命盤所有與外行星形成相位的行星，同時也會與伴侶的外行星形成相位。例如：美智子的本命盤有太陽／冥王星四分相，因此明仁的冥王星也會四分相她的太陽，暗示了這段關係會強調她這組本命盤相位。

♣ 其他考量

以下這些思考能夠讓相位表格變得更加有用。

✲ 外行星與內行星形成相位

如果外行星與內行星形成相位，當內行星這一方的伴侶被這股能量影響時，可能會感到難以招架、困惑、不確定，他會感到世代性的影響，但同時也會覺得伴侶喚醒了全新的能量及經驗。如果伴侶兩人同一世代、出生時間也很接近時，就會更加強調這些外行星與內行星之間的相位，就像上述明仁與美智子的例子。

✲ 與軸點的相位

當其中一方的行星合相對方的軸點，會產生強大的影響力。如

果有行星落在上升點，那麼伴侶會馬上感覺自己與對方身上這種特質之間的關聯，因爲他能夠馬上看到並感受到。如果行星落在下降點，那麼這股行星能量會觸動對方一些反應，因爲下降點這方的伴侶會感覺到似曾相識，但這可能具有吸引力、也可能令人抗拒。如果行星落在天頂，那麼這個人會反映出目標、志向及在世上的挑戰；伴侶的行星體現出他們可能如何在世上幫助及引導對方，特別是他們的職業生涯。如果行星落在天底，那是一些熟悉感、記憶或產生深刻共鳴的東西。落在伴侶天底的行星可能會喚起對方童年時期的早年回憶或印象，可能是一種安全感或不安全感，但總之這些行星的存在會讓他深刻感受到什麼。

✳ 評估其他相位

　　由於相位表格中有非常多的相位，因此你可以使用各種方式去評估及排列這些相位。首先，觀察相位的角距，角距越緊密的相位，往往會更具戲劇性。第二，根據相位本身去排序它們的先後次序：最先考量合相，然後是對分相、四分相、150 度相位、三分相及六分相；在星盤比對的過程中，首先考量形成相位的張力。第三，根據那段關係的本質去評估行星，例如：如果兩個人是同居關係，則月亮會扮演重要角色；然而，如果是商業夥伴，那麼月亮可能就沒那麼重要，因爲他們的依附關係可能不會那麼情緒或家庭化。雖然月亮、太陽、上升點與天頂在所有關係中都是最先考量的地方，這已經是一個規則，但是在成人關係中，也是需要先關注金星與火星。我們可以依據原型主題去分析其他行星，例如：水星是溝通、木星是宗教信仰及道德觀等等。

　　例如：布萊德／安潔莉娜的相位表格有很多太陽及月亮的重要相位，而且角距少於 4 度。另一個需要先被關注的相位是 A 的火星合相 B 的木星，而且角距少於 1 度。如同我們之前的討論，這可能暗示了安潔莉娜追逐自己想要的東西、以及表達自我慾望及憤怒的方式，這挑戰著布萊德內在對自己的態度，並導致信仰上的衝突，兩人會爲了原則而爭吵、或是互相較量誰才最具說服力。然而，這可能也象徵著一種挑戰：要往前更進一步、參與跨文化的議題、教育及文化改革的事務。當兩者結合時，會變成爲一個非常戲劇性的形象，它會完成宏偉的事業、參與賭博、挑戰以及面對勇氣及熱忱的試煉。

第十八章
組合星盤
兩個個體，一段關係

　　有一句據說是來自亞里士多德的名言：「一加一大於二」
（The whole is greater than the sum of its parts），團結就是力量，
基本上，這正是組合星盤（combined chart）的本質，兩個個體的
結合創造了更大的可能性，但首先這兩個人需要一起努力才能創造
這種可能性。組合星盤讓我們看見了當兩個人相互牽繫之後這段關
係的目的及實現，而基本的假設是兩張星盤的結合能夠產生比個人
星盤更強大的宇宙聯盟，這正是協同效應，它是攜手合作想要成就
更大事業所衍生的動態力量。

　　我們可以使用自己與任何人的星盤去建立組合星盤，但經驗告
訴我，**雖然組合星盤的價值很高，但只有當兩個人皆忠於這段關係
時，才能夠啟動它並賦予它生命。**組合星盤就像是一張合併的地
圖，顯示出其中的可能性與模式，當這種連結是雙向的時候，那麼
組合的能量會變成機會及選擇。在很多情況下，組合星盤中的承諾
可能從未實現，因為其中的個體並沒有一起合作去點燃這段關係中
的潛能。

當星盤合併時

　　組合星盤就像是煉金術的過程，其中紅國王與白皇后的結合比喻了二元之間的整合過程，並帶來更偉大的成果。在煉金術中，兩股能量會在器皿中混合，並創造出新的物質。這準確地比喻了組合星盤，以相似的方式，組合星盤融合兩顆相似的行星、點或軸點，表現出一段關係的靈魂。試想像將太陽牡羊座與太陽雙子座放在煉金術的器皿之中，創造出太陽金牛座；在占星學中，火元素結合風元素會創造出土元素，開創與變動的結合產生固定性質。想像月亮天秤座與月亮射手座放入蒸餾器之中，它們會結合形成月亮天蠍座：兩股陽性能量創造出一股陰性能量。組合星盤以這種方式複製了關係中的煉金術特質，當我們想要確定關係中的模式、挑戰及時間點時，這種技巧會相當實用。但它並不會描述個人的需求，它只會反映在本命盤以及星盤比對所象徵的互動中。組合星盤是一張全新存在的星盤——而它正是這段關係本身。

　　組合星盤可能會描述二人之間激烈的協同效應，但萬一只有其中一方渴望激烈的感覺，或是只有其中一方忠於這段關係，那會如何呢？可能會產生衝突，或是這段關係可能會瓦解，也可能這段關係會維持表面運作，但二人不一定是親密的關係。煉金術士從來不會獨自工作，他一定要有夥伴才能完成工作，煉金術士的夥伴正是 soror mystica，意指「神聖的姊妹」。在每段關係中，是否要追求「煉金術中的黃金」是二人共同的決定。

組合星盤

　　組合星盤主要有兩種：其中一種是「**中點組合盤**」
（Composite Chart）；另一種則是「**關係星盤**」（Relationship
Chart）或稱之為「**戴維森星盤**」（Davison Chart），這是以發明
這種技巧的占星師命名，兩種方法都是使用中點產生一張單一星
盤。中點組合盤使用二人一樣的行星、點或軸點之間的中點去建立
星盤；戴維森星盤使用的是二人出生時間及地點的中點，在七十
年代後期，這兩種技巧同時引起了全球占星師的興趣。1992 年，
勞倫斯・格林內爾（Lawrence Grinnell）及大衛・杜克洛（David
Dukelow）發明了另一種稱之為「**合併星盤**」（Coalescent）的組合
星盤，主要使用泛音盤去合拼兩張星盤。然而，這種技巧並不如中
點組合盤與戴維森星盤那般被廣泛使用。

　　我們不確定中點組合盤是從什麼時候開始在占星實務中被運
用，這種技巧在二十世紀初的歐洲中被研究，然後約翰・唐尼
（John Townley）介紹給美國占星師；但要一直到 1975 年出版的
《中點組合盤的行星》（*Planets in Composite*）一書出版時，這個
技巧才廣為人知。在這本書中，作者羅伯・漢（Robert Hand）大
力推薦中點組合盤：

　　我發現中點組合盤應該是我見過最可靠、提供最多描述的新占
星學技巧。[118]

---

118 羅伯・漢：《中點組合盤的行星》Para Research, Rockport, MA: 1975, 3. 在本書
　　出版一年之前，約翰・唐尼也出版了自己的中點組合盤書籍：The Composite
　　Chart, published by Samuel Weiser, New York.

　　比羅伯‧漢至少早五十年之前，德國占星師們就已經參考這種技巧，但直到他這本書的出版，組合星盤的技巧才在占星師之間流行起來。麥可‧邁亞（Michael Meyer）這樣形容中點組合盤：

　　可以將中點組合盤視爲是一段關係的星盤，它比較能夠揭示這一段關係的特質以及重點領域，相對上卻比較不容易反映出這段關係中的各人觀點。它就像是一張地圖，描述了這段關係本身的不同特質、潛能、性格等等。[119]

　　1977 年，英國占星師羅納德‧戴維森（Ronald Davison）出版了其著作《合盤》（Synastry），當中介紹了一種全新的組合星盤技巧。戴維森關係盤也是一種中點組合盤，使用伴侶各自的出生日期及時間的中點成爲星盤的時間；至於地點則是使用二人出生地的地理中點所產生的星盤經緯度。

　　戴維森關係盤與中點組合盤不同的是，它在時空中確實存在，因此我們可以在這張星盤上使用各種占星技巧；至於中點組合盤則像是一種混合，因此其中產生一些異象，讓傳統星盤的觀點無法應用其中。這兩種技巧之間沒有哪一種比較好，要使用哪一種完全是個人選擇，當占星師希望有一張出現出生時間及地點的星盤時，他們會使用戴維森關係盤，如此一來就可以使用推運盤（progressed）或地點置換盤（relocated chart），還有例如占星地圖（Astro*Carto*Graphy）、恆星占星學（fixed stars）或太陽弧正向推運（solar arc directions）等技巧。至於對那些認爲一段關係不是「誕生」而是「建立」而來的占星師來說，則可能傾向使用中點組合盤。占星技巧的設計是爲了協助我們透過星盤的符號及意

---

119 麥可‧邁亞：The Astrology of Relationship, Anchor Books, New York: 1976, 182.

象，得到更深層的理解，而不是字面上或一般的真相，因爲無論那一種技巧，使用者仍然是占星師自己。

我使用的是中點組合盤，也使用宮首的中點，因爲這種星盤代表了占星原型及意象的相見之處，雖然它完全不「真實」，但這並沒有影響到我，因爲關係是兩個人一起建構的。在開始討論組合星盤的敘述之前，讓我們先檢視這兩種技巧，雖然你們不一定對組合星盤的由來感興趣，但重要的是理解這些星盤是如何建立的，這可以讓你們在使用它們時更有信心。

♣ 中點組合盤

中點組合盤中的行星位置，其計算方式是使用各自星盤中同一顆行星之間最近的中點。在黃道圓軌上，任何兩顆行星或點之間通常會有兩個中點，這兩個中點彼此對分相，但其中一個會比另一個更加接近原來的兩顆行星。當計算組合行星時，我們會使用兩顆行星之間弧度較短那一邊的中點。

例如，安潔莉娜的太陽在雙子座 13 度 25 分，布萊德的太陽在射手座 25 度 51 分，兩顆太陽在星座上彼此是對分相。同時在這兩個位置之間，會有兩個黃道上的中點，分別是處女座 19 度 38 分及雙魚座 19 度 38 分，雙魚座那邊的中點比較接近這兩顆太陽的位置，因此，在二人的中點組合盤中，太陽就會落在雙魚座 19 度 38 分。在以下星盤之後的表格中，列出了二人本命盤中的行星位置，以及它們如何組合起來去建立出中點組合盤。

中點組合盤並不是使用確實的時間與地點所建立的星盤，所以

在建立這種獨特的星盤時，可能會出現一些不符合天文現象的異象；例如：其中不會使用逆行，因此中點組合盤中不會出現逆行星。以下是使用占星軟體「太陽火」為安潔莉娜與布萊德繪製的中點組合盤，第一眼看到的應該是一些的奇怪天文現象，例如：宿命點合相上升點，以及金星與太陽形成 150 度相位。正如之前所述，一段關係的協同效應會創造出難以想像的可能性。

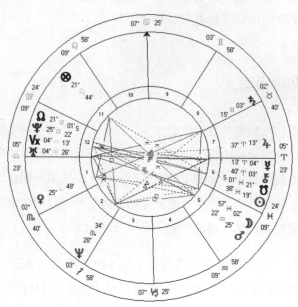

中點組合盤：安潔莉娜與布萊德。

	安潔莉娜 本命盤	布萊德 本命盤	中點組合 較近的中點	注意
太陽	雙子座 13 度 25 分	射手座 25 度 51 分	雙魚座 19 度 38 分	A 的太陽在第十一宮，B 的太陽落在第一宮，但中點組合盤的太陽落在第六宮並合相南交點；因此，第六宮 / 十二宮軸線的二元性是重要的考量要點。
月亮	牡羊座 13 度 5 分	摩羯座 22 度 49 分	雙魚座 2 度 57 分	
水星	雙子座 22 度 19 分 （逆行）	摩羯座 16 度 6 分	牡羊座 4 度 13 分	
金星	巨蟹座 28 度 9 分	摩羯座 23 度 28 分	天秤座 25 度 48 分	
火星	牡羊座 10 度 42 分	摩羯座 10 度 1 分	水瓶座 25 度 22 分	
木星	牡羊座 17 度 25 分	牡羊座 9 度 50 分	牡羊座 13 度 37 分	太陽及月亮同樣落在雙魚座，形成消散月相。
土星	巨蟹座 17 度 23 分	水瓶座 19 度 8 分	金牛座 3 度 15 分	
凱龍星	牡羊座 26 度 46 分	雙魚座 10 度 34 分	牡羊座 3 度 40 分	水星、木星、凱龍星及天王星成爲合軸行星。
天王星	天秤座 28 度 47 分 （逆行）	處女座 10 度 4 分 （逆行）	天秤座 4 度 26 分	
海王星	射手座 10 度 20 分 （逆行）	天蠍座 16 度 48 分	天蠍座 28 度 34 分	金星因爲其不尋常位置（在本命盤中兩人金星呈對分相）而被強調：它也可以落在牡羊座。
冥王星	天秤座 6 度 31 分 （逆行）	處女座 14 度 13 分 （逆行）	處女座 25 度 22 分	
月交點	射手座 0 度 53 分	巨蟹座 11 度 9 分	處女座 21 度 1 分	
天頂	牡羊座 17 度 52 分	處女座 26 度 58 分	巨蟹座 7 度 25 分	在天文學上，宿命點不可能合相上升點，但這結果與二人的星盤比對一致。
上升點	巨蟹座 28 度 53 分	射手座 11 度 54 分	天秤座 5 度 24 分	
宿命點	射手座 11 度 5 分	巨蟹座 27 度 22 分	天秤座 4 度 14 分	

在某些情況下，水星與金星可能會出現在太陽的另一邊，但是從地球的角度觀察，這是不可能發生的。在本命盤中，水星與太陽的距離永遠不會超過 28 度，金星與太陽的距離永遠不會超過 48

度，然而，在中點組合盤中，特別是當二人的太陽分別落在星盤相對的兩邊時，產生的中點組合盤可能會出現一些異象，例如：太陽／金星對分相、或太陽／水星對分相，甚至水星／金星對分相。在這些情況中，兩邊的中點都需要關注，上述的中點組合盤中的金星就出現了這種情形，所以我們應該要考量金星所在的牡羊座／天秤座軸線。注意安潔莉娜的金星落在巨蟹座 28 度 9 分，對分相布萊德落的金星摩羯座 23 度 28 分，產生天秤座 25 度 48 分的中點，這個中點同時與二人的金星形成四分相；可是二人的太陽中點落在雙魚座 19 度 38 分，因為金星理應距離太陽 48 度之內，因此金星中點的位置應該要出現在牡羊座 25 度 48 分。使用牡羊座／天秤座 25 度 48 分軸線會再一次強調了二人的本命金星的對分相，在這段關係中，再次強調他們價值觀上的不同。

在進行下一步之前，我們必須思考這些不協調的地方，想一下你會如何回應這些不一致，如果一個人接受星盤中的符號特質，當然沒問題；但如果你對於這些天文學上的異象感到驚慌，它們可能就會阻礙你探討星盤符號的能力。我注意到當中點組合盤中出現這些異象時，往往是強調了關係中其他的重要主題，這種兩難情況是占星程式設計師無法預計的，而它會讓我們再次回到自己的想像力之中。

在中緯度地區出生的人的本命盤中，宿命點會落在西半球，一般會在第五宮至第八宮之間；但當組合兩張星盤的宿命點中點時，其合盤宿命點可能會落在東半球。正如以上的例子，布萊德與安潔莉娜各自的宿命點都合相對方的上升點，因此，這種上升點與宿命點的合相會在二人的星盤比對與中點組合盤中一再出現。事實上，由天頂位置計算出來的宿命點理應落在牡羊座而不是天秤

座，但如果從合盤的角度去看，這一點相當值得注意，而且非常重要，它再次突顯了這段關係中的象徵。有趣的是，這些異象全部出現在代表自我與他人的牡羊座／天秤座軸線。

✤ 關係中的軸點

中點組合盤的軸點可以用以下的方式之一計算：

✦ 從天頂計算出上升點及每一宮宮首。

✦ 使用兩張星盤的天頂、上升點及宮首的中點。

計算出的上升點：中點組合盤中所有的宮首、上升／下降軸線、宿命點／反宿命點軸線都是衍生自這段關係發生地的緯度宮位表所計算出的合盤天頂。合盤天頂都會在相同位置，但如果這段關係移動的話，那麼上升點也會因應新位置的緯度而改變。當使用這種方法時，如果這段關係重置於至另一處，那麼中點組合盤的上升點也會跟著改變。

中點：使用的是二人本命盤每一宮宮首及軸點的中點，即使伴侶移居或移民，這星盤也不會出現任何變化。

本書的中點組合盤是使用上述的**中點**方式計算；多年以來，我慢慢地比較喜歡使用這項技巧，因為即使在極少的狀況中，它也不太會讓上升點陷於一個兩難的局面。以下是一個需要注意的中點組合盤計算的例外，出現在戴安娜與查爾斯的星盤中，如同以下的解釋註記。但是，我想要再次重申，這種異常在其本身也許是具有意義的，它可能指出關係中個人的人生定位上的衝突。

　　當二人的天頂呈現緊密的對分相時，那麼最近的及最遠的天頂中點也會接近對分相，例如：牡羊座 1 度與天秤座 5 度的中點是摩羯座 3 度，因為這一邊的天秤座至牡羊座弧度會比巨蟹座 3 度那邊短，雖然兩個弧長也差不多。每張星盤中的天頂與上升點之間的角距可能都不一樣；例如：在一張星盤中天頂與上升點形成三分相，但在另一張星盤中卻形成了六分相。當這兩種狀況出現時，中點組合盤中的上升／下降軸線不一定會忠實地反映其源自的兩張個人星盤。例如：戴安娜的天頂在天秤座 23 度 3 分，查爾斯的天頂在牡羊座 13 度 18 分，較接近的天頂中點落在摩羯座 18 度 10 分；如果合盤使用這個天頂，電腦會計算出一張上升點落在牡羊座 11 度 54 分的中點組合盤。

　　戴安娜的上升點落在射手座 18 度 24 分（六分相她的天

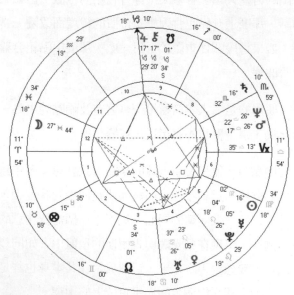

查爾斯及戴安娜的中點組合盤。

頂），查爾斯的上升點則在獅子座 5 度 25 分（三分相他的天頂），產生一個組合上升點落在天秤座 11 度 54 分。然而，一張星盤不可能天頂落在摩羯座 18 度 11 分的同時上升點卻落在天秤座 11 度 54 分，因此，當電腦計算中點組合盤時，會使用較短弧度一邊的天頂中點，但卻會使用弧度較長那一邊的上升點中點。

矛盾的是，合相天頂的木星／凱龍星合相非常符合這段皇室婚姻，這張中點組合盤的上升點並沒有反映出二人各自的星盤傾向，其中一個解決方法是使用天頂對面的中點（巨蟹座 11 度 18 分），這也能夠配合中點組合盤中落於天秤座 11 度 54 分的上升點。另一種解決方法則是使用這張星盤，因為它反映了每一宮中二元性之間的互動。

✤ 戴維森關係盤

羅納德‧戴維森的書《合盤：從占星學認識各種人類關係》（*Synastry: Understanding Human Relations through Astrology*）詳述了合盤的基礎，並介紹了關係盤的技巧，與其他使用中點組合盤的人一樣，他也認同一張星盤可以象徵整段關係：

> 二人關係中必然的特質及潛能，可以由一張星盤象徵。[120]

他解釋他所介紹的關係星盤來自於推運的使用，並證明了這種技巧對他來說是可靠的，我也聽過世界各地的占星師都認為這技巧相當有用。在此技巧中，我們仍然會使用兩張星盤中的平均位置，但是這裡使用的是二人出生時間與空間之間的中點。建立這種

---

120 羅納德‧戴維森：Synastry, ASI Publishers, New York: 1977, 244.

關係盤，首先我們要找到兩張星盤在時間及空間上的中點，也就是地球經緯度上的中點、及以格林威治時間計算之下的日期及時間上的中點，然後以此位置及時間繪製星盤。因此這種關係星盤與中點組合盤不一樣，它擁有實際的時間及地點。

	布萊德‧彼特	安潔莉娜‧裘莉	戴維森關係星盤
出生經度	35N20	34N03	34N41
出生緯度	96W56	118W14	107W35
出生日期及時間	1963 年 12 月 18 日 12:31 p.m. GMT	1975 年 6 月 4 日 4:09 p.m. GST	1969 年 9 月 10 日 2:20 p.m. GMT

雖然這種關係盤中的時間及地點是計算而來的，但我一直認爲

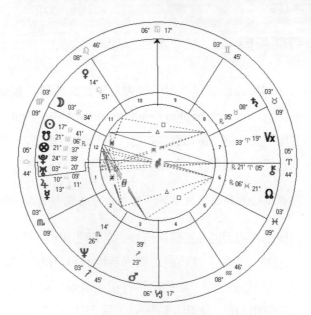

安潔莉娜與布萊德的戴維森關係盤，1969 年 9 月 10 日 2:20p.m. GMT, 34N41, 107W35。

它對這對伴侶來說很可能代表著特別的意義。在我在下表中比較了二人關係盤及中點組合盤的位置，注意每種星盤中兩顆相同行星位置之間的差異。

	安潔莉娜本命盤	布萊德本命盤	戴維森關係盤	中點組合盤
太陽	雙子座 13 度 25 分	射手座 25 度 51 分	處女座 17 度 41 分	雙魚座 19 度 38 分
月亮	牡羊座 13 度 5 分	摩羯座 22 度 49 分	處女座 3 度 35 分	雙魚座 2 度 57 分
水星	雙子座 22 度 19 分（逆行）	摩羯座 16 度 6 分	天秤座 13 度 11 分	牡羊座 4 度 13 分
金星	巨蟹座 28 度 9 分	摩羯座 23 度 28 分	獅子座 14 度 51 分	天秤座 25 度 48 分
火星	牡羊座 10 度 42 分	摩羯座 10 度 1 分	射手座 23 度 39 分	水瓶座 25 度 22 分
木星	牡羊座 17 度 25 分	牡羊座 9 度 50 分	天秤座 10 度 9 分	牡羊座 13 度 37 分
土星	巨蟹座 17 度 23 分	水瓶座 19 度 8 分	金牛座 8 度 35 分（逆行）	金牛座 3 度 15 分
凱龍星	牡羊座 26 度 46 分	雙魚座 10 度 34 分	牡羊座 5 度 22 分（逆行）	牡羊座 3 度 40 分
天王星	天秤座 28 度 47 分（逆行）	處女座 10 度 4 分（逆行）	天秤座 3 度 20 分	天秤座 4 度 26 分
海王星	射手座 10 度 20 分（逆行）	天蠍座 16 度 48 分	天蠍座 26 度 15 分	天蠍座 28 度 34 分
冥王星	天秤座 6 度 31 分（逆行）	處女座 14 度 13 分（逆行）	處女座 24 度 39 分	處女座 25 度 22 分
月交點	射手座 0 度 53 分	巨蟹座 11 度 9 分	雙魚座 21 度 6 分	處女座 21 度 1 分
上升點	巨蟹座 28 度 53 分	射手座 11 度 54 分	天秤座 5 度 44 分	天秤座 5 度 24 分
天頂	牡羊座 17 度 52 分	處女座 26 度 58 分	巨蟹座 6 度 17 分	巨蟹座 7 度 25 分
宿命點	射手座 11 度 5 分	巨蟹座 27 度 22 分	牡羊座 19 度 33 分	天秤座 4 度 14 分

當中，中點組合盤與關係盤之間行星位置的差異，是相得值得注意的有趣之處：[121]

✦ 注意中點組合盤的太陽及月亮對分相戴維森關係盤的太陽和月亮，以我的經驗，這種情況經常出現；另一種可能是兩者的太陽和月亮落在相近的位置。由於太陽和月亮在黃道以比較平均的速度移動，因此，中點組合盤與關係盤的太陽與月亮在星座上一般都會合相或對分相[122]。兩種技巧的星盤中都保留了消散月相的特徵。

✦ 兩張星盤之間的水星、金星或火星沒有真實的關連，因為這些行星在黃道上的移動速度並不固定。

✦ 布萊德與安潔莉娜相差十二歲，他們的木星都在牡羊座，因此在中點組合盤中，中點木星同樣落在牡羊座；但在戴維森星盤中木星卻落在天秤座，因為在這張星盤的計算中，木星只移動了半個木星循環，中點組合盤與戴維森關係盤中的木星可能出現差異。與木星相似的是，基於年齡差距的關係，在二種星盤中，他們的月交點彼此對分相。外行星則因為移動緩慢，所以基本上在兩種星盤中不會相差太遠，除非二人之間的年齡差距更大。

儘管我們可以非常具有邏輯地解釋兩種星盤中行星位置的差異，但是從占星學角度去看，它們還是相當不一樣，然而，兩種星

---

121 在網路進行資料搜集時，我找到了約翰·唐尼一篇同樣用布萊德·彼特與安潔莉娜·裘莉作為組合星盤 - http://www.astrococktail.com/compositedavison.html

122 Robert P. Blaschke 於 *Astrology A Language of Life*, Volume IV – Relationship Analysis, Earthwalk School of Astrology Publishing, Port Townsend, WA: 2004 第 62 頁中提到：「戴維森關係盤與中點組合盤之間其中一個差異在於：兩者出生年分距數字是雙數，在這兩種星盤中太陽往往會落在同一位置；但如果二人出生年份相距數字是單數，則很有可能戴維森出生盤中的太陽會與中點組合盤太陽對分相。」

盤所呈現的是需要去注意星盤中的軸線主題。在我的經驗中,雖然在同一段關係中這兩種星盤可以相當不一樣,但仍然會有一些相似的重要主題。例如,戴維森關係盤的上升點往往會接近或對分相中點組合盤的上升點,在布萊德跟安潔莉娜的關係星盤中正是如此,兩種星盤的太陽幾乎落在同一軸線上的同一度,雖然這兩者可能會彼此產生對分相。兩種星盤的月亮可能會在經度上相當接近或彼此形成對分相。在這兩種技巧中,太陽、月亮與上升點這三個必要元素往往會出現相似的主題。

以下是查爾斯與戴安娜的戴維森關係盤:

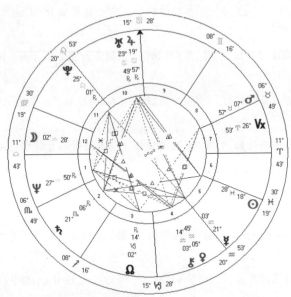

查爾斯與戴安娜的戴維森關係盤,1955 年 3 月 9 日 7:59p.m. GMT, 52N10, 0E11。

　　有趣的是，雖然天頂位置不一樣，但是戴維森關係盤中的木星與中點組合盤的木星一樣皆合相天頂；但不同的是它在這裡合相天王星，而中點組合盤的木星則合相凱龍星。

	戴安娜本命盤	查爾斯本命盤	戴維森關係盤	中點組合盤
太陽	巨蟹座 9 度 40 分	天蠍座 22 度 25 分	雙魚座 18 度 29 分	處女座 16 度 3 分
月亮	水瓶座 25 度 2 分	金牛座 0 度 26 分	天秤座 2 度 29 分	雙魚座 27 度 44 分
水星	巨蟹座 3 度 12 分（逆行）	天蠍座 6 度 57 分	水瓶座 21 度 4 分	處女座 5 度 5 分
金星	金牛座 24 度 24 分	天秤座 16 度 23 分	水瓶座 5 度 46 分	獅子座 5 度 24 分
火星	處女座 1 度 39 分	射手座 20 度 57 分	金牛座 7 度 57 分	天秤座 26 度 18 分
木星	水瓶座 5 度 6 分（逆行）	射手座 29 度 53 分	巨蟹座 19 度 58 分（逆行）	摩羯座 17 度 29 分
土星	摩羯座 27 度 49 分（逆行）	處女座 5 度 16 分	天蠍座 21 度 7 分（逆行）	天蠍座 16 度 32 分
凱龍星	雙魚座 6 度 28 分（逆行）	天蠍座 28 度 13 分	水瓶座 3 度 14 分	摩羯座 17 度 21 分
天王星	獅子座 23 度 20 分	雙子座 29 度 56 分（逆行）	巨蟹座 23 度 49 分（逆行）	巨蟹座 26 度 38 分
海王星	天蠍座 8 度 38 分（逆行）	天秤座 14 度 8 分	天秤座 27 度 50 分（逆行）	天秤座 6 度 13 分
冥王星	處女座 6 度 3 分	獅子座 16 度 34 分	獅子座 25 度 1 分（逆行）	獅子座 26 度 18 分
月交點	獅子座 28 度 11 分	金牛座 4 度 58 分	摩羯座 2 度 15 分	巨蟹座 1 度 34 分
上升點	射手座 18 度 24 分	獅子座 5 度 24 分	天秤座 11 度 43 分	牡羊座 11 度 54 分
天頂	天秤座 23 度 3 分	獅子座 13 度 18 分	巨蟹座 15 度 28 分	摩羯座 18 度 10 分
宿命點	獅子座 4 度 17 分	射手座 22 度 53 分	牡羊座 26 度 53 分	天秤座 13 度 35 分

　　戴維森關係盤使用了靠近天秤座一邊的中點作爲上升點，太陽現在落在雙魚座，對分相中點組合盤的太陽處女座。月亮天秤座則與中點組合盤的月亮雙魚座形成了不同軸線的對分相。在兩張組合星盤中，都保留了滿月月相。戴維森星盤中的金星對分相中點組合盤的金星，兩者同樣落在第四宮，它在關係盤中合相凱龍星。由於查爾斯與戴安娜的年齡相差十三歲，因此，二人的木星對分相，如同上述的例子。這對伴侶各自的宿命點軸線皆與對方的上升點軸線重疊，中點組合盤清楚的顯示中這一點，其宿命點落在下降點。

　　縱使中點組合盤與戴維森關係盤某程度上是經過人爲計算，但它們同樣象徵關係本身，和其他星盤一樣受到宇宙意象的啓發。中點組合盤由兩張本命盤衍生而成，暗示了這張星盤是伴侶二人的融合，它結合各自本命盤的元素，象徵著此一結合本身成爲一個獨立的個體。至於戴維森關係盤，它擁有自己的時間及地點，因此，一般來說較容易在世俗中被看見並受其影響。我認爲中點組合盤比較私密；戴維森關係盤則比較公開，羅伯特・布拉施克（Robert Blascheke）認爲：

　　中點組合盤象徵了一對伴侶的生命力，它如同是第三者一般，一個獨立的關係個體。至於戴維森關係盤存在於時空中，因此象徵著在他們的關係之外運作在他們身上的力量，那可能來自家庭、小孩、財務壓力、或者是來自前世並帶來現世業力的因果。[123]

　　或許在找到適合你的方法之前，你可以兩種方法都嘗試看

123 羅伯特・布拉施克：*Astrology A Language of Life*, Volume IV – Relationship Analysis, 62.

看，我一般會建議大家先用以中點計算上升點的中點組合盤，在熟悉了其中一種之後再嘗試另一種方法。很多占星師選擇同時選用兩種方式，因為很明顯地它們皆充滿想像力，並支持各自的隱喻及鮮明的直覺描述。

從本命盤到中點組合盤的延續

所謂「延續」，意指在本命盤或星盤比對中被看見的主題會再次出現在中點組合盤中，我們之前應該已經注意到一些這種主題，但我會再次複習一遍，因為它們強調了重要的人際關係描述。在分析中點組合盤時，將整個合盤過程想像成一種持續的過程，透過每一個分析步驟尋找重要主題，我發現這種方式蘊含著極大的價值。

行星／軸點	本命盤	星盤比對	中點組合盤	注意
太陽	布萊德的太陽在射手座 25 度 51 分；南交點在摩羯座 11 度 9 分；出生後的日蝕發生在 1964 年 1 月 14 日於摩羯座 23 度 43 分並合相金星。安潔莉娜的太陽落在雙子座 13 度 25 分；南交點則在雙子座 0 度 53 分。		第六宮的太陽合相南交點，二人都出生在日／月蝕季節，太陽都靠近南交點。	二人出生時的日月蝕皆發生在南交點，將過去的主題帶到現在，這同時提醒我們二人對日／月蝕循環特別敏感。

月亮	布萊德的月亮與火星落在摩羯座；而安潔莉娜的月亮與火星在牡羊座合相。	A 的月亮牡羊座四分相 B 的火星摩羯座。	月亮與火星形成了不同星座（分離相位）的合相；火星守護下降點、月亮守護天頂。	月亮與火星的互動代表了以下這些主題：個人需求、理想、慾望、表達憤怒的方式。
水星	布萊德的水星摩羯座三分相天王星、六分相凱龍星；安潔莉娜擁有相同的水星相位。	二人的水星在星座上形成 150 度相位，有六度之差。	水星落在下降點合相凱龍星，並對分相在上升點的天王星。	透過二人關係的建立，可能發展出非比尋常、獨特、創新及療癒的溝通方式。
火星	A 有火星／冥王星對分相，B 則有火星／冥王星三分相。	A 的火星與冥王星形成 150 度相位；B 的火星則四分相冥王星。	火星與冥王星在同一分中形成準確的 150 度相位。	二人各自將他們的堅強及力量帶入這段關係之中。
木星	二人年相差十二歲；因此木星都在牡羊座。	木星合相木星。	土星在牡羊座第七宮。	二人在社交及哲學上的信念能夠互相配合。
天王星	安潔莉娜與布萊德各自的天王星皆四分相上升點。	A 的天王星四分相 B 的月亮；B 的天王星與 A 的月亮形成 150 度相位。	天王星合相上升點，並與第五宮的月亮形成 150 度相位。	二人之間需要培養獨立性及獨特性，否則有可能會分道揚鑣。

| 宿命點 | 布萊德的宿命點落在第八宮巨蟹座 27 度 22 分；安潔莉娜的宿命點則落在第五宮射手座 11 度 5 分。 | B 的宿命點合相 A 的上升點；A 的宿命點合相 B 的上升點。 | 宿命點軸線與上升點軸線相合。 | 強烈的宿命感，二人都會因爲對方而產生一些神祕而有趣的體驗。 |

當你開始分析星盤時，可能會發現某些主題一直在延續，例如：兩人的福點都在十一宮，因此，這個主題也在中點組合盤中再次出現。福點與月相循環有關，因此，這讓我們的注意力轉移到布萊德出生於新月階段而安潔莉娜出生於最後象限的月相。當二人組合在一起時，中點組合盤衍生了消散月相，其中兩個發光體均落在雙魚座。

我們往往會因爲合盤的大量資訊而感到吃不消，並可能會被帶到各種方向去，因此，重要的是每次只追蹤一個主題並將之放大。你正在進行星盤比對的伴侶想要諮商的事情可能會決定這個主題，它也可能是針對一段特定的人際關係的問題，而這個主題是從一開始就非常清楚的，就像以下的案例。

✣ 佛洛伊德及榮格：火星在第十一宮

讓我們回到佛洛伊德與榮格在專業上的紛爭。當我們觀察他們的中點組合盤時，我們將這顆火星視爲這段關係中的敵對與競爭主題，而它再次被強調於代表友情的第十一宮。這顆中點組合盤的火星在天蠍座的強勢位置，並守護象徵星盤根基的天底，海王星合相天底，並與火星形成 150 度相位。

佛洛伊德本命盤	榮格本命盤	中點組合盤
火星在第十一宮天秤座	火星在第十一宮射手座	火星在第十一宮天蠍座
火星與冥王星形成上弦150度相位	火星與冥王星形成下弦150度相位	火星／冥王星對分相

　　在中點組合盤中，火星對分相其星座天蠍座的現代守護星冥王星，有趣的是此星盤的上升點落在射手座 22 度 10 分，榮格的火星在射手座 21 度 22 分；天頂在天秤座 12 度 22 分，而佛洛伊德的火星在天秤座 3 度 22 分，二人的火星分別合相中點組合盤其中一個軸點，把自己的火星公開地帶到這段關係之中。火星象徵競爭與敵對的原型特質，透過我稱之為「延續」的現象重覆出現在多張星盤之中，火星／冥王星相位也以各種方式顯而易見。

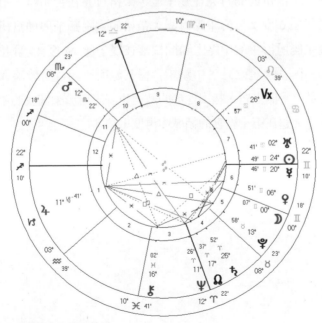

佛洛伊德與榮格的中點組合盤。

　　二人的天王星與太陽都落在同一星座，在中點組合盤中，天王星則與太陽形成寬鬆的合相。在二人星盤中，太陽都在下降點，這主題在中點組合盤中再次出現：太陽與天王星一起在第七宮合相水星。對於他們來說，維持自己的獨立性的同時，需要互相欣賞並認同對方富創意的思想是重要的事。落在下降點的太陽提醒我們，並不是只有個人閃耀光芒，而是透過工作關係或由兩個男性的創造之火與思想的結合，從而發光發亮。當二人堅持獨自一人，並在心理分析領域持續互相較勁時，便不可能會發展這張中點組合盤中的潛能。

　　二人很明顯的太陽／月亮相互合相（佛洛伊德的太陽金牛座16度19分合相榮格的月亮金牛座15度35分），以有趣的方式重新排列。佛洛伊德的月亮在雙子座，榮格月亮在金牛座，衍生了落在雙子座0度7分的中點月亮；榮格的太陽獅子與佛洛伊德的太陽金牛座所衍生的中點太陽同樣落在雙子座24度49分並合相下降點。除了火星之外，中點組合盤其餘所有內行星皆落在雙子座。這是另一個主題，指出他們的敵對也許來自於未完成的手足議題，而這議題在第十一宮的領域中再度上演。

第十九章
中點組合盤

我們是一體的

　　當思考中點組合盤中的行星、星座、宮位與相位可能代表的意涵時，我們必須記得這種星盤並不代表個人，它代表的是人們的結合。記得要注意這段關係的細節，如果這段關係是親子關係、商業或婚姻關係，占星意象都會產生細微的差別。在開始使用這種技巧之前，記得要保持選用同一種星盤技巧，因為每種技巧都有其不同之處；也正如所有的占星方法，重要的是你要對於自己所使用的技巧感到安心。我們將會探討中點組合盤中的軸點、行星、宮位、星座及相位，不過這些內容也可以調整並應用到戴維森關係盤之中。

關係中的軸點

　　中點組合盤的**天頂**與本命盤有點相似，它代表了這對伴侶在世上的志向及目標，以及這段關係可能達成的成就與地位，天頂描述了這段關係在世上的貢獻及目的。當天頂代表了世界樹的果實，那麼**天底**則象徵了穩固世俗經驗的根深柢固。天底是基石，是這段關係中根深柢固的防衛系統及家庭支持機制，環繞天底的是最私密、最個人的象徵，描述這對伴侶的安全感及家庭生活。

　　上升點是這對伴侶用來與周遭環境互動的形象，它是最容易被他人看見的能量，也象徵了這段關係的性格。**下降點**的能量代表了這對伴侶如何一起與世界建立關係，這裡描述了二人會如何以一個單位、一個結合、一個二人組的方式遇見及迎接他人，而不是關於他們個人。上升／下降軸線告訴我們當這對伴侶面對人生挑戰時的機動性及輕鬆程度，它暗示了當面對這些挑戰時，可以使用什麼的資源，以及最有效率、最舒適的方法讓兩人一起面對人生。

　　宿命點／反宿命點軸線是第三條軸線，它專注在透過人際關係而體驗到的未知特質，以某種方法讓我們深入關係的三度空間視野中，進而轉化自我。當涉及宿命點時，這些關係似乎產生終生的影響，並往往會改變我們的人生旅程，在中點組合盤中落在這條軸線的行星會在人際關係的過程中發展，並改變人際關係的本質及方向。這條軸線所座落的宮位對這對伴侶十分重要，值得他們去探索，這些領域裡可能揭示了這段關係中未被認知的面向。

行星的結合：組合行星原型

　　中點組合盤中的行星擁有一樣的原型特質，只是現在它們呈現的途徑是透過關係而不是個人，因此，重要的是要嘗試理解當二人結合在一起、互相妥協並致力於幸福關係時，此時的行星能量會如何呈現自己。

♣ 中點組合盤太陽

太陽系中只有一個太陽，它也是整個系統的中心，我們可以運用這個意象，去聯想任何系統中都只能夠容納一個太陽。但每段關係中卻都有兩個太陽，每個人都會把自己的太陽帶入關係中，這可能會爲關係帶來太多的熱能，除非能夠找到方法去調節及專注於這種激烈性。這正是中點組合盤太陽的本質，它把兩種性格融合在一起，並將重力中心從個體轉移到關係的專注上。太陽作爲父親或權威的意象，中點組合盤太陽同時暗示了這段關係會如何被培養、提升；當伴侶二人開始忠於發展一段關係時，重心就從「我」轉移到「我們」，從「個體」轉移到「相互關係」。每一段關係的心臟是維持這段關係活力及光芒的中心點，它正是中點組合盤的太陽。

在意象上，中點組合盤太陽是這段關係的心臟，它像是一個行星器官一樣，爲這段關係注入力量及生命力；它象徵了一段關係如何保持生命力，以及伴侶二人如何變得更加活躍及活潑。太陽同時象徵自我認同，它代表了一段關係獨一無二之處及特色，它象徵了關係的動機及目標；太陽作爲中點組合盤的心臟，它也揭示了這段關係的本質及目的，其中可能包括以下的問題：「這段關係是爲了什麼而建立的？」在更務實的層面來看，太陽暗示了自我認同的重要因素以及這段關係的核心議題，太陽所在的宮位將照亮其相關領域，此領域對二人十分重要。至於太陽的相位則強調這段關係的生命力及適應力會面對怎樣的挑戰，同時指出在這段關係中需要被認知的其他能量。

就像其他中點組合行星一樣，中點組合盤太陽的特質往往存在

一些矛盾的地方，而我們也需要在此處再次提出。中點組合盤太陽星座往往會與伴侶其中一方或雙方的太陽星座不合，例如：太陽射手座與太陽水瓶座的二人可能會衍生在摩羯座的中點組合盤太陽；以個人來說，他們相互認同自由及更寬廣的展望，但可能需要在這段關係中尋找一個比較保守的焦點。當伴侶找到他們的中點組合盤太陽時，這段關係就會發光發熱，因此，中點組合盤太陽的宮位可能暗示了這對伴侶在那個領域可能隱喻地發現更多的陽光。

✤ 中點組合盤月亮

月亮指出依附關係並且評量情緒上的安全感，它在強調依賴及互相關心的中點組合盤中特別重要，例如：母子關係、有孩子的伴侶或長期居住在一起的伴侶，甚至是室友也包括在內。在你的關係中，中點組合盤月亮的宮位指出兩人為了情緒上的安穩選擇建立根基的地方，以及一起互相遮風擋雨之處。你們的中點組合盤月亮象徵情緒的舒適度，以及需要什麼去穩固這段關係；在哪裡找到歸屬感，甚至是家裡需要的氣氛及氛圍，這裡是你們一起孕育、培養這段關係的的私密空間。由於月亮同時代表了真實的家，因此中點組合盤月亮也指出兩人是否會經常搬家，還是住在同一地方會讓人比較安心？你們能夠住在其他州或移居海外嗎？

月亮是本能性的，在個人本命盤中，它暗示了你們帶到關係中的一些習慣及家庭主題，但是在中點組合盤中，它暗示的是在這段關係中很自然的天賦模式和習慣。你們是否能夠輕鬆地相互配合、一起經歷人生一連串的高低起伏，還是在壓力與困難之下關係會受到動搖？這段關係是熟悉而安全的嗎？這些都反映出中點組合

盤月亮所描述的問題。然而，同樣重要的是要知道那些被我們帶入關係、各種層面的情感模式及家庭行為。你們可能對某些態度非常敏感，習慣回應某些行為方式，並依附於特定的事物。你對於放鬆方式、飲食及睡眠已經有自己的模式及喜好，萬一這些東西被忽略、尤其是被你所愛的人忽略時，會發生什麼事情呢？這些衝突會在兩人的星盤比對中發現，中點組合盤顯示了情緒上的需求、防衛及幸福，以及在這一段關係中感覺習慣和自然的事物。

月亮反映出生活節奏的許多面向，當它在某一宮裡時，描述了需要耕耘人生哪些領域才能夠讓彼此感到安全與受保護。月亮的相位暗示著其他力量，挑戰及加強這段關係的安全感。最後，月亮與情緒上的防衛和安全感有關，它在中點組合盤的位置指出關係中的這些層面。

✤ 中點組合盤水星

水星移動速度比太陽系其他行星都快，因此古人把它視為是身手敏捷的神祇──墨丘里（Mercury）；同樣地，煉金術師用此神祇去命名以流動速度著稱的水銀。水星從不靜止，一直在移動，當我們要比較星盤中一段缺乏足夠溝通及交流、一段可能動搖並最終瓦解的關係時，水星是首要考量。中點組合盤水星描述了你們關係中的智力層面，它是心智的交會，也是你們在一起進行腦力激盪、討論重要議題的能力。如果你們想要在關係中得到煉金術的效果，溝通及聆聽同樣重要，你們各自會將自己的思考方式帶入對話之中，因此無論你們的話多或話少，重要的是雙方都與對話維持連結。我們在人生早期便已經養成了學習與聆聽的方式，但如果我

們習慣以某一種固定模式的聲調、身體語言或表情去回應對方的話，可能會錯過很棒的討論。

　　中點組合盤水星是伴侶之間的私密對話，是一對組合中自然流露的溝通，與水星形成相位的行星會影響溝通的本質以及被聽見、被理解的感受。它的宮位告訴我們，在這一段關係中最自然、最有效率的溝通所在的生命領域，在此讓你們可以一起學習交流，另外可以發展技巧去改善你們的溝通方式。基本上，水星是你們這一對伴侶的語言，它是你們說話互動的方式、一起分享的想法、共同的理解、或是需要專注處理的分歧。當我們探討中點組合盤的水星時，占星師會關心如何有效地分享及理解這段關係中的想法、溝通、語言與計畫；水星本身有二元的特質，願意看見事情的兩邊，它會有技巧地建立關係，並在關係中透過互動、移動、幽默感與表達意見而受到尊重。

✤ 中點組合盤金星

　　金星描述一段關係的特色、情感的自在以及愛的力量，金星在中點組合盤中的重點特徵是關於兩人的價值體系、他們欣賞、喜歡、仰慕的事物、以及認為是重要的東西，它同時指出他們會對於特定事物及社交規範賦予多少價值。金星作為金牛座的守護星，鍾情於物質價值，但作為天秤座的守護星，它也會注意到精神層面。因此，金星有助於找出可以讓這段關係更被珍惜或重視的地方，例如，金星獅子座可能喜歡劇場，金星天秤座可能寧願兩人靜靜地享受一頓晚餐，也許中點組合盤金星雙魚座會享受一起跳舞。

　　金星重視愛情的力量，而在中點組合盤中，它處理的是人際關係領域，在其中我們會找到愛及有價值的東西。金星相位指出具有挑戰及需要關注的地方，但同時也是支持的能量，可以讓我們有意識地運用並幫助孕育關係中的愛。金星本質上暗示著關係中最自然的身體及物質享樂，它顯示伴侶在性愛及財務上的體驗及自在。中點組合盤金星是一段關係的愉悅原則，伴侶會如何找到感官上的和諧去分享音樂、美食、熱情、視覺或氣味的享樂世界，例如，這可能意指這段關係的品味，不僅是食物，更包括裝潢、藝術、社交。因此，中點組合盤金星說明伴侶會喜歡如何社交、如何共同裝飾房子、聽什麼音樂、以及如何找到美食與美酒。金星的核心價值讓她關注愛，而在中點組合盤中，金星暗示伴侶可能會如何去表達這些主題。金星會盡一切努力在其環境中尋找美感與和諧，指出在這段關係中最能夠體驗這一切的地方。

　　金星作為價值的評量，同時也代表金錢，中點組合盤金星是我們解決這個棘手領域的嚮導。對於商業夥伴及同事來說，金星是他們需要認知的重要符號，因為它指出金錢議題的輕鬆或是困難程度。對於親密伴侶而言，金星代表著資源及資產的可能性，它的宮位揭示這對伴侶的財富會落在何處。

✤ 中點組合盤火星

　　在中點組合盤中，火星暗示了伴侶需要專注能量、運用意志、以及主張他們的慾望之處。中點組合盤火星象徵了這段關係的目標、目的及理想，因此，作為團隊，不妨思考此原型邀請你去瞄準什麼。火星落入的宮位指出了這段關係需要採取行動、努力完成

某些事情的生命領域，你們需要在那裡投入能量，並依照本能行動；火星座落的領域也指出在那裡你們需要結合能量，成爲一對具競爭力及動能的雙人組。然而，它同時可能也揭示了會發生衝突、或是面對分歧、以及遇到他人的質疑之處。在占星學中，火星象徵憤怒及性慾，它是情緒性與性愛上的表達，引導你們去思考在關係中要如何表達慾望才是最有效的方式。

火星相位顯示了當表達一段關係的慾望及目標時需要知道的其他力量，因此，當你思考這段關係的目標、驅力及理想，以及表達對於伴侶的沮喪、憤怒與負面情緒的表達管道時，火星是相當重要的思考主題。火星同時暗示了你們有多少生命力去點燃這段關係之火，有多少燃料能夠讓這段關係往前走；另一方面，火星也暗示了你們需要保留、控制自己的能量輸出。火星是生命力及精力的表達，它告訴我們，作爲一個團隊，該如何管理這股能量，爲自己爭取最大的好處。

♣ 中點組合盤木星

擴張與膨脹都是和木星有關的占星特徵，一方面這可能是慷慨，但另一方面也可能是奢華。木星在中點組合盤中的位置描述了伴侶的人生觀、對自由和擴張、慷慨與信仰的態度，以及他們互相對道德和人文價值的看法；在關係中，它描述了宗教理想、哲學信念及文化道德相關的議題。中點組合盤木星是伴侶兩人生命方式的結合，他們不同的社交背景、精神信仰和樂觀態度之間的差異，組合起來形成一種自在的哲學觀。它強調了在哪些領域可以讓伴侶自我學習，離開原生家庭本來的信仰，並建立屬於自己的信念。木星

的原型訴說了跨文化經驗，而在中點組合盤中，它會顯示伴侶兩人會在哪裡踏出自己的舒適圈。木星掌管成長，並指出強調成長之處，因此，想要知道這會在哪裡發生，木星的宮位是關鍵。

木星的領域也包括旅行，通常是指海外旅行或長途旅程，它有時候可能不是指身體上，而是情緒或智力上的旅行。在中點組合盤中，木星會留下線索，指引我們哪裡可能會發生新的冒險旅程。木星與教育有關，它同時會引導伴侶踏入新的探索和學習過程，擴展他們對人生的既定框架和看法。無論我們在哪裡找到木星，我們都會因此而找到信仰，這正是木星在中點組合盤中帶來的美好禮物。木星的宮位位置，會讓伴侶二人在關係及整個世界中開始尋找更偉大的意義。木星往往等同於財富、傳統占星的吉星，在中點組合盤中，它也是伴侶可以找到這些祝福的地方。

✣ 中點組合盤土星

在中點組合盤中，土星指出關係的結構與骨幹，以及兩人需要一起認同的規矩、規範及界線，我們可以刻意建立土星的界線去限制一段關係，但很多時候，這些界線會讓人感覺諸多拘束及僵化，因此，留心土星在關係中的重要性是一個聰明的做法。土星說明社會及文化環境附加在一段關係的束縛及限制，它的存在指出界線是重要之處、在哪一個共同的生命領域讓他們覺得被限制或被控制，以及這些不安感及壓力可能來自哪裡。出生日期相近的伴侶，土星可能落在同一個星座，屬於他們世代中的同一個分支，分享相似的潮流及時尚經驗；但對於法律、規則及社會所接受的事物，這些人的內在也會有一樣的道德觀。

　　土星象徵了星盤的骨幹，在哪一個領域需要架構及組織去支持這段關係，以及需要尊重哪些傳統和規矩。它同時指出了當伴侶沒有平均分擔日常工作時，責任感、成熟度和權威感會在哪些地方引起問題。然而，土星同時也指出伴侶可以在哪裡塑造固定、穩定及長久性，土星在本質上代表最外圍的限制，界線裡的所有東西都仍然在我們控制及管轄之中。雖然它常常被我們視爲是限制，但它是一段關係中的成熟力量，幫助我們在「眞實世界」中守護及建構這段關係，並帶來永恆的成功及成就。土星象徵了你們在共度的人生之中，努力、毅力、決心和責任感會帶來回報的地方。

✤ 凱龍星與外行星

　　凱龍星與外行星象徵超過我們控制的力量，當觀察中點組合盤時，這些行星代表著更大的模式，它們可能會因爲兩人的結合以及個人各自的天性而被帶入這段關係中。當兩個擁有家庭背景及文化歷史的靈魂、兩個擁有模式及人生經歷的性格、兩個擁有意志及慾望的個體在伴侶關係的煉金術中結合時，會發生什麼事呢？常見的是，可能會發生他們經驗之外的事情，這些事情往往會由外行星象徵。

✤ 中點組合盤凱龍星

　　中點組合盤中的凱龍星代表這段關係可能會在哪一個領域中感到難堪、邊緣化及脆弱，凱龍星的相位有助於處理關係中這些無法被聽見、表達或是感覺受傷的能量。這可能代表了關係中感覺無法

治癒的模式或面向、無法修復的差異、或無法控制的狀況，雖然可能出現這些感受，但事實上凱龍星也是這段關係找到屬於其謙卑及靈性的地方。矛盾的是，讓人感到受傷的東西，往往也有一種能量脈動讓這對伴侶接受困難，不是尋求修補或取代關係中的這些面向，而是承認它的存在並努力與它共處。中點組合盤凱龍星就像一隻鑰匙，它讓你知道你們的關係中哪些領域超越了體制的束縛，或是在哪裡會讓作為伴侶的你們感到邊緣化，甚至覺得被排除在外，它正是歸屬感與沒有歸屬感之間的來回互動。

　　凱龍星會分辨出錯置的感受，也許伴侶會覺得自己被原生家庭、鄰居甚至社會排斥，但透過互相接納，他們會找到一個歸屬之處。凱龍星像藥膏一樣，讓這對伴侶像是回到了家，彼此忠誠，覺得自己屬於對方；當伴侶運用凱龍星的能量時，會發現自己與各種不同的人、其他伴侶及團體形成聯盟。中點組合盤凱龍星指出關係中明顯的傷口所在，但同時也會顯示療癒之路，它指出這段關係可以在哪裡找到自己的空間，把世界及世人對他們的要求排除在外。因此它往往代表了讓人們團結的靈性中心、一個私人的親密空間、或是一個治療的隱蔽之所，讓療癒與恢復的過程得以進行。在某程度上，中點組合盤凱龍星就像是深藏於這段關係中的導師及治療師。

♣ 中點組合盤天王星

　　按照關係的性質，兩人的天王星可能落在同一個黃道星座，例如：同學、手足、初戀男友或女友都有相同的天王星星座。但無論在哪裡，基於天王星想要分離的渴望，因此它的能量不容易被整合

至關係之中，當它越覺得受限制，就越會想反抗這些慣性模式。所以，中點組合盤天王星指出了這對伴侶可以在哪裡找到做自己的空間與自由，以免承受妥協的壓力。簡單來說，中點組合盤天王星顯示了這對伴侶與眾不同、非凡、反叛特質的領域，他們在這個領域中需要較少的規則、更多的自主性。試想像星盤的第十二宮是你家裡的房間，天王星所在的房間需要更多的光線、更開闊、更多科技及創新發明、以及更多空間，這地方是伴侶二人在不危害整段關係的前提下，可以各自做自己事情的地方。

天王星是一隻鑰匙，爲我們打開通往意料之外、難以預測之事的大門，它指出這段關係的獨特之處，結合的兩人所創造的獨特事物。不過這也可能是伴侶兩人感到最對立、最撕裂或最分歧的地方，因此，重要的是去注意中點組合盤天王星告訴我們這對伴侶需要在哪裡分開。透過相位及宮位，它會告訴我們在哪裡有最多的自由及獨立性：在天王星落入的位置，我們會找到同時出現分離及歸屬感的矛盾，這裡也是個人及自由支持並激勵這段關係之處。中點天王星邀請伴侶們更勇於冒險、注意所有機會、並參與它帶入伴侶關係中的所有事情。

✤ 中點組合盤海王星

海王星會在每個星座停留十四年；因此，許多出生於同一世代的人，都會有相同的海王星位置；冥王星在每個星座停留的時間並不一致，但從 1940 年開始，它的移動速度與海王星差不多，這兩顆行星從那時候開始便持續相差兩個星座的距離。因此，海王星與冥王星應該會落在可以互相配合的元素，你的本命盤與中點組合盤

的這兩顆行星可能是六分相，在某程度上，這兩顆行星都與我們日常生活層面以外的世界有關。

這段關係的結合創造了怎樣的夢境與期望呢？這段關係的融合可能會產生更偉大的事物，而海王星指出這些事物可能會發生的地方。要理解它是什麼可能並不是輕鬆的事，但這對伴侶可能會有一個模糊印象。中點組合盤海王星會呼喚出這對伴侶之間未被說出的夢想、潛能及幻想，但是同時也指出幻覺及欺騙可能出現之處。海王星的相位暗示能量可能容易在哪裡消失、變得混亂或錯置，因為它是現實與想像之間的界線變得模糊、被遮掩的地方。它把臣服與接納的議題帶入伴侶關係中，同時點出了上癮及迷失方向這些較大的模式，它們可能會從家庭歷史中被釋放並進入關係之中。

雖然海王星指出了可能被理想化的領域，但它也暗示伴侶的創造力及靈性之所在，海王星的宮位是發揮想像力的地方，它幫助伴侶接觸更大的空間，讓他們更具靈魂和視野。中點組合盤海王星是理想與幻滅交會之處，因此，認知理想、夢境和幻想是關係的一部分，同時在不帶責備與評價之下說出彼此的失望，是一個不錯的做法。在榮耀海王星的過程中，伴侶會更加察覺到侵蝕這段關係基礎的各種幻覺，還有誤解對方的回應所衍生的危險、或是因缺乏安全感而出現的過度保護。中點組合盤中的海王星出現的地方相當敏感，有時候甚至會讓人感到無助，但這種脆弱是二人共同的，所以它不是弱點，相反的，它成長茁壯而且帶有療癒的可能性。海王星所在的位置可能也指出產生誤解與理所當然的態度之處，在這裡，真實的檢視大家說過什麼、同意過什麼是一個聰明的做法。

✤ 中點組合盤冥王星

　　冥王星是冥府之神，它專致於隱藏在關係表面以下的事物。在中點組合盤中，它帶出了可能被掩埋的議題、隱藏的模式、或一直像夢魘般困擾二人的壓力，它暗示了這段關係可能會陷入困難的領域。但另一方面，它同時也代表了有可能發生轉化及改變生命的體驗，這是冥王星原型的靈魂面向，它會讓這段關係在更深層、更真實的地方落地生根。

　　冥王星描述了這段關係的力量可能會如何以最好的方式表達，與冥王星形成相位的行星可能會被賦予力量或剝奪力量，端看那段伴侶關係有沒有能力去處理這股高壓的能量。雖然中點組合盤冥王星的宮位位置可能會指出這段關係中哪個領域會經歷到失去與情感挑戰，但它同時也告訴我們，這段關係可以在哪裡透過信任及親密互動重建及重生。中點組合盤冥王星會像煉金術的藝術作品般帶來轉化，在煉金術文本中，描述了如何把兩個人淹沒在伴侶關係的熔爐之中，當二人一起浸沒其中時，會發生的變化及啟示。在伴侶關係中，二人會開始在冥王星所在的領域中越來越容易相互影響，同時，來自雙方原生家庭的那些更大模式也可能會開始療癒過去的創傷，鼓勵他們更加真實與誠實，並讓二人的靈魂更加接近。

關係中的星座

　　星座本來是用來描述行星原型的特質，但它這方面的功能在中

點組合盤中的發揮不如在本命盤中強烈，占星師們對於中點組合盤中星座的有效性持有不同看法，其中一些人認爲行星不需要參考星座，因爲中點組立盤只是人爲操作之下所建立的抽象星盤，其星座並不代表任何眞實的黃道位置：因此，這些占星師選擇在中點組合盤時不使用它們。

然而，元素與星座特質確實在確認星盤中的強調主題、缺乏元素或過多特定模式上能夠帶來描述及用處。同時，當我們專注討論關鍵的星盤位置，例如：上升星座、太陽與月亮星座時，也非常有用，它們可能不像在本命盤中描述特定行星時那麼具有效果，但很多時候仍然有其參考價值。如果你在中點組合盤中使用星座去描述行星或軸點，基於中點組合盤中星座的建立方式，我會建議你使用**星座軸線**作爲參考，正如我們在比較關係盤與中點組合盤時，看到了它們的上升點、太陽與月亮可能會互相產生對分相。**軸線**的概念相當重要，因爲它是人際關係與生俱來的本質：一段關係是兩個人的構成，也就是**二重性**。因此，當你在中點組合盤中使用星座時，請謹記參考星座軸線，而不是只參考單一星座，例如：當任何行星落在牡羊座時，就應該檢視整條牡羊座／天秤座軸線。

星座	星座軸線	星座	星座軸線的本質
牡羊座	牡羊座／天秤座	天秤座	自我與他人；我與你；個體與關係。
金牛座	金牛座／天蠍座	天蠍座	「我的」和「你的」；「我的」和「我們的」；分享物質及情緒依附。
雙子座	雙子座／射手座	射手座	想法與意義；合理化我們共存的世界。

巨蟹座	巨蟹座／摩羯座	摩羯座	私密與公眾；我們的內在與外在世界，以及我們的居家生活與職場生活如何互動。
獅子座	獅子座／水瓶座	水瓶座	創造力與社群；以伴侶的身分參與社交生活；彼此分享社群及朋友。
處女座	處女座／雙魚座	雙魚座	秩序與混亂：專注於身體及心智的健康，並一起分享日常生活。

生活在關係之中：中點組合盤的宮位

　　宮位在中點組合盤中的描述與本命盤相似，除了它們揭示的是兩個或以上的個人所面對的環境影響，而不是專指單獨一個人，它是一種專注於關係而放棄針對個人的技巧。例如：第六宮意指工作、健康及日常生活，在中點組合盤中，它描述了伴侶的日常生活之道，不只是指一個人的健康，而是可能是整段關係的健康：我們可以如何去改善或理解這一點呢？它描述的不是伴侶的工作，而是怎樣的日常任務、責任及努力，才能讓這段關係運作良好。所以，當考量中點組合盤中的宮位時，記得要以人際關係作為考量。我認為宮首星座在中點組合盤中並不如本命盤中那般重要，不過，宮位中行星的影響，對於這段關係的描述仍然重要。

　　檢視宮位時記得要與星座一樣以軸線為單位，例如：當檢視中點組合盤中第六宮的行星時，記得需要同時考量第十二宮。

第一宮的人格面具及生命力主題會置入關係中，這一宮可能

暗示：

◆ 這對伴侶投射出去的第一印象。

◆ 這段關係爲他人帶來哪一種影響。

◆ 這段關係的個性，以及其他人會如何看待這對伴侶。

◆ 兩個人如何相互作用成爲一體。

◆ 這段關係的生命力及延伸範圍。

◆ 這對伴侶如何成爲一體去運作。

第二宮的資源及價值主題會被置入關係中，這一宮可能暗示：

◆ 這段關係的財務及財產。

◆ 這對伴侶對於他們的資源及資產所抱持的態度、習慣及期望。

◆ 這段關係結合的價值觀，以及它們在關係穩定上扮演的角色。

◆ 物質上的安全感，以及與金錢、財務、開支及儲蓄有關的議題。

◆ 分享資源的難易度。

第三宮的溝通及靈活性主題會被置入關係中，這一宮可能暗示：

◆ 這段關係的溝通模式，這對伴侶如何討論生活中的瑣事、探討這段關係需要關注的事情、以及分享日常經歷。

✦ 習慣性的溝通模式；哪些事情被視爲理所當然而沒有被說出來。

✦ 日常環境中的親戚、鄰居及其他人。

✦ 這段關係是否容易變動、改變及適應。

✦ 心智交流、分享想法、以及對教育的態度。

第四宮的家及情緒上的安全感主題會被置入關係中，這一宮可能暗示：

✦ 這對伴侶最深入的情感生活；關係的深度、情緒上的安全感。

✦ 原生家庭的印記；這對伴侶的根及背景。

✦ 房地產或家裡環境。

✦ 家、歸屬感、這段關係在哪裡會感覺像在家一樣。

✦ 住所以及家和家庭的本質。

✦ 家庭的重要性以及這段關係與家庭之間的連結。

第五宮的自我表達、創造力及小孩主題會被置入關係中，這一宮可能暗示：

✦ 在他們的關係中冒險的自由；在這段關係中「做自己」時所面對的最大挑戰。

✦ 小孩或是這段關係中的相互創造力。

✦ 自我表達以及在對方的陪伴之下玩樂和表達他們自己時帶來的享受。

✦ 玩樂、性的愉悅及享受，以及關係中的歡樂。

◆ 對內在及外在小孩的態度及創造。

第六宮的工作、健康和日常行程主題會被被置入關係中，這一宮可能暗示：

◆ 這對夥伴可以如何一起工作，他們如何提供服務，以及關係中的個人可以如何服務另一人。

◆ 這段關係的職責及責任感；日常行程。

◆ 這段關係中的付出與得到。

◆ 這段關係的日常習慣及儀式。

◆ 這對伴侶能夠如何彙報及分享自己的每一天。

第七宮與他人相關的主題會被被置入關係中，這一宮可能暗示了：

◆ 我們。

◆ 與其他人一對一的相遇，特別是其他伴侶。

◆ 兩人對於成爲一個團隊的感覺如何；這段關係中的互動特質。

◆ 這對伴侶的對手及敵人。

◆ 這對伴侶一起簽下的協議、文件及合約。

第八宮的親密及隱私主題會被被置入關係中，這一宮可能暗示了：

◆ 關係中帶來轉化的力量。

◆ 哪些遺產及資源會影響到兩人共有的財產及資源。

◆ 這段關係施加於他人的心理影響。

◆ 互相分享的情緒以及建立親密關係的潛力。

◆ 依附與連結；關係固有的信任度。

◆ 反映兩人親密及緊密度的性生活。

第九宮的哲學信念及價值主題會被置入關係中，這一宮可能暗示：

◆ 關係中共有的哲學理念以及智力的追求。

◆ 這對伴侶的世界觀。

◆ 在這段夥伴關係中，兩人的理想以及對更大意義的追求。

◆ 海外旅行以及和外國某個地方、文化及思想的接觸。

◆ 關係中共同分享的跨文化經驗。

◆ 兩人一起分享精神信仰及意義的可能性。

第十宮的地位、天職及世俗追求會被被置入關係中，這一宮可能暗示：

◆ 這段關係的企圖。

◆ 這段關係的目的及聲望。

◆ 這段關係如何支持二人在世俗中達成各自的目標。

◆ 這個結合會如何在世上發揮功用。

◆ 世界會如何認知及承認這一段關係。

第十一宮的團體參與、朋友、希望及願望主題會被被置入關係中，這一宮可能暗示：

- ✦ 這對伴侶交往的朋友，兩人感覺屬於更大社群的能力與社會環境。
- ✦ 二人分享的希望及願望。
- ✦ 接受愛的能力及天賦。
- ✦ 這段關係在更大社群、公共計劃中所扮演的角色，以及對於包容他們的社會所帶來的影響。

第十二宮的隱藏及壓抑主題會被置入關係中，這一宮可能暗示：

- ✦ 這段伴侶關係中可能被壓抑或隱藏的主題。
- ✦ 因為另一半及其繼承的影響下，二人需要處理的隱藏行為模式。
- ✦ 二人各自的家族史為這段關係帶來的影響。
- ✦ 伴侶之間進行心靈感應的可能性，或是他們對於對方的情緒狀態的敏感度。

中點組合盤中的對話：相位

　　與本命盤一樣，在理解一切關係的煉金術中，強力的相位相當重要，但在我探討中點組合盤的經驗中，一段關係的初期階段，特別是困難相位並不容易被確認、甚至不明顯。當伴侶在承諾的關係中安定下來後，相位就會變得比較有生命力，也會因此而變得比較

明顯。經驗告訴我，例如 T 型三角及大十字這些困難的圖形相位，往往會在人際關係開始時被人們忽略，也許這是一種本能的防衛機制，直到這段關係慢慢發展出一些資源去處理這些困難，或慢慢產生信心這段關係會一直發展下去。

中點組合盤的相位理論與本命盤的相似，除了你正在描述的是一段關係的相位。要記得這些相位並不是在兩個人之間運作，而是這段關係本身的相位。

合相非常主觀，可能是一段關係的盲點，特別是當互不相容的行星能量結合在一起時。

對分相可以讓一段關係出現兩極化並造成分裂的領域。這裡暗示了關係中的兩個人各自持有兩種極端的觀點，而不是這段關係本身有著極端的觀點。對分相指出了這段關係需要妥協及協議，不然可能會傾向分離及產生對立。

四分相具有動能，它指出了關係中可能會造成緊張及不和諧的能量模式，這正是伴侶二人可能會感到拉扯的地方，不妨找出策略去幫助解決與這些議題有關的衝突及緊張。

150 度相也會把一段關係往不同方向拉扯，但它比較會帶來意識及反思，而不是真的付出行動。注意 150 度相位中的困難組合，並留意這組合所帶來的隱藏模式。

與本命盤一樣，我們可以透過**三分相**及**六分相**，找到支持這段關係的方式，它們同時也是能量流動並帶來不同機會之處。當想要在一段關係中找出方式去改變習慣與模式時，這些相位也同時會提供策略，並帶來有幫助的結果。

　　我會從本命盤或相位表格中，看看有沒有任何主題延續至中點組合盤中，或是那只是這段關係本身的獨特表達方式。注意在本命盤比對過程中突出的相位，它們可能會因為兩張本命盤的結合而被重新排列。當解讀中點組合盤時，要記住所有的合盤主題，我會注意合軸行星、強烈的圖形相位、內行星與外行星之間的困難組合、以及因中點組合盤的建立而重新排列的行星能量。

　　例如：安潔莉娜（Ａ）第九宮有月亮、火星及木星牡羊座的星群，其中木星合相天頂；布萊德（Ｂ）的木星同樣落在牡羊座，在他的第四宮與天底相距 13 度，四分相他的火星摩羯座。Ｂ的火星四分相Ａ的星群，而Ａ的木星則四分相Ｂ同樣落在摩羯座的月亮。在Ａ的本命盤中，月亮、火星及木星相當突出；在星盤比對中，Ｂ的月亮、火星與木星也被帶到我們的焦點之中。在中點組合盤中，這些行星被重新排列：木星在第七宮合軸，火星與月亮則在第五宮形成分離相位的合相，木星與這組合相的中點形成了半四分相；這三顆行星能量之間糾纏不清的關係雖然在這裡被重新排列，但它的影響仍然相當明顯。因此，月亮、火星、木星主題在這段關係中十分重要，它突顯了這段伴侶關係中，二人對於情緒防衛、穩定性、安全感、與個性、自由和獨立兩者之間的矛盾需求，而這也出現在這段關係中彼此對立的地方。

敘述中點組合盤

　　剛開始分析任何星盤都是一件累人的事，而由於中點組合盤的特質及建構方式更是如此。然而，在中點組合盤中，你已經分析了兩張本命盤並進行比對，因此你應該已經注意到這段關係中許多模

式及主題。中點組合盤可以被視爲是這個過程的延續，因此你需要尋找之前的星盤分析延續至中點組合盤中的重覆模式；同時，你會注意到因爲兩人合而爲一的煉金過程所形成的全新主題和模式，這張星盤可以用來檢視關係中的主題和模式，並從中思考我們上述的行星主題。中點組合盤與其他星盤一樣，在其中有一些需要考量的重點，同時，記得要注意中點組合盤中產生異象的地方。當記住這些要點之後，我們需要找出幾個特別突顯之處。

✳ 軸點及合軸行星

與其他星盤一樣，合軸星在中點組合盤中具有主導的力量，例如：在安潔莉娜與布萊德的中點組合盤中，天王星合軸上升點，因此，空間、距離、自由和冒險是這段關係的主導。伴侶二人看似充滿活力、有趣及前衛，但意料之外及令人驚訝的事就在不遠的轉角。星盤另一方下降點附近的水星及凱龍星，暗示了其共同的生命中，需要有清楚的溝通及互相理解。這個主題極爲突出，並暗示了二人在各自的獨立行動上相互對立並且需要溝通和討論共同目標；在其各自的本命盤中都有水星／天王星三分相，突顯出有效溝通的挑戰。

✳ 重要的相位及圖形相位

爲了評估哪些相位在星盤中佔據主導地位，我會找出那些由內行星與外行星形成的強烈連結、強烈的合相、對分相及四分相。例如：在安潔莉娜與布萊德的中點組合盤中，太陽落在南交點並對分相北交點與冥王星的合相；太陽／冥王星相位可能暗示了關係中的

權力鬥爭，並且需要知道一起工作可以讓他們共同面對來自他人的激烈對立及挑戰。然而，這對伴侶也可能會被認為是一對充滿力量的結合，因為當他們站在一起時，看起來便充滿了影響力及魅力。正如上所述，天王星對分相水星／凱龍星的合相訴說了這段關係需要清楚的溝通，這張星盤就像是一個左右搖擺的翹翹板。

　　我同時會注意到星盤中主要的圖形相位，縱使這對伴侶可能在關係中並未注意到這股能量，但當這段關係慢慢發展之後，這股能量也許就在不遠處。

✳ 強調的宮位

　　有很多行星落入的宮位，指出這對伴侶會一起參與的重要領域並且忙碌其中。在中點組合盤中，我們同時要考慮軸線主題，例如：安潔莉娜與布萊德的星盤中，第五宮、第六宮及第十二宮都各自擁有兩顆或以上的行星，小孩和創意（第五宮）、日常生活儀式和一起工作、生活方式和維持秩序（第六宮）、以及靈性和想像力（第十二宮）全都在這段關係中扮演重要的角色。其中以第六宮／第十二宮軸線最為突顯與重要，這顯示在所有主題中，這段關係最強調秩序與混亂的對立主題。雖然第十一宮沒有行星，但因為它是第五宮的對面，所以也會參與其中。因此，整個社會、同事及朋友都會在他們對於孩子及創造力的關注中扮演某種角色。

✳ 中點組合盤的行運

　　將中點組合盤帶到當下相當重要，透過檢視目前的行運，可以

推斷這段關係目前可能承受較多張力或壓力的領域。例如，在安潔莉娜與布萊德的中點組合盤中，從 2009 年到 2014 年期間，其中一個重要行運是海王星的行運，因爲它行經第五宮月亮／火星的合相；2009 年時，行運的木星與凱龍星同時接近行運海王星，凱龍星會持續行運這組合相直到 2012 年；而海王星與此合相的行運會直到 2014 年初，在這段關係突顯出兩人在小孩及創意上的混亂主題。

✻ 比較中點組合盤與本命盤

我們也可以將中點組合盤與本命盤進行比對，伴侶雙方各自的本命盤都可以與中點組合盤比對，看看伴侶對於這段關係的某些部分及面向感到舒適或是相反，這種比對揭示出伴侶雙方與這段關係之間的連結。例如，安潔莉娜的火星落在牡羊座 10 度 42 分，合相中點組合盤下降的水星／凱龍星合相，她可能會比較主動地將困難的事情及關係中的衝突放上檯面與布萊德討論；而布萊德的火星落在摩羯座 10 度 1 分，四分相這個位置及安潔莉娜的火星，因此她可能也是主動提出合約、法律事務、協議及伴侶議題的一方。

第二十章
交點
相遇與結合

　　交點的英文 node 一字有很多不同意思，其中一個字義是「交會之處」，在天文學上，這個字描述了行星軌道與黃道的相遇。月亮軌道與黃道的交點正是月亮南交點與北交點的定義，它是無可取代的占星符號，象徵相會的一點，它比喻天與地、靈魂與精神、太陽與月亮相會的地方，因此，月交點軸線象徵了精神及世俗層面重要的交會點、會面及轉捩點。

交點

　　星盤中有月交點之外的其他交會點或交點，星盤上的軸點標記了行星路線的黃道與天文學中其中一個大圈交會的兩點，例如：上升／下降軸線正是地平線與黃道相遇的地方，這條軸線標記了自我與他人的相會；天頂／天底軸線則是黃道與子午線相遇的地方，它專注於描述我們與父母及其他家人之間的關係。宿命點／反宿命點軸線則是卯酉圈與黃道相遇之處，我們在這裡會遇到自性中更深層但仍然隱藏的面向，這些面向往往以「另一個自我」（alter ego）及其他人格的方式呈現。因此，這三條軸線加上月交點軸線就像是穿過星盤的道路或小徑，這些軸線與其他行星或點的交會處，可能就是靈魂的相遇之處。

在人際關係占星學中，我們可以使用「交點」一字去描述兩個人在時空中相遇或交會之處，當可能發展成伴侶的兩人初次相遇時，他們會察覺到彼此間的連結，這是相當有力量的一刻。兩人關係中的這個交點，可以透過相遇、訂婚或結婚的星盤去紀念；當兩個人相遇時，便可能打開一個新的世界。

❖ 相遇

蘇菲主義者及詩人魯米（Rumi）有一句話經常被引用：「情人並非最終在某處相遇，他們其實一直活在對方的心中。[124]」情人相遇時，他們可能不會馬上認出對方，但有些人可以。

當詩人萊納‧瑪利亞‧里爾克（Rainer Maria Rilke）在 1897年 5 月 12 日在朋友家中初次遇到露‧安德烈亞斯 - 莎樂美（Lou Andreas-Salome）時，他知道他已經透過她的著作與她相遇過，而那一次是兩人親身的相遇。第二天，他拜託信差送了一封信給她，描述自己如何與她渡過了另一個「黃昏時刻」，當時他廿一歲，她三十六歲，在里爾克的餘生中，她成為了他「最激烈、最恆久的朋友」，也是他曾經深愛三年半的愛人 [125]。維吉尼亞‧吳爾芙與薇塔‧薩克維爾‧韋斯特於 1922 年 12 月 14 日初遇，當知道薇塔也是作家之後，維吉尼亞提出幫她出版作品的想法，那一天維吉尼亞完全沒想過維塔會成為她的情人，直到三年後兩人才開始發生親密的激情，那天金星正在逆行並橫過薇塔的天頂天蠍座，並

---

124 http://www.wordsof.net/va/rumi/
125 Rilke and Andreas-Salomé, A Love Story in Letters, translated by Edward Snow and Michael Winkler, W.W. Norton & Company, New York, 2008, ix – xiii.

在那裡停滯幾天，當時薇塔 30 歲，吳爾芙 40 歲。當兩條道路在時空中相遇，會種下未來關係的種子，有時候這些種子會立刻發芽，有些則需要一點時間，也有一些會一直埋在那裡。

　　這股同時讓兩人同時在相同路口相遇的力量或命運到底是什麼？它為何有如此安排？很多時候，相遇的那一刻某程度上就像是注定或機緣巧合，因此我們會想，在兩人相遇那一刻的星盤中，有沒有一些重要的合盤主題已然於其中萌芽。我們可以用這段關係降臨至兩人的那一刻去繪製星盤，我們使用相遇的那一刻，因此它成為這個潛在結合的見證及記錄。雖然這一刻可能沒有被寫下或記錄，但它往往會鮮活地存在於我們的感受記憶之中，很多時候伴侶都會告訴我他們初次相遇的故事。兩人生命旅途交會的那一刻永恆而神聖，初次會面的星盤本身固然重要，同時它也是本命盤及中點組合盤的行運；如果兩人的連結一直發展下去，會面那一刻的重要行運就會成為鞏固這段關係的路標。

　　在第十二章中，我們提過巴黎相親雜誌安排葛麗絲·凱莉與蘭尼埃親王那場命中注定的會面，我認為當時即將發生的滿月預告了他們成為未來皇室伉儷。雖然兩人這場會面相當簡短，而且主要是安排給媒體，但兩人的確建立了連結，因為一年後他們就結婚了。葛麗絲回家後拍攝了《天鵝》（The Swan）一片，於其中彷彿預言一般參演公主的角色；蘭尼埃一直與她保持書信來往，及至 1955 年 12 月，他到訪美國並與葛麗絲和她的家人見面，兩人一起在紐約共度新年，蘭尼埃於當年求婚。以下是兩人在蒙地卡羅碰面的星盤，我把時間設為下午 2 時 30 分，因為報導似乎透露了兩人在皇宮花園中共度了午後的時光，他遲到了，因此我推斷時間為下

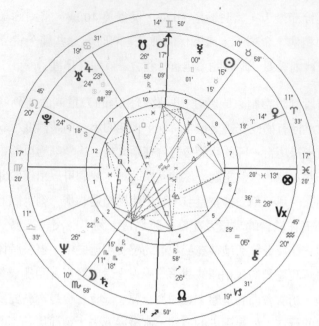

葛麗絲與摩洛哥王子蘭尼埃三世的相遇，1955 年 5 月 6 日下午 2 時 30 分，蒙地卡羅。

午 2 時 30 分 126，當時葛麗絲 25 歲，蘭尼埃 31 歲。

　　注意水星會在當日下午 2 時 5 分入境雙子座，處女座會於當日下午 1 時至 3 時 35 分期間升起，同時水星會在下午 1 時 27 分至 3 時 35 分期間登上天頂；因此，水星會於下午 1 時 27 分至 3 時 35 分期間同時守護上升點及天頂。也許我們可以認為，他們後來之所以會透過書信保持聯絡，也是這顆水星的原因。兩人相遇一刻的前後，也充滿了水星的主題：

126 當天其中一位攝影師為 Edward Quinn，他回憶了當天為兩人拍照的故事，當中包括了在前往皇宮的路上，不小心碰撞到葛麗絲本人：http://edwardquinn.com/Text/Texts/First%20Meeting%20Grace-Rainier.html/.

◆ 葛麗絲改變心意，決定不取消會面。

◆ 她的車在前往皇宮路上與一名攝影記者的車發生輕微碰
   撞。

◆ 蘭尼埃遲到。

◆ 這次會面由巴黎相親雜誌所安排。

水星是信使之神，他傳令用的神杖（kerykeion）象徵了神的到
來，某些事情正在預備中，這看似只是無數分秒中的一刻，但當我
們回頭看，那一刻的確非常重要而且充滿意義。水星在兩人相遇的
一刻入境其守護的星座是一個好的預兆，同時也是一個值得放大觀
察的有趣主題。在不斷移動的宇宙之中，這或許不是一個值得寫下
來或記載的重要星象，但當這發生於兩人相遇的那一刻，它就充滿
有趣的象徵意義，一段關係就此發生。在靈魂相遇的路口，時間並
非以線性進行，它往往是被拉長、成為永恆的一刻。

葛麗絲‧凱莉的出生時間記錄於出生證明上，至於蘭尼埃王子
早上六時的出生時間則未經證實。

雖然沒有準確出生時間，我們仍然可以觀察當天月亮有機會出
現的範圍，並使用這範圍去估計他們的中點組合盤月亮位置。不
過，兩人初遇的星盤及結婚盤也是可以用來觀察兩人結合的符號地
圖。

行運海王星當時正在逆行，但當它恢復順行時，將會移近葛麗
絲位於天秤座 28 度 51 分的金星，它們會在那一年的稍後第一次
形成正相位的合相，並在 1956 年一整年持續經過葛麗絲的金星；
這是一個與墜入愛河、完全投入某件事情、或在價值觀及愛情發生
重大轉變的經典行運。蘭尼埃王子的金星金牛座 11 度，對分相木

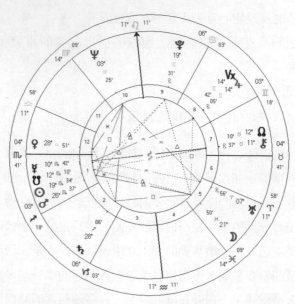

葛麗絲‧凱莉，出生於 1929 年 11 月 12 日早上 5 時 31 分，美國，費城。

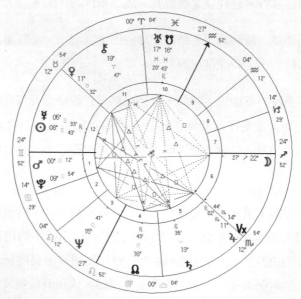

摩納哥王子蘭尼埃三世，出生於 1923 年 5 月 31 日早上 6 時，摩納哥。

星天蠍座 11 度，並四分相海王星獅子座 15 度；他的 T 三角相位與葛麗絲的星盤形成相位：他的金星合相她第七宮的北交點，木星落在她的南交點，海王星則落在她的天頂。與王子的相遇很大程度改變她的人生方向，行運金星於當天正對分相王子的本命土星。

正如之前所述，月亮當時正接近滿月階段，並合相葛麗絲的南交點及王子的木星。這場會面會爲葛麗絲在語言及文化上帶來重大的轉變，這由她位於第八宮雙子座的木星／宿命點合相所顯示，而蘭尼埃的太陽雙子座合相這位置。這段關係中所帶來的錯置痛苦反映在她的凱龍星合相她本命盤第七宮的北交點；凱龍星同時也合相蘭尼埃的金星。行運土星當時正於天蠍座逆行，在一連三次行運土星經過葛麗絲本命太陽的過程中，當時已發生了第二次。那一年年底，它完成了與太陽及火星的行運，鞏固了由她與摩納哥王子相遇一刻開始的人生方向，而這方向也由使神墨丘里所守護。

對於平常人來說，皇室的婚約是一件遙遠的事，但這件事也的確從很多方面提醒我們，與伴侶的相遇是一件多麼奇幻的事。每一段戀情都有它發生的故事，雖然也許並不像皇室的戀愛故事般會被仔細記載，但每一個故事情節中，的確都讓我們看到命運如何演出自己的戲碼。在 1957 年 8 月某一日的東京，美智子從來沒有想過自己會與當時的皇儲明仁在網球場相遇，並最終成爲日本的皇后。而當來自澳洲霍巴特（Hobart）的瑪麗・唐納森（Mary Donaldson）於 2000 年 9 月 16 日在雪梨一家酒吧邂逅那位年輕人時，她根本不知道這正是丹麥的皇儲；而當她於當晚稍後弄清楚這件事時，她還是完全沒想過自己會在四年後成爲皇妃。在她與弗雷德里克（Frederick）王子碰面那一天，太陽正緊密對分相她的金星，但從較大的格局看，行運海王星正經過她的北交點，這反映了

瑪麗當時正在一個幸運、並且從未想像過的人生路口；而對弗雷德里克來說，行運北交點當時正準確合相他的下降點，在伴侶關係上，他也正站在人生的路口。

相遇星盤以及它作爲行運對本命盤的影響，可以清楚說明將兩人帶到相同路口的靈魂故事。

✣ 相遇星盤的行運及推運

並非所有關係都有一張特定的相遇星盤，因爲關係也許會慢慢演進，或是那段關係在當時並不可能。也許會有一個相互認同的一刻、約定的一刻或向外公佈這段關係的時間，可以讓這段關係使用。但是當一段關係經歷一段長時間的建立之後，我們可以重新建構這段關係的行運及推運，讓我們去理解一些曾經發生的影響，或至今仍然有效的影響。讓我們探討另一對皇室伴侶的相遇，雖然戴安娜從年輕時就一直與查爾斯待在一起，但長大後的戴安娜第一次與查爾斯的相遇發生在 1977 年 11 月，當年她 16 歲，她的姊姊莎拉當時正在與查爾斯約會。[127]

---

127 同樣地，西西（Sisi）也是十六歲時成爲奧地利的伊莉莎白女王，當她與未來的丈夫國王弗蘭茨·約瑟夫（Franz Joseph）初次碰面時，她的姊姊海倫（Helene）正準備與約瑟夫結婚；然而，當國王最終決定選擇她而不是她姊姊時，命運就此決定了西西的人生道路。

行星	1977 年 11 月 1 日的行運	評語
木星	巨蟹座 6 度 3 分，從 10 月 24 日開始逆行，並會一直逆行直到 1978 年 2 月	木星正於戴安娜的第七宮行運，並已經與她的第七宮守護水星形成行運相位；它會逆行再一次與水星合相，同時也會接近她第七宮的太陽。
土星	獅子座 29 度 4 分，會在 12 月進入處女座，然後開始逆行	行運土星正經過戴安娜第八宮的北交點，並會在 1978 年 2 月及 7 月重複此合相；同時查爾斯也即將發生土星回歸。
天王星	天蠍座 11 度 53 分	
海王星	射手座 14 度 32 分	行運海王星正接近戴安娜的上升點。
冥王星	天秤座 15 度 2 分	行運冥王星正接近查爾斯的金星／海王星合相。
凱龍星	金牛座 3 度 11 分，凱龍星在 1977 年 11 月 1 日被發現	行運凱龍星正接近查爾斯第十宮的月亮／北交點合相。
北交點	天秤座 13 度 47 分	行運北交點剛剛經過查爾斯的金星／海王星合相，並合相他的天底。

　　翌年，戴安娜與姊姊一起獲邀參加查爾斯王子於 1978 年 11 月舉辦的三十歲生日派對，有趣的是，他那一年太陽回歸盤的上升點落在天秤座 14 度 22 分，並合相他的金星／海王星合相，冥王星當時才剛剛行運經過這位置，伴侶議題正出現在他人生的地平線上。

　　兩人一直到 1980 年 7 月才再一次見面，當他們重逢時，查爾

斯似乎對戴安娜產生了好感，他邀請她去巴摩拉城堡（Balmoral Castle），這事件似乎是兩人戀情的開始。查爾斯在 1981 年 2 月 6 日向戴安娜求婚，並於 2 月 24 日向外公佈兩人訂婚。他們在 1981 年 7 月 29 日結婚，剛好是葛麗絲與蘭妮埃結婚廿五年之後的另一場「世紀婚禮」。1977 年 11 月至 1980 年 7 月期間的行運可能非常重要，因為命運使兩人在此期間走在一起，我會把主要的行運當成一些主題的種子，而這些主題會在兩人的關係中慢慢發展並一再上演。

　　從兩人初次會面至造訪巴摩拉城堡之間，當中的行運說明影響雙方本命盤的強大行運動力，例如：查爾斯的本命太陽在天蠍座 22 度，對分相戴安娜的金星金牛座 24 度，並四分相她的月亮／天王星的對分相，行運天王星觸動了這組動能。戴安娜的上升點射手座 18 度與查爾斯的火星／宿命點合相形成緊密合相，行運海王星同時與這兩個軸點形成相位。行運冥王星也經過了查爾斯的金星／海王星合相。

行星	1980 年 7 月 1 日的行運	評語
木星	處女座 6 度 3 分，會在 10 月進入天秤座	行運木星正經過戴安娜第八宮的冥王星。 行運木星正經過查爾斯第二宮的土星。
土星	處女座 21 度 29 分，會在 9 月進入天秤座	土星正慢慢移近並與戴安娜的金星形成三分相，這會重複戴安娜本命盤中的金星／土星三分相。 土星會與查爾斯第五宮的火星／宿命點的合相形成四分相。

天王星	天蠍座 21 度 52 分逆行	行運天王星對分相戴安娜的金星並四分相她的月亮，同時觸發本命盤中這三顆星形成的 T 型相位。行運天王星已經與查爾斯的本命太陽合相過，並將會再一次合相。
海王星	射手座 20 度 48 分逆行	行運海王星正最後一次經過戴安娜的上升點。行運海王星正與查爾斯的本命火星形成緊密相位。
冥王星	天秤座 18 度 58 分	冥王星已合相過查爾斯的金星／海王星合相，並慢慢移近戴安娜的天頂，這象徵了她與世俗權力的相遇。
凱龍星	金牛座 17 度 1 分	凱龍星正慢慢靠近戴安娜本命盤中由月亮／天王星對分相並以金星為端點的 T 型三角相位。查爾斯即將經歷凱龍星／凱龍星對分相，行運凱龍星同時與本命太陽對分相。
北交點	獅子座 20 度 44 分	月交點軸線剛剛完成跨越戴安娜本命月亮／天王星對分相。

　　這些行運揭開許多訊息，戴安娜人生中關於「他人」的世界，藉由行運木星經過她第七宮與第八宮的過程而被打開；同時土星經過她北交點與火星，則鞏固了她的命運。查爾斯對愛情的理想，藉由行運冥王星經過他本命金星／海王星相位而轉化；同時行運凱龍星經過他的月亮／北交點，則象徵著他的情緒傷口被掀開。星盤的行運描述了這段關係最初被播下的種子以及之後的收穫。推運當然也有其參考價值，但我會在討論兩人的婚姻盤時再探討推運技巧。

✤ 史密斯伉儷

　　布萊德‧彼特與安潔莉娜‧裘莉在拍攝《史密斯任務》期間相識，他們飾演一對各有祕密隱瞞對方的夫妻，當時布萊德已婚，安潔莉娜則已離婚。當然我們應該沒辦法從娛樂新聞與八卦雜誌中找到兩人關係的真相，但我們能夠確認的是這部電影從 2003 年開始製作，於 2005 年上映，那一年布萊德宣佈他正辦理離婚手續，因此，從 2003 年年中到 2004 年底期間的行運相當重要，因為這些行運正準備著這段關係的發展。我認為，審視兩人本命盤甚至中點組合盤的行運，有助於建立兩人在一起的人生舞台。兩人這段期間的主要行運如下：

行星	2003 年 7 月 1 日的行運	2005 年 1 月 1 日的行運	重要的比對相位
土星	巨蟹座 3 度 29 分	巨蟹座 24 度 56 分逆行	土星正經過安潔莉娜的第十二宮，同時是她土星回歸的期間；2005 年，土星會經過她的本命金星及上升點。土星同時正在布萊德的第八宮，並對分相他第二宮的摩羯座星群，當中包括了月亮與金星。兩人在行運土星經過他們中點組合盤天頂的時候相遇。
凱龍星	摩羯座 13 度 47 分逆行	摩羯座 28 度 19 分	行運凱龍星接近布萊德的南交點，並對分相行運土星，為他的巨蟹座／摩羯座星群帶來影響。

天王星	雙魚座 2 度 36 分	雙魚座 3 度 55 分	行運天王星正在雙魚座的前面度數徘徊，並與兩人的中點組合盤月亮緊密合相。
海王星	水瓶座 12 度 40 分逆行	水瓶座 13 度 51 分	行運海王星三分相安潔莉娜的太陽。
冥王星	射手座 18 度 3 分逆行	射手座 22 度 43 分	行運冥王星會跟中點組合盤的太陽及月交點軸線形成一組相當具動能的四分相。

　　上表顯示了兩人相遇時一些相當值得考量的重要動態行運，強大的行運土星主題闡述了時間的重要性；至於中點組合盤的行運則暗示著，即使兩人的連結還未被察覺，這段關係就已經經歷了各種挑戰。

♣ 性愛的國度：阿內絲與亨利

　　阿內絲・尼恩和亨利・米勒都是情慾書寫的作家，他們的著作有時甚至被視為色情書籍。米勒最有名的小說《北回歸線》（*Tropic of Cancer*）在美國禁售；而阿內絲的作品也探討了包括亂倫等性愛禁忌主題。兩人的人生道路於 1931 年 12 月交會，當時亨利受到阿內絲的出版社邀請，前往她位於法國路維希恩（Louveciennes）的家，阿內絲當時已婚，二十八歲的她即將展開性愛探索；亨利則一直尋求創作上的衝擊，兩人激烈而複雜的外遇於翌年年初展開。阿內絲認為亨利引領她進入了一種既色情又富

創作力的生存方式 [128]，而從亨利寫給阿內絲多封熱情如火的書信中，很明顯亨利當時也非常著迷於她。[129]

　　很多人聲稱亨利・米勒的出生時間是下午 12 時 30 分或 12 時 45 分，但埃里卡・鍾（Erica Jong）在她為亨利所寫的回憶錄《像惡魔一樣》（*A Devil at Large*）中引述的出生時間為下午 12 時 17 分 [130]。阿瑟・霍伊爾（Arthur Hoyle）在其部落格一篇討論亨利・米勒的文章《星盤中的亨利・米勒》（*The Astrological Henry Miller*）中，也同樣上載了一張時間為下午 12 時 17 分的手繪星盤 [131]，下面我所引用的星盤也使用了這個時間。1930 至 31 年間，亨利這位美國人身在巴黎，當時行運天王星正經過他的上升點；1931 年 12 月，天王星於牡羊座 15 度回復順行，當時天王星已先後經過他上升點兩次，並準備最後一次的跨越，在地平線上我們可以看見象徵實驗及預料之外的原型。阿內絲・尼恩體現了亨利這個行運，在那個時代，阿內絲是一個不同於尋常的人，同時她也是一個介乎於自我探索與放棄性愛之間的人。

　　毫不意外的是，當時阿內絲也同樣經歷天王星的行運，當時正經過她的南交點，並對分相在北交點的火星；她的南交點同樣合相第七宮的宿命點。她也是一個焦慮、不斷尋求冒險、解放、及過著波希米亞生活的人；她在天秤座逆行的火星落在亨利的下降點，在那一刻，亨利也體現了她靈魂中變形的原型意象。她的南交點／宿

128　詳見阿內絲・尼恩的著作 *Henry and June*, Penguin, London: 2002.

129　Gunter Stuhlmann (ed.), A Literate Passion; Letters of Anais Nin and Henry Miller, 1922 – 1953, Harcourt, New York, NY: 1987.

130　http://www.exeterastrologygroup.org.uk/2016/05/henry-millers-phlegmatic-temperament.html

131　http://www.huffingtonpost.com/arthur-hoyle/the-astrological-henry-mi_b_5397661.html

命點的合相同時合相他的上升點，觸動某些深刻認知卻充滿神祕感、也許來自過往的事情；這組坐落於亨利上升／下降軸線的對分相，把兩種生存層面帶到同一地方。行運天王星同時經過這兩組互相交錯的軸線，喚醒了兩人之間性愛上的連結。但她的火星與第四宮的凱龍星四分相，此符號暗示了她的慾望可能同時是為了補償早期家庭經驗的傷口。

同樣地，亨利的宿命點落在阿內絲的上升點，我們在其他伴侶的案例中也曾見過這樣的相位，這強大的意象呈現了兩條人生道路於時空中的相遇。但在阿內絲這個案例中，它同樣是一個充滿迫切性的連結，讓人預期自我發現及自我揭示。兩張星盤之間的這組相互相位會在中點組合盤中再次出現，其中宿命點會合相上升點，宿命點軸線與上升／下降軸線重疊，暗示了兩條道路的交會。而在這分岔路口，這兩個人都會發生劇烈的改變。

亨利的太陽摩羯座落在阿內絲的天底，同時合相她的月亮，這是一個強大的家庭連結；阿內絲的月亮對分相海王星並合相天王星，顯示了她的情緒會渴望與他人融合，但在愛情中又會需要空間及分離，並擺盪在這兩種狀況之間，亨利的太陽會觸發她內心的這種擺盪。他的太陽守護星土星同時四分相阿內絲的月亮，她可能會把此視為是批評，特別是針對她寫作及寫作原則，因為她自己的本命盤中的土星也合相第四宮的水星。

亨利同樣也有月亮／天王星合相，它包括在三顆行星的合相

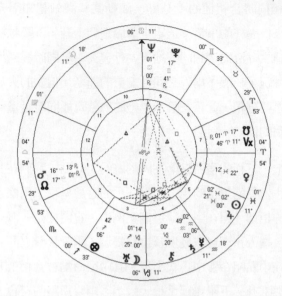

阿內絲‧尼恩，出生於 1903 年 2 月 21 日晚上 8 時 25 分，法國塞納河畔納伊。

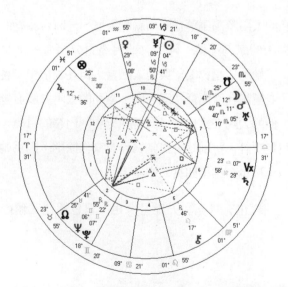

亨利‧米勒，出生於 1891 年 12 月 26 日下午 12 時 17 分，美國紐約曼哈頓。

中，另一顆合相行星是火星天蠍座 [132]；這三顆合相的行星落在第七宮，因此對亨利來說，與其從自己內在生活去探求，從外界的女性經驗去認識這種未被馴服的女性情慾是比較輕鬆的做法；當然，這同時描述了阿內絲以及亨利當時的妻子君（June）。當阿內絲遇見君時，她對亨利這位妻子相當感興趣及迷戀，兩個女人之間發展了性愛的浪漫關係。阿內絲的金星雙魚座與天王星和冥王星組成了 T 型三角相位，這個占星意象描述了她具挑釁性及吸引力的情慾特質。亨利也許體現了這組圖形相位，它透過亨利的火星天蠍座三分相木星找到了表達方式及解放，這是一種充滿力量及男性性慾的原型意象。

兩人出生年分相差十一年，但木星同樣落在雙魚座，阿內絲的木星合相第五宮的太陽雙魚座，恰當地比喻了她對於一個理想的、超群不凡的父親型人物的追求。當阿內絲十歲時，她那位擔任音樂家的父親為了一個年輕漂亮的鋼琴學生而拋棄家庭；阿內絲的本命盤有太陽／海王星三分相，因此，她的太陽雙魚座的兩顆守護星，均同時與這象徵自我的行星符號形成了相位。木星與海王星的原型深刻地深入其存在，讓她成為一個富詩意及重視符號的思想家：

　　符號分析是可以延伸、擴大世界的唯一方式，並讓世界變成沒有邊界、不受限制，其他方式都只會讓世界縮小。[133]

132 關於星群應該由幾顆行星組成，一直存在爭議，因為圖形相位通常最少有三顆星，因此我比較傾向認為星群等同於三顆或以上行星落在同一星座之中；Donna Cunningham 使用「三重合相」（triple conjunction）一詞，它也適切地描述了只有三顆行星所組成的星群，詳見其著作 *The Stellium Handbook by Donna Cunningham*，網址為 http://www.londonschoolofastrology.co.uk/doc/Stellium.pdf

133 Anais Nin, Diary of Anais Nin, 1939 – 1944, Harcourt, Brace, Jovanich Publishers, Orlando, FL: 1969, 77.

　　阿內絲認同詩與想像，並認爲它們會反映在富藝術性和魅力的男性身上。她是靈感女神，與第五宮創造力和性愛舞台上的藝術家們建立關係；當行運天王星對分相她第一宮的火星與北交點時，亨利以喚醒者的角色出現。他與阿內絲相遇那一個月的推運月亮對分相他第七宮的天王星，因此，某程度上這也喚起了他的情感生活，雖然有點在意料之外。

　　他們的關係既沒有、也無法一直持續下去，但他們的故事自此永遠地編織於阿內絲的日記及小說中。兩人都是非傳統的作家，活在他們時代的框架以外，並涉及情慾的所有面向。阿內絲・尼恩與亨利・米勒同時也是占星學的推手，阿內絲由她的治療師勒內・艾倫迪（Rene Allendy）介紹而認識占星學，勒內同時也是一位占星師及順勢療法醫師，後來，她爲米勒介紹了當時住在巴黎的瑞士著名占星師康拉德・莫里坎德（Conrad Moricand）[134]。1939年，米勒閱讀了丹恩・魯伊爾的《人格占星學》（The Astrology of Personality），這本書對他的啓發延續終生，後來被他選爲一百本「對我最具影響的書」之一[135]。占星學與阿內絲都是米勒的靈感女神，而阿內絲的靈感不單受到亨利・米勒的啓發，同時也受到艾倫迪及奧托・蘭克（Otto Rank）的影響。正是在這個自我探索及自我發現的年代中，這兩個人的道路彼此交錯，並永遠地改變了對方的人生旅程。

　　當兩個人的靈魂之路交錯並彼此連結，每個人皆不斷的被改變。・

---

134 http://www.huffingtonpost.com/arthur-hoyle/the-astrological-henry-mi_b_5397661.html
135 亨利・米勒：The Books in my Life, New Directions Books, New York, NY: 1966, 319. 這本書後來於 2005 年被 Internet Archive 數位化。

婚姻星盤

　　傳統上，婚姻盤是兩人交換誓詞的那一刻，在婚禮上說出「我願意」的時間點，它也可以是一個互相許下承諾的典禮或讓兩人結合成爲伴侶的儀式舉辦的時刻。婚姻盤與以機遇爲基礎的相遇盤不同，其時間是人爲安排的，伴侶兩人選擇某個時間或同意在某個時間舉行婚禮，而步入婚禮殿堂一切有意識的過程，都可以透過行運及推運去觀察直到那一刻[136]。我們可以預期婚姻盤中會有更多社交、傳統或公眾意象的出現，而不是像相遇盤有那麼多個人、私密或重要的片刻。

　　戴安娜與查爾斯於 1981 年 7 月 29 日結婚，被譽爲一場童話式婚禮，不過，我們都知道這場童話的結局並不快樂。根據 BBC 報導，戴安娜當天大約於上午 11 點 20 分（BST）到達聖保羅大教堂，並花了三分半鐘走紅地毯。在這之後不久典禮就開始了，在一個簡單的私人簽署儀式後，威爾斯王子及王妃就一起步入教堂。我把星盤時間設爲上午 11 時 30 分，因爲那是典禮即將開始、然後兩人隨即互相說出誓言的時間。[137]

　　這張星盤上升天秤座的位置，幾乎與中點組合盤的上升點及關係盤的上升點同一度數。當時木星及土星合相上升點，預告一個新

136　《前往婚禮的路上》（*On the Way to the Wedding*）一書作者 Linda Schierse Leonard，由 Shambhala (Boston: 1986) 出版，這本書從榮格心理學的角度出發，探討關係中的期望、理想及想像，是一本相當好的書。

137　Penny Thornton 在其著作《合盤》（*Synastry*, The Aquarian Press, 1982, 157）中，沒有列出任何參考資料之下把兩人的婚姻盤時間設定爲當天 11:00，Astrodatabank 則列出時間爲 11:17:30 http://www.astro.com/astro-databank/Diana,_Princess_of_Wales. BBC 新聞報導戴安娜大約於最初估算的時間上午 11:20 到達：http://news.bbc.co.uk/onthisday/hi/dates/stories/july/29/newsid_2494000/2494949.stm

的社會及文化的循環，在婚禮舉行那一刻兩顆星在地平線升起，賦予這場婚姻在國家及社會層面上的重要性。

　　太陽相當接近月交點軸線，暗示了太陽／月亮合相的時刻會發生日月蝕：兩天後 7 月 31 日發生於獅子座 7 度 51 分，月亮擋住了太陽，而戴安娜這名字是羅馬的月亮女神，在象徵意義上也許也已經準備擋住查爾斯。查爾斯的上升點在獅子座 5 度 25 分，接近婚姻盤的太陽及日月蝕的度數，這個「在公眾眼中戴安娜光芒蓋過查爾斯」的主題，也反映在婚姻盤中月亮巨蟹座在天頂相當接近戴安娜的太陽。婚姻盤中的兩顆發光體也與兩人本命盤結合，這張星盤中的太陽合相查爾斯的上升點；月亮／天頂合相則合相戴安娜的太陽；三天之後行運火星會合相戴安娜的太陽；星盤守護星金星當時在處女座 5 度 51 分，合相戴安娜的冥王星及查爾斯的土星，爲

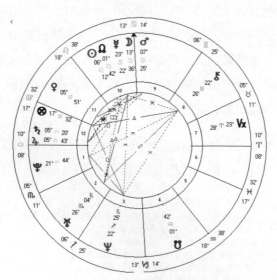

戴安娜與查爾斯王子的婚禮，1981 年 7 月 29 日上午 11 時 30 分，聖保羅大教堂。

這段關係中的權力及控制議題預先投下陰影。接下來發生的行運如下：

當時的行運	與查爾斯星盤形成的相位	與戴安娜星盤形成的相位
木星在天秤座 5 度 43 分 土星在天秤座 5 度 21 分	木星與土星在未來四個月會逐漸移近本命盤的天底及金星／海王星合相。	木星與土星會同時在下一個月四分相戴安娜本命盤第七宮的太陽。
天王星在天蠍座 26 度 4 分逆行	行運天王星剛完成與太陽的行運相位，並正與凱龍星形成相位。	行運天王星對分相她的金星，四分相她的月亮，並觸動她的 T 型三角相位。
海王星在射手座 22 度 25 分逆行	行運海王星正合相他的宿命點，同時即將與火星形成相位。	行運海王星開始進入她的第一宮。
冥王星在天秤座 21 度 45 分		行運冥王星經過她的天頂。
凱龍星在金牛座 22 度 26 分	行運凱龍星緊密對分相查爾斯的太陽，他的本命盤中有太陽／凱龍星合相，行運凱龍星即將與這位置形成對分相。	行運凱龍星合相她的金星，天土星則止在破壞這個 T 型三角相位。
北交點在獅子座 1 度 42 分	北交點剛經過他的上升點。	北交點行運經過她的宿命點，並進入第七宮。

　　在婚禮之後，這對新婚夫婦就乘著敞篷馬車前往白金漢宮，他們在下午 1 點 10 分（BST）左右與親友們一起在皇宮露台亮相，並在世人面前親吻，這時候太陽正在天頂，而在婚禮舉行時，則是月亮落在天頂；獅子座來到天空的最高處，太陽也合相天頂，在這

高度暴露於公眾面前的時間點，兩顆發光體都同時落在自己的守護星座，並出現於天空的最高處。當婚禮舉行時，兩人在自己家人及賓客面前出現，當時月亮正在天頂，但現在他們站在公開的露台，象徵國王或查爾斯的符號太陽則在天空上，不過日月蝕即將發生。

　　檢視婚姻盤的宮位，依據落在這些領域中的行星，可以讓我們找出這對夫妻活動、感到壓力、專注或發生衝突的地方；當太陽與月亮同時出現於第十宮，這段婚姻是公開的，而它的目標與需求是要兩人合作讓這段婚姻在世上運作。我注意到婚姻盤中有一些主題與本命盤、星盤比對及中點組合盤相似，例如：查爾斯的月亮與北交點落在本命盤的第十宮，這個主題在婚姻盤中重複出現，只是在這裡變成了太陽與北交點在一起。

♣ 推運

　　在一個人的人生中，結婚或與公開承諾關係的儀式標示出一個具有力量的過程，這種結合是生命中的一次原型性事件，因此，二次推運非常可以揭示出伴侶發展至婚姻的過程。傳統上，二推太陽與金星的相位象徵了婚姻，然而，因為對於兩人來說，結婚是那麼獨一無二的時刻，因此會有不同的推運去揭示出他們結婚前一路上內心成熟的過程。雖然結婚是一種原型性的經驗，但關係在其時機上仍然是非常個人層面的事情。

　　我會特別注意合盤中的月亮推運，是因為伴侶各自的推運月亮所形成的相位，在這段關係中通常保持相同；因為對兩人來說，推

運月亮每年移動 12 度至 15 度是一樣的 [138]，兩人在結婚時的推運月亮形成三分相。另外，針對一段關係，我同樣會對伴侶兩人的推運月相感興趣，我將它當成是一種評量，看看兩人正經歷哪一種人生階段，並且在他們共度的人生中是否能夠相互配合。當時查爾斯正經歷滿月的推運月相，戴安娜則是第一象限月相，從這個角度出發，查爾斯已經準備好實踐自己的命運，而戴安娜則仍然在尋找努力的新方向。

推運有助於修正本來就出現在星盤比對中的一些困難，不過這得依據伴侶雙方各自意識發展的程度。既然我們已經有兩人的本命星盤，或許比較他們的推運行星是一個有趣的做法，以下是戴安娜與查爾斯兩人結婚當日的推運：

1981 年 7 月 29 日推運	查爾斯	評語	戴安娜	評語
太陽	射手座 25 度 34 分	結婚前幾年，查爾斯的推運太陽合相火星與宿命點。	巨蟹座 28 度 49 分	在那一年黛安娜的推運太陽準確對分相土星。
月亮	巨蟹座 11 度 7 分	兩人各自的推運月亮都進入了對方的太陽星座；查爾斯的推運月亮在他本命盤的第十二宮。	天蠍座 9 度 22 分	戴安娜的推運月亮合相海王星；現在則是三分相。

---

138 長期來說，合盤中兩人推運月亮的相位有時候會入相位或出相位，因為速度上可能會出現輕微的差別。

月相	滿月	查爾斯來到了月相循環的中間,那是一種完成及實現,一個比較客觀的時間點。	第一象限月	戴安娜正處於一個以行動爲導向的階段;每個人都可能在他們生命的此時尋找不同的結果。
水星	射手座 28 度 14 分	推運水星慢慢靠近第五宮的木星。	巨蟹座 8 度 48 分	推運水星合相第七宮的太陽。
金星	天蠍座 26 度 37 分	推運金星慢慢靠近凱龍星。	雙子座 15 度 45 分	推運金星正接近下降點。
火星	摩羯座 15 度 51 分	推運火星四分相金星／海王星的合相。	處女座 13 度 43 分	

✤ 一個土星循環之後

2011 年 4 月 29 日,戴安娜與查爾斯的長子威廉滿懷欣喜及樂觀心情迎娶了凱薩琳・密道頓(Catherine Middleton),婚禮最初預計在上午 11 時舉行,而以下的星盤時間設定爲上午 11 時 20 分,也是兩人宣布成婚的時間。

兩人的婚禮在戴安娜與查爾斯結婚約三十年後舉行,土星再一次回到天秤座,讓這些來自另一世代、滿懷希望的英國人慶祝王子與一個漂亮「平民」的結合。然而,對戴安娜的懷念仍然瀰漫於整場婚禮,當戴安娜嫁給當時 32 歲的查爾斯時才 20 歲。威廉與凱特同樣來自之後的土星天秤座世代,兩人的中點組合盤也回應了這一點;土星天秤座合相兩人婚禮盤的天底,這是相當重要的主

題。他們的婚姻標示著彼此踏進人生的第二個土星循環，土星落在兩人婚禮盤中最低的軸點，而在他父母的婚姻盤中，土星則在上升點。

戴安娜與查爾斯的婚姻盤中木星在上升點，威廉與凱特的婚姻盤，木星則落在第十宮並合相天頂守護星火星，威廉王子的火星也守護天頂，同時木星合相天頂。在他父母的婚姻盤中，木星合相土星；而在威廉的婚姻中，木星與土星的對分相發生在婚禮前一個月。木土循環描述了這種婚姻固有的社會責任，戴安娜與查爾斯的循環，與象徵個人的上升／下降軸線糾纏在一起；而威廉與凱特的木土循環則是與天頂／天底軸線有關。在這張星盤中，木星落在一群相當有力的牡羊座星群之中，對於指引兩人的社會需求來說，這或許是比較有效的星象。

威廉王子於 1982 年 6 月 21 日晚上 9 時 3 分生於倫敦，那是剛剛發生巨蟹座新月之後不久，北交點落在巨蟹座 13 度，這個新月是一個日月蝕。土星四分相他的月交點軸線，當土星與摩羯座南交點產生關係，象徵著深刻感受到的責任感，這無疑是這場皇室婚姻藍圖的一部分。當土星在兩人合盤中有如此強大的主題時，要如何滿足這土星原型是兩人所面臨的挑戰。而當他們有了自己的子女，並面對自我實踐、家庭關係、夫妻需求及社會責任等基本需求全部交織在一起時，這難題會變得更加明顯。

我在寫這本書時，仍不知道凱特的出生時間，她生於 1982 年 1 月 9 日伯克郡雷丁（Reading Berkshire），因此她的月亮會落在巨蟹座 6 度 21 分至 21 度 46 分之間。她出生當天正好發生月全蝕，時間是當晚 7 時 54 分在巨蟹座 19 度 14 分，因此她的月交點

軸線與她的太陽／月亮軸線差不多，而土星四分相這條軸線。凱特與威廉一樣承擔了這天賦的責任感，而他們會與戴安娜一樣，畢生都會對日月蝕循環相當敏感。

✤ 凱特與威廉的中點組合盤

因爲我們無法肯定凱特的出生時間，因此在觀察這張中點組合盤時，我們必要要謹愼一點：因此我使用了中午星盤，也就是不使用軸點與宮位。當天的月亮落在巨蟹座，因此她的月亮會在巨蟹座，而當兩人的中點組合盤建立之後，月亮會與太陽一起落在巨蟹座，金星則與水星一起落在牡羊座。

在兩人的婚姻盤中，牡羊座主題也相當明顯，除了水星與金星再次出現在這星座之外，火星、木星與天王星也同樣落在牡羊座。凱特與威廉的火星皆落在天秤座，因此讓中點組合盤的火星成爲 T 型三角相位的一部分，火星天秤座對分相其守護的太陽牡羊座並四分相月亮。這 T 型三角相位確定了在這段關係中兩人必須刻意付出更多的努力，去辨認這段關係的需求、衝動及目標。這張星盤強調牡羊座與開創性質，暗示了兩人有可能爲了大量活動犧牲了家庭和情緒上的安全感。

當兩人的月亮同樣落在巨蟹座，這暗示了兩人認同對方的脾氣、需求及情緒特質，同時也可能暗示了兩人會陷在同一種情緒氛圍之中，讓他們難以安慰或支持對方。或是當月亮落在差不多位置時，其中一方會走向軸線的另一端，在這例子中可能是凱特，因爲她本身的太陽已經在摩羯座。我們在日本天皇及皇后的案例中也見

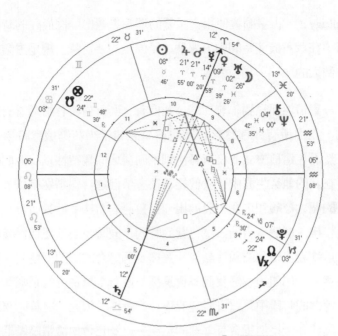

威廉與凱特的婚禮，2011 年 4 月 29 日上午 11 時 20 分，西敏寺。

過類似的相位；他們的月亮皆落在雙魚座。

爲婚姻盤擇日

結婚的時間是可以選擇的，因此情侶經常會找占星師諮詢結婚的「吉時」。但是，真的有吉時嗎？在占星學上，也許會有一些有利的時間，可是因爲擇日有諸多限制，因此最後得出的吉時可能是工作日、凌晨四點、假日、或不適合的週年紀念。如果這對情侶想要在六月某個星期六下午 2 時至 4 時之間結婚，可以選擇的吉時就會被極度限制。這種占星學技巧被稱爲擇日占星學（Electional

Astrology），占星師會使用占星學的理論去選出一個最好的時間，然而，在眾多最佳時間中，哪個才是真正的「吉時」總是主觀的也非常個人的。

　　每對情侶都是獨一無二的，我們有一套針對所有婚姻盤的標準規則，指出所有人都應該在某些占星意象帶來結婚機會時舉辦婚禮，然而，這種方式並沒有考慮到不同情侶的獨特性以及他們的需求。在我的執業生涯中，我曾經為很多情侶進行過婚姻擇日，並根據我的個人經驗和信念，發展出一套自己的看法：於我而言，這不只是安排一個擁有合適占星符號的時間，同時也必須要伴侶參與其中。這種看法讓我的關注點從「選擇一個適合的時間」變成「與時間共舞」。例如，或許我們不會選擇一個有金星逆行的婚姻盤，但在可選擇的時段中，這可能是躲不掉的選擇；因此，討論的重點或許會專注在金星逆行會有怎樣的意涵，以及它會象徵這段婚姻哪些面向。可能伴侶其中一方的本命盤中就有這種星象，或是兩人是在金逆期間相遇；我注意到在一段關係中某些模式與主題會一再重複，哪怕是在占星學上看似困難的主題。

　　我不相信一張「對」的擇日星盤可以改變一段「錯」的關係，所以，我為婚姻擇日的第一步是與這對伴侶諮商，看看他們的星盤比對及中點組合盤，看看其中強調兩人匹配及衝突的領域、共享及分開的生命領域、以及鞏固這段關係的重要主題。我的經驗是，一般來說這對伴侶不會知道中點組合盤中一切困難的圖形相位，直到他們更深入這段關係中，因此，與這對伴侶探索這些模式的可能性是相當值得的事。在這些諮商時間中，我希望可以為兩人的關係帶來一個過程，讓兩人有意識地去確認關係中的某些模式和行為。

　　在這步驟之後，我會讓他們思考，他們想從這段關係中得到什麼、他們覺得這段婚姻中最重要的是什麼、以及兩人懷有怎樣的期望和夢想，我會鼓勵他們說出他們的目標和恐懼、他們的創造過程、生活方式和生活安排。然後，在他們提供的日期和時間條件之下，開始尋找一些星盤去補強兩人的星盤比對和中點組合盤，利用當時的行星畫面去加強這段關係的優點以及兩人覺得重要事物的象徵。最重要的是，我會在聆聽、討論、反應及考慮這對伴侶的渴望和關注之後，為自己的看法負責任。我認為我的責任是要盡力去描述那個時間點的面貌，闡述那一刻的原型性意象和象徵，並考量兩人與生俱來的的可能性。我不會知道那一刻眾神會以哪種方式去呈現自己，但我可以思考那一刻的星盤當中各種的原型意象。

　　我清楚記得自己做的第一個結婚擇日盤，以及我為了讓它盡善盡美而感到的責任感，那已經是很久之前的事了，當時我的占星知識仍然很稚嫩，我的客戶「邦妮」在 1978 至 1980 年間與我諮商了幾次，海王星當時正準備經過她的金星射手座。我們討論了它符號上的可能性，特別是戀愛的想法，這是她當時最感興趣的；不過我們也提及了在海王星的魔法之下，伴隨戀愛而來的往往是理想化、欺騙及幻覺。

　　後來，邦妮真的遇見了一名男性，並與他墜入愛河。兩年過去了，他們一起拜託我幫他們決定婚期，條件是要五月、中午過後、以及在戶外，所以可以選擇的可能性不多，但我們還是選擇了一個日期。由於邦妮認為我在他們走向婚禮的過程中扮演了重要角色，因此邀請我出席典禮，我也答應了。婚禮當天我起床時，發現窗外滂沱大雨，我想起這是一場戶外婚禮，並覺得自己沒有選對日期或天氣而感到耿耿於懷。我很不舒服，想要取消約定不去出

席，但最後還是不情願地去了。就在我上車的那一刻，雨停了，當我到達會場時，太陽出來了，天氣非常美好，陽光下的青草閃閃發亮，空氣很清新，甚至有濃郁美好的味道。那場婚禮在一個眺望臺上舉行，當賓客陸續走出陽台、踏上草坪時，邦妮混在人群之間，看起來容光煥發，裙擺拖曳在發亮的草地上，整個人看起來就像在發光一樣，邦妮與太陽都在發亮。很多人都認為那真是既美麗又完美的一天，邦妮聽到時都回答說：「這是我的占星師所選的時間。」

「新手的運氣。」我這樣想，我思考著自己的責任與能力到底是什麼。從那開始，我開始使用占星學原則發展了一套參與性的模型，其中包括了與伴侶兩人在「邁向婚禮的過程」中進行諮商。當中有幾條我嘗試遵守的規則，不過，如果在星盤比對或中點組合盤中已經出現了某些模式，我會接受這些模式，讓它出現在婚姻星盤之中，即使在占星學上那是一個難以處理的主題，並得在這個限制之中下苦工，我也會在與伴侶的討論中強調這個主題。婚姻盤中的某些占星學難題，也許早已經深植於這段關係之中，伴隨在這對伴侶之間的動能之內。每個占星師都發展了自己一套獨特的婚姻擇日方式 139，因為我選擇專注在個人身上，所以我嘗試聆聽他們的需求，而不是公式化地尋找一個正確的時間。

以下是一些我在婚姻擇日的時候曾經嘗試過並認為有用的條件，這些條件不一定都能夠在特定時段中被滿足，然而，這些意象能讓我們思考什麼可以納入婚姻盤：

---

139 例如可以參考 Robert P Blaschke, Astrology a Language of Life Volume IV – Relationship Analysis, 145 – 158.

✦ 太陽與月亮形成和諧相位，盡量避開太陽／月亮四分相。第一象限月至滿月之間的上弦月週期適合第一段婚姻，然而，如果是第二次或以上的婚姻，或如果兩人已經在一起一段時間，那麼下弦月會反映出兩人之前的經歷，我嘗試將月相週期視爲一種隱喻去反映這對伴侶的結合。

✦ 婚姻盤的上升／下降軸線相當重要，傳統認爲上升／下降軸線落在固定星座，有利於穩固長遠的婚姻，兩邊軸點的守護星需要彼此形成和諧相位，注意不要把上升或下降點放在一些危險的度數，包括土星在內的外行星如果落在任何軸點，均可能會帶來問題。但是要滿足所有條件很困難，度數、星座及合軸星也要依據伴侶兩人的目標而定；即使已經選好了上升點，我們仍然可以運用一些技巧進行修飾，例如：莎比恩符號、恆星等等，我發現選擇中點組合盤的上升點作爲婚姻盤的上升點是一個有效的做法。

最好記住一件事，雖然我們可以選擇一個時間，安排婚禮在特定上升度數舉行，但往往會出現延誤或一些複雜狀況，改變兩人交換誓詞的時間。

✦ 我會特別注意那些在婚禮舉行時於地平線升起或爬到天空最高點的行星，婚姻盤第十二宮的行星剛剛從地平線升起，第九宮的行星則剛剛攀上了最高點，因此，這些行星落在強力的位置，因爲它們在婚禮舉行時最爲顯著。我發現在宣誓之前進行程序的時段上升或攀上最高點的行星可能非常具有影響力，它們往往是一些重要的原型考量，象徵了這段關係中需要思考的哲學與靈性議題，而這些東西可能是被伴侶兩人忽略的事。

✦ 仔細檢查內行星是否在弱勢或落陷的位置，注意水星、金星或火星是否逆行，如果是的話，看看它們正在逆行循環的哪個階段，能夠避開它們當然最好，但有時並不可能，所以我會回到本命盤及中點組合盤，看看這些位置是否被重複了。如果無法改變時間，我會詳述其可能的意涵，看看他們會如何在關係中體驗這股能量。

✦ 太陽座落的宮位是依據當天的時間，因此，選擇正午之前早上的時間也許會是有趣的做法，因為太陽可能會落在第十一宮；如果在日落後不久舉辦，太陽則會落在第六宮。很少婚姻盤的太陽會落在第二宮、第三宮或第四宮，除非夫婦兩人樂於在晚上十點後到凌晨四點之間結婚。注意太陽的光線照在什麼事物上，水星與金星會一直在太陽附近，火星或以外的逆行星可能會在另一個半球，因此婚禮時的太陽位置，是此張星盤的結構及強調哪個半球的關鍵所在。

✦ 婚禮時月亮形成的相位也許會帶來深刻的感受，並會在婚姻生活中成為重要象徵。注意在兩人交換誓詞之後即將形成正相位的一切困難相位，我同時會考慮本命盤及中點組合盤的月亮相位，看看其中有沒有任何重複或模式。這段關係的需求有助於區別哪些月亮相位會是恰當的、哪些則不需要被考量。

✦ 金星與火星如果形成良好相位，有助於鞏固婚姻盤中兩個象徵關係的原型，最好避開它們逆行時期，除非其中一方的本命盤也有金逆或火逆。如果土星或外行星與金星或火星無可避免地形成困難相位，那麼兩人可以透過有意識的參與以及注意相關的原型動態，稍作緩和之用。

　　我嘗試讓所有可變因素盡量保持簡單，而且可能的話，會嘗試把這段關係的目標整合到婚姻盤之中。例如：如果家庭對他們來說是重要的話，那麼月相與第四宮就是考慮因素之一；如果他們重視孩子，那麼第五宮與相關主題就會被列入考量；如果他們重視財務，那麼會優先考慮第二宮；如果這對伴侶重視社交人際關係，那麼風象及水象星座會比較適合。

　　一旦決定好選擇哪些因素之後，另一些重要因素可能就沒有了，所以我們很難最大化所有重要因素。我經常會試著避開月空（Void of Course Moon），因為它暗示了月亮即將轉換星座，這階段的月亮可能會帶來一些迷惑或不確定。然而，如果等到月亮進入另一星座，軸點可能也會來到下一個星座，並帶來新的氛圍，所以，決定哪些主題重要與不重要這步驟需要優先進行，請注意，凱特與威廉的婚姻星盤中也是月空。

結合

　　一段忠誠的關係，就像是兩個獨立的個體進行結合一樣，他們帶來各自的個性、資源、想法及過去並進行融合。如同所有的結合，日常儀式及細節是維持一段健康的結合關係所必須的，然而，在個人關係上，如果兩人結合之後，其中隱藏的、具有意義的層面未被認知，那麼家務、家庭、財務、社交及人際關係的議題往往會侵蝕這段歡愉而興奮的關係。在一段忠誠的關係中，世俗慾望必須與靈性層面結合，關係才能長久，無論是哪種關係，這種更深層的連結最終都是為了靈魂的合一，靈魂正是可以越過世俗、日常瑣事、不一致與不契合之處，直到將兩人緊緊相繫在一起的生命

之源。但這需要努力及忠誠，它需要土星的綑綁方式去塑造一個器皿，包容兩人的各種差異於同一空間之中；再者，這需要愛的企圖心。

　　關係就是月交點，它不單代表了兩個有覺知的個體的交會，更是兩個靈魂在世俗及靈性層面上的相遇，愛洛斯的原始力量讓這兩個靈魂結合在一起，讓兩人的承傳合二爲一，當關係存在，這一切就會發生。

第二十一章
交叉路口上的伴侶
關係的時間點及行運

　　占星學中計算時間點的技巧同時涵蓋了定量及定性的方式，它們同時包括了字面上的時間及想像的時間，它包括了客觀及主觀性的時間。例如，占星師可能會把冥王摩羯座視爲是經濟衰退、政府轉化的時期、被控制的階段或被地下武裝份子挾持，也可能會是一個大型機構及行政組織的重組時期，這些都是冥王摩羯座階段中充滿豐富想像力的特質及主題。從定量的角度來看，占星師可以測量冥王摩羯座的時間是從 2008 年一直持續到 2024 年，我們甚至可以更加準確，列出冥王星會在國際時間 2008 年 1 月 26 日初次入境摩羯座。當我們進行預測時，需要以深入思考、心思周密的方式，同時結合這兩種計算時間點的方式。

　　與冥王星入境摩羯座一致的是，世界經濟確實受到動搖並開始漫長的經濟重整及重新建構。占星學眞的有預測到此時期嗎？占星學具有預知能力嗎？還是這只是共時性、魔法甚至只是碰巧？這些都是每個執業占星師都需要問自己的重要問題，以便組織他們的信念及哲學觀，讓他們占星執業之路走得更穩。如果某人的軸點或內行星落在摩羯座，這時期的主題就會加諸在他們的個人層面上，無論是意象還是字面上。星盤會幫助我們描述出其中可能出現影響的領域、這些意象的內容以及發生的時間，但是，我們如何表達及闡述這些資訊的方式也同樣重要。

　　占星學建立在時間上，而我們也需要與時間安心共舞，經驗教會我如何以符號象徵的方式去處理時間點。**我們要尊重占星意象、符號、行星循環及其中的時間範圍，但是從象徵符號出發，而不是直接認定它們就是什麼。**如此一來，與我諮商的客戶更能夠以自己對情況的理解去參與其中，我認爲這種處理方式會更有幫助，也能夠揭示更多。與其講出一些肯定句子去描述可能性，我們如何以一種互動的表達方式說出星盤當中的意象及象徵，同時提出一些認知性的問題，這可以鼓勵他們思考及想像。例如，當討論冥王摩羯在某個時期行運經過天頂時的相關意象和符號象徵時，可以讓客戶專注在職業目標的想法和感受，也可以讓他們思考自己的事業架構有哪些改變的可能，同時考慮自己在家庭或世俗中的階級地位可能會出現怎樣的改變；這同時可以建立心靈空間，讓我們看到眞相和洞見。

　　這種處理占星時間點的方式，對於人際關係占星學特別有用，因爲當涉及另一人時，可能性就會翻倍。計算時間點的技巧可以應用在伴侶兩人的本命盤以及中點組合盤。在占星學上，我們一直在每一個人各自及集體經驗之間不停來回，他們的獨立及如何參與一段關係；但是當考量關係時，我們面對的是兩個來自不同家庭背景及人生經歷的人、各自的故事和主題。兩人相遇之前充滿了記憶、情緒、創傷、意見、感傷和經驗，這些都可能會滲入這段關係的當下與未來，兩人會將自己的過去帶入這段關係之中。這些過去相當主觀及私密，同時往往是對方不知道的部分，但這些歷史影響了當下的關係，並會以自己的方式過渡到這段關係中。

　　占星學同時也是一個自助的好工具，讓我們思考自己的親密關係及友情的一些階段。我的經驗告訴我，他們會在關係的決定性時

刻尋求占星學的幫助：可能是關係的開始；發展中的關係出現了
關於契合與忠誠的問題，或是當這段關係走到重要轉折點時，例
如：換工作、生小孩、發生外遇；某個祕密曝光了、或疾病、或是
其中一方想要分手時。

時間中的依附

在《家庭占星全書》中，我們討論過瑪麗・安斯沃思（Mary
Ainsworth）及約翰・包比（John Bowlby's）的依附理論，這個理
論假設情緒上的安全感，能夠讓人更有能力去探索家庭以外的人
際關係 [140]。雖然這原本的依附理論主要針對童年時期，但它同時
認為，依附是人類生命循環中自然的經歷。及至二十世紀七十年
代，開始針對成人依附的研究，研究檢視成人之間如何隨著時間的
經過，慢慢發展出情感的親密關係。[141]

成人親密關係的情感連結類似兒童與照顧者之間的連結，相
似處在於當與對方親近時情緒會感到安全、安心，情感與身體接
觸、玩樂及相互的語言都會建立依附。在成人的關係中隨著時間
慢慢建立的東西，類似於人生早期的依附：最初的身體關心和照
顧、對周遭的安全感、反應、分享和發現。在成年人的親密關係
中，性愛上的親密感會在伴侶關係的初期達到頂峰，但久而久
之，逐漸建立照顧和依附關係，並且越來越強烈。與嬰兒依附相

---

140 布萊恩・克拉克《家庭占星全書》。
141 詳見 Michael B. Sperling 與 William H. Berman (eds.) 合寫的 *Attachment in Adults*,
The Guildford Press, New York, NY: 1994，或由其他學者，例如：Cindy Hazan
及 Phillip Shaver 所進行的研究：http://adultattachmentlab.human.cornell.edu/
HazanShaver1987.pdf

似的是，成年人有各種不同建立關係的方式而且能夠被認知，例如：安全感、焦慮、矛盾、失聯或自力更生，所有的依附方式都會塑造一個人如何在關係中平衡分離和忠誠的能力。

在占星學中，我們可以在研究成人依附的發展上辨認出所有內行星，最基本也最重要的是月亮，因為它奠定安全感、被愛及被照顧的感覺。月亮的發展建立了最初被愛的知覺，在此安全基礎之下，使金星原型可以在青春期及成年期發展。在一段成人關係中培養基本安全感之前，身體的吸引力和發現、情感及身體接觸往往是比較明顯的，慾望和吸引力突顯金星和火星的原型。當我們探討成人的關係及依附能力的早期階段時，金星和火星的相位是重要的，水星有時候也會發揮自己的角色，讓人與伴侶之間說些俏皮話，但更多的是建立關係時所用的溝通及語言。太陽發展個人自信，自我表達與自我認同會隨著關係發展以及伴侶的照顧、支持和鼓勵而成長。就像嬰兒依附一般，成人依附也鼓勵個人化，只是在成年期，所有內行星都已經被建立、認知及承認；因此，與嬰兒期時相比，這些內行星在成人依附中會扮演更重要的角色。

成年人的依附會隨著時間慢慢發展，吸引力、慾望和渴望或許是立即的，但依附關係卻需要慢慢培養與努力，它會在兩人建立關係期間所遇到的挑戰和難關中慢慢成熟，也會在伴侶關係來到交叉路口時面對試煉，並會透過坦率、真誠和信任而慢慢加強。星盤比對能夠揭露出伴侶的資產和負債，但時間的經過會揭露兩人的試煉和障礙；兩人如何一起努力渡過這些階段，並強化這段關係的核心以及他們的依附關係。隨著個人在關係中安全感與照顧觀念的發展，中點組合盤中的月亮趨向穩固，在這些關鍵時刻，中點組合盤往往是最具洞察力的，因為它代表關係的靈魂。中點組合盤提醒兩

人，當這段關係組成時會產生的天賦，並鼓勵兩人有意識地在關係中包容對方，並讓關係持續進化。

行星循環與伴侶關係

我們有兩種截然不同的方式去考量占星學中伴侶關係的時間點，第一種方式，是從個人角度出發，觀察伴侶各自的行運及推運；另一種方式是從整段關係的角度出發，觀察中點組合盤的行運，並結合推運行星。讓我們先從個人星盤開始，以伴侶關係的時間點及時機爲背景進行觀察。

伴侶雙方各自在生命循環的某一點走入伴侶關係，如果兩人年紀相近，他們就會在差不多時間跨過關係領域的門檻，並在生命中經歷相同的行星循環。例如，威廉王子與凱特王妃年齡相差六個月，因此兩人的社會行星及外行星位置都差不多；事實上，正如下表所示，他們從火星之外的行星位置都相當接近，因此兩人的中點組合盤也反映了這些相同位置。當他們分別以個人及伴侶的身分在人生旅途前進時，會在差不多的時間範圍內體驗相同的行星循環。

	凱特	威廉	評語
火星	天秤座 10 度 21 分	天秤座 9 度 12 分	火星在 1982 年 2 月 22 日至 1982 件 5 月 13 日期間逆行，因此即使凱特與威廉出生日期相隔六個月，但兩人的的火星仍然合相。

木星	天蠍座 7 度 14 分	天蠍座 0 度 29 分（逆行）	在兩人生日相隔的六個月之間，這些行星都回復了順行，因此，當某顆行星在其中一人的星盤中順行，同時就會在另一人的星盤中逆行。唯一例外的是土星，兩人的土星都是順行，它在威廉王子出生前兩天恢復了順行。兩人的這些行星位置相當接近，在中點組合盤中也會是差不多的度數。
土星	天秤座 21 度 49 分	天秤座 15 度 30 分	
凱龍星	金牛座 18 度 3 分（逆行）	金牛座 25 度 16 分	
天王星	射手座 3 度 6 分	射手座 1 度 29 分（逆行）	
海王星	射手座 25 度 27 分	射手座 25 度 32 分（逆行）	
冥王星	天秤座 26 度 48 分	天秤座 24 度 29 分（逆行）	
北交點	巨蟹座 22 度 26 分	巨蟹座 13 度 19 分	他們的月交點軸線位置差不多，兩人都在日月蝕季節出生。

✤ 代溝與年齡差距

　　威廉的父母兩人來自非常不同的年齡族群，父親比母親年大十二歲，兩人的社會行星與外行星都落在不同星座，象徵兩人來自不同世代。成長於不同世代暗示著他們在時事及世界大事上的記憶並沒有連結，他們有不一樣的同儕，接觸不同的時裝、音樂及社會潮流，或許甚至有非常不同的政治及經濟觀點，或是在社會環境中有各自獨立的價值觀。

行星	查爾斯	戴安娜	中點組合盤	查爾斯比戴安娜年長十二年又四個月，兩人結婚時，她才剛滿 20 歲，查爾斯則已經 32 歲。
木星	射手座 29 度 53 分	水瓶座 5 度 5 分（逆行）	摩羯座 17 度 29 分	
土星	處女座 5 度 16 分	摩羯座 27 度 48 分（逆行）	天蠍座 16 度 32 分	
凱龍星	天蠍座 28 度 13 分	雙魚座 6 度 28 分（逆行）	摩羯座 17 度 20 分	婚前兩年查爾斯就已經經歷了土星回歸；而當戴安娜經歷第一次土星回歸時，查爾斯已經 41 歲，並處於冥王星／冥王星四分相及海王星／海王星四分相所象徵的中年危機中。
天王星	雙子座 29 度 55 分（逆行）	獅子座 23 度 20 分	巨蟹座 26 度 37 分	
海王星	天秤座 14 度 7 分	天蠍座 8 度 38 分（逆行）	天秤座 26 度 17 分	
冥王星	獅子座 16 度 23 分	處女座 6 度 2 分	獅子座 26 度 18 分	
北交點	金牛座 4 度 57 分	獅子座 28 度 10 分	巨蟹座 1 度 34 分	

　　正如上表所示，查爾斯和戴安娜在不同時間進入生命循環的不同開端，他們中點組合盤中那些共有的循環，都尚未發生在戴安娜身上，這暗示這段關係會為她帶來挑戰，去回應那些不曾經歷的事並且付出行動。例如：當兩人結婚時，當時查爾斯已經經歷了土星回歸，戴安娜要再等九年半才會經歷土星回歸，但兩人的中點組合盤的土星回歸卻在婚後三年就發生；當戴安娜正在經歷土星回歸時，查爾斯則正在經歷海王星／海王星四分相。那是 1991 年初，當時查爾斯已經經歷天王星／天王星對分相，並即將在那年稍後

經歷行運冥王星／本命冥王星四分相，此時傳聞兩人的婚姻出現問題，但有關兩人婚外情的細節尚未流出。毫無疑問的是，兩人的生命循環沒有同步發展，的確會爲這段關係帶來壓力。然而，正在分叉路口的伴侶，手裡握著處理危機的控制權，兩人如何平衡各自的自由及對伴侶關係的需求、以及他們依附的強度，都是這場危機將會被如何處理的決定因素。

我認爲，從伴侶各自的背景出發，透過外行星位置去思考他們的生命循環，是一個相當有幫助的做法，當伴侶其中一方或許正經歷困難的人生過渡期，例如冥／冥四分相，另一方可能正身處完全不一樣的人生片段，例如：木星對分相之中。注意這些不同的生命循環階段的時間點是相當重要的，特別是當兩人的年齡出現差距時，因爲人生目標、經歷及興趣也會在不同時間呈現相當不同的差異。由於人生階段及其相對環境的需求，他們的角色也可能會轉變，例如：生小孩、對創造及教育的追求、職業生涯的改變、退休、患病等等。

✤ 生命循環的同步

我經常會去留意伴侶其中一方的生命循環是否與另一方保持一致，例如：我經常看到這情況發生在推運月亮，雖然伴侶兩人的本命月亮形成困難相位，但卻藉由推運月亮緩和。例如：很多伴侶的本命月亮都會產生衝突，但推運月亮可能形成合相或三分相，我們已經看過戴安娜與查爾斯的推運月亮如何形成三分相。

葛麗絲與蘭尼埃的推運盤也是這種情況，正如前述，蘭尼埃

的出生時間並不確定，但他出生當日中午，月亮在射手座 26 度 6
分，因此他的月亮大約會落在這位置前後六度左右；葛麗絲的月亮
落在雙魚座 21 度 50 分，並可能與蘭尼埃的月亮形成四分相。兩
人相遇那天，她的推運月亮落在水瓶座 28 度 47 分，而如果我們
使用正午作為出生時間，蘭尼埃當日的推運月亮落在水瓶座 27 度
49 分，讓兩人的推運月亮結合在一起。由於推運月亮大約每一個
月移動一度，伴侶兩人推運月亮的同步將在這段關係中維持這種緊
密距離，並會在推運盤中進出這種的結合。兩人的推運月亮在同一
時段落在同一星座，暗示了他們有能力去理解對方在這段關係當中
彼此的情緒層面。

　　伴侶彼此的太陽回歸盤是另一個有趣的考量，太陽回歸盤中蘊
含蘊含一些循環，並年復一年的一直持續下去，例如：每八年的金
星循環模式或每十九年的月亮循環模式 142。由於月亮每十九年的
循環模式，伴侶太陽回歸盤中的月亮也許也會同步，戴安娜與查
爾斯的太陽回歸盤正是如此，注意下表中兩人太陽回歸盤中的月
亮，如何一年年的同步下去。

太陽回歸年份	戴安娜太陽回歸盤的月亮	查爾斯太陽回歸盤的月亮
1988	摩羯座 29 度 48 分	摩羯座 22 度 48 分
1989	雙子座 18 度 13 分	雙子座 14 度 42 分
1990	天蠍座 0 度 18 分	天秤座 26 度 55 分
1991	雙魚座 3 度 24 分	雙魚座 0 度 22 分
1992	巨蟹座 20 度 6 分	巨蟹座 14 度 14 分

---

142 詳見布萊恩・克拉克：*Dynamic Solar Returns*, AstroSynthesis, Melbourne: 2009,
11-12.

1993	射手座 8 度 55 分	射手座 4 度 36 分
1994	牡羊座 19 度 57 分	牡羊座 17 度 7 分
1995	獅子座 23 度 48 分	獅子座 20 度 9 分
1996	摩羯座 10 度 38 分	摩羯座 5 度 49 分
1997	金牛座 29 度 58 分	金牛座 24 度 50 分

　　在兩人的本命盤中，戴安娜的月亮合相南交點，查爾斯的月亮則合相北交點，分別落在水瓶座與金牛座，在星座上形成具挑戰性的四分相。兩人的太陽回歸月亮，每年有七個半月會同步，這可能可以緩和兩人在本命盤中的分歧，這並不是我常常看到的模式，但每當看到它時，我會更加注意月亮的原型在這段關係上的所有層面，重視這對伴侶情感上的複雜糾葛。這並不是一種技巧，而是許多占星意象揭示模式的方式中之一，它要求我們考量與思考。

　　因為衍生的資訊及細節實在太多，因此。我會注意不斷重複的相似主題和模式所構成的意象。分析如此大量的資訊時，讓思考不受框架所限制相當重要，雖然在時間計算的技巧上有其先後順序，但重要的是要注意這些重複出現的主題，這些主題確認了那些分析過程中一直出現的模式。在此方式下，你就會慢慢開始建立一套只屬於你的獨特方法。

✤ 個人的時間點及循環

　　在相似的階段，伴侶兩人的星盤會紀錄不同的行運及推運，記得要從個人的角度去注意哪些經歷可能會影響伴侶關係。在伴侶關

係的發展過程中，伴侶各自經歷自己的行運及人生轉變；當伴侶兩人出現相互相位時，行運就會同時影響兩張星盤，然而這個行運仍然會在個人層面上帶來影響。當身處於伴侶關係中時，所有個人行運都會背負著伴侶關係的影響，因此讓伴侶知道大概的狀況以及這是什麼經驗，這些可以帶來幫助，讓他們更有能力去見證人生的轉變，而不是感覺都是自己的錯或身陷其中。

　　例如：從 1983 年底開始一直到 1984 年，查爾斯皇儲持續經歷行運冥王星與本命月亮的相位，在此期間，戴安娜懷孕並生下他們的兒子哈利 [143]。對男性來說，這是一個強大的行運，讓他重塑自己與內在／外在女性形象的關係，我們可以想像這個行運同時對他的夫妻關係及母子關係帶來影響，甚至帶來對於這段婆媳關係的認知。他的妻子戴安娜成為他的冥王星動能的活載體，使她受到吸引並顯露波動、黑暗的情感，這些可能在查爾斯的內在世界中翻攪，查爾斯如何體驗這個行運，將影響到對這段關係的穩定與持續；對於戴安娜來說，這也會影響到她當時的隱私。當指出這段行運並察覺其中的轉變，查爾斯的轉變就比較可能被尊重、理解，不僅僅是他激烈情感的背景以及對於他的伴侶和這段關係所造成的影響。

✤ 二次推運

　　當考量二次推運時，可能有一些發展對伴侶其中一方的成長相當重要，也可能挑戰了身處不同發展階段的另一方。因此我們不妨

---

143 哈利王子的冥王星在天蠍座 0 度 33 分，對分相他父親的月亮位金牛座 0 度 25 分，以及祖母的太陽金牛座 0 度 12 分。

比較兩人的二次推運盤，看看當中有沒有各自分歧的發展主題正在發生。讓我們思考一些主要情況：

✳ 二推月亮

我們已經從星座的角度討論過二推月亮，以及它與伴侶的二推月亮之間是否契合。但二推月亮的宮位也一樣重要，因爲這暗示著在接下來的兩年半期間會讓我們情緒敏感以及佔據我們的想法和感受的生命領域。正因爲這個領域的環境可能會需要我們付出較多的專注和警覺，那麼它會如何影響我們的伴侶關係呢？例如，如果伴侶其中一方的月亮在第十二宮，另一人的在第七宮，那麼孤立的感受或想要退隱的需求或許會與對方想要與人接觸、連結的渴望產生分歧。衡量伴侶雙方的推運月亮以及其情緒和心理上的階段是一個相當有效益的方法，能夠讓伴侶兩人知道自己在這段關係中的情緒和節奏。

✳ 二推太陽

注意伴侶雙方二推太陽的度數和星座，他們的二推太陽之間有形成相位嗎？如果有的話，這相位應該會在這段關係中一直如此，因爲二推太陽每年都會平均地移動 57 到 61 分左右。[144] 二推太陽象徵了持續進化的自我認同，但問題是伴侶各自發展的方向是否一致？戴安娜與查爾斯的本命太陽同樣落在水象星座，但當

---

144 太陽在黃道上的移動速度並非固定不變，它在摩羯座移動速度最快，在巨蟹座最慢；它的平均每天移動速度是 59 分 8 又 1/3 秒，在摩羯座是平均每天移動 1 度 1 分 7 秒，在巨蟹座時則平均每天移動 57 分 16 秒。

戴安娜出生時，年長十二歲的查爾斯的二推太陽當時進入了火象
星座；在整段伴侶關係中，兩人的二推太陽在星座上一直維持 150
度相位。

＊ 二推月相

伴侶兩人身處怎樣的二推月相？這是相當重要的考慮點，因為
他們可能正經歷不同的人生章節，其中一方正經歷滿月月相，他的
感覺或許會與正經歷消散月階段的伴侶非常不一樣。正如我們下文
所述，查爾斯與戴安娜的二推月相階段並不同步，當查爾斯正在月
相循環的最後階段時，戴安娜正經歷消散月相；而當戴安娜正在下
弦最後象限的循環時，查爾斯踏入了全新的二推月亮循環階段。
當這對伴侶在同一時段往前邁進時，他們的關注和目標會非常不
同，並朝著相反的方向前進。

＊ 改變星座或移動方向的行星

當行星在二推盤中改變方向時，該原型能量本來的表達方式也
會慢慢開始轉向，雖然那顆行星的議題和關注仍然不變，但是會以
不一樣的方式感覺、感知它們的發展與表達，這對於伴侶來說或許
會造成不安。同樣地，當其中一顆內行星，特別是太陽、水星、金
星或火星在二推盤中改變星座時，會以該原型的觀點擴大個人經驗
領域；因此，如果現在或即將發生這些二推時，帶出這些主題讓伴
侶兩人思考是有價值的。

以下記錄了查爾斯與戴安娜四個不同人生階段的二次推運，第

一個時間是戴安娜出生當天查爾斯的二推太陽與二推月亮。我常常會觀察伴侶中較年輕那位出生當天另一方的二推盤，在這裡，我們看到在他們二推盤中太陽與月亮的初次交流，在這個例子中，我們看到兩人的二推太陽所在的星座，都與對方形成十二分之五相，二推月亮則彼此形成三分相。同時我也會看看有沒有任何的內行星或軸點與另一方的本命盤形成主要相位。但我認為最有幫助的方式是觀察兩人二推月相循環階段之間的能量互動，討論伴侶正在經歷的階段中相似與分歧的地方，會是相當有幫助的做法。

二推日期	查爾斯的二推太陽	戴安娜的二推太陽	查爾斯的二推月亮	戴安娜的二推月亮	查爾斯的二推月相循環階段	戴安娜的二推月相循環階段
戴安娜出生 1961年7月1日	射手座 5度10分	巨蟹座 9度39分	天秤座 22度54分	水瓶座 25度2分	消散月相	傳播月相
兩人結婚 1981年7月29日	射手座 25度34分	巨蟹座 28度48分	巨蟹座 11度7分	天蠍座 9度22分	滿月	第一象限月
兩人離婚 1996年8月28日	摩羯座 10度56分	獅子座 13度14分	水瓶座 7度14分	雙子座 12度21分	新月	最後象限月
戴安娜離世 1997年8月31日	摩羯座 11度58分	獅子座 14度11分	水瓶座 19度35分	雙子座 24度49分	新月	最後象限月

　　由於每張個人星盤的主要行運都會帶來改變和進化，因此，在討論個人行運會對關係造成什麼影響時，所有重要行運都是重要的考慮點。然而，以關係主題來說，注意關係領域中的關鍵行運與推

運以及其他象徵關係的行星符號，都是重要的步驟。

✤ 跨越上升／下降軸線

　　在成年人的成人關係中，經過上升／下降軸線的行運都與關係主題有關。上升點的行運比較專注在自我或自我形象，但是，這些改變也往往明顯表現在關係中。例如，在戴安娜訂婚前一年，行運海王星行經她的上升點；當安潔莉娜與布萊德開始公開這段關係的2005 年中，土星也經過她的上升點，這些都是在發展中的伴侶關係裡，個人行運如何帶來影響的例子。我常常看到，當移動較慢的行星經過上升點時，呈現透過伴侶關係而被看見的自我，例如：當行運天王星經過上升點時，它象徵著徹底的改變，可能出現不曾預期或未被活出的面向、被否認的那一面。我曾經見過一些說自己永遠不會結婚的單身人士，在行運天王星經過上升點時訂婚，天王星代表了我們不曾走過的道路。

　　越過下降點進入第七宮的行運，它所顯示的改變會發生在個人對於關係的態度上。例如，如果土星進入第七宮，在關係中，新的架構、合約與承諾是必需的，土星作為象徵重新建構的行星，它暗示著這段關係需要重新組織及一個全新的框架，它不一定昭示關係的結束，可能只是指個人在一段關係中的存在方式的結束。在接下來的兩年半左右，土星會經過第七宮然後進入第八宮，這將是這段關係的情感力量與誠實與否受到考驗的時候。對於一段新關係來說，這或許暗示了鞏固關係和承諾的時間點，這是一個計劃的階段，讓這段關係落地生根。對於那些並不在關係裡的人來說，這或許暗示了他們是時候面對自己的寂寞，或要承諾自己更努力建立關

係的可能性。經過第七宮的土星，會打開大門讓我們看到一段關係的新安排及新結構。

　　天王星大概會花七年的時間穿過第七宮，標示關係中全新的獨立形式，它會在經過下降點的那一年與之後一年發揮最大影響。天王星是分離，它標示與那些不再支持一段關係的模式和範本切割；分開不一定是分手，但它的確暗示了鬆開那些關係中的老舊模式和習慣。對於一對無法消除分歧或一直讓彼此失望的伴侶來說，天王星行運也許正是這段關係瓦解的時間點；對於單身的人來說，這也許標示一段不期而遇或是一個刺激或改變人生的事件，爲他帶來伴侶關係的可能性。在此行運之下，我們要告別的是那些無法再與我們重新產生連結、再讓我們充滿慾望及提升生命的東西。天王星的行運是一種在伴侶關係中保持獨立的持續平衡。

　　海王星在第七宮的行運大概是十四年，在這期間，與關係有關的理想、夢想和幻想都會備受考驗；冥王星在第七宮的行運也很長，它專注在關係模式、親密議題和信任的轉化及修復。雖然這兩顆行星在關係領域停留的時間很長，但它們越過下降點的時刻，才是它們最有可能在改變關係模式的背景之下，以原型的姿態呈現。兩顆星在關係中都是代表「展開一個階段」的強大符號，這可能會改變生命並帶來轉化；在這兩顆行星下，關係會成爲一個媒介，讓個人與內在自我有更深刻的關係。海王星帶來與創意和靈性有關的實驗；冥王星會觸發人們下降到自性之中，關係此時成爲媒介，讓個人進行一場洗禮並因療癒而帶來改變。

　　經過第七宮的行運行星最終會進入第八宮，此人生階段會專注在他人以及我們建立的關係模式，無論我們此時是否在一段承諾

的關係裡面，這些行運都描述了我們對於關係、與他人的互動模式、對於關係的企圖與期待的改變。木星及土星在第八宮的行運會比其他外行星行運更容易察覺，不過外行星在第八宮的行運仍然值得我們檢視。

經過第七宮及第八宮的二推月亮也需要被重視，因為二推月亮反映我們的情感生活、我們情緒表達的重點及安全感。二推月亮經過第七宮是一段時期，讓我們專注在是否真實地參與關係，是否真的有安全感和被愛。這是一段對另一半相當敏感的時期，描述需要情感層面的存在感，讓靈魂能夠被滋養，渴望一種能夠帶來情緒安全感和滿足感的被愛方式。如果這種方式沒有出現，他會發現自己需要改變關係中的習慣及慣例；如果是單身，他會越來越需要與別人在一起，而他的內在知覺會專注在發展關係建立的能力上。

經過第八宮的二推月亮，會突顯出更深層的失落及悲傷，這是面對許多結束的時期。如果那段關係欠缺更深刻、更親密的連結，那麼他會覺得彼此的情感即將步入尾聲；在深層之處，某些東西正慢慢死去，這是我們掌握及面對自己更深層感受的時候，這往往會伴隨強烈的寂寞、失落和悲傷。然而這個推運時期卻是非常深刻並充滿意義，因為它會喚起我們在關係中尋找靈魂和坦誠的過程，我們會處理更深層的背叛和缺乏信任。無論當時是否在伴侶關係之中，透過這個時期的深度療癒及改變，個人的依附方式及關係模式將受到影響。

✤ 本命盤金星和火星的行運

在關係及慾望的領域裡，當我們討論其中的轉變及發展時，當然會對於本命金星和火星的行運感興趣。在前文中我們已經提過我事業初期遇到的客戶邦妮，她在行運海王星經過本命金星時遇到一生的摯愛；安潔莉娜則在行運土星合相金星時，確立自己與布萊德的關係；而當戴安娜與查爾斯結婚前一年，行運天王星正對分相她的金星，查爾斯則經歷行運海王星合相本命火星。矛盾的是，在查爾斯與卡蜜拉結婚的前一年，行運冥王星也正合相他的火星，而他的兒子威廉在結婚的前一年行運土星經過本命火星；毫無疑問的，這些原型的行運喚醒了伴侶關係中的性愛本質。

本命金星及火星的行運會影響個人理解自我的內在價值及慾望，這些對於他們的關係狀態也有一定的影響。每一段行運都會在個人生命中找到獨一無二的表達方式，如果影響金星的行運速度越慢，它會呈現個人對於自我價值及價值觀上的改變，結果間接地透過關係的改變、反映在外在世界之中。影響本命火星的行運暗示了修正目標及慾望以及反映出個人的追求及選擇；火星以行動為本，它勇於冒險及探索，當影響它的行運速度越慢，它會推動個人在建立關係的過程中去冒險並追求自己的渴望。在個人層面上，我們需要以整張星盤、個人的人生階段及所身處的環境為背景去評估這些行運。

✣ 金星和火星的行運

行運金星與火星移動速度相對較快，因此它們影響的時間相對短暫。然而也有一些例外，行運金星或火星可能會觸動已經處於運作當中、較大的行運循環；當外行星已經形成組合，而某顆內行星行運以類似的組合方式參與其中時，特別會如此。例如，即使只用一度的容許度，行運天王星與本命火星的行運可以影響長達十五個月；然而在這時間段之內，行運火星也會與本命天王星形成相位，在此我們以雙向的方式經歷這個行運組合，當顯示較大的模式時，這種觸動有助於讓我們認知這些模式。

我會注意每十九個月一次的金星逆行，以及大約每兩年一次的火星逆行，在行運中，這些行星的影響會因此而延長。我會注意這些行運在星盤中影響的領域，因為這是關係經驗可能會逆轉的地方。我也會注意與這些逆行星形成相位的行星，主要考慮在逆行階段期間先後三次與它們形成的合相或對分相。

一個早期的客戶讓我知道應該去注意移動快速的金星及火星行運。當我的客戶班第一次前來諮商時，他因為初次遇到某人而感到無比激動，這個人不但有吸引力、熱情又讓人興奮，他甚至肯定這就是自己的長期伴侶。兩人一星期之前相遇，當時沒有任何主要的行運顯示出這會是一段長期的伴侶關係，但行運火星對分相本命金星，行運金星則合相天王星，當然這些都是刺激性的行運。當我三個月之後再次見到班時，我們專注在他的工作議題，沒有提到伴侶關係，當我接續上一次的諮商議題時，他沒有講太多，但提到那段關係並不長久，也不適合他。似乎那是一段來去匆匆的關係，我也

學會了，往往需要一些與關係建立有關的長期行運去支持行運的金星及火星。

✤ 其他考量

　　我們發展出自己的方式去檢視關係的行運及推運，但我同時會注意那些影響宿命點／反宿命點軸線及月交點軸線的行運。正如之前所討論，這些軸點象徵著相遇點，而在這些軸點的行運中，與重要的另一半展開或結束關係往往同步發生；無論他們是伴侶、敵人、朋友還是對手，都在人生的十字路口與我們相遇，並往往豐富了我們的人生旅程。

　　本命盤的發光體及水星的行運也值得注意，因為本命太陽、月亮和水星均對自我發展有重大影響，它們的行運，會為我們帶來成長、成熟及意識的機會，因此，當我們越來越獨立，遇到關係的機會也越來越多。與這些行星所發生的行運或許並不會直接描述與成人關係有關的事情，但它們都與真實、獨立的成長有關，而這些往往是藉由關係的互動反映出來。

　　現在，讓我們開始探討第二種反映關係時間點的方式，也就是觀察中點組合盤如何被時間影響。

中點組合盤的時間點和關係

　　戴維森星盤在時空中確實存在，因此它可以建立推運盤，而此星盤的行運也代表在時空中確實發生的行星和軸點行運；但是中

點組合盤是來自於伴侶兩人本命盤的結合，因此它不受時空的限制。中點組合盤相關的時間點以性質及符號爲主，我也比較傾向去將中點組合盤的行運，想像是一種開啓的意象，而不是字面意義的事件。

✣ 中點組合盤的行運

中點組合盤的行運可以是相當有效的時間點計算技巧，由於中點組合盤的行星是使用中點計算出來的，因此這些行星的行運會將兩人結合的能量帶入生命中。當兩人的關係穩定之後，中點組合盤就更能體現這段關係，當下行運的意象也會比兩人剛在一起時更具體。星盤中比較難以處理或比較具有能量的部分所發生的行運會讓人意識到某些議題，而這些也許是兩人之前沒有意識到的。

同樣地，移動較慢的行運會比較重要，木星與土星象徵著兩人所面對的社會轉變及挑戰；這兩顆行星的行運標示兩人參與社會的時間點，同時也是這段關係發展的自然轉變。以關係的發展方向來說，中點組合盤四個軸點的行運都非常重要，這些行運展示這段關係方向上的轉變。

中點組合盤內行星的行運，說明這段關係重心的改變，例如，行運至太陽會喚起自信及認同的主題，因爲這對伴侶會認同「我們」，例如「我們是什麼」而不再是「我是什麼」。中點組合盤月亮的行運會讓人意識到安全防衛及關照的主題，這些議題會反映在生活環境及日常習慣、家和家庭、以及居家生活和滋養之中。水星專注在這段關係的發言，因此，行運至這顆中點行星會強

調了這對伴侶的溝通方式以及他們的連結和連繫。金星的行運專注在這段關係的資源、資產和價值，或是會帶出感情、分享、愛和金錢的議題，讓兩人注意到這些層面。火星是慾望，因此我們也許把這個中點組合原型的行運，想像是涉及兩人的渴望和抱負、性愛、能量以及解決衝突的方式，還有爲了共同目標一起努力的能力。

因爲個人星盤的行運與推運已經提供了相當大量的資訊，我一般只會專注在第四泛音的行運相位：包括合相、對分相、及四分相，行運合相需要最先考量，之後才是對分相和四分相。以下是思考中點組合盤行運的方式，然而，這些都只是一般情況，因此它們也適用於解讀戴維森星盤的行運。

木星行運可能象徵兩人一起踏上旅程，無論是肉體上還是神上的旅程，這行運標示出成長及往前邁步的階段，是伴侶兩人因爲新的信念、意識形態及資訊所受到的影響，這也是兩人在關係中與擴展和自由有關體驗。當星盤突顯出木星行運時，這標示出讓這段關係的理念面對挑戰並且成長的時機，兩人對未來的展望在此期間發展，對於共同人生下一階段需要有新的信念和樂觀精神。

另一方面，**土星**行運則指出這段關係發展中需要的穩固及結構，也許這是兩人訂定長遠計劃、爲了未來方向負起責任、或是承諾及履行責任的時期。中點組合盤的土星行運類似一段關係的成熟過程，土星作爲收割者，會帶來過去行動的結果，但它也列出缺失的報告，讓下一個循環可以具體成長。土星象徵了結束或門被關上的時刻，它往往是共同人生某一章節的完結，這是兩人需要認知的；但隨著每一次完結，我們都會看到需要成熟度及自信心的全新章節在前方爲我們打開。土星喜歡穩固及確定，它不是透過控制或

僵化而是奉獻和努力、盡責和感受力；無論行運土星正經過星盤哪顆行星或哪個部分，它都是需要加強及重組架構的關鍵。

　　凱龍星及外行星的行運代表讓兩人措手不及的環境改變，這些行運行星的本質會把未解決的過去帶到現在、將未知帶入意識、將我們的否定帶到我們面前。從自性的觀點來說，這是很可怕的情況；但對於靈魂來說，這是解放並且可以讓人接受。因此，如果我們考慮這段關係的靈魂，透過這些行運反映出的轉變所尋求的事物，我們可能更能夠將這些改變放入一段關係的自然進化中。**我們不需要評價或懼怕這些行運，而是接受它們，作為關係持續當中的啟蒙發展。**

　　凱龍星行運所揭示的時期，是這段關係面對沮喪或抱怨所帶來的挑戰。這可能源自於伴侶所承受的挫折；或是日常生活中的痛苦變得難以承受；可能事情並沒有以兩人想要的方式發展；或是悲傷瀰漫在某段艱難的時期；也可能是兩人面對失去而心碎難過，因而影響了這段關係。在凱龍星的領域中，療癒與痛苦相伴相行，當我們平衡之後，會逐漸對於生命的不確定性產生一種深刻的尊敬。當中點組合盤強調凱龍星行運時，這可能是一個痛苦的階段，但同時這也是一段接納包容的時期。即使兩人覺得那是一段將他們分開的時期，但這是一個重要的過渡期，讓兩人有機會一起合作。

　　本質上，**天王星**行運會喚醒及激活它所影響的星盤部分，不過，與老舊的模式及生存方式分開或保持距離通常是邁向成功的過程所需要的。天王星會要求改變和移動，本質上為關係帶來意想不到的事。占星師常常在看到天王星時，就會暗示「期待意外」，當危機出現時，兩人需要帶著覺知、努力朝向必須的改變。這或許會

是一個躁動不安的時期，它可能很刺激，也可能讓人感到焦慮，事情會一直改變，並且非常快速，為關係創造更多的自由和機會。受行運天王星影響的行星，象徵想要在關係中喚起全新可能性的能量，因此，為了這股全新能量尋找新的表達及創造管道是一個明智的作法。重要的是要知道天王星尋找機會與過去作切割，因此，要注意如何在此期間小心前進。

　　海王星喚起幻覺、華麗和遠景，當星盤強調行運海王星時，重要的是要知道此期間一切也許未必是所看到的那樣。在此期間，有可能會為了抵抗負面情緒或失望感受，而容易將困境理想化或靈性化。不過，每一段關係都會經歷各種高低起伏、期待和失望、親密與分離，當事情不太順利時，它不一定是想告訴我們整段關係都是錯的，而是在行運海王星之下，我們往往會有這種感覺。另一方面，這也是做夢的時期，但它不是我們逃離困境或過去的方法，而是讓我們透過夢境去呼喚未來。在海王星行運之下，關係會在兩種方式之間搖擺不定，因此這時候需要描述一些願景；伴侶可能會覺得以前讓兩人在一起的東西正慢慢變樣、消失或瓦解，當中有事情在變動，但它尚未被發現，也不曾被想像，因此行運海王星喚來的是信念和願景，而不是幻想和欺騙。當這行運的力量過去之後，兩人會發現彼此正站在一個不曾想像過的位置，對這段關係來說，這時期需要的是藉著兩人結合的力量，讓這種過程發生。

　　行運**冥王星**的本質是一個放棄及重生的循環，冥王星指出我們需要放手的東西，為新的能量騰出空間，它的過程是生活中的「結束」經驗；因此，它暗示有必要終結的地方，藉以確定這段關係得以重生。冥王星鼓勵人們忠誠與誠實，讓我們注意在這段關係中有哪些地方需要更透明、更加坦白，哪怕這會讓我們感覺脆弱或

羞恥。冥王星的行運挑戰伴侶們更加互信與親密，這通常發生在困難的時期，當真實及誠實是兩人唯一可以用來創造改變的方式。中點組合盤的冥王星行運描述人類如何無可避免地改變及失去，但同時也鼓勵伴侶們使用最深層的資源：愛、信任和忠誠去面對這些必經的過程，以更強大的力量和決心向前邁進。

月交點行運以及與它有關的日月蝕周期，是我們同樣需要了解的行運。行運北交點經過的宮位，指出了這段關係在未來十八個月可能發展的領域；它對面的宮位，也就是行運南交點正經過的位置，是我們需要解放我們固有的資源之處，以便可以進行北交點所指出的發展。北交點行運指出了這段關係在物質及精神動能上的結合。

因為中點組合盤的外行星是透過伴侶兩人本命盤所計算的平均位置，因此，它們的行運可能顯示了特定的世代性階段，伴侶其中一方可能已經經歷了這個階段，但另一方可能尚未經歷。此行運對關係相當重要，因為它同時指出了兩人的年齡差距以及兩人一起經歷的重要轉變，我們必須注意的是兩人如何從各自的時代角度出發，去理解這些轉變的本質。

例如，安潔莉娜與布萊德的中點組合天王星在天秤座 4 度 26 分，行運天王星在 2011 年 6 月第一次與這位置形成對分相。在本命盤中，這個行運一般發生在 38 至 42 歲之間，依據天王星在上弦周期的速度而定。此時安潔莉娜 36 歲，本命盤離這個行運還有幾年，布萊德則已經 47 歲，已經在 2005 年 6 月經歷了這個行運，那是他與前妻離婚並開始與安潔莉娜交往的時候。中點組合盤這個時間點的特質暗示了這段關係即將帶來轉變，而且這段關係需

要更多空間、分離感和自由。對於布萊德來說，這個經歷可能帶著某種呼應或似曾相識的感覺，但對於安潔莉娜來說，她還沒有類似的經歷可供參考。

經驗告訴我，中點組合盤會呼應行運，對於正在分叉路上的伴侶來說，它的行運對於放大及探索重要主題相當重要。伴侶關係與個人一樣會隨時間成長，透過尊重及參與這些行運能量，伴侶關係可以慢慢建立更安穩的基礎。

✤ 中點組合盤推運盤

正如之前提及，我們可以使用戴維森盤進行推運，然而，中點組合盤卻無法進行推運，因爲它並不代表任何一刻的時間。不過我們可以使用一種稱之爲「中點組合推運盤」（Composite Progressed chart）的技巧，使用伴侶同一天的推運之間的中點，它與中點組合盤一樣，會產生許多異象。

剛開始，這個技巧看起來的確沒什麼用處，因爲它提供的資訊不多。然而，我發現值得注意中點組合推運太陽、月亮及月相，因此，我習慣計算中點組合推運太陽及月亮的位置，並找出這些位置落在中點組合盤的哪些領域。我會留意任何值得注意的推運，特別是影響內行星的推運；我也經常發現那些推運會揭示出這些原型主題在這段伴侶關係中的發展，它們象徵了兩人感興趣及重要事物。如果我們把推運想像成靈魂的素描，那麼，任何突出或強大的推運敘述都意味著富創意、讓人感到苦痛及情緒化的時間點及主題，這些都值得我們考量。

　　讓我們回到吳爾芙與薇塔的例子，兩人的本命盤在書中第十三章中曾經探討。兩人在 1922 年 12 月 14 日初遇，但她們並沒有馬上發展親密關係，直到三年之後。在浪漫的戀情開花之前，她們一樣熱愛寫作，吳爾芙有一家小型的出版社，她提出要出版薇塔其中一本小說。這些意象反映了中點組合盤的月亮雙子座第三宮，以及守護中點組合盤上升點及天頂、並落在第一宮的木星。注意中點組合盤太陽與水星合相北交點，水星同時四分相其支配的月亮，落在中點組合盤中變動星座最後一分的軸點。這些似乎說明在所有關係層面上，可能即將迎來全新的季節，因為這張中點組合盤的上升點在牡羊座，而這些軸點也即將推運進入開創星座 0 度。

　　要建立中點組合推運盤，我們先將兩人的星盤推運到 1922 年 12 月 14 日，藉由這兩張個人的推運盤，我們可以繪製一張新的中點組合盤，那就是中點組合推運盤。我們可以從這段關係的發展出發去思考這張推運盤，但因為這張中點組合推運盤是以兩人相遇的時間為準，因此我們或許可以把它看成是這段關係的發展過程中有可能會出現的主題，我們可能會思考是什麼讓兩人在一起、在這關係中突出哪些動機、什麼指出依附的可能性。以下的星盤中，內圈是吳爾芙與薇塔的中點組合盤；外圈是 1922 年 12 月 14 日當天的中點組位推運盤。

　　我們應該能夠馬上注意到推運至上升點的水星，它對分相即將合相下降點並進入第七宮的月亮；中點組合推運月亮同時合相火星及宿命點；推運宿命點對分相推運木星，因此推運木星合相推運反宿命點，這強調了落在中點組合盤的推運月亮、水星及木星的原型。讓我們沿著這些形象，慢慢於這段關係的千絲萬縷中，梳理出原型線索。

　　推運金星也與推運木星一起合相推運反宿命點，與中點組合火星形成 150 度相位，因此，此時推運月亮與推運金星形成 150 度相位，將它強大的推運相位帶入中點組合火星上。

　　合相上升點的水星象徵了兩人關係中必不可少且具有靈魂的部分，這些部分會在此時備受我們關注。當水星合相上升點時，其原型離開了第十二宮，走到一個更被看見的地方，透過寫作、書信及評論被自己及對方看見；透過這段關係，她們在整段關係中，兩人都親密的回應對方的作家身分 [145]。兩人相遇時，各自的推運水星都正改變方向：吳爾芙的本命水星在她 19 歲時開始在推運盤中逆行，並於 41 歲時停滯回復順行，那是在她初遇薇塔的一年之後；當時薇塔的本命水星也在兩人相遇時在推運盤中停滯然後開始逆行。吳爾芙死於 1941 年 3 月 28 日，當薇塔認識吳爾芙的多年期間，其推運水星一直維持逆行狀態。

	本命水星	推運水星 1922 年 12 月 14 日	推運水星 1928 年 1 月 1 日	推運水星 1934 年 1 月 1 日	推運水星 1941 年 3 月 28 日
薇塔	雙魚座 21 度 48 分	金牛座 4 度 29 分（停滯）	金牛座 3 度 25 分（逆行）	牡羊座 29 度 48 分（逆行）	牡羊座 25 度 22 分（逆行）
吳爾芙	水瓶座 18 度 3 分	水瓶座 24 度 59 分（逆行）	水瓶座 26 度 10 分	雙魚座 0 度 11 分	雙魚座 7 度 36 分
中點組合	雙魚座 4 度 55 分	雙魚座 29 度 44 分	雙魚座 29 度 48 分	牡羊座 0 度 0 分	牡羊座 1 度 29 分

---

145 Lousie DeSalvo and Mitchell Leaska (eds.), The Letters of Vita Sackville-West to Virginia Woolf, Cleis Press, San Francisco, CA: 1984.

雙方的這些水星停滯相當重要，因爲這象徵了兩人在編排、紀錄自我人生的方式上所出現的轉變；也因爲伴侶的水星正在停滯並開始朝相反方向前進，使中點組合盤的水星也同樣移動緩慢，並在兩人中點組合盤雙魚座 29 度 54 分的上升點上徘徊了超過 10 年。如上表所示，此星象清楚顯示了兩人這段關係的面貌，來自於彼此對文字及寫作的熱愛，吳爾芙其中一本著名小說《奧蘭多》（*Orlando*）正是出自她與薇塔的關係。

推運月亮不止對分相推運水星，它同時合相中點組合盤的下降點及宿命點，即將進入關係領域的第七宮，並會在那裡停留三年。在此期間，薇塔與吳爾芙成爲熟識，並建立她們的友誼；當月亮推運經過第七宮最後幾度並進入中點組合盤的第八宮時，兩人發展出性愛、激烈及親密關係，與此同步的是，中點推運月亮也在兩人維持性愛的親密關係時落在第八宮。當兩人的性愛關係來到尾聲時，她們也累積了強烈的依附，直到兩人的愛情結束之後依然持續這段友情一直到吳爾芙離世，而這兩位女士，她們十一宮守護星都是木星。

在兩人相遇時，中點組合推運木星在牡羊座 28 度 19 分，對分相推運宿命點天秤座 28 度 46 分；宿命點的守護星是金星，當時正推運至牡羊座 27 度附近，這描繪兩人在信念、價值觀及理想的發展過程中的交叉路口。同時值得注意的是，薇塔的本命金星落在牡羊座 28 度 48 分，與吳爾芙的本命月亮在牡羊座 25 度 19 分也相互糾結，詳見下表：

吳爾芙	薇塔	中點組合	註解
月亮牡羊座25度19分四分相金星摩羯座29度4分	月亮巨蟹座29度49分四分相金星牡羊座28度48分	月亮雙子座12度34分四分相金星雙魚座13度56分	吳爾芙與薇塔同樣有月亮／金星四分相，此相位也在兩人的中點組合盤中重現。在本命盤的層面上，這些形成相互相位：吳爾芙的月亮合相薇塔的金星，而薇塔的月亮也對分相吳爾芙的金星。當兩人相遇時，中點組合推運金星正在牡羊座27度0度。
火星雙子座27度23分	火星射手座27度17分	火星處女座27度20分	兩人本命盤的火星形成對分相；而在中點組合盤中，火星也合相下降點及宿命點這兩個軸點。

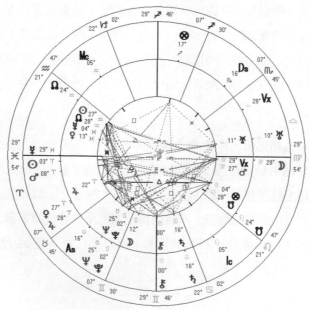

雙層星盤。
內圈：薇塔與吳爾芙的中點組合盤；外圈：薇塔與吳爾芙於 1922 年 12 月 14 日初遇當日的中點組合推運盤。

　　兩人都有月亮／金星四分相，可能是一個強大的精神連結，透過中點組合盤中出現的相似符號，這組相位被帶入兩人的關係之中，並加入了不同的元素，但原型結構仍然保持不變。中點組合推運金星在本命中的位置，描述了可能即將在伴侶關係中被重視的女性價值及個人喜好。

　　正如之前所述，吳爾芙及薇塔的本命火星形成了緊密的對分相，中點組合盤火星同時合相下降點及宿命點；而當她們相遇時，推運月亮正合相中點組合盤火星。因爲兩人的本命火星形成對分相，同時火星在中點組合盤中合軸，這喚來了激情及慾望的主題。中點組合盤的推運月亮與中點組合火星的合相暗示了這種感受性經驗如何烙印在伴侶關係之中；而本命和中點組合盤的金星以及火星與本命月亮和中點組合推運月亮的互動，則紀錄了依附的可能性。

　　因爲資訊如此之多，因此我傾向專注在描述成人依附關係的占星符號，例如：金星及火星、第七宮及第八宮等等，以及月亮和內行星。然而，我也會注意星盤中其他突顯的黃道結合，例如：在吳爾芙的本命盤中，太陽落在水瓶座 5 度 29 分並合相天頂水瓶座 5 度 54 分，四分相土星金牛座 5 度 37 分；當她初遇薇塔時，中點組合推運天頂正在水瓶座 5 度 37 分，讓她的本命天頂在兩人相遇的那一刻與中點組合推運天頂相遇。我通常不會分析這星象，而是把它視爲同步及連結的強大暗示。

　　同樣地，我注意到在薇塔與吳爾芙相遇當天，在薇塔個人的推運盤中推運月亮合相推運下降點，呼應了中點組合推運盤中月亮合相中點組合盤的下降點；奇妙的是，薇塔的推運月亮及推運下降點

同時對分相中點組合盤的金星。我依然會選擇不分析這星象，而是去思考在薇塔的人生以及在與吳爾芙交往的過程中兩者的月亮發展，其中發生了哪些強大的同時性。我爲這些宇宙的同步性感到驚嘆，但除非我們爲它們賦予意義，否則它們不會有任何意義。因此，雖然身爲占星師的我能夠看到它們的重要主題及可能性，但是我仍然會保留這些意象及當中的潛能，直到我能夠與當事人進行討論爲止。

使用占星時間技巧爲人際關係計算時間點時，因爲當中牽涉了兩個或以上的人，因此會有更多可能性及異象。我使用自己分析本命盤的方法去整理他們的行運及推運，然後才分析中點組合盤。因爲資訊量實在太多，因此我會寫筆記及列表，並會一直注意當中一些強大、呼應的重複暗示、模式及主題，我會嘗試專注於它們，並放大及發展其中的意義及影響。

第二十二章
從占星學剖析人際關係
煉金術分析

　　我們來到了人際關係占星學之旅的消散月相階段，差不多是完結時刻，此時我們需要安靜下來思考。當循環結束時，過去經歷的精髓會被埋在下一個循環的種子中，循環的這一章節是悉心等待的時間點。在本書的內容中，我們討論了不同的案例，描述人際關係占星學的不同面向，我們不只看見事實，而是透過探討星盤，帶來一些機會讓我們去想像這些原型的可能性。在每一張星盤中，我們都同時檢視了兩種歷史：一種是事實的歷史，它指出了一個人的人生確實發生的事，另一種歷史則是靈魂的故事；我們同時預見了兩種可能性，一種出現在外在世界，另一種則存在於我們的內在生命。

　　占星學工作持續穿梭於不同的現實之間，其中兩個持續移動的現實，分別是白天的真實以及夜晚的想像。透過占星意象的靈活運用，我們可以從其中一邊的現實中得到關於另一方的資料。我們可以藉著星盤符號的理解，賦予現實世界靈魂；也可以透過認知外在事件和關係之間的連結，賦予內在世界生機。因此，一個占星案例並不只專注在外在世界的事實，而是同時想像靈魂層面的情節。現在，最佳的案例研究是去專注於你自己的人際關係，希望當你進行分析時，研究的種子會萌芽，激發出更偉大的意義及認知。

一旦我們檢視了兩個人的本命盤，這兩個星盤就可以合二為一，重新排列它們的元素及構造，建立一張象徵這段關係的新星盤，這是占星學上的化學作用。現在我們有三張星盤及一大堆資料，該是回顧這些占星技巧、檢視整個過程的時間了。

這過程就像是法庭的驗證程序，每張星盤的骨幹會被拆解，然後解剖出其中的模式、偏好、經歷、傷口、長處及短處，將兩張星盤放在一起或疊在一起，會看到星盤特徵在「他人」的環境中相互連結或不連結。一張組合盤可以揭示，當兩個個體合而為一而行動時所帶來的煉金術變化，但我們必須記住這個檢查過程是一項心的研究。科學檢驗的確可以揭示兩個人在這段關係中各有哪些潛能及隱憂；然而，透過一人對另一人的愛、依附和同理心以及他們的自覺程度，讓占星學所揭示的種種能夠順利地為伴侶們所用。人際關係占星學所能發現的東西值得讓人關注，但是當我們意圖參與這些占星主題並且加以應用，才能夠對我們的人際關係產生益處。

讓我們回顧本書中的分析過程，並將它們與自己和伴侶及朋友的星盤做連結。

解剖

以下會一步一步展開人際關係分析，人際關係占星學及合盤最終會變得自然而然，你也會找到自己的方式去處理所有的細節。當開始運用占星學進行分析時，技巧及框架可以讓我們建立系統去處理占星資料，然而久而久之，你的個人風格及方式會因為你的個人信念及喜惡而慢慢浮現。

　　以下的清單是爲了學生而設，目的是爲了讓他們開始練習人際關係占星學，但你也可以調整內容方便自己使用，當中大部分問題都是刺激思考，鼓勵大家找到一個接觸星盤的方式。當我們要同時研究兩張星盤時，當中的資訊量實在巨大，因此我認爲有一張列出重點及優先次序的清單會十分有用。進行分析的方式有很多，因此我鼓勵大家依照自己的方法而做調整。不過，在開始時，我們需要注意一些背景細節。

✤ 重要的細節及歷史

◆ 確定在兩人心中最重要的條件、議題、關注及問題。因爲資訊實在太多，所以如果能夠專注於某些主題或時間點，會有助於分析的流暢，同時能夠更加深入理解手上的模式及議題。

◆ 那段關係的本質。現在或過去的關係、婚姻、商業合作、夥伴、朋友、同事、手足、親子、共事或僱傭關係？依照關係的不同，需要考量的占星學因素也會因而略有不同。

◆ 注意兩人的年紀差距以及相似與分歧的占星循環。因爲年齡差距，哪一種跨越世代的主題會因此變得重要？

◆ 這段關係從何時開始？維持多久？注意兩人初次見面的時間，或其中一方第一次注意到對方的時間，還有任何重大事件發生的日期，注意這段關係中兩人決心要維持這段關係的過渡期。

◆ 兩人在哪裡見面？文化、家族、種族、宗教、社會、經濟、教育或其他層面的差異是否會對這段關係造成影響？

✦ 如果可以的話，嘗試搜集家族背景的主題，例如：他們在
兄弟中排行第幾、原生家庭及父母的婚姻、有多少兄弟姊
妹、性別及名字、他們在家庭裡的角色、以及他們的祖父
母。注意當中任何的創傷、死亡、離婚、重婚事件等等，雙
方各自家庭背景中的關係主題，有助於我們分辨及理解一些
占星主題。

✣ 準備本命盤及相位表格

✦ 準備好兩張或以上本命盤，專注在關係主題並全部加以分
析。在考量那段關係的本質，在共有及身處的關係中，個人
的需求、慾望、抱負、價值觀、動力、渴望及能力？他們最
初的目標是什麼，有著怎樣的人生取向？他們的弱點與長
處、夢想及理想在哪裡？

✦ 使用同一個日期，例如：當下那一天、諮商那一天、某個特
殊的時間點、或是這段關係的周年紀念日，計算並紀錄好雙
方各自的行運及推運；注意主要的行運，以及推運太陽、推
運月亮的位置和月相循環。

✦ 兩張星盤相互交疊：在各自的星盤外圈疊上對方的行星，或
是繪製兩張雙層星盤，去檢視伴侶的行星落在另一方星盤中
的哪些位置。

✦ 繪製相位表格去展示相互相位，當建立合盤表格時，思考要
用哪些相位及多寬的角距容許度；注意主要相位，這些相位
是在兩張星盤之間讓我們感到最爲重要的，特別是那些雙向
或相互的相位，用表格列出兩個人各自的相位數目，然後思

考你認爲他們的相互相位是足夠還是缺乏。

✦ 小心注意你要使用哪張組合盤：你要使用自天頂計算出的上升盤或是來自中點的組合盤還是戴維森關係盤？當你在運用時，嘗試專注在某單一種合盤上。

✦ 繪製組合盤，在它的外圍放置你所使用的行運時間點的行星位置。如果你使用中點組合盤，要計算出推運太陽及推運月亮的位置，並注意它們的月相階段，檢查其他推運有沒有形成主要相位。如果你使用戴維森星盤，那麼你可以直接把星盤推運至你所觀察的時間點。

♣ 本命盤主題

✦ 因應你檢視的那段關係的本質，決定星盤中有哪些相關宮位。

✦ 找出這星盤的「缺乏」：例如，看看有沒有哪些元素或特質是缺乏或強調，注意截奪及重複、星盤形狀、有沒有哪種相位缺乏或太多，有沒有哪個半球被強調，或有沒有缺乏或太多的逆行星？你從星盤中所找出的這些缺乏，它們可能是一些無意識裡的議題，伴侶可能會爲另一半填補這些缺乏，個人對哪些主題比較開放及容易接受，以及他們可能會逃避星盤的哪些領域？

✦ 有沒有困難相位或圖形相位？有沒有任何行星似乎沒有發揮功能？我們可能可以透過困難的占星符號找出這些行星，它們也可能因爲星盤的位置或因爲困難相位而被削弱。思考伴侶有沒有爲對方體現這些能量？伴侶有沒有滿足任何行星所

帶來的渴望，例如：月亮的需求、水星的溝通方式、火星的
積極、或土星的權威等等？

✦ 看看星盤的「掛鉤」：有沒有哪些領域或能量可能出現投射
或投射性認同，例如：下降點或下降點上的行星。

✦ 考量星盤中的其他軸點，包括上升／下降、天頂／天底、宿
命點／反宿命點，以及月亮交點軸線，這些軸點之間有沒有
互相交疊？

✦ 你對這段關係的整體印象如何？有哪些占星符號支持你對這
段關係的看法和感受？思考伴侶各自的行星與相位，想像他
們會帶入這段關係中的模式或傾向。

✦ 從心理學角度出發去反思這些占星主題，有沒有占星模式暗
示了犧牲、依賴或分離？有沒有關於反應模式的暗示，例如
「自由／依附」或「避免依附」模式？有沒有暗示一些主
題，例如：「共生／分開」，或是在迫切／需要慢慢建立承
諾關係之間產生對立？

✦ 考量有沒有占星學的描述可能暗示了缺乏理性或現實性，有
沒有將另一半或關係理想化或浪漫化的傾向？星盤呈現哪一
種價值觀和溝通方式、伴侶各自的基本日常需求和安全感議
題？

✦ 由於有很多不同的分析方式，請發展自己的思考方式，讓你
分析星座、宮位或相位中的行星時，思考不同關係議題的差
異。

✤ 行運及推運

◆ 行運和推運如何暗示了這一刻的關係主題及發展過程？哪些主要行運影響了這段關係的穩定性及方向？

◆ 伴侶各自正身處自己哪一階段的生命發展循環？與伴侶的階段同步嗎？如果不同步，比較兩人當下身處的生命循環階段或過渡期有何不同，例如：其中一人可能正經歷天王星行運，另一方則正經歷冥王星行運；或是其中一人正經歷月交點回歸，伴侶則正經歷土星／十星對分相，當下的主要行運如何影響個人與他們的關係呢？

◆ 除了個人行運外，推運太陽、推運月亮及推運月相階段又揭示了什麼呢？這些在他們人生中自然展開的主題中，會如何影響關係的共同生活？伴侶雙方的推運內行星落在哪些位置？兩人的推運相互相位是否調整了本命盤所揭示的主題？

◆ 徹底分析伴侶各自經歷的行運及推運會對伴侶關係帶來哪些影響，用表格列出這些階段發生的時間，並抄下你聯想到的主題及比喻，這會有助於進行分析。

✤ 星盤比對

◆ 建立兩張雙層星盤，或將某一張本命盤重疊到另一張本命盤上並且交換位置，注意自己的行星落在伴侶星盤的哪一個宮位，例如，一人的月亮落在另一人星盤的哪個宮位？土星

的位置上嗎？有沒有行星落在伴侶的軸點？如果伴侶其中一方有星群，這星群落在另一方星盤的哪裡？伴侶會爲自己星盤的哪一宮帶來重要影響？

✦ 總結伴侶其中一方的行星落在另一方的哪些宮位，紀錄兩張星盤之間形成了哪些重要相位，這個人會如何被另一半的能量影響？

✦ 兩人對人生的取向是一樣、互相配合還是會產生衝突？其中一方星盤中的這些圖形相位是否爲伴侶的某些宮位帶來壓力？

✤ 相位表格

✦ 使用關係中兩人的星盤繪製相位表格，記得設定參數，決定你要使用哪些相位，以及每個相位使用多寬的角距容許度。

✦ 分析相位表格，有沒有哪種相位特別多或少？沒有哪些相位或哪個相位主導了此表格？

✦ 注意有沒有同一組行星，彼此之間形成雙向的相位，也就是相互相位，這會爲這段關係帶來潛在的主導主題。是哪兩顆行星？這兩人之間的這兩個原型相位組合可能指涉什麼主題？有沒有行星相位同時出現在其中一方的本命盤？

✦ 分拆表格，例如：只展示在這段關係中影響彼此的個人行星所組合的次表格，在兩人太陽與月亮可能形成的四組相位之中，出現多少相位呢？在兩人金星與火星可能形成的四組相

位中，出現多少相位呢？其中一人的外行星與對方的內行星形成了哪些相位？嘗試使用相位表格，專注在兩人之間交換及互動的動能。

✦ 依照呈現的主題，嘗試使用相互相位指出兩人間有可能互相支持、依靠、衝突及爭執的領域。

✤ 中點組合盤

✦ 繪製一張中點組合盤，注意你要使用中點還是由天頂計算的上升點；分析這張星盤，思考其中行星落入的宮位、主要相位、合軸行星等等。

✦ 當檢視這張中點組合盤時，第一印象是什麼？當伴侶兩人被定義為同一體系或同一個體而非兩個個體時，可能會開發哪些潛能？

✦ 有哪些模式同樣在本命盤及星盤比對中重複出現？

✦ 這張中點組合盤可以如何幫助你去引導兩人處理他們的基本議題，以及它們呈現的主題？這星盤中蘊藏了哪些力量及弱點？

✦ 這對伴侶可以引導兩人的能量及這段關係往哪個最好的方向？

✦ 中點組合盤中有沒有任何主題，是同樣出現在個人本命盤、合盤相位表格或星盤比對之中？如果有的話，這些主題會在關係的哪個生活領域中發展？在這段關係的進展之下，你該如何闡述這些一直重覆出現的主題？

♣ 中點組合盤的行運及推運

- ✦ 行運強調了中點組合盤的哪些領域？此時及接下來兩人需要專注於哪些領域及主題？
- ✦ 中點組合推運太陽及月亮在哪裡？形成了哪種月相循環？
- ✦ 中點組合盤的行運及推運會如何幫助伴侶去理解當下更深層的暗示？

正如前述，這列表是用來幫助大家思考整個分析過程，開始整理星盤中的重點，以及在伴侶關係分析的前提下，可以如何開始思考不同星盤。

其他考量

如果你已經開始爲別人進行人際關係分析，無論你把自己當成實習生還是專業人士，都要注意一些可能影響你諮商結果的其他考量條件。你或許會專注於這兩個人的關係，並且爲了諮商充分準備，但仍然有一些細微因素或許會帶來影響，以下是其中一些因素：

♣ 你自己的星盤以及你正解讀的星盤

合盤作爲人際關係互動的宇宙指引，在每一段關係中都存在，無論那只是一瞬間的互動還是長久的互動。合盤在身爲占星師

的我們與客戶或朋友之間靜靜地運作著，每次我們解讀他人星盤時，它都會運作。當你準備諮商時，你與正在解讀的星盤主人之間的合盤互動，不但可以馬上被解讀，而且它相當有解讀價值。

合盤技巧暗示了我們如何參與及體驗一段關係，雖然我們或許沒有想過，但我們與解盤的諮商客戶或我們教導的學生之間也存在某種關係。無論我們有多客觀、公正或不偏私，我們還是會透過我們自己的意象及經歷去回應這些人的個人故事及星盤符號；即使我們正在解讀的星盤主人並不在面前，其星盤的符號仍然會讓我們走進自己的模式、看法及描述之中。因此，當解讀星盤時，第一種我們沒有說出來的條件是：考量自己與客戶或星盤主人之間的合盤，看看這或許會強調了我們的一些潛在反應。

經驗告訴我，當準備星盤諮商時，要注意自己星盤與客戶星盤之間的一些強硬的相互相位，這有助於指出我們與客戶之間可能會討論的議題或情結會在哪個領域出現；這些相互相位好像成為了一個遊樂場，更加容易突顯轉移及投射作用。因此，合盤並不只是一系列用來分析關係用的占星技巧，而是一種藝術，占星諮商這門藝術的某些技巧，強調了我們會如何與他人相處，無論是作為占星師還是就個人身分而言。

✤ 個人清單及偏好

另一個重要考量，是關於我們對於關係的偏好及經歷，這或許會影響我們探討或分析星盤某些相位。對於特定的關係議題，我們都有自己的預設及認知；因此，注意自己在哪些領域有可能會被這

些看法影響是相當重要的。為了更完整地參與合盤的動能,不妨透過下面幾項要點,思考自己關於關係的經歷及態度,最重要是你的關係經驗是什麼?

✦ 你對人際關係有沒有個人偏見?

✦ 你的家庭經歷及個人經歷如何為你塑造建立關係的態度?

✦ 你對人際關係所抱持的信念、理想及失望。

✦ 你在人際關係上的舒適範圍:

　　• 你把怎樣的偏好帶入諮商中?

　　• 在人際關係上,有哪些議題對你來說是「有負擔」的?

在解讀他人的星盤或為他人諮商時,要注意我們在人際關係上的舒適範圍、意見和偏好,這些會影響我們分析占星符號的方式。很多關係議題都可以是人際關係分析的一部分,因此,意識自己對於關係議題的爭議有何反應是一個聰明的做法。試著思考以下這些議題,想像如果以下其中一個議題出現在你的諮商過程,你會有何感受。這個清單只列出了其中一部分有可能出現的議題,所以也思考沒有出現在以下清單、但可能會讓你覺得不舒服的議題。

✦ 墮胎

✦ 上癮、酗酒或濫用藥物或其他物質

✦ 雙性戀、同性戀或一般的性議題

✦ 兩個合二為一的家庭,繼子女

✦ 共依存症

✦ 債務:其他金錢議題

✦ 抑鬱、悲傷及失落

✦ 離婚或分手

◆ 家庭暴力，虐待兒童

◆ 性別不平等

◆ 不忠

◆ 心理疾病

◆ 色情物品

你會自在的探討他人的親密關係及個人隱私嗎？

✿ 道德觀

合盤是所有占星工作中最自然的一環，無可避免地，客戶會前來詢問關於伴侶的事情：「我們合適嗎？」或「你可以替我看看我伴侶的星盤嗎？」憂心的父母會希望從子女的本命盤中尋找洞見，讓自己更加清楚與子女的關係，或者客戶會想知道朋友星盤中的某個行運，搞清楚彼此之間到底發生了什麼事情。

當應用合盤這門技藝時，我們需要尋找一個道德框架，去尊重合盤過程中的複雜性。為伴侶進行星盤比對或建立中點組合盤帶來另一種關係的動能，可能會與占星師形成一個三角關係，並可能會與這段伴侶關係中眼前的一方勾結，並排除關係中的另一方。如果我們曾經與這對伴侶其中一方諮商過，並已經建立聯盟的話，這需要特別注意；如果我們只見到伴侶其中一方，卻同時處理伴侶兩人的星盤的話，就會尤其複雜。我們可能會無意之間與當時見面那一方站在同一陣線，當我們在討論伴侶及兩人的中點組合盤時，如果加入了自己的星盤，這可能會指出更多需要考量的議題，例如：我們如何傾向比較支持伴侶其中一方、或是我們自己的人際關係歷史

也可能會被觸動。

在我們與任何所選擇的人之間都可以存在中點組合盤，但經驗告訴我，雖然中點組合盤在描述一段關係的動能時有著無比重要的價值，但只有兩人的人生結合、並忠於這段關係時，這段關係才會被賦予生命。中點組合盤就像一張合拼的地圖，顯示其中的可能性及模式，當這個連結是雙向時，中點組合盤的能量才會成為有潛力的可能性。

考量你會如何進行合盤諮商，思考當伴侶其中一方不在或未得到對方同意之下，檢視他的星盤涉及了哪些道德議題。當一段關係中只有其中一方在場時，你可以如何維持道德準則呢？

♣ 轉介及總結

當處理人際關係占星學時，你可以為這對伴侶提供很多建議及策略，然而，也有很多議題不在我們專業知識之內，因此，你必須有一張清單，內裡列出人際關係諮商師或其他執業者。例如我嘗試盡可能讓自己的轉介清單時常更新，以便當我需要推薦客戶給其他專業人士時有適合的選擇。在我的清單上，我列出了：

- ✦ 家庭治療師
- ✦ 財務顧問
- ✦ 悲傷諮商
- ✦ 保健醫生：草藥師、順勢療法師、按摩師及自然療法師
- ✦ 法律顧問
- ✦ 精神科醫生

✦ 心理醫生
✦ 關係顧問

　　占星資料並非一成不變，它需要被應用到特定環境或問題之中，才能被賦予生命。在人際關係占星學中，我們應用占星意象去分析個人關係的模式與潛力，這可以擴展到合盤之中，這是一門占星分析藝術，協助兩個人更加察覺到這段關係當中的模式及動能。

　　人際關係占星學鼓勵我們更加注意自己的互動方式、更加包容他人、更加接受彼此，它邀請我們去思考一段關係的靈魂並不在於其目標或理想，而是它如何啟發我們去參與一段真實的關係。它並不只關於契合度及可能性，同時希望我們去尊重自己的依附關係中的神祕性，不是我們希望關係變成怎樣，而是這段關係的真實面貌。人際關係占星學協助我們，透過認識及揭示在愛情及人際關係中的自己，賦予彼此的連結一種靈魂。

　　以下附錄提供了在本書中討論過的技巧及主題，其中一些以表單方式出現，用來集中整理人際關係占星學分析的過程中所衍生的大量資料。

附錄一

金星相位（第四章）

	金星的星座及宮位	金星相位	評論
惠妮・休斯頓	獅子座 11 度 12 分第六宮	合相太陽 三分相月亮 六分相火星 對分相土星 四分相海王星	惠妮的太陽與金星在一組 T 型三角相位之中，對分相土星，同時四分相海王星，描述了她在個人夢想與現實生活中的自我價值之間的拉鋸戰。惠妮的太陽／金星對分相巴比的太陽，他的太陽落在她的土星上，呼應並重述了她內在那個充滿批判的聲音。 巴比的金星合相北交點及凱龍星，對分相木星及天王星，並對分相惠妮的火星，這激發了兩人之間相互的吸引力，但同時也顯示出巴比那充滿衝突感的自我價值。在人際關係占星學中，每一個人複雜的自我價值議題，會透過他人而被突顯出來。
巴比・布朗	牡羊座 3 度 4 分第二宮	六分相水星 對分相木星 合相凱龍星 對分相天王星 三分相海王星 對分相冥王星 合向北交點	

布萊德・彼特	摩羯座 23 度 28 分 第二宮	合相月亮 合相水星	安潔莉娜的金星與凱龍星和天王星組成了 T 型三角相位，她也成為了強大的女權主義者，並為被剝奪公民權利的人發聲，這呼應了她在自我價值上的挑戰。
安潔莉娜・裘莉	巨蟹座 28 度 9 分 合相上升點 第十二宮	四分相凱龍星 四分相天王星 三分相北交點	布萊德的金星落在摩羯座星群之中，對分相她的金星，並落在她的下降點，為安潔莉娜的金星與摩羯座的相位提供一種穩定力量。

火星相位

	火星的星座及宮位	火星相位	評論
惠妮・休斯頓	天秤座 8 度 29 分 第七宮	對分相月亮 六分相金星	雖然在中點組合盤中金星合相天底，但在特定的角距容許度之下，這中點組合金星是無相位。在中點組合盤中，火星只有少許相位，同時落在弱勢位置的天秤座。
巴比・布朗	天蠍座 20 度 24 分 第十宮	六分相月亮 四分相太陽 合相海王星 六分相冥王星	在惠妮的星盤中，火星一樣落在天秤座第七宮，而巴比的火星則在其守護星座，四分相惠妮的太陽／金星合相合相及土星。

| 布萊德·彼特 | 摩羯座 10 度 1 分 第一宮 | 合相水星 四分相木星 三分相天王星 三分相冥王星 合相南交點 | 因爲布萊德與安潔莉娜的火星彼此四分相，因此，兩人各自的火星相位會在第四泛音盤中重複。有趣的是，兩人的金星也形成對分相，但在中點組合盤中卻是金星／火星三分相。

兩人的火星皆有強大的相位，因此我們會想像兩人的火星都非常專注、獨立及直截了當。布萊德的火星與水星和木星均有相位，因此他會在想法及願景上受到挑戰；而安潔莉娜的火星則與兩顆發光體有相位，她會在家庭及個人領域中遇到屬於她的試煉。 |
| 安潔莉娜·裘莉 | 牡羊座 10 度 42 分 第九宮 | 合相月亮 六分相太陽 合相木星 四分相土星 三分相海王星 對分相冥王星 | |

附錄二

性格的關聯（第十三章）

元素	性質	體液		季節	月相階段
火	熱，乾	黃膽汁	易怒的	夏季	第一象限月至滿月
土	冷，乾	黑膽汁	憂鬱的	秋季	滿月到最後象限月
風	熱，濕	血液	樂天的	春季	新月到第一象限月
水	冷，濕	痰液	冷漠的	冬季	最後象限月到新月

元素	柏拉圖類型	煉金術階段	塔羅牌組	心理類型
火	想像	燃燒	權杖	直覺
土	展現	凝結	錢幣	感官
風	智慧	乾燥	寶劍	思考
水	意見	蒸發	聖杯	情感

元素上的考量

　　當衡量元素時，有很多因素都可以納入考量。我們可以先衡量行星的元素，找出其中的不平衡，並且思考它們如何塑造我們的人生經驗，或如何改變我們的性格。在性格上，我們可以同時考量行

星及宮位。

行星也可以與元素產生關聯

例如，我們可以從元素的角度出發去觀察所有行星：

太陽　　　火

月亮　　　水

水星　　　風（然後是土）

金星　　　風及土

火星　　　火

木星　　　火

土星　　　土

天王星　　風

海王星　　水

冥王星　　水

因為火星是火元素，當它落在火象星座時，會更加強調火元素；天王星是風元素，或許當它與另一風元素行星，例如水星形成相位時，會為星盤增強風元素。行星的組合會為星盤增加元素的力量，因為占星符號的組合千變萬化，每張星盤都需要合格的占星師進行評估，才能確定其中元素上的強弱。

星盤的宮位也可以用元素分類

我們也可以用元素的三位一體將宮位分類：例如，第一宮、第五宮及第九宮是火；第二宮、第六宮及第十宮是土；第三宮、第七宮及第十一宮是風；第四宮、第八宮及第十二宮是水。

附錄三

性格工作表（第十三章）

姓名：＿＿＿＿＿＿＿＿＿＿＿＿＿＿＿

行星或軸點	星座	分數	元素				性質		
			火陽	土陰	風陽	水陰	開創	固定	變動
上升點		4							
上升守護星		4							
月亮		8							
月亮支配星		2							
太陽		8							
水星		5							
金星		5							
火星		5							
木星		3							
土星		3							
天王星		1							
海王星		1							
冥王星		1							
		50							

總分：火＋土＋風＋水＋開創＋固定＋變動＝100

附錄四

性格案例（第十三章）

姓名：布萊德‧彼特

行星或軸點	星座	分數	元素				性質		
			火陽	土陰	風陽	水陰	開創	固定	變動
上升點	射手座	4	4						4
上升守護星	牡羊座	4	4				4		
月亮	摩羯座	8		8			8		
月亮支配星	水瓶座	2			2			2	
太陽	射手座	8	8				8		
水星	摩羯座	5		5			5		
金星	摩羯座	5		5			5		
火星	摩羯座	5		5			5		
木星	牡羊座	3	3				3		
土星	水瓶座	3			3			3	
天王星	處女座	1		1					1
海王星	處女座	1			1			1	
冥王星	處女座	1		1					1
		50	19	25	5	1	38	6	6

姓名：安潔莉娜·裘莉

行星或軸點	星座	分數	元素				性質		
			火陽	土陰	風陽	水陰	開創	固定	變動
上升點	巨蟹座	4				4	4		
上升守護星	牡羊座	4	4				4		
月亮	牡羊座	8	8				8		
月亮支配星	牡羊座	2	2				2		
太陽	雙子座	8			8				8
水星	雙子座	5			5				5
金星	巨蟹座	5				5	5		
火星	牡羊座	5	5				5		
木星	牡羊座	3	3				3		
土星	巨蟹座	3				3	3		
天王星	天秤座	1			1		1		
海王星	射手座	1	1						1
冥王星	天秤座	1			1		1		
		50	23	-	15	12	36	-	14

	火	土	風	水	開創	固定	變動
布萊德	19	25	5	1	38	6	6
安潔莉娜	23	-	15	12	36	-	14
強調主題	布萊德是開創土元素＝**摩羯座**；安潔莉娜是開創火元素＝**牡羊座**						

姓名：維吉尼亞・吳爾芙

行星或軸點	星座	分數	元素				性質		
			火陽	土陰	風陽	水陰	開創	固定	變動
上升點	雙子座	4			4				4
上升守護星	水瓶座	4			4			4	
月亮	牡羊座	8	8				8		
月亮支配星	雙子座	2			2				2
太陽	水瓶座	8			8			8	
水星	水瓶座	5			5			5	
金星	摩羯座	5		5			5		
火星	雙子座	5			5				5
木星	金牛座	3		3				3	
土星	金牛座	3		3				3	
天王星	處女座	1		1					1
海王星	金牛座	1		1				1	
冥王星	金牛座	1		1				1	
		50	8	14	28	-	13	25	12

姓名：薇塔・薩克維爾・韋斯特

行星或軸點	星座	分數	元素				性質		
			火陽	土陰	風陽	水陰	開創	固定	變動
上升點	摩羯座	4		4			4		
上升守護星	處女座	4		4					4
月亮	巨蟹座	8				8	8		
月亮支配星	巨蟹座	2				2	2		
太陽	雙魚座	8				8			8
水星	雙魚座	5				5			5
金星	牡羊座	5	5				5		
火星	射手座	5	5						5
木星	雙魚座	3				3			3
土星	處女座	3		3					3
天王星	天蠍座	1				1		1	
海王星	雙子座	1			1				1
冥王星	雙子座	1			1				1
		50	10	11	2	27	19	1	30

	火	土	風	水	開創	固定	變動
維吉尼亞・吳爾芙	8	14	28	-	13	25	12
薇塔・薩克維爾・韋斯特	10	11	2	27	19	1	30
強調主題	吳爾芙是固定風元素＝**水瓶座**；薇塔是變動水元素＝**雙魚座**						

附錄五

合盤工作單 I：評估本命盤

占星學中的缺乏及資源（第十四章）

星盤 A：＿＿＿＿＿＿　　星盤 B：＿＿＿＿＿＿

星盤所缺乏／強調的	星盤 A	星盤 B	評語
元素：火			
元素：土			
元素：風			
元素：水			
模式：開創			
模式：固定			
模式：變動			
易受影響的行星（們）			
合軸行星			
圖形相位			
強調的宮位			
強調的半球			
逆行星			
月相循環			
截奪及重複			
其他考量			

附錄六

合盤工作單 II：評估本命盤

人際關係主題（第十五章）

考量條件	星盤 A	星盤 B	評語
第七宮：星座、守護星及行星			
第八宮：星座、守護星及行星			
關係宮位			
月交點軸線			
宿命點			
阿尼姆斯：太陽			
阿尼瑪：月亮			
阿尼瑪：金星			
阿尼姆斯：火星			
溝通：水星			
道德及倫理：木星			
承諾：土星			
世代影響：外行星			

附錄七

比較合盤工作單 III：落入的宮位

我的行星落在你的哪一宮（第十六章）

星盤 A 行星／ 軸點	落入星盤 B 的 哪一宮	筆記
太陽		
月亮		
水星		
金星		
火星		
木星		
土星		
凱龍星		
天王星		
海王星		
冥王星		
北交點		
天頂		
上升點		
宿命點		

附錄八

使用「太陽火」（Solar Fire）占星軟體製作合盤

1. 建立雙圈星盤

◆ 打開你分析的兩張個人星盤。

◆ 在上方 View 選單中，點選當中的 BiWheel。

◆ 在彈出的框框中，在 Selected Charts 裡面，你會見到 Inner Wheel（內圈星盤）已經反白，在右上角 charts 當中點選你想選為內圈星盤的其中一名伴侶；然後，會輪到 Outer Wheel 反白，這時候點選另一名伴侶的星盤作為外圈星盤。

◆ 點選右下角的 View 鍵。

◆ 顯示出來的雙圈星盤，應該是第一張選取的星盤作為內圈，第二張選取的作為外圈。

◆ 把上述步驟倒轉，把原來放在外圈的伴侶星盤放在內圈，內圈的伴侶星盤則放在外圈，建立另一張雙圈星盤。

在第一張雙圈星盤中，注意外圈星盤的行星，看看它們落在內圈星盤的哪些宮位。注意落在內圈星盤**軸點**上的那些行星，或合相內圈星盤**行星**的那些行星。以同樣步驟分析第二張雙圈星盤。

2. 相位表格

◆ 打開你分析的兩張個人星盤。

◆ 在上方的 Reports 中點選 Synastry 一項。

◆ 在彈出的框框中，在 Selected Charts 裡面，你會見到 Chart

Across（橫軸星盤）已經反白，在右上角 charts 當中點選你想選爲內圈星盤的其中一名伴侶；然後，會輪到 Chart Down（縱軸星盤）反白，這時候點選另一名伴侶的星盤作爲外圈星盤。

✦ 點選右下角的 View 鍵。

✦ 顯示出來的雙圈星盤，應該會是第一張選取的星盤作爲表格上方的橫軸，第二張選取的作爲表格左方的縱軸。表格會用符號列出相位類型、角距度數、以及它們是入相位（A）還是出相位（S）。

✦ 把上述步驟倒轉，把原來放在外圈的伴侶放在內圈，內圈的則放在外圈，建立另一張雙圈星盤。

當使用太陽火軟體時，你可以自行爲相位表格建立條件，選擇自己希望使用的行星、相位及角距容許度

✦ 如果要爲相位表格選擇使用的行星，先在畫面上方 Chart Options 一項點選 Displayed Points，然後選擇 Planets and Chiron（行星及凱龍）（如果你希望的話，你可以建立自己的相位表格檔案），然後點選 Edit 鍵編輯，然後點選你希望出現在表格中的行星及軸點，存檔紀錄這些設定，然後點選 Select 鍵。

✦ 要選擇使用的相位，在畫面上方 Chart Options 點選 Aspect Set，選擇當中的 Planets，然後點擊 Synastry 一項，然後點擊 Edit 鍵，編輯你希望使用的相位類型及各自的角距容許度。發光體及其他行星請使用同樣的角距、入相位與出相位也是如此；當你熟悉如何進行這些操作之後，你可以再更改這些條件，儲存這些修正，然後按 Select 鍵。

✦ 現在你已經準備好繪製相位表格，在在上方的 Reports 中點選 Synastry 一項，然後點選放在橫軸及縱軸的星盤，這時候程式就會按照你設定的條件去繪製相位表格。

3. 建立中點組合盤

✦ 打開你分析的兩張個人星盤。

✦ 在畫面上方 Chart 選取 Combined。

✦ 在彈出的框框中：

✦ 在 location details 的欄目中，選擇這段關係的地點作為位置。

✦ 在右下角的 Chart Type to Generate 中，點選 Composite-Midpoints。

✦ 在右方 Combined Chart Title 中點選你想使用的兩張個人星盤，首先選擇第一張星盤，它會出現在 Title 1 一欄，然後按著鍵盤 ctrl 鍵，同時用滑鼠選擇第二張星盤，它會出現在 Title 2 一欄。一旦選擇好兩張星盤後，點選下方 OK 鍵。

✦ 你的中點組合盤會出現在主畫面的 Calculated Charts 欄目當中。

這時候，我會把中點組合盤存檔，在上方 Chart 選項中點選 Save to File；我自己會把星盤儲存於名為 Synastry 的檔案中，如果你沒有這個檔案的話，可以點選右方的 Create 鍵自行建立。

你也可以按照同樣步驟去建立其他類型的中點組合盤，例如「計算上升點的中點組合盤」（Composite-Derived Ascendant）或戴維森（Davidson Relationship）星盤。

國家圖書館出版品預行編目資料

人際脈絡占星全書：看見星盤中的人際互動、親密關係、
業力連結，以及星盤比對與組合的能量／布萊恩‧克拉
克（Brian Clark）著／陳燕慧、馮少龍譯. -- 初版. -- 臺北
市：春光出版：家庭傳媒城邦分公司發行，民108.01
　　面；　　公分
　　譯自：The astrology of adult relationships : from the
moment we met
　　ISBN 978-957-9439-55-8（平裝）
　　1. 占星術
　　292.22　　　　　　　　　　　　　　　107003902

人際脈絡占星全書：
看見星盤中的人際互動、親密關係、業力連結，以及星盤比對與組合的能量

原 書 名／The astrology of adult relationships : from the moment we met
作 者／布萊恩‧克拉克（Brian Clark）
譯 者／陳燕慧、馮少龍
企劃選書人／劉毓玟
責 任 編 輯／何寧
內 文 編 輯／劉毓玟

版權行政暨數位業務專員／陳玉鈴
資深版權專員／許儀盈
資深行銷企劃／周丹蘋
業 務 主 任／范光杰
行銷業務經理／李振東
副 總 編 輯／王雪莉
發 行 人／何飛鵬
法 律 顧 問／元禾法律事務所　王子文律師
出 版／春光出版
　　　　　台北市104中山區民生東路二段 141 號 8 樓
　　　　　電話：(02) 2500-7008　傳真：(02) 2502-7676
　　　　　部落格：http://stareast.pixnet.net/blog
　　　　　E-mail：stareast_service@cite.com.tw
發 行／英屬蓋曼群島商家庭傳媒股份有限公司城邦分公司
　　　　　台北市中山區民生東路二段 141 號11 樓
　　　　　書虫客服服務專線：(02) 2500-7718 / (02) 2500-7719
　　　　　24小時傳真服務：(02) 2500-1990 / (02) 2500-1991
　　　　　讀者服務信箱E-mail: service@readingclub.com.tw
　　　　　服務時間：週一至週五上午9:30～12:00，下午13:30～17:00
　　　　　劃撥帳號：19863813　戶名：書虫股份有限公司
　　　　　城邦讀書花園網址：www.cite.com.tw
香港發行所／城邦（香港）出版集團有限公司
　　　　　香港灣仔駱克道 193 號東超商業中心 1 樓
　　　　　電話：(852) 2508-6231　傳真：(852) 2578-9337
　　　　　E-mail：hkcite@biznetvigator.com
馬新發行所／城邦（馬新）出版集團　Cité (M) Sdn. Bhd.
　　　　　41, Jalan Radin Anum, Bandar Baru Sri Petaling,
　　　　　57000 Kuala Lumpur, Malaysia.
　　　　　電話：(603) 90578822　傳真：(603)90576622
　　　　　E-mail：cite@cite.com.my.

封 面 設 計／鍾瑩芳
內 頁 排 版／游淑萍
印 刷／高典印刷有限公司

■ 2019 年（民 108）1 月 28 日初版
■ 2021 年（民 110）8 月 11 日初版2刷

Printed in Taiwan
城邦讀書花園
www.cite.com.tw

售價／720元

104台北市民生東路二段141號11樓

英屬蓋曼群島商家庭傳媒股份有限公司

城邦分公司

請沿虛線對折，謝謝！

遇見春光·生命從此神采飛揚

春光出版

書號： OC0079	書名：	人際脈絡占星全書：看見星盤中的人際互動、親密關係、業力連結，以及星盤比對與組合的能量

讀者回函卡

謝謝您購買我們出版的書籍！請費心填寫此回函卡，我們將不定期寄上城邦集團最新的出版訊息。

姓名：_____

性別：□男　□女

生日：西元_____年_____月_____日

地址：_____

聯絡電話：_____　傳真：_____

E-mail：_____

職業：□1.學生 □2.軍公教 □3.服務 □4.金融 □5.製造 □6.資訊

　　　□7.傳播 □8.自由業 □9.農漁牧 □10.家管 □11.退休

　　　□12.其他 _____

您從何種方式得知本書消息？

　　　□1.書店 □2.網路 □3.報紙 □4.雜誌 □5.廣播 □6.電視

　　　□7.親友推薦 □8.其他 _____

您通常以何種方式購書？

　　　□1.書店 □2.網路 □3.傳真訂購 □4.郵局劃撥 □5.其他 _____

您喜歡閱讀哪些類別的書籍？

　　　□1.財經商業 □2.自然科學 □3.歷史 □4.法律 □5.文學

　　　□6.休閒旅遊 □7.小說 □8.人物傳記 □9.生活、勵志

　　　□10.其他 _____